KB266915

중국의 역사

중국의 역사

수당오대

누노메 조후 · 구리하라 마쓰오 외 지음
임대희 옮김

혜안

머리말

당나라 창업 5년째인 622년은 마호메트의 헤지라(聖遷)의 해, 즉 이슬람력의 원년에 해당하고 당시 왜국이라 불리던 일본에서는 고대국가 건설에 공이 큰 쇼토쿠 태자가 사망한 해이기도 하다. 또 인도에서는 남인도를 제외한 전 지역의 통일에 성공한 바르다나조 하르샤 왕의 전성시대에 해당하고, 이 당시의 아시아 대륙은 동서에 걸쳐 긴장된 시대였다.

본론으로 들어가기 전에 수당시대를 개관해 보자.[1]

수왕조를 일으킨 수문제 양견(재위 581~604)은, 북조 북주(北周)의 외척으로 일어나 북주를 무너뜨리고 589년 남조의 진(陳)을 멸망시킴으로써 진한제국 멸망후 계속된 약 380여 년의 긴 분열시대에 종지부를 찍었다.

수문제는 북주의 선비계 지배집단인 이른바 관롱집단(關隴集團) 출신으로, 북조의 호한융합이라는 장점을 살려 선비족의 통치체제를 정비하여 관료제적 중앙집권정치의 기초를 닦았으나 도중에 둘째아들 진왕 광(晉王 廣 : 수양제)에게 제위를 빼앗겼다. 수양제는 아버지의 실질적인 정치와는 달리 호사로움을 좋아하고 대토목공사에 열심이었는데, 그 중에서도 남쪽의 곡창지대와 수도를 연결하는 대운하의 개통은 남북을 경제적으로 통일하는 데 크게 공헌하였다. 수양제는 대외적으로는 당시 북쪽에 일대 세력을 구축한 돌궐족의 돌궐 제1제국(突厥第一帝國)을 동서로 분열시켜 그들의 예봉을 꺾었지만, 세 차례에 걸친 고구려 원정에 실패하고 이어 내란이 발발하

---

1) Denis Twitchett의 글(임대희 역, 「Cambridge History of China, Vol. 3, chapt. 1, 序文」, 『중국사연구』 제4집)에도 수당시대를 개관하면서 사료문제까지 언급하고 있다. 참조하기 바란다.

여 수나라는 30여 년 만에 멸망하고 말았다.

당왕조를 일으킨 고조 이연(李淵) 역시 관롱집단 출신으로, 수왕조에서 고위 관직을 역임한 후 수 말 내란기인 말년에 거병하였으며 특히 둘째아들 이세민(李世民 : 당태종)의 보좌에 힘입어 당왕조를 창업하였다(618년). 고조시대에는 군웅과의 전쟁이 끊이지 않았으나 태종의 즉위(626년)와 함께 천하가 통일되어 '정관의 치(貞觀의 治)'라 불리는 태평성세가 출현하였다. 당왕조는 수왕조의 통치체제를 더욱 발전시켜, 당시 여전히 세력을 장악하고 있던 한인귀족과 대결하여 그들을 정권으로부터 배제시키고 관롱집단 중심의 지배체제를 확립하였다.

그는 이것들을 기초로 하여 대외발전에 힘쓰고 돌궐 제1제국을 멸망시켜 돌궐의 여러 부족으로부터 '천가한(天可汗)'의 칭호를 받았다. 태종을 이어 3대 황제에 오른 아들 고종(高宗 : 649~683) 때는 고구려를 멸망시키고 수 이래의 한반도 문제를 해결하였다. 그리고 이들 점령지에는 기존에 해당 지역을 통치하던 사람을 세습적인 주현(州縣) 장관으로 기용하여, 한인 도호가 도호부(都護府)를 통해서 간접적으로 통치하는 기미정책(羈縻政策)을 실시하였다.

고종은 병약하였기 때문에 정치적 실권은 황후인 무측천(武則天)에게로 옮겨갔다. 무측천은 자신의 황후책립에 반대한 관롱집단을 정권의 중추에서 추방하여 관롱집단의 지배체제를 붕괴시켰다. 그리고 이들을 대신하여 수대에 시작된 관리임용제인 과거(科擧)를 통해 인재를 등용하였다. 그 중에서 특히 문학능력을 시험하는 진사과(進士科)가 중시되어 문학이 크게 성행하게 되었다.

무측천에 이어 그의 아들 중종의 황후인 위후(韋后)가 정권을 장악하여 약 60여 년에 걸쳐 여성 전권시대가 계속되었는데, 여기에 종지부를 찍은 것은 중종의 아우 예종의 아들인 현종(玄宗 : 712~755)이다. 현종의 치세 초기는, 무측천이 과거로 등용한 인재들에 의해 안정된 정치가 행해져 이른바 '개원의 치(開元의 治)'라고 불린다. 그러나 대외적으로 한반도에서는 통일신라가 전성기를 맞이하고 동북에서는 발해·거란이 대두했으며 북쪽에서는 '돌궐 제2제국'이 부흥하고 있었기 때문에, 태종대의 판도에는 미치지

못하였다. 이윽고 현
종은 매사에 말이 많
은 과거 출신자를 꺼
리고, 관롱집단계의 우
문융(宇文融)과 황실
일족인 이림보(李林甫)
를 중용하여 재정면에
서 수·당전기의 통치
체제를 재건코자 했으
나 순조롭지 못하였

彩繪載物駱駝及牽駝俑 唐, 섬서성 禮泉縣

다. 또한 점차 이완된 국방체제를 유지하기 위하여 이림보의 의견에 따라
이민족 출신자를 장군으로 기용하는 정책을 취하였다. 그 장군 가운데 도호
를 대신하여 변경 군비를 담당하는 절도사에 임명된 사람이, 소그드인과 돌
궐인의 혼혈인 안록산(安祿山)이다.

　절도사는 군비뿐만 아니라 민정까지 장악하는 강대한 권력을 쥐고 결국
'안사(安史)의 난'을 일으켜(755년), 결국 당왕조의 수·당전기 통치체제적
집권정치는 파탄되었다. '안사의 난' 후에는 여기저기 내지에까지 배치한 절
도사와 그 평정에 협조한 돌궐족의 위구르 세력이 대두하였다. 궁정 내에서
는 원래 황제의 사생활에 봉사하는 환관이 정치 실권을 장악했고, 관료들은
당쟁에 빠져 당 황실은 얼마간 기복이 있었지만 두 번 다시 그 위신을 회복
하지 못하였다. 그러나 당왕조가 안사의 난 이후에도 150여 년이나 생명을
유지할 수 있었던 것은, 남쪽의 곡창지대를 어떻게든 중앙에 연결시킬 수
있었기 때문이다. 그러나 9세기 후반 황소의 난으로 남쪽의 곡창지대를 상
실하고는 멸망할 수밖에 없었다(907년).

　수당제국은 때로 '수당 세계제국'이라 불린다. 이것은 수당이 단순히 한민
족 위에 군림한 것이 아니라, 주변의 여러 나라도 그 문화를 수용해서 문명
화하여, 수당이 동아시아에 군림한 것처럼 보이기 때문이다. 또 당나라 사람
의 분묘에서 출토된 당삼채(唐三彩)에 호인상(胡人像)이 많이 등장하는 데
서도 돌궐을 중심으로 하는 북족(北族)이나 소그드인을 중심으로 하는 이란

계 서역인이 당왕조에 많이 도래했던 사실을 알 수 있다. 귀화인이 가져온 호복(胡服)·호식(胡食)·호악(胡樂) 등으로부터 화장에 이르기까지 당시 일상 생활에서 이들의 영향을 많이 받아 한민족의 전통적 풍습이 많이 변용된 것도 그 이유의 하나가 될 것이다. 또 태종 때, 주변의 여러 나라에서 온 유학생이 8천여 명에 이르렀다고 하는 기술도 하나의 자료가 될 것이다.

그러나 세계제국이라고 한다면, 그 이름에 상당하는 지배기구가 있어야 한다. 다른 왕조에 비해서 문화적으로 세계성이 있었다고 해서 곧바로 세계제국이라고 칭할 수는 없다. 수당이 주변 여러 나라의 국왕을 왕으로 책봉한 것을 가지고 세계제국의 근간으로 보는 학자도 있지만, 책봉의 경우 동북 혹은 한반도의 여러 나라를 대상으로 행해진 적은 있어도 북쪽·서쪽에는 그러한 일이 없다. 또한 황실과 주변 여러 나라의 왕이 인척관계를 맺은 데서 그 근거를 구하는 경우도 있지만 이 또한 돌궐·토욕혼(吐谷渾)·토번(티베트)으로만 제한될 뿐 전부 그러한 것은 아니었다.

지금의 시점에서는 수당 세계제국이라는 용어에 걸맞는 지배기구를 통일적으로 해명할 수 없다. 단 당왕조의 대외정책에서 문제를 해명하고자 한다면, 기미정책이야말로 그에 해당한다고 답하고 싶다. 그러나 이 도호부에 의한 기미지배라는 것도 일률적으로 6도호부가 일시에 성립·병존한 것이 아니라 여러 편차를 갖는 완만한 간접 통치정책이었다. 그러므로 이것만으로 수당 세계제국을 충분히 설명할 수 있다고는 생각하지 않는다. 이 책에서 '수당 세계제국'이라 하지 않고, 굳이 '수당제국'이라고 한 것도 이러한 취지에서이다.

이 책은 제1장부터 제6장까지는 누노메 조후(布目潮渢)가 집필하고, 제7장 이하는 구리하라 마쓰오(栗原益男)가 집필하였다. '머리말'은 누노메가 집필하고 구리하라는 '맺음말'을 집필하였다. 누노메가 담당한 것 가운데 특히 제1장부터 제4장 부분은 수나라 초기부터 현종 말년에 이르는 지배집단의 동향에 중점을 둔 정치사적 서술이 많다. 이에 대해서는 당연히 비판이 나오리라 생각하지만, 이는 사회·경제·문화가 모두 정치에 응집되어 있다고 일관되게 보려는 개인적 견해에 기초한 것이다. 이 점은 제7장 이하의 구리하라의 서술과는 취지를 달리하고 있는데 독자의 양해를 바란다.

차 례

1. 수의 남북통일

수문제의 등장

양견이 태어난 시대

수문제,[2] 즉 양견은 541년 서위(西魏)에서 태어났다. 유럽에서는 『로마법대전』의 편찬으로 유명한 비잔틴 제국의 유스티니아누스 황제의 치세에 해당된다. 이 때는 남북조시대의 말기로서 북조(북위)는 이미 동위와 서위로 분열되고, 남조에서는 유교·불교·도교에 통달한 영명한 군주로 이름을 날린 양(梁) 무제의 말년으로, 양조를 혼란의 도가니로 몰아넣을 '후경(侯景)의 난'이 일어나기 직전이었다.

북위는 고대 북아시아의 유목민족으로 5호(五胡)의 하나인 선비족 탁발부(拓跋部)가 중심이 된 나라인데, 북위는 화북을 통일한 후, 효문제(孝文帝 : 재위 471~499) 때 수도를 북쪽의 평성(平城 : 산서성 대동시)에서 남쪽의 황하 남안에 있는 낙양(洛陽 : 하남성)으로 옮기고(494년) 한화정책을 실시하여 호한융합정권을 확립하였다. 그러나 이 개혁은 지나치게 성급하게 추진되어 북쪽에 남아 있던 선비계 부족민의 반감을 초래하였다. 524년, 옛 수도의 북쪽 옥야진(沃野鎭)에서 일어난 파육한발릉(破六汗拔陵)의 반란은 곧 부근의 여러 진으로 확대되었고, 이 반란군의 남하에 따라 북위는 수습할 수 없는 혼란에 빠지게 되었다. 그 와중에 동쪽의 업(鄴 : 하남성 임장현 臨漳縣)에 기반을 둔 고환(高歡 : 496~547)과 서쪽의 장안(섬서성 서안시)에 기반을 둔 우문태(宇文泰 : 505~556)가 세력을 양분하여 북조는 동위와 서위로 갈라지게 되었다.

서위의 우문태정권을 형성한 것은 '북진(北鎭)의 난' 때 무천진(武川鎭 : 내몽고 자치구 무천현)으로부터 남하한 선비계 부족민의 일부였는데, 이들

---

2) Arthur F. Wright, 「수왕조(상) 수문제」, 『케임브리지 중국사 제3권』 제2장(임대희 옮김, 『중국사연구』 제6집)에 수문제 시기의 인물 등에 대해서 자세히 다루고 있다.

의 수가 동위에 비하여 훨씬 적었기 때문에 어떻게 해서든 관중지방의 토착 한인호족의 협력을 받아야 했다. 한편 서위는 군사행정의 근간인 8주국 12 대장군제(八柱國 十二大將軍制)를 국가의 확립기반으로 삼고, 그 아래 의동부(儀同府)를 두어 한인을 징병하였다. 여기에서의 8주국 가운데 6주국은 서위가 채용한 고대 주(周)나라 관제에 의거한 6관(天官·地官·春官·夏官·秋官·冬官) 제도와 연관되어 있다.

양견의 아버지 양충

양충(楊忠 : 507~560)은 멋진 콧수염과 턱수염에 키가 7척 8촌(약 2m)에 이르는 대장부로, 무예가 뛰어나고 침착하여 장수의 재능이 있었다. 그는 18세 때 여행을 하다가 남조 양나라 군대의 포로가 되어 5년간 양나라에 유폐된 적도 있었다.

북위 말년의 북진반란을 진압한 것은 북족 출신인 이주영(爾朱榮 : 493~530)이다. 그는 포악한 행동 때문에 결국 북위의 효장제(孝莊帝)에게 주살되었고, 이에 그의 조카 이주조(爾朱兆)가 복수에 나섰다. 양충은 처음에 이주조를 따랐으나 이윽고 독고신(獨孤信)을 따르고, 함께 우문태의 부하로서 장안에 들어가 이후 동위 토벌 등에서 무장으로 활약하였다. 그리고 서위 말에는 대장군에 올랐다. 대장군이란 '8주국 12대장군'의 하나이다.

8주국 12대장군은 8인의 주국대장군과 그 밑의 12대장군으로 구성된 서위의 상비군 편성을 말한다. 12대장군 아래에는 24군(軍)이 있고, 그 아래에 징병의 모체로서 96개의 의동부가 있었다. 이는 수·당전기 통치체제하에서의 부병제(府兵制)의 기원이 된다.

8주국 대장군의 우두머리는 우문태이고, 그 아래로 위(魏)왕실의 광릉왕 원흔(廣陵王 元欣)이 있었으며, 나머지 6주국 대장군이 12대장군을 통솔하였다. 6주국 중에는 당고조 이연의 조부 이호(李虎)와 앞서 기술한 양충이 따랐던 독고신이 있었다. 이 6주국은 고대의 주제(周制)에 기초한 6관제와도 연관되고, 동시에 8주국 12대장군은 당시의 최고문벌이기도 하였다.

주국(柱國) 독고신은 황후가 된 딸이 셋이나 있었다. 우문태의 아들인 북주 명제(明帝)의 황후와, 당고조의 어머니 즉 고조의 아버지인 이병(李昞)

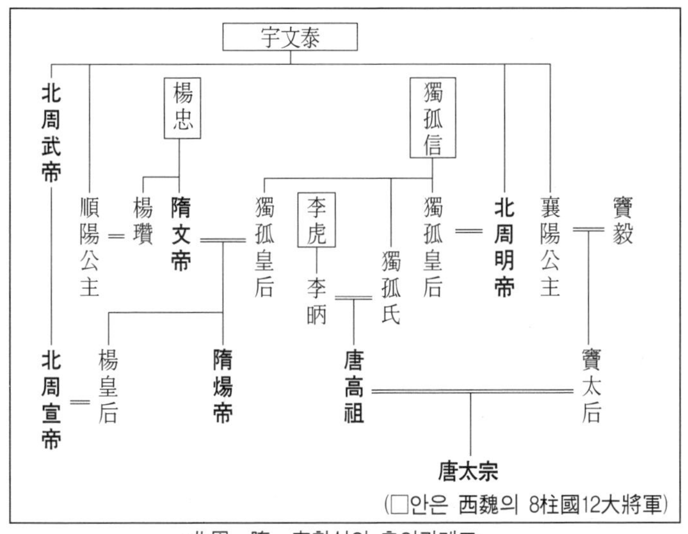

<北周·隋·唐황실의 혼인관계도>

* 수·당·북주 황실의 바탕을 마련한 양충, 이호 및 우문태는 모두 독고신과 함께 서위의 고위 장군직을 지냈다. 그리고 이들 세 집안의 아들들이 각각 독고신의 딸들과 결혼하였다.

의 처, 그리고 양견의 처로서 훗날 수나라 문헌독고황후(文獻獨孤皇后)가 그들이다. 이처럼 한 집안에서 세 왕조의 황후를 배출한 경우는 중국역사상 미증유의 일이다. 또 8주국 12대장군의 자손에서 북주·수·당의 세 왕조가 일어났다. 우문태의 아들인 우문각(宇文覺)은 서위를 무너뜨리고 북주(北周)를 세웠고, 양충은 서위 말년에 주국대장군에 오르고 북주 때는 수국공(隨國公)에 봉해졌다. 수(隨)는 지금의 호북성 수현(隨縣)의 수에서 온 것으로 수국공과 같은 작호는 반드시 지명을 붙이는 것이 원칙이다. 수(隋)라는 왕조명도 여기에서 유래한 것으로 '隨'에서 '辶'을 뺀 것이다. 양충은 대사공(大司空)이라는 높은 관직에 올랐다. 북주는 초기에 우문태의 형의 아들 우문호(宇文護)가 실권을 잡고 있었고, 양충은 그와 이해가 상충된 채 세상을 떠났다.

무천진―수당 창업자의 선조의 고향

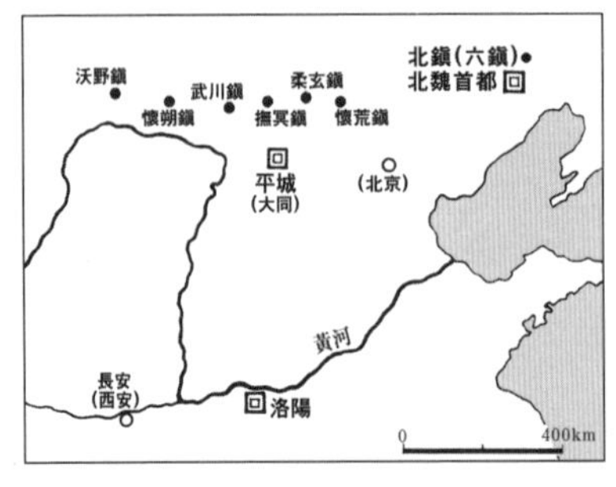

北魏 北鎮 略圖

북주·수·당 세 왕조의 창업자 혹은 그 선조가 서위의 8주국 12대 장군의 일원이었음은 앞서 기술하였는데, 이들은 선조가 모두 무천진(武川鎮 : 내몽고 자치구 무천현) 출신이라는 공통성이 있다. 무천진은 북위의 옛 수도 평성의 서북, 음산산맥(陰山山脈) 안에 있던 수도를 방위하는 옛 6진의 하나이다. 북위 말 반란의 발화점이 된 옥야진이나 동위를 일으킨 고환의 출신지 회삭진(懷朔鎮)도 모두 이 6진에 속한다.

원래 북인·한인의 양가 자제들로 이루어진 6진의 군사는 면역특권을 갖고 있었으며 장차 출세길도 열려 있는 사람들이었다. 그러나 북위 효문제가 낙양으로 천도한 후에는 북방방비의 중요성이 약화되고 진병(鎮兵)에는 유형수(流刑囚)가 늘어났다. 군사의 신분도 수도 방면의 인사와 현격한 차이가 생겨, 출세의 희망도 없어져 기껏해야 진병을 이끄는 군주(軍主)로 올라가는 데 그치게 되어 이들의 불만은 커져 갔다. 이 불만이 폭발한 것이 파육한발릉의 반란이다. 이것은 북위체제의 모순이 이 여섯 북진에서 표출되었으며, 특히 무천진이 이후의 역사전개 즉 수당제국 성립의 원점이 되었다는 데서 중요한 의미를 갖는다.

우문태는 선비족의 우문부 출신으로, 4대조인 우문릉(宇文陵) 때 무천진으로 이주하였다. 양견의 5대조인 양원수(楊元壽)는 무천진의 사마(司馬)였다. 사마는 진관(鎮官)으로서 장사(長史) 다음 가는 관직이다. 또 당고조의 4대조인 이희(李熙)도 호걸을 거느리고 무천진으로 옮겨 왔다. 북주·수·당의 세 왕조의 선조가 과거에는 같은 무천진에 자리잡고 있었던 것이다.

수 황실 양씨와 당 황실 이씨는 선비족인가

수 황실 양씨의 계보에 대해 모든 사료는 하나같이 후한의 고위관료 양진(楊震)의 후예라고 기록하고 있다. 양진은 홍농 화음(섬서성 동한현 서쪽) 사람으로 어엿한 한인으로 되어 있다. 어느 날 밤, 어떤 사람이 뇌물을 갖고 찾아와서는 "밤이므로 아무도 모를 것"이라고 말하자, 양진은 "하늘이 알고, 신이 알고, 내가 알며, 당신도 안다. 누가 모른다고 하는가"(『후한서』양진전)라고 대답하였다고 한다. 이렇게 청렴한 고위 관료로서 그는

음산산맥 (고려대 지리교육과 서태열 교수 사진 제공)

'양진의 4지(四知)'로 크게 이름을 떨쳤다.

그러나 각 사료의 기사는 양진으로부터 양견에 이르는 세대를 혹은 14대째 혹은 25대째라고 말하고, 또 그 사이에 이름도 모를 많은 세대를 끼워넣고 있어 신뢰할 수 없다. 그러나 양견의 아버지인 양충이 서위(西魏) 말에 보육여(普六茹)라는 성을 하사받았고, 양견 또한 보육여견(普六茹堅)으로 불린 것은 분명하다. 그런데 보육은 노성(虜姓)으로 불리는 북족(北族)의 성이다. 이는 북위 효문제 때 한화정책에 준하여 황실의 탁발씨[盧姓]를 한족 성씨인 원(元)씨로 개칭한 것과는 달리, 서위 말년 선비 국수주의의 물결을 타고 한성을 노성으로 고치게 함(虜姓再行)과 동시에 한인에게도 노성을 하사한 결과라고 기술되어 있다. 이 풍조에 따라 농서(隴西)의 이(李)씨라고 하는 당 황실의 이씨도 노성인 대야성(大野姓)을 하사받았다.

그러나 앞에서 기술한 8주국 12대장군의 가문은, 당 황실의 이씨, 수 말 반란기의 영웅 이밀(李密)의 증조부인 이필(李弼), 수 황실의 양씨를 제외하고는 모두 선비계이다. 즉 8주국 12대장군의 가문은 본래 모두 선비계이지만 앞에서 말한 세 성씨, 특히 수 황실의 양씨와 당 황실의 이씨는 한민족 위에 군림하는 황제가 되었기 때문에 후세에 원래 한인이었던 것처럼 계보를 꾸미지 않았나 의문시된다. 이는 수 황실의 양진 이래의 계보를 신뢰할 수가 없고, 또 당 황실의 계보도 진인각(陳寅恪 : 1890~1969, 중국 역사학

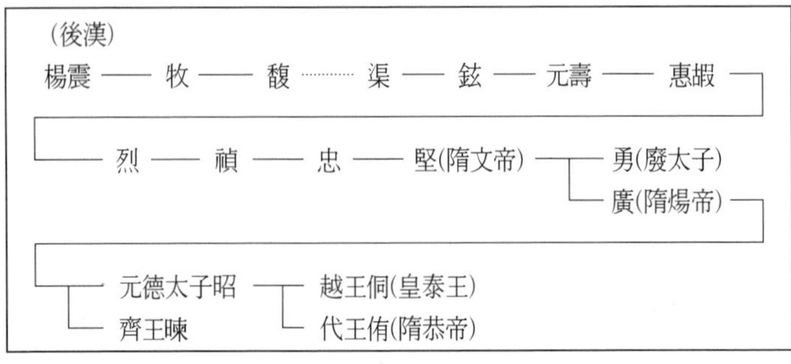

<隋帝室 계보도>

자)의 연구에 의해 정사(正史)의 계보가 거짓 기재된 것임이 증명되었기 때문이다. 즉 수 황실의 보육여, 당 황실의 대야라는 성은 그들 본래의 선비족 성씨임이 거의 틀림없을 것이다.

그러나 수 황실의 양씨와 당 황실의 이씨가 원래 선비계였다고 단언하기는 좀 주저된다. 단지 이 두 성씨가 모두 선조가 무천진에 있었으며, 설령 그 곳으로 이주한 한인이었다고 해도 특히 북위 말의 북진은 수도의 한화 풍조에 대한 반동으로서 선비 국수주의의 부흥 풍조가 강하였기 때문에 그들이 선비화했음은 확실하다. 따라서 이 같은 분위기 속에서 수당의 두 왕조가 발생한 것은, 이 두 왕조가 선비족 색깔을 버리고 한인왕조를 부흥시켰다는 견해와는 상당히 그 취지를 달리하고 있다.

관롱집단의 지배

일찍이 나이토 고난(內藤湖南)이 "6조(위진남북조시대와 같다고 보아도 좋다) 때부터 당 중기까지는 귀족제 시대이다"라고 규정한 이래, 일본에서는 이 설이 널리 받아들여졌다. 그러나 필자는 이미 수당사, 특히 당 초기의 역사는 나이토 설과 같은 틀 안에서는 이해할 수 없음을 소론에서 발표한 바 있다. 즉 당 초기의 실권을 장악한 것은 선비계 출신자와 그에 봉사하던 북조의 무인관료 출신자였음을 논증하여 한인문벌을 중심으로 6조부터 당 중기까지를 귀족제 시대라고 보는 설에 반대하였다. 수대의 역사도 당연히 같은 견지에서 보아야 한다고 생각한다.

또한 1945년 이후 역사학계에
서는, 중국의 귀족제가 삼국시
대의 위나라 때 성립하여 서진
을 거쳐 동진시대에도 남쪽으로
피난간 왕·사(王·謝)씨 문벌
에 의해 발전을 계속하고, 남조
의 양무제 말년에 일어난 후경
의 반란으로 쇠퇴하였음이 논증
되었다. 한편 화북에서는 귀족
제가 호족정권에 봉사하는 한인
과 북족 지배자층의 결합에 의
해 특이한 형태를 취한다는 것

靑釉貼花罐　隋, 안휘성 壽縣 출토

이 다니가와 미치오(谷川道雄) 등에 의해 심도 있게 연구되었다. 다니가와
는 서위 북주의 지배집단을 '신귀족제'라고 부르고 있다.

또한 진인각은 필자의 견해와는 달리, 우문태의 통솔하에 서쪽으로 이동
하여 장안 부근을 중심으로 관롱(關隴 : 섬서성·감숙성) 일대에 자리잡은
선비족 및 그들과 결합한 토착지배층을 '관롱집단'이라고 불렀다. 그리고 이
들은 단순히 동일한 이해를 가졌을 뿐 아니라 정신적으로도 동일집단이라
는 의식을 갖고 있었다고 보았다. 구체적으로는 앞서 기술한 8주국 12대장
군의 가문 등이 이 지배집단의 중핵이었다고 보았다. 여기서는 필자도 진인
각의 견해에 따라 관롱집단으로 부르고자 한다. 그렇지만 이 관롱집단에 대
해서도 귀족제나 혹은 신귀족제라고 부르게 되면 오히려 '귀족'이라는 용어
에 사로잡혀 그 본질을 잘못 파악할 수 있다. 각 시대의 지배집단의 성격이
어떠하였는가가 이 책을 서술하는 하나의 동기이고, 당면한 수대사에 대해
서는 수왕조와 그를 둘러싼 지배집단의 성격을 그 대상으로 한다.

또 수로부터 당 중기까지는 '수·당전기 통치체제'3)가 적용된 시대인데,

____

3) '율령', '율령시대'라든가 '율령제'라는 용어는 일본 고대사에서 쓰이는 용어다. 이를
　　일본의 중국사 연구자들이 중국사에도 적용하여 쓰고 있으나 이것을 우리가 그대로
　　사용할 경우 의미의 혼동을 불러온다. 이 책에서는 '율령'을 '법제'라고 해석하고, 제

보살입상　隋

이 체제는 지배집단의 지도원리를 단적으로 표현한 것이다. 그러나 수·당전기 통치체제에 대해서는 아직도 그 본질이 해명되었다고는 보기 어렵다. 다만 수·당전기 통치체제는 『대당육전(大唐六典)』(738년에 완성된 율·령·격·식 등의 법령을 관직을 기준으로 편집한 책)에 보이는 것과 같은 관료제적 지배를 분명 중요한 요소로 하고 있다. 수·당전기 통치체제는 수대에 확립되어 당대에 이르러 더욱 계승 발전하였는데, 이러한 수·당전기 통치체제 안에 내포되어 있는 지배이념을 탐구하는 것이 이 글의 또 하나의 취지이다.

양견이 북주의 실권을 잡다

양견은 15세 되던 해에 서위에서 아버지 양충의 훈공 덕분에 차기대장군(車騎大將軍)에 임명되고 현공(縣公)에 봉해졌다. 우문씨 정권이 확립되고(557년) 북주의 세상이 되었지만 양견은 관위도 계속 올라가고 수국공의 작위도 세습받았다. 그러나 아버지 세대부터도 실권자였던 우문호파가 아니었기 때문에 정치의 중추에는 오를 수 없었다.

572년 우문호가 사망하고 북주 무제의 전제정치시대가 되자 양견은 두각을 나타내기 시작했고, 다음 해에는 그 장녀가 무제의 황태자비가 되었다. 황태자는 뒷날 선제가 되는데 당시 15세였다. 575년 35세의 양견은 수군 3만을 이끌고 황하를 타고 내려가 북제 토벌전에서 활약하였다. 2년 후 북제가 멸망하고 화북은 다시 북주에 의해 통일되었다. 남조에서는 북주가 성립한 그 해, 후경 토벌전에서 활약한 진패선(陳覇先 : 진무제, 재위 557~559)이 진왕조를 일으켰지만 북조에 대항할 힘은 이미 없었다.

578년 북주에서 선제(宣帝)가 즉위하자 그 외척인 양견의 지위도 점점 높

도나 체제를 나타낼 경우에는 '수·당전기 통치체제', 그리고 시대를 표기할 경우에는 '수·당전기'라고 쓰기로 한다.

아져 그는 대전의(大前疑)라는 최고관에 올랐다. 그런데 선제는 어리석고 포악한 군주로, 한 명으로 한정되어야 할 황후를 양견의 딸을 포함해서 다섯 명씩이나 두었다.

이런 일은 중국사상 미증유의 일이다. 선제는 아버지인 무제가 등용한 한인 신하인 정역(鄭譯)·유방(劉昉) 등을 신임하였다. 580년 5월 양견은 지방관으로 좌천 명령을 받았으나 자신을 쫓아낼 술수라고 판단하여 병이 났다는 핑계를 대고 부임하지 않았다. 그리고 그 달에 선제는 사거했다. 선제의 뒤를 이은 것은 당시 7살인 정제(靜帝)였다. 그는 이미 선제가 사망하기 전 해에 즉위해 있었는데, 양황후 소생은 아니다. 선제는 생전에 양견에게 정치의 실권을 주지 않으려 했지만 양견의 강대한 무력만은 이용하려고 하였을 것이다. 정역 등은 유조(遺詔)를 고쳐 양견에게 실권을 쥐어 주었고, 이로써 양견은 북주정계에 실권자로 우뚝 서게 되었다.

예로부터 양견은 외척의 지위에 있었기 때문에 수월하게 북주정권을 탈취한 것처럼 보이기도 하지만, 반드시 그런 것만도 아니다. 즉 그는 근위군을 장악한 노분(盧賁) 등을 배경으로 한 상당히 강력한 무력을 기반으로 북주의 정계에 등장하였다고 보아야 할 것이다.

수문제의 정치와 남북통일

수왕조의 창업

580년 5월 북주 선제가 사망하고 뒤를 이은 정제(靜帝) 때 양견은 승상부를 열고 북주의 정치적 실권을 장악했다. 양견의 추대에 공을 세운 정역은 승상부의 장사(長史)에, 유방은 승상부의 사마(司馬)로 취임하여, 양견을 보좌하는 참모로서 중심적인 역할을 하였다.

정치방침으로는, 선제의 가혹한 정치를 쇄신하여 가능한 한 선정을 베풀고 법령을 간소화하는 것으로 정하였으며, 절약을 실행하여 민심의 수습에 노력하였다.

그러나 양견이 무력을 배경으로 강제로 북주의 실권을 장악한 데 대해서

隋文帝 閻立本筆 『歷代帝王圖卷』에서

는 당연히 반발이 일어났다. 우선 위지형(尉遲逈)이 반발했다. 위지형은 북주 창업의 기틀을 마련한 우문태의 누이의 아들로, 서위 문제의 딸을 아내로 삼았으며, 선비 탁발부와 부를 달리하는 위지부 출신으로 서위가 촉(사천성)을 토벌할 때 빛나는 무공을 세웠다. 북주의 선제가 즉위하자 대전의(大前疑)라는 고관이 되었지만, 곧 지방관으로 좌천되어 상주총관(相州總管)이 되었다. 그나마 상주총관 자리도 결국 양견의 일파인 위효관(韋孝寬)에게 내주게 되었다.

위효관은 한인 명족인 경조(京兆) 두릉(杜陵 : 섬서성) 지역 출신으로 학문이 있는 무장이었다. 서위 때 동위의 침입을 격퇴하였고, 북주 때는 그의 헌책에 따라 북제를 토벌하는 데 성공하였다. 양견은 위효관의 협력을 받아 옛 북제 전역에서 일어난 위지형의 수만 대군을 물리칠 수 있었다.

또 남쪽에서는 같은 해 7월 운주총관(鄖州總管)인 사마소난(司馬消難)이 위지형에 호응하여 양견에게 반란을 일으켰다. 사마소난은 처음에는 북제에 벼슬하여 공주를 아내로 맞아들였으나 후에 북주를 섬겨 북제에 대한 전투에서 활약하였고 그의 딸은 북주 정제의 황후가 되었다.

왕겸(王謙)도 같은 해 8월에 촉(사천성)에서 대군을 일으켜 양견에게 저항하였다. 양견은 이 반란을 토벌하기 위하여 대승상부 소속의 정역·유방 등을 장군으로 출동시키려 하였으나, 둘다 핑계를 대어 출전하지 않았다. 이것이 원인이 되어 결국 정역 등은 실각하게 된다. 반기를 든 다음 달 사마소난은 형세가 불리하다고 보고 남조의 진으로 도망쳐 버렸고, 같은 달 위지형은 업성(하남성, 옛 북제의 수도)에서 위효관에게 패하여 자살하였다. 왕겸도 10월에 패하여 살해당하였다. 반란을 일으킨 장군들은 하나같이 막강한 적이었지만, 양견은 운좋게도 이들을 배제할 수가 있었다. 이 성공은 위효관의 활약에 힘입은 바가 큰데, 위효관도 개선 직후 72세의 나이로 사망함으로써 양견은 수월하게 정권을 독점할 수 있었다.

양견은 그 해(580년) 12월 3일 상국(相國)이 되어 모든 정치를 통솔하고, 수왕(隨王)이 되어 20군(郡)을 수국으로 삼고, 검을 차고 전(殿)에 오르는 권리까지 인정받게 된다. 사실상 황제에 오를 만반의 준비가 다 갖추어진 셈이었지만 두 차례의 황제 즉위 권고를 모두 사퇴하고 수국(隨國)만을 받아들였다. 그러나 이는 선양(禪讓) 형식을 밟기 전까지의 일이다.

다음 해 581년 2월 13일, 북주의 정제는 제위를 양견에게 양위하였다. 양견은 왕조 이름을 수(隨)에서 'ì'을 뺀 '隋'라고 고치고, 연호는 개황(開皇), 장안은 대흥성(大興城)이라고 고쳐 수도로 삼았다. 양견은 제호(帝號)로는 문제(文帝), 묘호(廟號)로는 고조(高祖)라고 한다(이하에서는 양견을 수문제로 부르기로 한다). 퇴위한 정제는 개공(介公)으로 봉해지고 1만 호를 받았지만 그 해 5월에 죽었다. 아마 암살되었을 것으로 추측된다. 수문제는 북주 황실의 일족을 모두 살해하여 북주 부활의 뿌리를 잘라버렸다.

수왕조 창업기의 공신들

앞서 기술하였듯이 수문제 추대에 공이 큰 정역·유방이 실각한 뒤, 이에 대신하여 등장한 것이 고경(高熲)이다. 그의 아버지 고빈(高賓)은 북제에서 북주로 귀순하고, 5주국(五柱國)의 한 사람이자 수문제 황후의 아버지가 되는 독고신의 부하가 되어 한때 독고(獨孤)라는 성을 하사받았다. 고경은 북주가 북제를 평정할 때 크게 활약하여 주목을 받았는데, 수문제는 일족인 양혜(楊惠 : 후의 觀德王. 이름을 雄으로 고침)를 시켜 그를 설득하여, 정역·유방의 지위를 대신하게 하였다고 한다. 그는 정역·유방이 힘들다며 꺼려한 위지형의 토벌에도 군사를 이끌고 출정하여 무공을 세웠다. 그리고 수문제의 즉위와 함께 상서좌복야(尙書左僕射)의 자리에서 납언(納言) 직무를 겸하여 최고 실권자의 자리에 앉게 되었다. 고경은 우수한 실무 관료이자 대단히 공평한 입장을 가진 인물로 평가되는데, 그의 경력으로 보건대 진인각이 지적하는 관롱집단에 속하는 인물로 보아도 될 것이다.[4]

고경에 버금가는 창업기의 공신으로는 소위(蘇威)가 있다. 소위는 서위의 관료로 유명한 한인인 소작(蘇綽)의 아들이다. 소작은 문·무의 도에 능통한 인물로 서위의 국가체제 정비에 공적이 있으며, 특히 그가 만든 「육조조서(六條詔書)」는 관리의 마음가짐을 구체적으로 설명한 것으로 유명하다. 그 내용을 살펴보면 다음과 같다. (1) 먼저 마음을 다스리라. (2) 교화를 두텁게 하라. (3) 토지생산력을 높이라. (4) 현량을 발탁하라. (5) 옥송(獄訟)을 불쌍히 여기라. (6) 부역을 균등히 하라.

소위는 북주의 실권자였던 우문호의 딸을 아내로 삼았다. 그러나 그는 바로 그 연줄을 이용하여 승진하는 것을 꺼려하여 은거하며 독서에 빠져 있었으나, 고경의 추천으로 수문제를 섬기고 그 중신이 되었다. 그리고 자신의 아버지가 서위의 국가체제 정비에 힘쓴 것과 마찬가지로 수왕조의 제도 확립에 힘을 쏟았다. 수왕조 지배체제의 근본이 된 '개황율령'도 그가 입안한 것이 많다.

고경·소위로 대표되는 수왕조 창업기의 공신들은 서위·북주 이래의 지배집단인 관롱집단이거나 그들에게 봉사한 한인관료 가문 출신자였다. 따라서 수왕조의 창업과 함께 특별히 새로운 지배집단이 대두하였다고는 볼 수 없다. 그러나 이 고경·소위도 수문제의 장자인 태자 용(勇)이 물러나고, 남조 진의 토멸에 총사령관으로 활약한 수문제의 둘째아들 진왕 광(晉王 廣 : 후의 煬帝)이 새로이 대두하자 그의 후원자가 된 양소(楊素 : 수 말에 반란을 일으킨 楊玄感의 아버지)가 그들을 대신하게 되었다. 그 원인으로서는 수문제의 강한 시기심과 더불어 독고황후의 개입을 들 수 있다.

수문제와 독고황후

시호로 보건대, 수문제의 정치는 유교이념에 비추어 높은 점수를 받고 있음을 알 수 있다. 즉 절검을 존중하고 세역의 공평한 부과에 노력하였고, 남북조의 난세를 수습하여 인민의 생계안정에 일정하게 공헌하여 그는 태평세상을 구축한 황제로 평가되고 있다. 또 앞선 왕조인 북주가 '주례' 국가라

---

4) 谷川道雄, 『隋唐帝國形成史論』, 筑摩書房, 1971, 350쪽.

고 불리듯이 표면적으로는 유교를 존
중하면서도 한편으로 도교를 섬기고
불교를 배척한 반면, 수문제는 불교
를 장려하여 관립사원을 세우고 고승
을 우대하고 인수탑(仁壽塔)을 여러
주에 세웠다. 이것은 당시 불교가 민
족을 초월한 세계종교로서 확립되어
가던 상황에 부응한 것이다.

그런데 한편으로 수문제는 학문이
없고 신하의 의견에도 별로 귀를 기
울이지 않았으며, 관대하거나 넓은
도량을 갖추지도 못했을 뿐만 아니라
잔혹하고 인정이 없는 결함을 갖고
있었다. 이러한 경향은 만년으로 갈

石造道教像　隋, 섬서성 출토, 43×17cm

수록 더욱 심해졌다. 개황 20년(600) 황태자 용을 특별한 이유도 없이 폐하
고 둘째인 진왕 광을 태자로 삼은 것은 장자상속제가 확립되어 있던 중국에
서는 특히 비난거리가 되어 온 것으로, 수가 사실상 문제·양제(진왕 광)의
2대로 그치게 된 결정적인 원인이라는 견해도 있다. 이것에는 또 수왕조의
장점은 모두 수문제의 초기 치세로, 단점은 모두 수양제의 '폭정'으로 돌린
『수서』를 편찬한 당왕조의 사관에 의해 만들어진 정사(正史) 탓도 있을 것
이다.

독고황후는 앞서 기술하였듯이 서위 8주국의 한 사람인 독고신의 딸로서
14세 때 수문제에게 시집와서, 수문제에게 자신을 제외한 다른 여자에게서
는 자식을 보지 않겠다는 맹세를 하게 했다는 여걸이다. 그러나 황후로서는
"유순·공손하고 효성스러웠으며 아녀자의 덕을 잃지 않았다"는 평가를 받
았다. 한 번은 돌궐족이 투명한 구슬[明珠] 한 상자를 8백만 전에 구입할 것
을 청하였는데, 독고황후는 이를 사지 않고 그 돈을 공적이 있는 장사(壯士)
에게 내려주었다. 또 황후의 일족이 법을 어겼을 때는 가차없이 형벌을 내
렸다는 일화도 전해진다.

수문제의 독고황후에 대한 애정은 깊었으나 한편으로는 그녀를 경원(敬遠)하기도 하였다. 14세 때의 에피소드로도 알 수 있듯이 황후는 질투심이 강해서, 어느 때 수문제가 위지형의 딸을 총애하는 것을 알고는 그녀를 죽여 버렸다. 수문제는 그것을 듣고 산골짜기로 도망가 "나는 신분이 천자이면서도 자유가 없구나"라고 탄식했다. 이 말을 들은 고경이 "폐하 어찌 한 부인 때문에 천하를 가벼이 하십니까"라고 하며 위로하였다. 이 이야기를 전해들은 독고황후는 자신을 '한 부인'이라고 부른 데 앙심을 품었는데, 이것이 고경이 실각한 원인 가운데 하나가 되었다고도 한다.

황태자 용이 폐위된 것도 태자에게 여자문제가 많아 황후의 노여움을 샀기 때문이라는 이야기가 있다. 즉 수문제의 인물을 보는 안목에는 독고황후의 의견이 꽤 들어가 있었던 것으로 보인다. 독고황후는 수문제가 사망하기 2년 전인 인수 2년(602)에 사망하였다.

개황율령의 제정

수문제는 수왕조 창업의 해, 즉 개황(開皇) 원년(581) 10월에 새로운 율을 공포하고 개황 3년에 이를 개정하였다. 이를 개황률(開皇律)이라고 부른다. 율이란 형벌법규로서, 이를 근간으로 하는 것이 중국법제의 특색이다. 즉 형벌을 통해 국가체제를 유지하고자 하였다고 할 수 있다. 율의 총칙을 형명법례(刑名法例), 줄여서 '명례(名例)'라고 한다. 그 다음에 황제의 신변 경호를 주로 하는 '위금(衛禁)', 관리의 복무규율인 '직제(職制)', 호적·혼인을 규제하는 '호혼(戶婚)' 등이 있다. 혼인과 같은 민사법적인 분야에까지 형벌로써 규제를 가하고 있었음을 알 수 있다.

개황률의 모범이 된 것은, 수가 정치적으로 계승한 북주의 율이 아니라 북주에게 멸망당한 북제의 율이었다. 북주는 그 왕조명에도 나타나듯이 중국 상고의 주나라 제도를 이상적으로 기재한 『주례』에 의거하고 있었으므로, 이를 모델로 삼는 것은 현실적으로 여러 가지 불편이 있었기 때문일 것이다. 또 남북조의 각 왕조는 한나라 및 삼국시대의 위나라 율령을 역대로 개정해 왔지만, 수문제는 오히려 한위(漢魏)의 옛 것으로 돌아가는 것을 지침으로 삼았다. 이 개황률의 특징은 가혹한 법을 삭제하는 데 있었는데, 상세한 내용은 전하지 않는다. 그러나 다음 대의 당나라 율이 이 개황률에 의거하였고 현저한 개정이 이루어진 흔적이 보이지 않으므로, 뒤에 서술할 당률과 큰 차이가 없다고 봐도 될 것이다.

개황령(開皇令)은 개황률과 동시에 제정된 것 같지만, 공포한 날짜는 정확하지 않다. 령(令)이란 행정법규라고 할 수 있는 것으로, 정치제도의 기초가 되는 관제는 이 령으로 정해진다. 이 령제에서 주목되는 것은, 중국역사상 저명한 관제인 당대의 3성6부제가 이미 여기에서 완성되어 있다는 점인데, 그 사실은 『수서』「백관지」로 판명된다. 또 당왕조의 관제에는 6부 아래 1부(部)마다 4사(司) 즉 24사제(司制)5)가 있었는데, 이 또한 개황령에 이미 나타난다. 나아가 당대의 관제로서 관리는 직계(職階)를 나타내는 산관(散官)과 직장(職掌)을 나타내는 실관(實官)의 두 가지가 있는데, 이 산관제도도 이미 개황령에 나타난다. 균전제·조용조제·부병제 등 인민의 부담과 직접 관계되는 제도도 상세한 것은 판명되지 않지만, 당제와 큰 차이가 없었다고 보아도 될 것이다. 단지 관명에서, 예를 들면 당의 형부(刑部)를 수(隋)에서는 도관(都官)이라 하고, 호부(戶部)를 탁지(度支)라고 한 것처럼 일부 차이는 보인다.

지방관제의 대개혁

지방관제도 영제로 규정되었는데 이는 특히 중요하다. 지방제도는 한대 이래 주·군·현의 3급제(三級制)가 행해져 왔는데, 수문제는 개황 3년(583) 군을 폐지하고 주·현 2급제(二級制)로 고치는 대개혁을 단행하였다. 이후 같은 지역에 주명(州名)과 군명(郡名)이 붙게 되었다. 3세기 진(晉) 이후 5호의 침입으로 많은 한인이 남천하고 남쪽에 자리잡은 이 한인들이 그 지역에 북쪽에 있는 주의 이름을 붙였기 때문에 주의 수가 증대(수문제 초기에 주는 310개, 군은 508개)하였다. 거기에 주와 군의 크기에 별 차이가 없게 되어 지방관제에 혼란이 일고, 주가 늘어남에 따라 지방관 수도 증대하여 소위 '십양구목(十羊九牧 : 10마리 양에 9명의 양치기)'의 폐해가 두드

---

5) 역자주 : 실제로는 상서도성에 2사가 더 있으므로, 모두 합하면 26사가 된다.

러졌기 때문에 2급제를 채택한 것이다.

또 종래 지방장관인 자사(刺史)가 갖고 있던 주의 하급관료 임명권도 중앙으로 회수되었다. 뿐만 아니라 전란이 많았던 남북조 시기에 자사가 쥐고 있던 병권도 박탈하였다. 한편 원래 자사는 이전에 병권을 쥐고 있었기 때문에 자사의 하급관료로는 주자사로서의 하급관료[鄕官] 계통과, 군부관(軍府官)으로서의 하급관료 계통의 두 가지가 있었다. 이에 개황 15년(595)에는 전자인 주자사 계통의 하급관료 즉 향관을 폐지시키고, 군부 관계의 장사·사마를 자사의 보좌관의 중심에 두었다.

이상과 같은 지방관제의 대개혁에 즈음하여, 그 때까지 구품관인법(九品中正制)[6]이라고 해서 관리 후보자를 지방에 있는 중정관이 9등으로 나누어 중앙에 추천하였는데 이 중정관도 폐지하였다.

관리등용 시험제도 — 과거(科擧)의 시작

일찍이 중국의 관리 임용제는 선거(選擧)라고 불렸다. 이는 지배층과 일반 인민과의 교류의 터로서 중요한 의미를 지녔을 것으로 여겨진다. 기원전 2세기 한무제 때, 유교의 국교화 정책의 일환으로 향리에서 효(孝)·염(廉)의 덕목을 갖춘 인물로서 평판이 높은 사람을 그 지방관이 중앙에 추천케 하는 효렴제(孝廉制)가 시행되었다. 이것이 선거제도의 시작으로서 '향거리선(鄕擧里選)'이라고 불린다.

기원후 1세기 후한왕조가 성립된 이후 지방에서는 호족이 대두하고, 전한의 목가적(牧歌的)인 향리제는 붕괴하였다. 그리고 삼국시대의 위나라 때, 관직의 등급을 9품으로 나눔과 동시에 지방에 있는 중정관이 관리후보자를 추천할 때도 향품(鄕品)이라 불리는 9품으로 나누어 추천하는 제도(구품관인법)가 시작되었다. 그러나 이 선거제는 삼국시대의 위나라 때부터 점차 형성된 귀족제 사회를 반영하여, 향품의 결정 방식은 인물이 아니라 가문의 고하에 따라 정해짐으로써 구품관인법은 귀족제와 표리를 이루며 발전하였다. 그러나 새로이 성립된 수왕조에서는 이미 귀족제 사회가 무너졌기 때문

---

6) 구품관인법에 대해서는 미야자키 이치사다 지음, 전영섭·임대희 옮김, 『구품관인법의 연구』, 소나무, 2001 참조.

에 중정관이 필요 없게 되었고, 이에 지방관제의 개혁에 따라 폐지된 것이다.

그러나 한편으로 남북조의 대통일을 이룩한 수왕조로서는, 지방관제의 개혁과 함께 지방관 하급관료의 임명권이 중앙으로 회수되고 통치지역이 확대됨에 따라 관리후보자의 필요성이 증대되었다. 이에 귀족제를 배경으로 운용된 구품관인법에서 탈피한 새로운 선거제의 출현이 요구되었다. 이 요망에 따라 출현한 것이 바로 과거(科擧)이다.

과거란 과목별 선거라는 의미로, 10세기 이후 송대에 등장한 용어이지만 여기에서는 편의상 소급하여 사용하기로 한다. 과거는 종전의 추천제 선거와는 전혀 다르게 지원제에 의한 과목별 시험제다. 미야자키 이치사다(宮崎市定)의 고증에 의하면, 이 과거는 수문제 개황 7년(587)에 창시되었는데 후에 당대 과거의 중심이 되는 진사과도 이 때 개시되었다고 한다.

그러나 당시의 과거 합격자는 매년 수명 정도로, 질적으로야 어쨌든 간에 양적으로는 중시할 만한 것은 아니었다. 또 당대에 진사과·명경과가 매년 실시되는 제도로서 '상거(常擧)'라고 불린 데 대해, '제거(制擧)'라고 하는 임시 선거제가 당 중기 이후 중시되어 왔는데, 이 제도도 598년(개황 18)에 개시되었다고 미야자키 이치사다는 기술한다.

3세기반에 걸친 분열시대 막을 내리다

수왕조를 창업한 수문제는 우선 국내기구의 정비와 충실에 노력하였다. 그리고 587년(개황 7), 강릉(호북성 형주)에 수도를 둔 보호국(保護國) 후량(後梁)을 멸망시켰다. 후량은 남조 양의 후손이 세운 나라다. 588년(개황 8) 10월, 수문제는 수춘(壽春 : 안휘성 수현)에 전선 총사령부를 두고 남조 최후의 왕조 진(陳)을 토벌하러 나섰다. 진에서는 수왕조가 창업될 무렵 후주(後主 : 陳叔寶)가 즉위하였지만 사치와 연회 등에 빠져 있었다. 수문제는 둘째아들 진왕 광(후 수양제)을 총사령관으로 삼고, 양소 등에게 그 뒤를 따르게 하였다. 수군 총수 51만 8천 명은 양자강을 건너 진의 수도 건업(建鄴 : 강소성 남경)에 접근했다. 다음 해 수군의 침공 소식을 들은 후주는 두 명의 비를 안고 우물에 숨는 상황이었고 병사도 10만 정도에 지나지 않아 금세 무너졌다. 후주는 총애하는 비와 함께 체포되어 수의 수도 대흥성(장안)

으로 호송되었다.

당시 남북 양조는 이미 경제적으로 상당한 교류가 이루어지고 있었고, 오히려 정치적으로 통일되지 않았던 것이 경제발전을 저해하는 원인이 되었다. 589년(개황 9)의 진의 멸망과 함께 3세기 초 위·촉·오 삼국의 정립 이래 서진에 의한 일시적인 통일시대를 제외하고 350여 년에 걸친 분열의 시대는 종말을 고하고 대통일의 날을 맞았다.

수양제와 그의 정치

괴이한 즉위

총사령관으로서 남조의 마지막 왕조인 진을 토벌하여 멸망시키고, 중국통일에 빛나는 무훈을 세운 수문제의 차남 진왕 광은 그 여세를 몰아 수문제와 독고황후의 환심을 샀다. 드디어 수문제는 600년(개황 20) 장자인 태자 용을 폐하고 광을 태자로 삼았다.

수문제는 질투심 강한 독고황후 때문에 달리 총애하는 비가 거의 없었지만, 진선제(宣帝 : 진 후주 진숙보의 아버지)의 딸인 선화부인(宣華夫人)만큼은 예외였다. 진왕 광은 여기에 주목하여, 선화부인에게 선물을 자주 보내며 환심을 샀다. 그가 태자가 된 데는 이 선화부인의 숨은 원조가 있었다고도 한다. 602년(인수 2), 독고황후가 죽자 선화부인은 수문제의 총애를 독점하게 되었다. 604년(인수 4) 7월 수문제의 병이 악화되자 선화부인과 태자 광이 함께 수문제를 모시고 있었는데, 새벽에 선화부인이 옷을 갈아입으러 나왔을 때, 태자 광이 그녀를 덮쳤다. 부인은 간신히 그로부터 벗어나 수문제 곁으로 돌아왔는데, 수문제는 얼굴색이 평시와 다른 것을 보고 이유를 물었다. 부인이 훌쩍훌쩍 눈물을 흘리며, "태자가 무례해요" 하고 엉겹결에 외쳐 버렸다.

분노한 수문제는 "개놈의 자식, 그 따위 놈에게 무슨 큰 일을 맡길 수 있겠나. 독고황후가 나를 망쳐놨어"라며 시종에게 명하였다. "내 아들을 부르라."

시종이 태자 광을 부르려 하자 수문제는 "용(폐태자)을 부르라"고 외쳤

다. 그러나 이 자리에 있던 시종은
마침 태자 광을 추대한 장본인이
었으므로 당시의 실권자인 좌복야
양소에게 연락하였다. 양소는 이
상황을 태자 광에게 알렸고, 광은
심복을 수문제의 침실에 두고 선
화부인 이하 후궁들을 모두 별실
로 물러가게 하였다. 그러한 속에
서 수문제는 죽었다. 선화부인과
다른 궁인들은 사태가 급변한 것
을 느끼고 부들부들 떨고 있었다.

그 날 저녁 태자 광은 선화부인
에게 살짝 편지를 건네었다. 수문
제가 독살당했다고 생각한 선화부

隋煬帝

인은 물론 그 편지를 열어보지 않았다. 그러나 편지를 가지고 온 사자가 봉
투를 열어 볼 것을 독촉하여 할 수 없이 열어 보았더니, 그것은 러브 레터였
다. 그 날 태자 광은 선화부인과 밤을 함께 보냈다.

이상의 내용은 『수서』 선화부인전에 나오는 이야기다.

태자 광은 이러한 경과를 거쳐서 즉위하여 수양제가 되었다. 폐태자 용은
곧 살해당하였다. 수양제의 막내동생으로 관동 52주를 지배하던 한왕 양(漢
王 諒)은 수양제의 즉위에 분노하여 거병하였으나, 양소가 이끄는 군대에게
토벌당하고 말았다.

수도 건설의 가혹한 부담

양제의 '양(煬)'이라는 글자는 '예를 버리고 민심을 멀리한다', '하늘에 거
역하고 민을 학대한다'라는 뜻의 시호로서, 악한 군주라는 의미이다. 『수서』
등에는 그가 폭군임을 보여주는 사적이 많이 실려 있는데, 그 중에서도 병
역을 포함한 인민의 과도한 부역이 특히 눈에 띈다. 병역 문제는 고구려 원
정 부분에서 다룰 것이므로 여기에서는 생략하고, 과도한 부역의 실례를 들

國淸寺 국청사는 수양제가 천태종을 창시한 **智顗**를 후원하는 과정에서 주요 무대로 떠오른다.

어보면 다음과 같다.

수문제는 북주의 수도인 장안에 대흥성을 세워 수도로 삼았는데, 수양제는 이를 서경으로 삼고 하남성 낙양에 양소를 총감독으로 삼아 동경(동도)을 조영하였다. 이 동경 조영을 위해 동원된 인민은 매월 2백만 명에 달하는 막대한 수였다. 당시, 수왕조의 지배하에 있던 인구가 4천 6백만이었음을 고려하면, 그것이 얼마나 과중한 것이었는지 한층 더 확실해질 것이다. 이 수도 조영공사는 수양제 즉위 직후인 605년(대업 원년) 3월에 시작되어 다음 해 정월에 완성되었으므로 모두 2천만 명 정도가 각각 1개월 동안 동원된 셈이다.

또 부유한 상인[富商] 수만 가(家)를 동경으로 이주시켜 황폐해진 이 지역으로 물자의 유통을 꾀하였다. 당시의 사람들의 기록[7]에 따르면, 동경 조영공사는 성벽공사에 70만, 토공감(土工監)의 상역(常役)에 80여 만, 그 밖에 목공·기와공·금공·석공 10여만 명이 동원된 광대한 규모였다. 다소 과장이 있다 하더라도 대규모였던 것임에는 틀림없다. 또 이 동경을 조영하기 위한 목재를 멀리 강남에서 운반하였는데, 그 운송 행렬이 천 리에 뻗쳤고 힘든 작업 때문에 동원된 인원의 반수 정도가 죽어나갔다고 한다.

이뿐만 아니다. 수양제는 동경 가까이에 현인궁(顯仁宮)이라고 하는 별궁을 짓고 그 곳에 천하의 진기한 동물과 나무[奇獸珍木]를 모은 대동식물원(大動植物園)을 만들었다. 주위둘레가 수백 리(1리는 약 0.4km)에 이르렀다. 이 밖에도 각지에 별궁을 세워두고 그 곳으로 가끔 행차하였는데, 이 또한 지방민에게 큰 부담이 되었을 것임을 쉽게 상상할 수 있다.

---

7) 수나라 두보(杜寶)의 『대업잡기(大業雜記)』.

대운하 완성의 위업

광대한 중국을 남북으로 관통하며 북으로 오늘날의 북경 부근으로부터 남쪽으로 멀리 양자강을 지나 지금의 항주(절강성)에 이르는 대운하는 수양제 때 완성되었다. 진의 남천[東晉]과 함께 한인이 강남으로 대거 이동하면서 강남의 경제적 개발이 현저히 촉진되었다. 수양제는 이 강남개발의 성과를 흡수하기 위하여 남북을 관통하는 대운하를 완성하였다.

수문제가 대흥성(장안 : 현재의 서안시)을 건설하여 북주의 수도를 계승한 것은 관중의 요지에 자리잡고 천하통일을 확보할 의도였을 것이다. 그러나 수도의 번영과 함께 인구가 증대하자, 수도 부근은 식량이 부족해져 관동의 곡물을 관중으로 수송할 필요가 생기게 되었다. 그래서 수문제는 이미 584년(개황 4)에 광통거(廣通渠)를 개통하여 황하와 장안을 연결하였다. 또 587년(개황 7) 회수와 양자강을 연결하는 산양독(山陽瀆)을 열어 강북을 물자가 풍부한 강남과 뱃길로 연결하게 만들었다.

수문제 시대의 성과를 바탕으로 수양제가 그 위에 605년(대업 원년) 회수와 황하를 연결하는 통제거(通濟渠 : 御河)를 개통함으로써 양자강에서 장안에 이르는 수로가 관통되었다. 또 수양제는 양자강 남안으로부터 여항(余杭 : 항주)에 이르는 강남하(江南河)를 완성하였다. 이 지대는 양자강 델타 지역으로 수로가 사통팔달(四通八達)하여 강남하의 이용가치는 컸다. 또 608년(대업 4), 황하와 탁군(涿郡 : 북경 부근)을 연결하는 영제거(永濟渠)를 열었다. 이것은 뒤에서 언급할 고구려 원정을 위한 것이었다.

이상과 같은 대운하를 완성하기 위해 동원된 인민의 사역은 막대한 것이어서, 일단 면제대상이었던 부인들까지 징

수 대운하 지도

양주 시내를 관통하는 운하

발하였다. 또 각 강의 높이의 차이 등에서 오는 기술적으로 곤란한 문제를 갑문을 설치하거나 언(堰)이라고 하는 경사면을 만들어 새끼줄로 끌어올리거나 미끄러지게 하는 방법 등을 고안하여 해결하였다.

611년(대업 7) 수양제는 대운하의 완성을 기념하여, 용주(龍舟)를 띄우고 양주(강소성 江都)에서 수로로 탁군(북경 부근)까지 행차하였다. 4층으로 된 이 호사스러운 배는 높이가 45척에 길이가 2백 척이나 되었고, 2층에는 금옥으로 장식한 120개의 방이 있었다. 황후가 탄 배의 규모는 이보다 조금 작았다고 한다. 이 용주의 뒤를 이어 크고 작은 배 수천 척이 따랐고, 노젓는 인부만 8만여 명이었다고 한다.

이 때문에 대운하에 대해서는 종래 수양제의 유람 시설이었다고 선전되어, 동경 조영 등과 함께 수양제를 폭군으로 비난하는 거리가 되고 있다. 그러나 이 대운하의 완성이야말로 남북통일의 구체적인 성과였고, 해상 수송이 불가능하였던 당시 그것은 대단히 편리한 것이었다.

자멸을 부른 고구려 원정

수양제 시대의 최대 사건은 고구려 원정이다. 당시의 한반도 상태에 대해서는 다음 항목에서 기술하겠지만, 수는 이미 수문제 때 으름장을 놓아 고구려를 회유 굴복시키려 하였다. 그러나 고구려가 이에 따르지 않았기 때문에 598년(개황 18), 수양제의 동생인 한왕 양에게 명하여 요하(요녕성)의 서쪽 기슭까지 진격하게 하였다. 이 원정에서 수군은 전염병이 돌아 십에 팔구가 사망하는 상황하에 간신히 요하까지 진격하였으나, 고구려왕이 사죄사(謝罪使)를 파견해 왔기 때문에 대전쟁으로까지는 확대되지 않았다. 이 원정의 원인에 대해서는 수측의 침략적 의도 외에도 수를 부추긴 백제라는 요소도 고려해서 생각해야 할 것이다.

수양제가 즉위하자 또다시 고구려를 원정하자는 의견이 무성하게 일었다. 백제가 수의 출병을 요청한 것과, 수양제가 돌궐의 계민 카간(啓民可汗)을 방문하였을 때 거기에 고구려 사절이 와 있는 것을 보고 북방의 위협세력인 돌궐과 고구려가 연계할 것을 두려워한 것이 원인이 되었던 것이다.

611년(대업 7) 2월 수양제는 탁군(북경)에 행차하여 고구려 원정을 위한 준비를 개시하였다. 당연히 이는 인민에게 과중한 부담이 되었기 때문에 이를 피해 도적떼가 되는 사람도 나타났다. 다음 해 정월, 수양제는 113만이라는 미증유의 대군을 탁군에 결집시키고, 이를 12군으로 나누어 고구려 출정에 나섰다. 12군이 출발하는 데 걸린 시일만 40일이나 되었다고 하니 그 규모를 상상하고도 남음이 있다. 또한 이 대군의 수송에 종사하는 사람은 이 숫자에 배가 필요하였다고 하므로, 3백만 이상의 인민이 직접·간접으로 대전쟁에 종군하였다는 것이 된다.

그러나 이 대군은 요하를 사이에 둔 전투에서 고구려군의 격렬한 저항을 받아 대장군 이하 다수의 전사자를 냈고, 겨우 별동대만 압록강을 건너 고구려의 수도 평양에서 70리(32km) 지점까지 진격하였다. 그나마 수군은 살수(薩水 : 지금의 청천강) 싸움에서 대패하여, 진격군 30만 가운데 요동성(요녕성 요양)으로 도망친 사람은 겨우 2,700명에 불과했다고 한다. 이 때 수군도 산동반도에서 평양 부근까지 나아갔지만, 육군과 연락을 취하지 못하여 각기 격파당하고 말았다.

이러한 실패에도 불구하고 수양제는 그 다음 해 613년 정월에 다시 대군을 탁군에 집결시켜 스스로 이를 이끌고 제2차 고구려 원정에 나섰다. 그러나 그 해 6월, 수양제를 옹립한 최대 공로자인 양소의 아들이며 당시 예부상서(장관)였던 양현감(楊玄感)이 후방인 하남성에서 반란을 일으켰다(상세한 것은 후술). 이로 인해 원정군은 서둘러 철수하지 않으면 안 되게 되었다. 이 때 병부시랑(차관) 곡사정(斛斯政)이 고구려로 도망하는 대사건도 일어났다. 양현감의 반란은 고구려 원정군의 귀환으로 약 2개월 만에 평정되었다.

해를 넘겨 614년 수양제는 또다시 고구려 원정에 나섰으나, 7월 고구려가

수양제릉 생전에는 막강한 권력을 휘두르던 수양제였건만, 비참한 죽음 이후에는 아무도 그의 주검을 제대로 수습해 주지 않아 그의 무덤은 한동안 세상 사람들로부터 잊혀져 버렸다. 현재 揚州에 있는 수양제릉은 청대에 와서야 비로소 이 무덤일 것이라고 짐작하여 꾸민 것이다. 참으로 초라한 무덤이다. 최근에는 관광수입을 위해서 대대적으로 보수공사를 하였다는 이야기도 들린다.

사자를 파견하여 항복하겠다면서 곡사정을 붙잡아 왔기 때문에 마침내 병을 거두었다. 그러나 고구려의 왕은 스스로 수에게 조공하겠다고 한 약속을 지키지 않았고, 결국 3차에 걸친 고구려 원정은 실패로 돌아갔다.

수양제의 고구려 대원정은 수나라를 완전히 피폐하게 만들었다. 게다가 원정중에 각지에서 들고 일어난 민중이 원정의 종료와 함께 본격적으로 반란을 일으켰으므로, 수는 다시는 재기할 수 없는 혼란에 빠지고 말았다.

수양제는 폭군인가?

수양제는 만년에 각지의 들끓는 반란을 나몰라라 하고, 뛰어난 경치를 자랑하는 남쪽의 양주(揚州 : 강소성 강도)로 옮겨 미희 천여 명을 대동하고 술잔을 입에서 떼지 않았다. 또한 그 자신을 짐(朕)이라는 용어 대신 이 지방 사투리인 '나[儂]'로 칭하며 스스로 망국의 군주인 진의 후주와 비교하면서 퇴폐한 남조문화에 심취해서 살다 결국 우문화급(宇文化及)에게 살해당하고 말았다(618년).

수양제가 대대적인 토목공사를 벌여 인민을 과도하게 징발한 것이나 3차에 걸쳐 무모하게 고구려 대원정을 실시한 것 등은 완전히 폭군의 이미지와 일치한다. 그러나 그러한 일을 벌였다고 해서 모두 폭군으로 불리는 것은 아니다. 후술할 당태종(太宗 : 李世民) 역시 고구려 원정에 실패하였고, 스스로 형인 태자 건성(太子 建成)을 죽이고 아버지인 고조(이연)를 감금한 후 제위에 올랐음에도 불구하고 중국역사상 제일의 명군으로 추앙받고 있다. 수양제는 분명 폭군적인 면이 있다. 그렇다고 해서 폭군이라는 말에서 연상되는 멍청하고 우둔한 군주는 아니었다.

예를 들면, 수·당전기 통치체제의 면에서 수양제는 수문제의 개황율령에 상당히 대폭적인 수정을 가하고 있다. 즉 율에서는 가능한 한 형벌을 가볍게 하여 관대한 정치를 지향하였으며, 율의 내용도 개황률이 12편이었는 데 비해 18편으로 늘여 상세히 하였다. 지금 그 조문은 전해지지 않으나, 편목에서 위금(衛禁)을 위궁(衛宮 : 궁정의 경호)과 관시(關市 : 관문과 시장)로 나누고, 직제(職制)를 독립시키고, 호혼(戶婚)을 호와 혼으로 나누고, 적도(賊盜)를 적(賊 : 强賊)과 도(盜 : 竊盜)와 투(鬪 : 분쟁)로 나누는 등, 같은 편목에 한데 묶여 있던 상호 이질적인 것들을 나눈 것은 극히 합리적인 조치였다.

또 대업 5년에 '대색모열(大索貌閱)'이라고 해서 인민 한사람 한사람을 직접 대면하고 본인 여부를 확인하는 호적조사를 행하였다. 그 결과 장정 24만, 인구 64만이 증가하였다고 하는데, 이것도 가혹한 정치라고 하기보다는 정무에 힘쓴 결과라고 할 수 있다. 대운하의 개통 문제에 대해서도, 단순히 운하의 유람에 초점을 맞추어 비난하기보다 그것이 중국경제에 가져온 수송의 편리함을 평가해야 함은 말할 것도 없다.

그런데도 수양제가 폭군으로 묘사되고 있는 것은, 수양제의 사적을 주로 언급한 『수서』가 당태종의 명을 받고 그 공신 위징(魏徵) 등이 편찬한 것이기 때문이다. 즉 당태종 및 위징 등은 수양제에 대한 반란 속에서 결기하여 수왕조를 타도한 사람들이었기 때문에, 수양제의 폭군적인 면을 강조하면 할수록 한층 더 당왕조 창업의 정당성을 주장할 수 있었다. 따라서 수양제에게는 폭군으로 간주되는 면 이외의 사적이 있음에도 불구하고 『수서』에서는 그것이 강조되지 않았던 것이다.

그에 반해 당태종은 항상 사관의 기록에 유의하고 있었던 것으로 나타나듯이, 이미 생전부터 명군으로 기록되도록 조작한 흔적이 보인다. 그 때문에 당태종의 폭군적인 면과 개인적인 결함에 대한 기술은 억제되어 있다. 예를 들면 수양제와 당태종은 모두 고구려 원정에 실패했지만 그 실패가 전자에게는 치명적인 결함이 되었고 후자에게는 그렇지 않았던 것이다.

즉 폭군이건 명군이건 그 근거가 되는 내용이 기록되어 사료가 될 당시의 사회상황에 좌우되는 바가 크다. 따라서 역사를 고찰할 때는 물론 사료에 의거해야 하겠지만, 사료의 작성 시기도 생각하지 않으면 안 된다. 말하자면 폭군도 명군도 본래부터 그렇다기보다는 기록된 사료에 의해서 만들어진 면이 있음을 주의하지 않으면 안 된다.

수제국 주변의 여러 나라 정세

신국가 체제를 정비한 일본

『수서』권81 왜국전(倭國傳)[8]에는 유명한 쇼토쿠 태자의 견수사(遣隋使) 파견에 대해 다음과 같은 기록이 나온다.

대업 3년(607), 왜왕인 다리사비고(多利思比孤 : 聖德太子)가 사신을 파견하여 조공하였다. 사자가 말하기를 "바다 서쪽의 보살천자(양제)가 다시 불법을 일으킨다고 들었기 때문에 사자를 보내어 배알케 하고 아울러 사문(沙門 : 승려) 수십 명을 보내어 불법을 배우려고 합니다."

그 국서에 말하기를 "해뜨는 곳의 천자가 해지는 곳의 천자에게 편지를 보내노라. 무사히 지내기를 바라노라. 운운"이라고 하였다. 이 국서를 읽고 불쾌해진 수양제는 홍로경(鴻臚卿 : 외무대신)을 시켜 말하기를, "만이(蠻夷)의 편지에 무례한 점이 있으니, 다시는 상주(上奏)치 말라"고 했다. 다음 해, 수양제는 문림랑(文林郎 : 비서성에 속하는 종8품 관직)인 배청(裵淸 : 실명은 裵世淸인데 『수서』가 당태종 이세민 때 편찬되었기 때문에 '世'자를 피하여 생략하였다)을 왜(倭 : 倭)국에 사신으로 보냈다.

이 내용에 걸맞는 『일본서기』 기사는 권22 스이코 천황(推古天皇) 15년(607) 가을 7월 경술(庚戌 : 3일)조에 "대례(大禮 : 관위 12계의 다섯번째)인 오노노 오미 이모코(小野臣妹子)를 대당(大唐 : 隋)에 보냈다. 구라쓰쿠리노 후쿠리(鞍作福利)로 하여금 통역하게 하였다"라고 기록되어 있다. 『일본

---

8) 원문에는 倭라 되어 있지만 倭의 오기.

서기』의 편자는 수왕조와 당왕조도 명확하게 구별하지 못했음을 알 수 있다. 쇼토쿠 태자는 스이코 천황 11년(603)에 관위 12계를 정하는 등 관제 정비로부터 새로운 정치에 착수하였는데 이 점은 중국측에도 전해져 『수서』 왜국전에 기재되어 있다. 그리고 그 다음 해에 유명한 헌법 17조를 제정한다. 그러나 이 사실은 『수서』에 보이지 않는다.

이 헌법은 서위(西魏 : 535~556) 소작(蘇綽 : 498~548)의 「육조조서 (六條詔書)」에 바탕하고 있다고 전 해진다. 또 쇼토쿠 태자가 지었다

쇼토쿠 태자 초상 7세기 하쿠호 시대

고 하는 『법화경(法華經)』·『승만경(勝鬘經)』·『유마경(維摩經)』3경의 의 소(義疏 : 주석)는 진짜 그의 작품인가를 둘러싸고 논란이 있는데, 금세기 초 중국 서변의 오아시스인 돈황에서 발견된 문서 안에 똑같은 것이 나왔기 때문에 쇼토쿠 태자가 창작했을 가능성은 더욱 희박하다.

역시 『수서』에는 수문제 600년(개황 20)에 왜왕이 사신을 보냈다는 기사 가 나오는데, 일본에는 여기에 해당하는 기술이 없다. 정식 견수사가 아니었 던 것일까.

처음에 든 『수서』에 보이는 견수사의 말 중에 수양제를 "바다 서쪽의 보 살천자"라고 칭한 것은, 수나라가 문제 이래 불교국가로서 일본에 비쳐졌고, 동아시아 세계의 공통의식으로서 불교가 큰 의미를 가졌다고 보면 될 것이 다. 또 견수사의 말에 유학승 수십 명을 파견하였다고 하는 것은 반드시 좁 은 의미의 승려의 유학으로 생각할 필요는 없지만 주목되는 부분이다.

양제 시대에 견수사는 이후 세 차례 파견되는데, 견수사와 함께 많은 유 학생이 바다를 건너갔다. 이들 유학생 중에 다카무쿠노 아야히토 구로마로 (高向漢人玄理)·이마키노 아야히토 니치분(新漢人日文[旻])·미나미부치

노 아야히토 쇼안(南淵漢人請安)이 후에 다이카 개신(大化改新)에서 중요한 역할을 한 것은 유명하다. 단 이 사람들은 모두 '한인(漢人)'으로 되어 있는데, 중국인을 의미하는 것이 아니라 한반도 출신이거나 한반도인의 자손일 것이다.

또 수양제를 "해지는 곳의 천자"라고 하여 일본의 천황과 대등하게 부른데 대해서는 여러 의견이 있는데, 아마 신흥국 일본이 하룻강아지 범 무서운 줄 모르는 식으로 쓴 것이 아닌가 한다. 당시 수양제는 단단히 화가 났겠지만 당시의 적극적인 외교방침에 따라 무례를 용서하고 오노노 오미 이모코의 귀국길에 배세청을 함께 파견하였다. 배세청이 시종 12명과 함께 일본의 쓰쿠시(筑紫)에 도착한 것은『일본서기』스이코 천황 16년(608) 4월조에 보인다.

오노노 오미 이모코는 귀국 후 수양제로부터 하사받은 국서를 백제인에게 도둑맞았다고 주상하였고, 그로 인하여 유형(流刑)에 처해진다. 그러나 이 일은 수나라 사신에게 알려지면 좋지 않다고 해서 사면되었음이『일본서기』에 보인다. 수양제의 답서는 아마 천황에게 직접 조공하라고 하는 등 도저히 일본으로서는 정식으로 받아들일 수 없는 내용이었을 것이다. 외교관으로서 늘 있는 일이겠지만 가운데 끼여 고생했을 오노노 오미 이모코의 고뇌하는 모습을 엿볼 수 있는 기술이다.

쇼토쿠 태자는 적극적인 내정개혁을 통해 일본의 국력을 비약적으로 발전시켜 다이카 개신의 길을 열었는데, 외교에서도 수양제의 적극적 외교의 물결을 타고 우선 수에게 그 존재를 인식시켰다. 지금까지 한반도를 통한 간접적인 중국문화의 수용에서 한 걸음 더 나아가 직접 사신을 보낸 것은 획기적인 일이라고 해야 할 것이다.

한반도의 삼국 대두

고구려 : 한반도 북부에서 지금의 중국 동북지방에 걸쳐 일어난 고구려는 광개토대왕비문으로 유명한 광개토대왕(廣開土大王 : 391~412)부터 장수왕(長壽王 : 413~491)에 이르는 시기에 한반도에서 우위를 확립하고 그 우세를 양원왕(545~559) 초기까지 계속 유지하였다. 그러나 점차 한반도 남부

에서 백제와 신라가 대두하여 공동으로 고구려에 대항하였다. 백제의 성왕(聖王 : 523~554)은 551년에 신라 진흥왕(眞興王 : 540~576)의 원조를 얻어 북쪽 고구려 영토에 침입하여 한강유역을 점령하였고, 신라도 북진하였다. 이 무렵부터 신라는 급속히 발전하여 마침내 백제가 고구려로부터 빼앗은 한강유역을 다시 탈취하고, 또 동해 연안의 고구려 영토에도 침입하였다.

이 같은 삼국 정립의 상태 속에서 수왕조가 흥기하여, 고구려

광개토대왕비

평원왕(平原王 : 559~590)은 수왕조가 창업된 581년에 수에 조공하고 수로부터 대장군·요동군공(大將軍遼東郡公)의 칭호를 받았다.

신라 : 한반도 남동에 위치한 신라는 지증왕(智證王 : 500~514)과 다음 법흥왕(法興王 : 514~540) 시대에 비약적인 발전을 이룩하고, 진흥왕(540~576) 시대에 전성기를 맞이하였다. 수왕조가 흥기한 것은 진평왕(眞平王 : 579~632) 때의 일이지만, 당시 신라는 국내의 정치·군사 정비에 힘쓰느라 수에 대한 조공은 594년(수문제 개황 14)에야 이루어졌다. 수로부터 상개부·낙랑군공·신라왕(上開府樂浪郡公新羅王)의 칭호를 받았다. 이 같은 칭호를 받은 것은 고구려·백제보다 14년 늦지만, 일본의 견수사보다는 빠르다. 이는 각각의 지리적 위치의 차이에서 생겨난 것으로 보인다.

백제 : 한반도 서남부에 위치한 백제는 광개토대왕으로부터 침략목표로 되어 있었다. 6세기에 들어서면서 백제는 일본과의 관계로 고심하게 되는데, 이는 최근 묘지(墓誌)를 수반한 능묘(陵墓)가 발견된 무령왕(501~523) 시대에 해당한다. 다음 성왕(523~554) 때 신라와 결탁하여 고구려에 대항하게 되는데 위에서 언급한 바와 같이 551년에 한강 하류유역을 고구려로부터

탈환하지만, 다음 해 신라에 패하고 성왕이 전사하는 등 큰 타격을 받았다.

백제는 역대 중국의 남조와 통교하고 있었지만 수왕조가 창업하던 해에 일찌감치 수나라에 조공하고, 위덕왕(威德王 : 554~598)은 수로부터 상개부의동삼사·대방군공(上開府儀同三司帶方郡公)의 칭호를 얻었다. 수와 결탁하여 고구려에 대항하는 것이 국책상 필요하다고 느꼈기 때문일 것이다.

수문제는 한반도 삼국 가운데 가장 가까운 고구려를 협박과 회유로 복종시키려 하였지만 고구려는 듣지 않고 오히려 598년에 요서를 침입하였다. 수문제는 그의 아들인 한왕 양을 총사령관으로 삼아 고구려 원정에 나섰지만 실패하였다. 이 때 백제는 수의 고구려 원정에 맞추어 길 안내를 자청하였으나 때는 이미 늦었다.

수양제의 즉위 후 또다시 고구려를 원정하자는 의견이 활발히 일어났다. 백제는 수에 출병을 요청하고, 고구려와 적대 관계에 있던 신라도 수에 출병을 요청하였다. 이 같은 한반도 삼국간의 정세가 수의 고구려 원정에 일단의 명분을 주었음은 간과할 수 없다. 이렇게 하여 이루어진 3차에 걸친 수양제의 고구려 원정은 이미 앞에서 기술하였다. 3차 원정 때 고구려의 영양왕(嬰陽王 : 590~617)은 일단 수양제의 요구를 수용하여 수에게 조공을 약속하였지만 이를 지키지 않았고, 그 동안 수는 원정 실패의 상처를 회복하지 못하고 군웅봉기(群雄蜂起)의 상태 속에서 멸망하였다(618년).

유럽과 중국을 연결한 돌궐

투르크의 음을 딴 돌궐(突厥)은, 처음에 알타이 산맥의 남서에 있던 부족으로 지배씨족인 아사나(阿史那) 족의 족장인 튀멘(土門)이 투르크 계의 여러 부족을 병합하여 스스로 일릭 카간(伊利可汗)이라 일컫고, 그 때까지 위세를 떨치던 유연(柔然)을 무너뜨리고 독립하였다. 552년(북조 서위 폐제 원년, 남조 양 予章王 承聖 원년)의 일이다. 아사나 씨족이 거주하였던 알타이 산맥의 서남, 천산산맥의 북쪽 기슭은 철광석이 풍부하여 철제 무기를 제작할 수 있었던 것이다. 또 중국의 비단을 서쪽으로 중개하고 있었던 것도 돌궐의 번영을 가져왔을 것이다.

튀멘은 북조의 서위(535~557)에 사절을 파견하여 통혼하였다. 또 그의

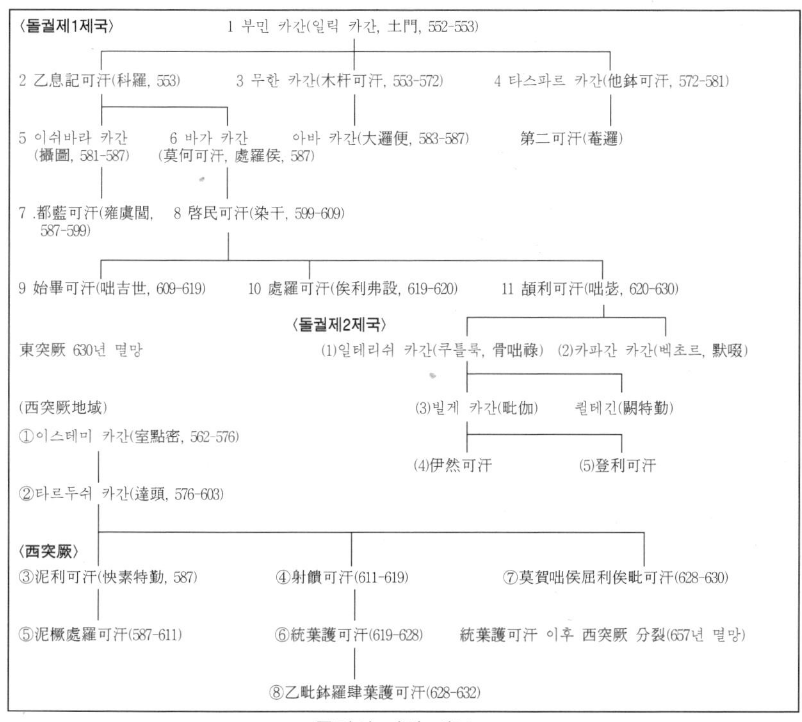

<돌궐의 카간 계보도>

*정재훈, 「수문제의 통일지향과 대외정책」, 『중국사연구』 13의 표를 참조하였음

동생 디자블로스를 파견하여 투르키스탄 방면을 공격하고, 사산조 페르시아와 협력해서 에프탈(Ephtalite)을 격파하는가 하면, 본거지를 쿠챠(신강성 위구르 자치구 庫車縣)의 북쪽 율드즈 계곡에 두었다(563~567). 그 후 돌궐은 본거지를 몽고의 외튀켄 산으로 옮겼다. 당시는 중국 북조에서 북제와 북주가 대립하고 있을 때(557~577)로, 쌍방이 모두 돌궐의 원조를 기대하였으므로 돌궐은 그것을 이용해서 우위를 점하였다.

서면 카간(西面可汗)으로서 중앙아시아를 지배한 디자블로스의 세력은 카스피 해 방면까지 미쳤다. 그는 사산조 페르시아와 중국 비단시장을 열려고 하였다가 거부당하자, 페르시아와 대립하고 있던 동로마 제국과 결탁하여 페르시아를 경유하지 않고 동로마제국에 직접 중국의 비단을 파는 데 성공하였다.

일릭 카간(튀멘)으로부터 무한 카간(木杆可汗)을 거쳐 타스파르 카간(他鉢可汗) 때는 소 카간(小可汗)이 분립하였다. 타스파르 카간이 사망한 뒤 이쉬바라 카간(沙鉢略可汗 : 581~587)이 뒤를 이었는데, 여전히 소 카간이 분립하는 정세가 계속되었다. 이는 대칸의 상속에 명확한 규정이 없었기 때문이라고 한다. 수는 582년 이쉬바라 카간을 무너뜨렸다. 이 때 타르두쉬 카간(達頭可汗)은 이쉬바라 카간을 따르지 않고 독립해서 서돌궐이 되었고(583년) 이에 돌궐은 동서로 분열하게 된다.

이쉬바라 카간은 결국 수나라와 군신관계를 맺었다(585년). 그 후 바가 카간(莫何可汗), 도람 카간(都藍可汗)이 계속 뒤를 이었으나 내분이 끊이지 않았다. 수나라는 이를 이용하여 그들 사이를 이간질하였고, 튈리스 카간(突利可汗)은 수나라에 항복하고 계민 카간(啓民可汗)이라는 칭호를 받았다(599년). 그리하여 명목상으로는 대칸이 되어 투르크계 여러 부족을 다스렸다.

계민 카간의 자리를 이은 이쉬벨 카간(始畢可汗)은 수 말의 반란기에 수나라 군웅과 공모하였는데, 그 한 사람인 유무주(劉武周)는 이쉬벨 카간과 결탁하여 스스로 정양 카간(定楊可汗 : 수 황실 양씨를 평정하는 카간이라는 뜻)이라 칭하였다. 당왕조가 창업될 때도, 이연(당고조)은 자신의 참모 유문정(劉文靜)을 이쉬벨 카간에게 파견하여 원조를 청하였는데, 성공하는 날에는 민중과 토지는 이연의 것으로, 금옥증금(金玉繒帛 : 絹)은 카간의 것으로 하기로 약속하였다고 한다.

수대의 서방 문제를 볼 때 주목할 인물 중 하나가 배구(裴矩)인데, 그는 서역에 대한 자신의 지식을 『서역도기(西域圖記)』라는 3권의 책으로 정리하였다. 한편 수나라가 서역과 통상하는 데 선비계의 토욕혼(吐谷渾)이라는 적이 방해가 되었기 때문에 609년 수양제는 친히 이를 정벌하여 무너뜨렸다.

또 수는 남쪽으로 임읍(林邑 : 참파, 지금의 남베트남)을 토벌하고, 진랍(眞臘 : 메콩 강 중하류 지역)에게 조공을 받기도 하였으며, 적토국(赤土國 : 동남아시아에 있었으나 장소는 확실하지 않다)에서 조공을 받은 적이 있었음도 부언해 둔다.

2. 당왕조의 창업과 정관의 치

수 말의 반란과 당왕조의 흥기

불길한 조짐

수양제의 가혹한 주구에 대하여 인민은 어떠한 저항을 하였을까. 수양제가 즉위하고 7년째 되는 610년(大業 6) 정월 초하루, 도둑 수십 명이 소복차림으로 향을 피우며 꽃을 들고 미륵불이라 부르며, 동도 낙양 궁성의 정면으로부터 난입하여 궁문의 숙위가 얼떨결에 고개숙여 합장을 하는 동안무기를 빼앗고 날뛰는 소동이 벌어졌다. 침착한 제왕 간(齊王 暕 : 수양제의 아들)의 행동으로 사건은 진압되었으나 관계자를 조사한 결과 천여 가(家)가 연루된 꽤 큰 사건이었음이 밝혀졌다. 여기서의 '미륵불'이란 말세에 미륵보살이 하생(下生)하여 석가의 교화에서 누락된 중생을 구한다는 불교의가르침에 바탕한 것이다. 미륵불을 제창하며 일어난 봉기는 이미 북위(6세기 초) 무렵부터 나타나는데 이 같은 반란을 미륵교비(彌勒敎匪)라고 한다. 613년에도 송자현(宋子賢)이 이와 같은 반란을 일으켰는데, 610년 사건은그 선구가 되는 것이었다. 610년 사건은 곧바로 진압되기는 했지만 수양제의 불길한 앞길을 예고하는 것이었다.

지금까지 수 말의 반란은 611년(대업 7)부터 시작되었다고 얘기되었지만, 필자는 본격적인 반란기를 613년이라고 보고 있다. 611년 반란은 사료에 '도(盜)'라든가 '군도(群盜)'로 쓰여져 있고 게다가 612년에는 반란 기사가 전혀보이지 않기 때문이다. 또 611년은 수양제의 제1차 고구려 원정을 위한 징모(徵募)가 겨우 시작된 해이다.

수 말의 반란은 현재의 산동성 일대에서 많이 일어났다. 이 부근은 황하의 옛 물길이 많아서, 반란군이 숨기에 적절한 장소를 제공하였다. 송·원대사이에 완성된 108명의 도적 소설 『수호전(水滸傳)』에 등장하는 도적들의집결지 양산박(梁山泊)도 여기에 있다. 당시 이 일대에서 많은 반란이 일어

獸首瑪瑙杯 섬서성 서안 남쪽교외 何家村 唐代穴, 1970년 출토, 길이 15.5cm

난 것은 고구려 원정의 모순이 이 곳에 집중되었기 때문이다. 즉 여기는 원정 육군의 기지인 탁군(涿郡 : 지금의 북경 부근)과 수군의 기지인 동래(東萊 : 산동성 掖縣)를 한 변으로 하는 정삼각형 지대로, 병사와 수송대를 징발하기에 가장 알맞은 곳이었다. 또 611년에 황하가 범람하여 이 일대가 막대한 피해를 입은 것도 반란의 요인이 되었다.

612년 제1차 고구려 원정은 앞서 말한 바와 같이 백만 이상의 군대를 동원하고도 실패로 돌아갔다. 그 다음 해 613년, 또다시 제2차 원정이 결정되었다. 이에 "요동으로 향하다 개죽음 당하는 일이 없게 하자"는 외침이 나오고 스스로 자신의 수족에 상처를 내어 "복수(福手) 복족(福足)"을 외치는 등 전쟁 혐오의 분위기가 일어났다. 그러한 가운데 수왕조는 반란기로 돌입하였다.

양현감의 반란

613년(대업 9) 6월 3일, 수양제의 제2차 고구려 원정중에 수양제 옹립에 최고 수훈을 세운 양소의 아들로 당시 예부상서(6부 중 예부의 장관)라는 높은 자리에 있던 양현감(楊玄感)이 대반란을 일으켰다. 그는 후방 수송기지의 하나인 여양(黎陽 : 하남성의 황하 북쪽 濬縣)에서 독운(督運 : 수송사령관)의 지위에 있으면서 십여만 명을 이끌고 갑자기 반란을 일으킨 것이다. 구호는 인민의 생명을 구제하고, 수양제를 부인하여 수양제의 아버지인 수문제의 옛 체제로 정치를 회복하자는 것이었다.

양현감의 참모로 후에 수 말 반란기 최대의 반란군을 형성한 이밀(李密)은 양현감에게 세 가지 책략(三策)을 건의하였다. 제1안은 곧 고구려 원정

군의 목덜미를 급습할
것, 제2안은 서경 장안으
로 진격하여 그 요충지에
의거할 것, 제3안은 동경
낙양을 공격할 것이었다.
그러나 제3안은 공격에
시간을 요하였기 때문에
하책으로 간주하였다. 그
럼에도 불구하고 양현감

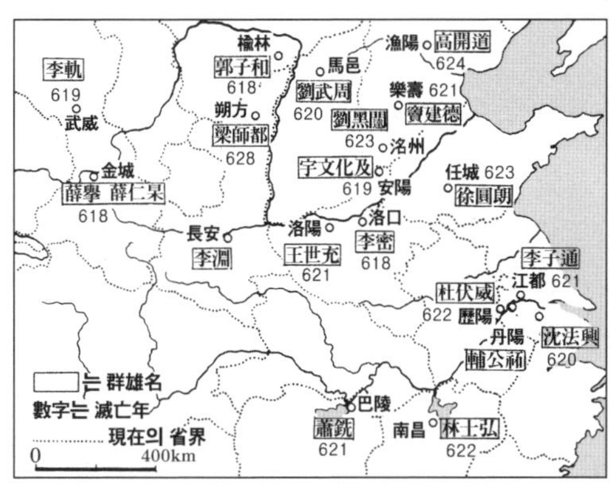

隋末 群雄割據圖

은 당시 낙양에는 고구려 원정군 장군들의 가족이 거주하고 있었으므로 이
곳을 습격하는 것이 최상책이라고 보고 제3안을 채용하였다.

반란이 일어나자 수양제는 당시 장안 부근에 있던 위현(衛玄)에게 4만의
군대를 이끌고 양현감에게 대항케 하였으나 도리어 격퇴당하였다. 이에 수
양제는 고구려 원정군에 전원 철수명령을 내리고 양현감 반란군의 진압에
나서게 하였다. 이렇게 되자 양현감의 반란군은 수양제의 고구려 원정군과
위현의 군 사이에서 협공을 당하여 격파되었다. 같은 해 8월 1일의 일이었
다.

이밀 집단의 대반란

이 무렵 반란은 각지에서 발발하여 전국으로 확대되었으며 가장 많을 때
는 그 집단수가 2백에 달하였다. 가장 큰 집단은 산동성의 '아구(阿舅)의 적
(賊)'으로 불린 유패도(劉覇道)로서, 수십여만에 이르는 반란군으로 성장해
있었다.

그러나 615년(대업 11) 무렵까지의 반란은 도·군도·적으로 칭해지고
있듯이 도적집단의 요소가 많고 수왕조의 타도를 지향하는 혁명적 색채는
보이지 않았다. 가혹한 징발에 고통받고 있던 많은 농민이 어쩔 수 없이 여
기에 가담하고 있었던 것으로 보이며, 구호는 수양제 타도를 외치고는 있었
지만 겨우 '개황의 구(開皇의 舊 : 수문제 치세)'로의 복귀를 말할 뿐이었다.

그런데 617년(대업 13)이 되자, 약탈파괴를 본위로 하던 그 때까지의 소

규모적 반란집단이 점차 통합되어 열 몇 개의 대규모 집단이 군웅할거하는 형세를 이루었다. 이 가운데 최대 집단이 일찍이 양현감의 참모를 지낸 이밀의 집단으로, 이밀은 서위 8주국의 한 사람인 이필(李弼)의 증손이다. 당왕조를 세운 이연의 조부 이호, 북주의 사실상의 개창자 우문태, 수문제의 독고황후의 아버지인 독고신도 마찬가지로 서위의 8주국 중 하나였다. 이밀의 가문은 북주·수·당으로 이어지는 전형적인 지배집단 즉, 관롱집단 출신이었다. 문무를 겸비한 이밀은 뜻이 크고 원대한 일류의 인물이었다. 처음에는 수양제를 섬기며 무관이 되었지만 이윽고 관직에서 물러나 독서생활에 들어갔다. 일찍이 양소에게 그 인물됨을 인정받은 것이 계기가 되어 그의 아들 양현감의 참모로 발탁되었다. 양현감의 거병 때 세 가지 책략을 건의한 것은 앞서 기술하였다. 만약 양현감이 그의 제1책에 따라 즉시 고구려 원정의 목덜미를 습격하든가 혹은 제2안에 따라 장안을 점령했더라면 양현감은 천하를 제패하고, 이밀은 최고 공신이 되었을지도 모른다.

양현감의 반란이 실패로 돌아간 후, 이밀은 각지의 반란집단을 두루 돌면서 도피생활을 계속하였고, 수왕조 측은 이를 집요하게 추적하였다. 반란집단 가운데에서도 이밀을 수측에 밀고하는 자도 있었지만, 용케 도망하여 마지막에는 와강군(瓦崗軍)이라고 불린 적양(翟讓) 집단에 들어가 신속히 도둑떼의 성향을 벗고 대의에 기초한 규율있는 집단을 형성할 것을 주장하였다. 적양은 자기 능력의 한계를 깨닫고 결국 이밀에게 군의 주도권을 넘겨주었다. 이에 이밀은 우선 수의 곡창인 낙구창(洛口倉 : 興洛倉이라고도 한다. 하남성 鞏縣)을 습격하여 굶주리는 수십만 민중에게 식량을 나눠주고 수십만 군을 이끌었다. 617년 2월의 일이다. 수왕조측은 수양제의 손자 월왕 동(越王 侗)으로 하여금 낙양을 방어케 하고 있었는데, 그 해 7월 당시 난을 피해 남방의 강도(江都 : 양주)에 있던 수양제는 용장인 왕세충(王世充)을 파견하여 이밀에 대적케 하였다. 이에 낙양을 둘러싸고 이밀과 왕세충의 격전이 계속되었다.

같은 해 11월에는 당왕조를 일으킨 이연이 장안을 점령하는데, 이 무렵 이밀이 과거 주인으로 섬긴 적양과 전리품 분배문제로 다투다가 그를 죽인 것이 원인이 되어 이밀 집단 안에서 내분이 일어났다. 그 다음 해 이밀은 왕세충에게 패하고 결국 이연에게 항복하였지만, 다시 등을 돌렸다가 살해당한다. 한때 수 황실 양씨에 대신해서 천자가 되는 자는 이씨라고 하는 요언이 퍼져, 수왕조 창업 때 양견에게 몰래 제위에 오를 것을 권했던 이목(李穆)의 아들인 이혼(李渾 : 자는 金才)이 살해당한 적이 있다. 이 일은 실은 이밀이 꾸민 일이라는 말이 있었는데, 바야흐로 자신이 그런 차지에 빠져 버렸다.

이연의 거병

이연[唐高祖]은 서위 8주국이었던 이호의 손자이다. 어머니인 독고씨는 서위 8주국 독고신의 딸로서 수문제의 독고황후나 북주 명제의 독고황후와는 자매지간이 된다. 따라서 이연은 수양제의 외사촌에 해당한다. 또 이연의 처, 즉 두황후(竇皇后)는 그 어머니가 북주의 문제(우문태)의 딸인 양양공주(襄陽公主)이므로 우문태의 외손녀에 해당한다.

이렇게 보면 이연 부처는 말하자면 서위·북주·수라고 하는 세 왕조의 피를 이어받은 사람들인 셈이다. 또 이연은 서량(西涼 : 5호16국의 하나)의 무소왕(武昭王)이 된 이고(李暠)의 7대손(표 참조)이라고 하는데, 이 계보에 의문점이 있음을 진인각이 상세히 고증한 바 있다. 앞에서도 언급하였지만, 이연의 가문은 서위 8주국의 가문이 거의 다 그러하듯이 북위 황실과 마찬가지로 선비계이며 호성(胡姓)으로 하사받았다는 대야(大野)씨가 본래의 성일지도 모른다.

이연은 566년(북주 무제 天和 원년)에 태어나, 16세 때 수문제를 섬겨 그 시위관인 천우비신(千牛備身)이 되었다. 이후 지방장관과 중앙관을 역임하였는데, 가문에 비해 그다지 중요한 관직에는 오르지 못했다. 613년(대업 9) 48세 때 수양제의 제2차 고구려 원정에서 독운(수송사령관)의 임무를 맡았다. 한편 이 때 양현감의 반란에 호응했던 병부시랑(차관) 곡사정(斛斯政)이 고구려측으로 도망을 쳤는데, 수양제는 곡사정의 친척으로 홍화(弘化 : 감숙성 慶陽縣) 유수(留守)의 중임을 맡고 있던 자를 파면시키고 그 자리에 대신 이연을 기용하여 섬서성에서 감숙성에 걸쳐 13개 군의 병을 통솔케 하였다.

비상시에 신뢰할 수 있는 외가쪽 일족을 등용한 것이라 할 수 있다. '유

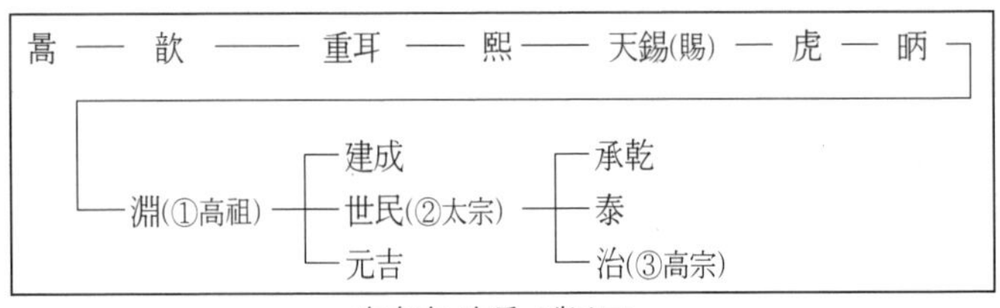

<唐帝室 李氏 계보도>

수'란 국가비상시 특정한 지역에 한정하여 황제의 대권을 위임받는 임시 관직이다.

616년(대업 12) 말 이연은 태원(산서성) 유수로 승진하였다. 태원은 동쪽으로 정형구(井陘口 : 娘子關)를 넘으면 화북의 대평원으로 나오고, 서남으로 황하를 넘으면 장안(서안시)으로 나오며, 남하하면 낙양으로 나올 수 있는 지역으로, 예로부터 혁명의 근거지로 매우 적합한 지역이었다.

617년 7월, 천하동란의 형세를 지켜보며 이연은 태원유수라는 지위를 이용하여 부근의 문무관을 편입하여, 3만의 군으로 장안(서경)을 진격하였다.

아직 이연이 거병을 망설이고 있을 때의 일이다. 태원에 있던 별궁에서 수양제의 행차용 궁녀를 살짝 데려다 연회를 연 일이 있었는데, 이를 빌미로 배적(裴寂)이 이연을 협박하여 거사를 결단케 했다는 이야기가 있다. 이 일을 꾸민 것은 이연의 둘째아들 이세민이라고 하여 태원기의(太原起義)가 이세민 한 사람의 공적인 것처럼 기재된 사료가 많다. 그러나 당시 이세민의 나이는 20세, 아버지 이연은 52세, 이세민의 형인 이건성(李建成)은 29세였다. 20세의 세민이 기의 때 모든 일을 혼자 해냈다고 하는 것은 세민을 지나치게 미화시킨 사료 탓일 것이다.

이연은 3만의 군으로 대장군부(大將軍府)를 구성하고, 태원에 있던 별궁부감(副監 : 차관, 당시의 장관은 欠員)인 배적을 장사(長史 : 본부의 장관)로 지명하였다. 배적은 당시 태원에서 이연 다음 가는 수의 고관이었다. 또 사마(司馬 : 본부의 차관)에는 태원에 있던 진양현(晉陽縣)의 장관 유문정(劉文靜)이 지명되었다. 이 두 사람은 후에 당왕조 창업시 최고관직에 취임하게 된다.

군은 좌·우·중의 3군으로 편성되어, 좌군은 이연의 장남 건성이 통솔하

고, 우군은 둘째 세민
이 맡았다. 중군은 세
민의 아우인 15세의 원
길(元吉)이 통솔하였으
며 태원의 수비부대로
서 남았다. 이 이연집
단을 당시의 호족집단
으로 보는 설도 있는데,
태원에 부임하여 겨우
2년 남짓한 이연에게는

太原晉祠 당 고조가 기병했을 때 축원을 올린 곳. 현재는 晉水의 水源으로서 산서지방 굴지의 경승지가 되어 있다

호족집단을 구성할 틈이 없었다. 또 대장군부에는 이연과 그 세 아들을 제외하면 호족집단의 중핵을 이룰 만한 이연 일족의 참가는 거의 없었다. 지휘관도 태원 근방의 문무관이 많았다. 그러므로 이연 집단은 태원유수의 지위를 이용한 관료집단의 성격이 강하다고 보아야 할 것이다.

7월에 태원을 출발한 이연군은 도중에 수군의 저항을 받기는 하였으나 파죽지세로 진격하여 그 해 11월 9일 장안을 점령하였다. 발진 때의 3만 군대는 이 때 이미 20만 대군으로 불어나 있었다.

이연의 장안 점령과 수양제의 횡사

이연은 장안을 점령하고 곧바로 장안에 있던 수양제의 손자인 13세의 대왕 유(代王 侑)를 공제(恭帝)로 옹립하고, 수양제는 태상황(太上皇)이 되었다. 연호는 대업 13년(617)을 의령(義寧) 원년으로 개원하였다. 『수서』에는 이렇게 기록되어 있지만, 이는 수양제와는 전혀 무관하게 이루어진 이연의 일방적인 조치였다. 공제로부터 선양을 통해 당왕조를 열 복선을 깐 것이다. 따라서 다음 해 3월 수양제가 우문화급에게 살해될 때까지 수양제조(煬帝朝)는 계속되었다고 생각된다.

이연은 공제로부터 가황월·사지절·대도독내외제군사·상서령·대승상·당왕(假黃鉞使持節大都督內外諸軍事尙書令大丞相唐王)에 임명되었다. 즉 양견이 정제로부터 북주를 빼앗아 수나라를 세울 때 했던 똑같은 형식

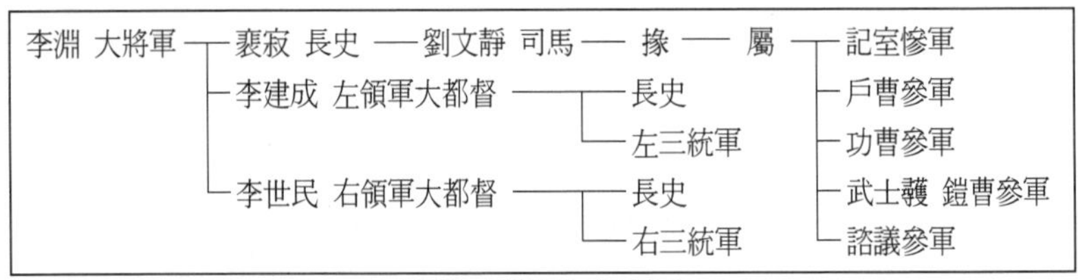

<李淵 大將軍府 편성표>

으로 정치의 실권을 위임받아 당왕조 창업의 기초를 굳힌 것이다. 이연은 대승상부(大丞相府)를 열었지만, 실질은 대장군부의 조직을 확대한 것이었다. 이 무렵에서부터 다음 해에 걸쳐 당시 최대의 군단을 이끌고 있던 이밀이 월왕 동(越王 侗 : 공제의 형제)을 낙양에서 옹립한 왕세충과 격렬히 전투를 벌였고 당측도 파병을 하였지만 아직은 때가 아니라고 판단하여 곧 철수하였다.

한편 수양제는 천하의 전란을 피하여 남쪽의 강도(양주)에서 빈둥거리며 나태한 생활을 계속하고 있었는데, 그의 시위군사 중에는 장안 부근 사람이 많았다. 그래서 이연의 장안 점령 소식이 전해지자 동요가 일기 시작했다. 결국 618년(의령 2) 3월, 수의 명장 우문술의 아들 우문화급(宇文化及)은 수양제가 독약을 들이켜 자살하는 것을 용납하지 않고 이를 교살한 후, 스스로 대승상이라고 칭하며 수문제의 손자인 진왕 호(秦王 浩)를 옹립하여 황제로 삼기에 이르렀다.

그런데 수양제 살해 소식이 전해지자, 우선 후량(後梁 : 서위·북주·수의 괴뢰정권)의 선제의 증손에 해당하는 소선(蕭銑)이 강릉(호북성)에서 황제를 칭하였다. 낙양에서는 왕세충이 앞서 언급한 월왕 동을 황제로 삼아 연호를 황태(皇泰)라 하였고, 이에 의거하여 황제를 황태주(皇泰主)라고 하였다.

당왕조의 창업

618년 5월 20일 이연은 공제로부터 선양을 받는 형식으로 제위에 올랐다. 왕조명은 이연이 당왕(唐王)이었던 데서 당으로 하였으며, 연호는 무덕(武德)이라고 정하였다. 이연은 묘호에 따라 고조라고 한다. 이로써 당왕조가

창업되었지만, 아직 천하는 군웅할거 상태였
기 때문에 통일왕조의 황제라고 하기에는 미
진하였다. 그러나 고조 이연은 곧 배적(裴寂)
·유문정(劉文靜)에게 율령의 수정을 명하
고, 국가의 기본법인 율령의 완비를 목표로
삼았다.

6월 1일 장자 이건성을 황태자로, 차자인
이세민을 최고관인 상서령(상서성의 장관)에
임명하였으며, 배적을 상서우복야(尙書右僕
射 : 상서성 차관)에 임명하고, 유문정을 납
언(納言 : 후의 시중=문하성 장관에 해당)에,
또 두황후(竇皇后)의 일족인 두위를 내사령
(뒤에 중서령=중서성 장관)에, 마찬가지로
후량 명제의 아들이면서 수양제 소황후의 동

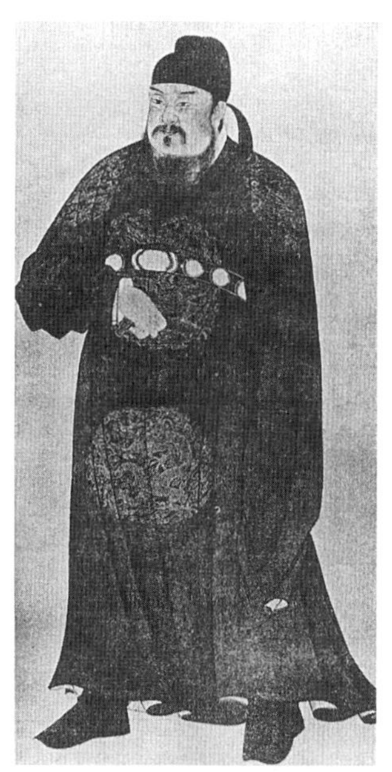

唐高祖

생이자 공제의 민부상서(民部尙書 : 당의 호부상서에 해당)였던 소우(蕭瑀)
를 내사령에 임명하고 이하 여러 관직의 임명을 행하였다. 그리고 수의 대
업율령(大業律令)을 폐지하고 신격(新格 : 격은 율령의 보족) 53조를 공포
하였다. 이 때의 율령은 수문제의 개황율령을 부활시킨 것으로 보인다.

이 무렵 이밀은 일단 왕세충이 옹립한 황태주(월왕 동)에게 관직을 받았
지만 왕세충과는 뜻이 맞지 않았다. 그런 참에 수양제를 살해하고 수양제의
소황후와 진왕 호를 옹립하여 북상해 온 우문화급과 싸워 강대한 병마를 잃
은데다 왕세충에게까지 패하여 왕년의 이밀의 면모는 완전히 상실되고 말
았다. 그래서 결국 당에 투항할 것을 결심했다. 이미 그 전 해에 이연이 장
안으로 진격하던 중에 두 사람은 편지를 교환한 적이 있었다. 당시 이연은
자신은 천하를 차지할 대망이 없으며 그저 당왕의 지위만 보장받는 것으로
만족한다며 이밀을 속였고, 이밀은 이를 쉽게 믿었다. 이밀은 이연 진영에
투신하면 자신을 추대해 줄것이라 믿은 것이다.

그러나 투항한 이밀에게 이연측은 냉정하였다. 당연히 이밀은 뜻이 맞지
않아 등을 돌렸고 결국 살해당하였다. 군웅할거의 형세 속에서 일시적이지

만 최대의 세력을 이루었던 이밀이 이렇게 무너진 것은 이연으로서는 다행스런 일이었다.

그러나 이밀군이 붕괴하기는 했지만 무덕 초부터 9년 동안 내내 이연은 군웅과의 싸움으로 지샜다. 당시 최대의 적은 낙양의 왕세충이었다. 620년(무덕 3) 7월부터 당군은 왕세충에 대한 총공격을 개시하였으나, 왕세충측도 하북 최대의 농민군을 이끌고 있던 두건덕(竇建德)의 원조를 구하였고 두건덕은 10여만 군을 거느리고 왕세충을 구원하였다. 힘겨운 싸움이었지만 이연측은 이세민의 두드러진 활약에 힘입어 결국 왕세충·두건덕 연합군을 무너뜨렸다. 그리고 다음 해 5월에는 두건덕을 평정하고, 왕세충도 낙양에서 항복하였다. 이로써 당왕조는 최대의 군사적 위기에서 벗어났다.

624년(무덕 7), 당왕조 최초의 율령인 무덕율령(武德律令)이 완성되었다. 그러나 이것은 당왕조가 창업 당초에 우선 공포한 53조의 격을 개황율령에 삽입한 것이라고 전해지기 때문에(현존하지 않는다), 개황율령과는 큰 차이가 없을 것으로 생각된다. 따라서 기본적으로는 수문제 치세의 부활이었다.

최근 수 말의 반란을 중시하고 이 속에서 당왕조의 창업, 즉 수당혁명을 파악하려는 역사가도 있는데, 당시 반란에 참가한 농민에게서 혁명적 의식을 과도하게 구하는 것은 경계해야 한다. 수 말 반란에서 최후까지 남은 군웅은 수왕조에서 벼슬한 퇴관자가 많았고, 수당혁명은 북주·수 이래의 지배집단을 뒤집을 만한 것은 아니었기 때문이다. 그러나 그렇다고 하더라도 수양제의 주구(誅求)에 대한 인민의 저항으로서 수 말의 반란을 무시해서는 물론 안 될 것이다.

당왕조 초기 지배집단의 성격

당왕조의 관료제적 지배기구의 중핵은 수대에 확립된 3성 6부제(상서·중서·문하 3성과 상서성에 속하는 이·호·예·병·형·공의 6부)이다. 이 3성 6부의 장관·차관을 지배집단의 중핵으로 하여 구성원을 조사해 보면, 태원기의 당시 대장군부의 문무관으로 있던 자들이 대부분 고관직에 올랐음을 알 수 있다.

다음으로 고조의 무덕 연간에 판명되는 3성 6부의 장·차관 48명 가운데

8명을 뺀 40명은 본인이나 그 부친 혹은 조부가 수왕조의 관리였거나 북주·북제의 관리였음을 알 수 있다. 이것은 당왕조의 지배집단이 북주·북제·수와 큰 차이가 없음을 나타내는 것으로, 새로운 지배집단의 등장은 보이지 않는다.

이 점에서 기원전 3세기에 한왕조가 성립했을 때 고관에 오른 사람들의 전력 즉, 진평(陳平)은 서민 출신, 번쾌(樊噲)는 개백정(당시 개고기를 즐겨 먹었다) 출신, 주발(周勃)은 장례식에서 피리부는 사람, 관영(灌嬰)은 비단 행상이었던 점과 비교해 보면, 당왕조의 특징이 명확해진다. 즉 북주·수·당에 걸친 지배집단의 고정화 현상이다. 분명 수 말의 반란은 격렬하였지만, 봉기한 민중의 힘이 차기 정권에 크게 작용하지 못했고 또 반란 말기의 많은 지배층은 옛 지배층으로 고정되어 있었던 것이다.

더욱이 당조 초기 3성 6부의 장·차관급 인물은 이연의 대장군부(大將軍府) 관직 출신자만으로 채우기에는 당연히 부족했고, 이를 보충한 사람들 가운데 수양제 살해 후 우문화급을 따르던 수의 옛 관료가 의외로 많았다. 봉륜(封倫)·양공인(楊恭仁)·정선과(鄭善果)·배구(裴矩) 등이 그들이었다. 이는 이 진영과 반대파에 속했던 사람들이 후에 2대 황제에 오른 이세민(당태종)에게 설득당하여 세민쪽에 가담한 사실9)과 함께 주목할 만하다.

또 첫머리에서 언급한 48명 중에 제외된 8명 가운데 옛 남조계의 인물이 5명 포함되어 있었는데, 이들은 대부분 이미 수왕조에서 한 번 벼슬을 한 적이 있기 때문에 새로 가담한 것은 아니다. 그러나 이와 같은 남조계, 예를 들면 소우(蕭瑀)·진숙달(陳叔達) 등이 당왕조에서 높은 관직에 오른 것은 옛 남조계 사람들에게 안도감을 주었을 것이다. 단 이세민의 두뇌집단인 18학사에 남조계 사람들이 많이 포함되어 있었는데, 이는 이세민의 취향이라기보다는 주로 북조 계통을 이은 당왕조에게도 옛 남조의 문화=한인문화가 무시할 수 없는 큰 힘이었음을 명확히 보여준 예로 보면 될 것이다.

다음으로는 당 초기의 지배집단과 한인문벌, 특히 옛 북제 치하의 소위 산동문벌과의 관계가 있다. 이 문벌대책에 대해서는 최민간(崔民幹)의 예를

---

9) 위징(魏徵)·이세적(李世勣)·왕규(王珪) 등.

생각해 볼 수 있는데, 명문으로 유명한 박릉 최씨(博陵 崔氏) 출신인 그는 당왕조 창업 직후의 관직 임명 때 황문시랑(黃門侍郞 : 문하성 차관)에 기용되었다. 그러나『구당서』·『신당서』에는 이들의 열전도 없고 공적 또한 전해지지 않으며, 최민간을 제외하면 눈부신 문벌 출신자의 기용도 보이지 않는다.

또 당 초기의 대장군 가운데 전구롱(錢九隴)과 번홍(樊興)이라고 하는 인물이 주목되는데, 그들은 당 황실 이씨의 노비 출신자이다. 물론 이들은 예외적인 사례였을지도 모르지만, 어쨌든 엄한 신분제가 지배하는 수·당전기 통치체제하에서 당 초기의 지배집단이 신분에 구애받지 않는 일면을 갖고 있었고, 이는 이연 군단이 견고한 전투력을 소유할 수 있었던 이유 가운데 하나로 간주된다.

태종(이세민)과 정관의 치

현무문의 변과 태종 즉위

626년(무덕 9) 6월 4일, 장안궁성의 북문 현무문(玄武門)에서 진왕 이세민이 처남인 장손무기(長孫無忌)와 강장(剛將) 위지경덕(尉遲敬德) 등 9명을 이끌고 형인 태자 건성과 동생인 제왕 원길(齊王 元吉)을 살해하는 '현무문의 변'을 일으켰다. 폭군이라고 하는 수양제도 아버지인 수문제와 형인 폐태자 용에 대하여 비슷한 경과를 거친 후 즉위하였다. 명군이라고 일컬어지는 태종 이세민도 아버지 고조를 죽이지는 않았지만, 그를 유폐하고 형과 동생을 죽이고 즉위하였다. 이유야 어쨌든 윤리적으로 용서받을 수 있는 행위는 아닐 것이다.

현존 사료의 대부분은 이세민의 황제 재위중에 편찬된『고조실록(高祖實錄)』에 의거하고 있으므로, 태자 건성과 제왕 원길이 현무문의 변 이전에 자못 악행을 저지른 것처럼 기록하고 있다. 원길은 일단 제쳐두고, 건성에 대해서 살펴보면 사냥과 주색을 과도하게 좋아한 것으로 기술되어 있다. 한편 이세민은 술은 잘 못하지만 사냥을 좋아하여 그 도가 지나치다는 간언을

들었다. 또 호색에 대해서 보면 현무문의 변
이후 제왕 원길의 비를 자신의 비로 삼았다.
이는 중국의 가족윤리상 용서받지 못할 일로
윤리적으로 이들 형제는 오십보백보이다.

사실 건성에 대해서는 성품이 인자하고 후
한 인물로 기재된 부분도 있으며, 이세민과의
사이도 그다지 나쁘지 않았다. 태원기의(太原
起義) 이후 이연군이 장안으로 진격하던 도중,
수군과의 전투에서 일시 고전에 빠진 적이 있
었다. 당시 이연은 일단 태원으로 돌아가 재기
하려고 하였다. 이 때 건성이 이세민의 적극적
진격책에 찬성하고, 형제가 합심하여 이 곤경
을 빠져 나가고자 한 적도 있었다.

唐太宗

태자 건성과 제왕 원길이 악한 인물로 그려
져 있는 것은, 대부분의 사료가 이세민의 황제 재위중에 쓰여진 것이라 다
분히 악행은 건성과 원길에게, 선행은 모두 이세민에게 돌렸기 때문일 것이
다. 이 점을 시사하는 것으로, 이세민과 신하와의 문답을 편집한『정관정요
(貞觀政要)』에 이런 대목이 나온다.10) 즉 이세민이 황제의 언동을 기록한
「기거주(起居注)」를 보고 싶어하자 "제왕이 친히 역사를 보는 일은 들은 적
이 없습니다"는 간언을 들었다는 것이다. 이세민이 가장 신경을 쓴 부분은
현무문의 변에 대한 기술로,『태종실록』이 완성되었을 때도 현무문의 변에
대해 '빗대어 쓰인 문장'이 많다며 개작을 명하였다는 얘기가 전해지고 있다
(『정관정요』제7 논문사편). 그러나 현무문의 변의 경과가 있는 그대로 기록
되었다 하더라도, 그 이전의 기술에서 건성·원길이 나쁘게 묘사되어 있다
면 아무것도 아니다.

물론 이세민은, 이미 태원기의 이래로 발군의 무공실력에다 포용력까지

---

10)『정관정요』는 이세민이 죽고 약 50년이 지나서 이세민이 聖人化된 후 오긍(吳兢)이
지은 것이다.『정관정요』의 한국어 번역은 여러 종류가 있지만, 정애리시 씨의 번역
본(새물결, 1998)이 가장 참조할 만하다.

갖추었으며, 넓은 도량과 문재도 풍부하고 글씨에도 뛰어난 재능을 발휘하였다. 분명 역대 제왕 가운데 일류의 인물로서 그저 형을 죽이고 제위를 빼앗은 단순한 야심가가 아닌 것만은 분명하다.

현무문의 변 이후, 이세민은 고조를 감금하고 황태자가 되어 그 해(626년) 8월에 즉위하고, 다음 해를 정관이라고 개원하였다. 이가 곧 당태종이다.

정관의 치와 그 실태

고조의 무덕 9년간은 병란이 그치지 않고 군웅할거의 형세가 계속되었다. 그러다 태종 정관 2년(628) 삭방(朔方 : 섬서성 북부)의 양사도(梁師都)를 평정한 것을 끝으로 당왕조 정권은 군사적으로는 안정을 맞이하였다. 그러나 627년(정관 원년)에는 장안 부근에 기근이 들어 벼 한 말이 비단 한 필(한 필은 40척) 값으로 급등하고, 그 다음 해에는 전국에 메뚜기로 인한 충해가 있었으며, 또 그 다음 해에는 홍수가 일어나는 등 천재지변이 계속되었다. 그러나 630년(정관 4)에 들자 전국에 풍년이 들어 유망자는 모두 고향으로 돌아가고, 쌀값도 한 말에 4~5전(1전은 開元通寶 1개)으로 하락하였다. 1년간의 사형수는 겨우 29명이었고, 동쪽으로는 동해로부터 남쪽으로는 지금의 광동·광서까지 문단속을 할 필요가 없고 여행자도 식량을 휴대할 필요가 없는 평화로운 시대가 도래하였다고 한다.

또 같은 해에는 돌궐의 일릭 카간(頡利可汗)이 당에 항복하여 내조하고, 태종은 사이(四夷)의 군장으로부터 '천카간(天可汗)'이라는 칭호를 받았다. 이러한 정세를 소위 '정관의 치'라고 부르며 태평성세의 모범으로 간주한다.

그러나 이 태평의 도래는 너무 빨랐던 것이 아닐까. 이제 막 천하평정이 이루어진 참이었다. 과연 실제로 천하의 인민이 태평을 구가한 시기였을까. 예를 들면 632년(정관 6)에 백관이 태종에게 봉선(封禪)을 청했다. 봉선이란 천하태평기에 천자가 하늘에 감사를 올리는 특별한 제사이다. 이 봉선 요청에 대해 위징(魏徵)은 다음과 같은 이유를 들어 반대하였다.

폐하는 여섯 가지의 훌륭한 점[11]이 있습니다만, 수말대란의 뒤를 이어 호구가 아직 회복되지 않았고, 곡물창고는 텅텅 비어 있습니다. 그런데 봉선을 위한 행차와 그에 따른 천승만기(千乘萬騎), 또 그것들에 드는 비용은 막대하여 인민은 이를 견뎌낼 수 없습니다. 지금 낙양에서부터 바다에 이르기까지 연기는 드물고 잡초만 무성합니다. (『자치통감』 권194)

이 위징의 묘사와 2년 전의 태평성세의 구가와는 너무나 큰 차이가 있다. 다분히 정관의 치에 윤색이 있음을 인정하지 않으면 안 된다. 문화대혁명 이전 중국사학계에서도 이 정관의 치를 중국역사상 극성기라고 평가하고, 당고조와 건성이 세족지주(世族地主) 집단을 배경으로 한 데 대해, 태종은 서족지주(庶族地主) 집단을 배경으로 하였다는 분석이 성행하였다. 그러나 이는 태종이 인기를 얻기 위해 일부러 당왕조 창업기의 지배집단 이외에서 부터도 사람을 약간 등용한 것이므로, 이러한 분석은 타당하다고 할 수 없다.

태종을 둘러싼 명신들

앞서 태종과 군신 간의 문답을 편집한 『정관정요』에 대해 언급하였는데, 이것은 10권 40편(君道·政體·任賢·求諫 등) 287항목으로 구성되어 있으며 동아시아의 제왕학 교과서로 얘기된다. 『정관정요』에 등장하는 군신은 정관의 명신들이다. 태종은 일찍이 진왕 시절부터 휘하에 18학사(後에 재상이 된 방현령·두여회 등과 서예의 대가 우세남 외에 남조계 학자들도 많이 포함된다)를 두고 인물을 초치하였으며, 이들 두뇌집단으로 하여금 항상 토론이 이루어지게 하였다.

『정관정요』의 임현편에는, 인물됨됨이를 가장 잘 파악하는 왕규(王珪)에게 태종이 신하들의 품정을 구하는 내용이 나오는데 왕규의 답은 이러하였다.

항상 천자에 대한 간언을 명심하고, (자신이 섬기는) 천자가 성천자(聖天子)인 요임금이나 순임금에 미치지 못하는 것을 부끄러워한 점에서 저는

---

11) 1. 공이 높다 2. 덕이 두텁다 3. 천하가 안정되었다 4. 주변민족(四夷)이 복종했다 5. 풍작 6. 서상(瑞祥).

魏徵

위징에 미치지 못합니다. 충실히 국가에 봉사하고, 아는 것을 반드시 실행에 옮긴다는 점에서는 방현령(房玄齡)에 미치지 못합니다. 문무의 재능을 겸하여 나아가서는 장군이 되고, 들어와서는 재상의 임무를 훌륭히 해 내는 점에서는 이정(李靖)에 미치지 못합니다. 상주(上奏)가 선명하며 아랫사람의 말을 위에 전하고 윗사람의 말을 아래로 매끄럽게 선포하는 점에서는 온언박(溫彦博)에 미치지 못합니다. 바쁠 때에 어려운 일을 잘 처리하고, 많은 일에 반드시 효과를 내는 점에서는 대주(戴冑)에 미치지 못합니다. 나쁜 일을 없애고 좋은 일을 올리는 점에서는 제가 앞서 언급한 사람들보다 더 낫습니다.

여기에 등장하는 사람들은 모두 정관의 명신들로, 이 밖에도 두여회(방현령과 함께 방·두라고 불린 재상의 훌륭한 단짝)와 이세적 이하 인물이 많았지만, 특히 간신(諫臣) 위징의 이름은 유명하다. 태종과 위징 사이에 오간 문답의 한 예를 들어보자.

태종이 위징에게 명군과 암군이란 무엇인지를 묻자, 위징이 다음과 같이 답하였다. "명군인 이유는 겸청(兼聽 : 많은 사람이 말하는 것을 잘 듣는 것)이며, 암군인 이유는 편신(偏信 : 한쪽 사람이 말하는 것만을 믿는 것)입니다. …… 수양제는 우세기(虞世基)만을 편신하여 도적이 성을 공격하여 촌리(村里)를 휘저어도 알지 못했습니다. 그러므로 군주가 겸청하여 아랫사람의 말을 채용하면 고관들도 악행을 많이 은폐시킬 수 없을 것이며, 아래의 사정이 위로 알려질 것입니다." 태종이 그 말을 칭찬하였다.

책에는 이러한 문답들이 계속 이어지고 있는데, 그 가운데에서도 특히 군주의 요체(要諦)는 신하의 간언을 받아들이는 데 있음이 몇 번씩이나 강조되고 있다. 이는 위정자의 마음가짐을 지적한 것으로서 전제정치에서건 민주정치에서건 변함이 없다. 또 인물을 등용할 때 과거의 경력에 구애받지 않을 것을 강조하고 있는 점도 특색이다.

房玄齡

위징은 처음 이밀을 섬기고 이밀이 항복한 후에는 당조를 섬겼는데, 처음에 태종과 반대진영이었던 태자 건성의 세마(洗馬) 직책을 담당하였다. '현무문의 변' 이후 태종이 위징에게 "너는 어째서 우리 형제를 이간하였는가"라고 물었다. 위징은 대답하길, "황태자(건성)께서 일찍이 제가 말씀드린 것을 받아들이셨다면, 오늘과 같은 불행은 없었겠지요"라고 말하였다. 곁에 있던 사람은 이 대답에 태종이 어찌 반응할지 조마조마해 하였지만, 태종은 위징의 인물됨을 인정하고 측근으로 기용하였다. 태종의 주위에 명신이 구름같이 모여든 까닭이 여기에 있을 것이다.

씨족의 순위매김

태종의 명으로 편찬되기 시작한 『정관씨족지(貞觀氏族志)』가 632년(정관 6)에 완성되었다. 그러나 이것은 태종의 뜻에 맞지 않았으므로 다시 편찬하라는 명령이 내려져, 638년(정관 12) 정월에 개정이 마무리되었다. 개정을 명한 것은 9등으로 나눈 씨족의 순위매김에 불만이 있었기 때문이다. 구체적으로는 당왕조 창업 때 황문시랑에 기용된 박릉(博陵) 최씨 출신인 최민간이 제1등으로 순위가 매겨 있었다. 그래서 다시 편찬된 재진본에는 최민간은 3등이 되었다. 그 이유는 "초진본(初進本)이 당왕조의 관작을 가벼이 여기고 세속의 정(情)에 따랐기" 때문으로 되어 있다.

당시 산동12)의 최·노·이·정의 여러 씨족이 이미 실세가 없음에도 불구하고 다른 씨족과 혼인을 할 때는 가문을 내세워 많은 액수의 폐물을 요구하고 있는 데 대해 전부터 태종은 언짢게 생각하고 있었다. 그런데 초진본을 그대로 둔다면 결과적으로 이러한 사정을 묵인하는 꼴이 된다. 그래서 재진본에서는 황족을 우두머리로 하고, 외척은 그 다음에 두고, 이하 관품의 고하에 따라 293성 1651가를 9등으로 순위매김한 것이다. 그러나 현재『정관씨족지』는 완전하게 전해지지 않기 때문에 상세한 내용을 알 수 없다.

이『정관씨족지』의 편찬을 어떻게 보면 좋을까. 우선 초진본에서 최민간을 제1등으로 삼은 것으로 미루어 당대는 여전히 귀족제 시대라고 보는 견해가 있다. 이는 나이토 고난(內藤湖南)이 일찍이 "6조시대(위진남북조시대. 3세기~)부터 당 중기(8세기 중엽)까지를 귀족제 시대"라고 한 주장을 계승하는 사람들의 견해이다. 그러나 당왕조의 지배집단은 북주·수를 잇는 관롱집단으로, 이미 6조의 귀족제적인 한인문벌이 지배하는 시대가 아님은 앞서 서술하였다.

그렇다고 해도『정관씨족지』초진본의 순위매김을 보건대, 아직 귀족제적 사고가 잔존해 있음을 인정할 수밖에 없다. 단지 태종이 이러한 옛 귀족제에 대해 당당히 대결을 시도하고, 초진본의 개정을 명하여 관직의 등급을 통해 이러한 관행을 바꾸어 국가에 공로가 없음에도 가문만 내세우는 사고에 도전한 점을 평가하고 싶다. 게다가 가문만을 내세운다는 것은 이미 실제 권력이 실추한 후 더욱 심해지는 현상은 아닐까. 따라서 이는 진정한 귀족제 시대와는 구별되어야 할 것이다.

문덕 장손황후의 내조

태종의 황후는 정식으로 문덕순성황후(文德順聖皇后)라고 하며, 장손씨로 장손무기의 여동생이다. 장손무기는 태종의 어릴 적 친구이자 태종의 공신이기도 하였다. 장손씨는 북위의 황실인 선비 탁발부로, 그 황족의 장이었기 때문에 장손씨라고 하였다고 한다. 황후의 아버지 장손성(長孫晟)은 북주·수의 돌궐대책에 공헌하였다.

---

12) 태항산맥에서 동쪽의 하북평야를 가리킨다. 주로 옛 북제의 지배지역.

황후는 13세 때인 613년(대업 9)에 당시 16세이던 태종과 결혼하였다. 황후는 어릴 적부터 독서를 좋아하고, 옛날의 선악을 보고 스스로의 훈계로 삼았으며 예법을 존중하였다. 태종과 형인 태자 건성과의 관계가 껄끄러워지고 나서도 시아버지인 고조를 잘 섬기고, 또 고조의 여러 비에게도 환심을 사서 태종의 결점을 보완하였다. '현무문의 변' 때부터 활발하게 움직였으며, 자주 부하 장수를 위문하여 감격시키기도 하였다. 황후가 된 후에도 여전히 검약하고 독서도 게을리하지 않아 행동에서 나무랄 데가 없었다. 태종이 명군으로 칭송받는 것도 이러한 황후의 내조에 힘입은 바가 컸을 것이다.

어느 날 태종이 황후에게 정치에 관한 이야기를 꺼냈다. 그러자 황후는 "암탉이 울면 집안이 망한다"며 태종이 아무리 말을 걸어도 이에 답하지 않았다. 황후로서의 발언의 한계를 분별할 능력을 갖추고 있었다고 해야 할 것이다. 어찌 보면 이 이야기는 태종이 어지간한 정치문제까지 황후와 상담을 하였기 때문에 황후가 황제에게 주의를 준 것은 아닌가 하는 생각도 든다. 태종이 황후의 오빠인 장손무기를 재상으로 삼으려 할 때도 황후는 오빠와 여동생이 모두 나라의 주요 지위에 오르게 되면 역대에 자주 보이는 외척전횡의 근원이 된다고 하여 피하였다. 태종은 후에도 기회를 엿보았지만 황후가 끝내 찬동하지 않았다고 한다.

그러나 하늘은 두 가지 복을 모두 주지는 않는다. 이렇게 훌륭한 명황후도 34세라는 젊은 나이에 병에 걸리고 말았다. 이 때 황태자 승건(承乾)이 특별한 은사와 도첩(度牒 : 승려가 되는 허가서)으로 병액을 없앨 것을 청하자, 황후는 "삶과 죽음은 천명이니 사람의 힘으로 막을 수 있는 것은 아닙니다. 혹 복을 닦아서 생명을 연기시킬 수 있다고 한다지만, 나는 원래 나쁜 일은 하지 않았습니다. 만약 선행을 베풀어 그래도 효과가 없다고 하면, 구할 수 있는 복은 없습니다. 은사(恩赦)는 나라의 대사이고 불도는 이국의 가르침이니, 모두 정치의 악폐가 될 뿐만 아니라 천자가 함부로 할 일이 아닙니다. 어찌 나 같은 일개 부인을 위하여 천하의 법을 어지럽힐 수 있겠습니까"라고 말하였다. 태종은 이 말을 듣고 크게 감탄하였고, 그럼에도 은사와 도첩을 인정하려 하였지만 황후의 굳은 사양으로 그만두고 말았다.

황후가 위독할 때, 명신 방현령이 태종의 비위를 거슬려 두문불출하고 있었다. 황후는 "그러한 명신은 특별히 큰 문제가 없는 한 멀리해서는 안 됩니다"라고 말하고, 또한 처가 사람을 권세 있고 중요한 지위에 오르게 해서는 안 된다는 말을 덧붙였다. 636년(정관 10) 황후는 화려한 장례는 천하의 웃음거리라는 유언을 남기고 세상을 떠났다. 당시 나이 36세였다. 태종은 '일량좌(一良佐)'를 잃었다고 울며 슬퍼하였다. 당 황실에 대한 공헌의 측면에서, 황후는 정관의 명신들 이상으로 중대한 역할을 한 인물로 평가받고 있다. 황후는 여성에 대한 교훈서로 『여칙(女則)』이라는 10권의 저술도 남겼다.

후사문제로 고민하는 태종

명군으로 불린 태종에게도 큰 고민거리가 있었다. 그것은 후사에 관한 것이었다. 문덕 장손황후에게는 승건(承乾)·태(泰)·치(治)의 세 아들이 있었는데, 태종의 즉위와 함께 8세인 장자 승건이 태자가 되고 태는 위왕(魏王), 치는 진왕(晉王)이 되었다. 그러나 태자 승건은 다리가 부자유스러웠던 데다 20세가 되면서 두드러지게 이상한 행동을 하기 시작하였다. 돌궐어와 돌궐풍 복장을 즐기고, 얼굴이 돌궐인과 닮은 자를 골라 양을 기르게도 하고 궁여(穹廬 : 텐트)를 만들어 살기도 하였다. 자신이 카간(可汗 : 돌궐의 군장)이 되어 죽는 시늉을 하고 돌궐풍 장식을 하겠다고까지 하였다. 실성한 태자가 돌궐풍을 좋아했던 것으로 미루어, 돌궐 풍습이 당 황실에까지 영향을 미치고 있었음을 알 수 있는데 흥미로운 사실이다. 태자 승건은 성격이 약간 비뚤어진 태종의 동생인 한왕 원창(漢王 元昌)과도 사이가 좋아져 모의전쟁을 하기도 하고, "내가 천자가 되면 마음껏 놀거다. 그것을 갖고 뭐라고 하는 자가 있으면 당장 그 자리에서 죽여버리지. 수백 명쯤만 죽이면 조용해질 거야"라는 망언을 하기도 하였다.

그에 비해 둘째 아들인 위왕 태는 학문도 있었고 신하들에게도 인기가 좋아 태종의 총애를 받았다. 그러나 태종 자신이 형 건성(建成)을 죽인 과거사가 있었던 만큼 (태자 승건을 폐하고 위왕 태를 태자로 삼는 문제에서는) 고민도 깊었던 것 같다. 한 번은 화가 난 태종이 승건이 귀여워하던 관노 악동

(樂童)을 죽인 일이 있다. 그러자 승건은 그 악동의 상을 만들어 추모하기 시작하고, 불만을 품어 수개월 동안이나 아침문안을 게을리하였다. 이윽고 숙부인 한왕 원창이 태자 승건에게 모반을 권한 것이 계기가 되어 결국 643년(정관 17) 4월 태자 승건은 폐위되었다. 장손무기는 점잖고 범용한 막내 진왕 치를 후사로 추천하였다.

　태종은 당연히 위왕 태를 태자로 세울 생각이었다. 그러나 승건과 태의 사이가 나빠 태를 세울 경우 승건과 태는 모두 목숨을 보존할 수 없게 될 것이라 예상하였다. 결국 태종은 자살까지 생각한 끝에 장손무기가 추천한 진왕 치를 태자로 결정하였다. 당시 치는 16세였다. 태종은 장손무기·방현령·이세적 등의 원훈에게 태자 치의 훈육을 맡기는 등 만전을 기하였다. 649년(정관 23) 태종이 죽자 치는 당왕조의 제3대 황제 고종이 되었다. 태종 만년에 문제가 되었던 고구려 원정 부분은 다음 절로 미루겠다.

수당 세계제국

현장의 인도여행

　'수당 세계제국'을 기술하기에 앞서 이 세계제국에 걸맞는 에피소드로서 삼장법사 현장(三藏法師 玄奘)에 대해 알아보자. 그는 중앙아시아를 지나 인도까지 여행하여 서방에 대한 정확한 지리적 지식을 당대 사람들에게 제공한 인물이다. 618년 현장은 당조 창업의 소식을 듣고 낙양에서 수도 장안으로 들어갔지만, 당시의 장안은 전쟁에 관한 것만이 이야깃거리가 되어 있었으므로 불교상의 면학이 불가능한 상태였다. 그래서 고승들이 많이 피난해 있던 촉(蜀 : 사천성)으로 가서 그 곳의 고승 밑에서 사사받고 대승불교의 심오한 뜻을 연구한 후, 양자강을 타고 내려가 각지를 돌다가 다시 장안으로 들어왔다. 그러나 현장은 이미 중국에서 배울 것은 다 배웠으므로 석가의 고향인 인도에 가서 한역불전(漢譯佛典)으로는 만족스럽지 못한 부분을 원전으로 연구하겠다는 결심을 굳혔다. 그리하여 태종 정관 초기에 몰래 중국을 떠나 인도로의 구법(求法)여행에 나섰다.

東突厥
西突厥
吐蕃
唐
黃河
相州
鄴州
洛陽
長安
荊州
揚子江
成都
涼州
蘭州
甘州
伊吾(하미)
高昌
玉門關
瓜州
沙州(敦煌)
나바파
차르마다나
니야
이구니
흡흡
구차
아크수
스이아브
탈라스
이스크룰
맥
천
타림강
산
신산맥
시르강
사마르칸드
틸라스
사슈(타슈켄트)
카슈가르
파미르
활국(쿤둠)
박트라(발흐)
아무강
신두쿠시산맥
탁실라
스리나가르
카슈미르
카피사
나가라
카불
베그램
쿠시나가라
카필라바스투
바라나시
가야
王舍城
나란다
타마라리프티
브라마푸트라강
히말라야산맥
네팔
스타네스바라
아요댜
프라야가
라크나우
마투라
인더스강
랑가라
베리룸
캉가
칸치푸라
심할라(獅子國)
스타네스바라
1000km
0
玄奘의 행로
( ) 현재의 지명

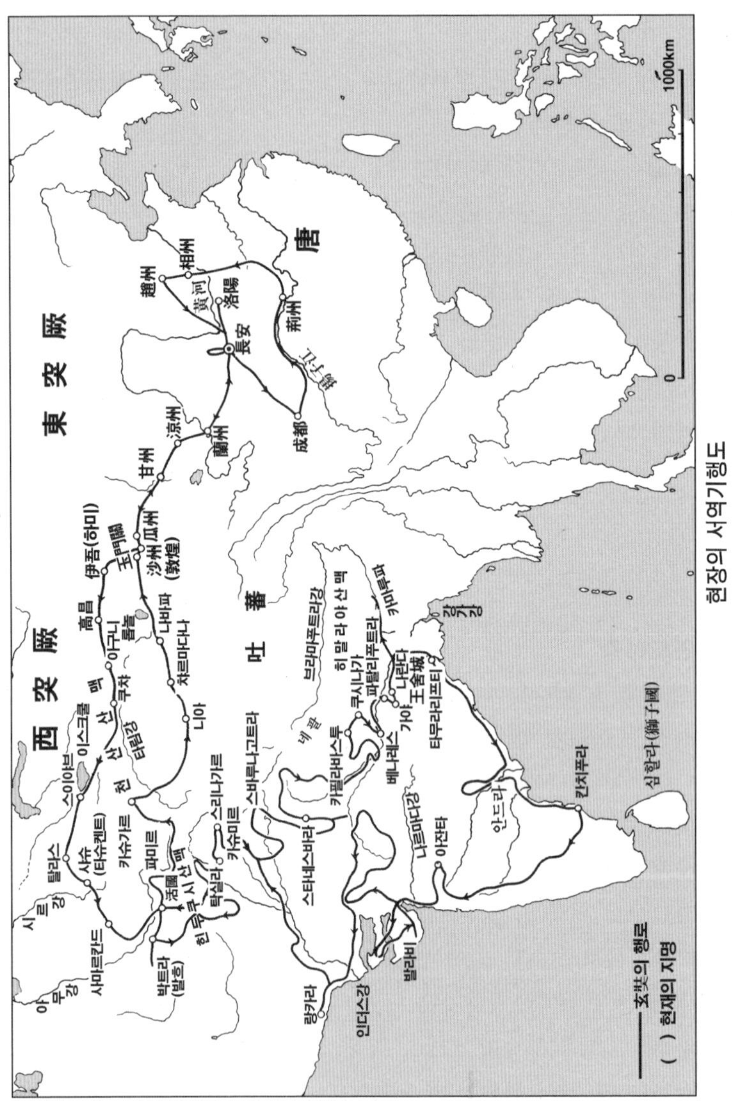

현장의 서역기행도

高昌古城 후한부터 명 초기까지 투루판의 정치·문화 중심지

날란다 사원 유적 현장은 당시 1만 명의 학생이 있었다고 기록하고 있다

웅대한 천산산맥 우루무치

현장 대당서역기

현장은 장안으로부터 서북쪽, 지금의 감숙성 서쪽으로 뻗어 있는 하서회랑(河西回廊)에서 천산산맥의 남쪽, 즉 천산남로(天山南路) 서역북도(西域北道)의 오아시스를 통과하였다. 이 곳은 실크로드의 하나이다. 그리고 당시 한인의 식민국가였던 고창국(高昌國 : 신강 위구르 자치구 투루판)을 통과하여 7천 m의 천산산맥을 넘어 이식 쿨 호반으로 나왔다. 거기에서 서돌궐의 통엽호 카간(統葉護可汗)의 궁정에 들어가 극진한 대접을 받고 시르다리아를 건너 키질 쿰의 남단을 지나 사마르칸드에 들어갔다. 그 주변이 바로 소그드라 불리는 곳이다. 거기에서 그는 그 남단의 '철문(鐵門)의 험(險)'으로부터 토하라로 들어가 5천 m 이상의 높은 산으로 이어지는 힌두쿠시 산맥을 지나 아프가니스탄에서 드디어 인도로 들어가게 되었다. 장장 3년 여의 세월이 걸린 대장정이었다.

인도에 들어간 현장은 나란다에서 원전으로 대승불교의 뜻을 깊이 연구하고 각지의 석가 성적(聖跡)도 순례하였다. 그리고 당시 남인도를 제외한 전 인도의 통치자 하루샤 왕(戒日王)의 초대를 받아 전 인도의 왕·대신·고승들 앞에서 18일간에 걸쳐 설법을 하기도 하였는데, 이의를 제기하는 사람이 없었다고 한다.

641년(정관 15) 현장은 귀국길에 올랐다. 가는 길은 왔던 길과는 다르게 파미르를 지나 서역 남도를 거쳐 조야(朝野)의 대환영을 받으며 귀국하였다. 때는 645년, 현장 44세 때의 일이다. 이후 태종으로부터 정무 보좌를 부탁받았지만 사퇴하고, 대승불전의 번역에 종사하여 인도 유학의 최대의 목적이었던 『유가론(瑜伽論)』(17地論) 이하 76부 1,335권을 완성하였다. 불전 번역자로서 이름을 날린 5호16국시대의 구마라집이 380권밖에 번역하지 못한 것에 비하면 대단한 일이라 할 수 있다.

『대당서역기(大唐西域記)』

현장은 귀국한 다음 해에 서방을 여행하며 통과한 140개 국에 대한 『대당서역기』 12권과, 일기식으로 기록한 『대당대자은사삼장법사전(大唐大慈恩寺三藏法師傳)』 10권을 정리하였다.

『대당서역기』에는 인도를 포함한 서방에 대한 지식이 매우 정확히 기록되어 있다. 현재 '투르키스탄'이라고 불리는 중앙아시아 일대는 투르크계의 여러 민족이 거주한 지역으로 되어 있는데, 현장이 통과할 당시에는 눈이 깊고 코가 높은 아리아계 민족이 살고 있었다. 언어와 문자·풍속·지리·산물 등이 상세히 기록되어 있는 이 기사는 19세기 말 이래의 중앙아시아 탐험에 지침이 될 만큼 큰 가치를 가지고 있었다. 현재 이 지방 주민은 이슬람 교도인데, 현장이 지나갔을 무렵에는 마침 초창기여서 이슬람교는 아직 전해지지 않았다. 현장의 기사에는 불교의 대승·소승·조로아스터교(祆敎) 등에 대한 것이 언급되어 있다.

大唐三藏聖敎序 褚遂良 필. 현장의 불전 新譯에 태종이 내린 序를 저수량이 왕명에 따라 쓴 것. 장안 大慈恩寺 大雁塔 입구에 이 비가 서 있다

『삼장법사전』에는 서돌궐의 통엽호 카간과의 만남과 머리모양·의복·주거·식사에 관해서까지 상세히 기록되어 있다. 카간은 녹색비단으로 된 옷을 입고 머리는 아무 장식도 하지 않은 채 길이 1장 정도 늘어뜨리고 있었다. 이마는 흰색비단으로 감싸고 큰 텐트(穹盧)에 살면서 식사로 어린 양과 송아지 고기, 점병(餠飯)·얼음사탕·포도 등을 먹고 있었으며, 또 음악에 대해서까지 상세히 설명하고 있다.

『삼장법사전』에서 현장이 융숭한 대접을 받은 고창국의 국문태(麴文泰)에 대해서도 자세히 설명하고 있다. 고창국은 640년(정관 14)에 당에게 토벌당하여 멸망한 뒤 당나라 영토에 편입되는데, 현장의 이 기사는 그로부터 10여 년 전의 상황을 기록한 것이다. 이 곳은 또 투루판 문서라고 불리는 당대문서(唐代文書)의 출토지로 유명한데, 문화대혁명중에 다량의 당대 문서가 출토되어 최근에는 더욱 유명해졌다. 이 지역은 천산산맥 동남 기슭의 저지 오아시스로서 오래 전부터 농사를 짓고 살았고, 일찍이 한인의 식민국가로 되어 있었다. 북위 이후 한인의 식민국가가 된 고창국은 현장이 통과할 무렵 국씨 고창의 최후를 장식한 국문태의 치세하에 있었다. 현장은 국문태로부터 특별히 후한 대접을 받고, 출발할 때는 인도여행에 필요한 다량의 물품과 돈도 기증받았다. 또한 국문태의 여동생이 서돌궐 통엽호 카간의 장남에게 시집가 활국(活國 : 쿤두즈)에 있었으므로 현장에게 준 고창왕의 소개장은 여행의 성공에 큰 도움을 주었다.

고창국은 640년(정관 14) 당의 토벌로 멸망할 무렵 인구가 3만 7천 7백이었는데, 당조는 이 지역에 안서도호부(安西都護府)를 설치하여 기미통치를 개시하였다. 기미통치란 점령지에 당의 주현을 두고 그 장관으로는 기왕에 해당지역을 통치하던 사람을 임명하여 세습케 하며 그 위에 도호부에 있는 한인 도호가 주현을 통할케 하는 당의 점령지 경영법이다. 필자는 이것이야말로 당적(唐的)인 세계제국 형성의 현재화라고 생각한다. 안서도호부는 648년(정관 22)에 쿠챠(龜玆 : 신강 위구르 자치구 庫車縣)를 정복한 후 이 쿠챠로 서천(西遷)하였다.

현장의 인도여행의 성과는, 석가의 본고향에서 원어로 불교의 참뜻을 확실하게 배워 불교에 새로운 바람을 불어넣고 법상종(法相宗 : 唯識宗)을 연 것에 있다. 여기에서 현장에 대해 굳이 설명을 한 것은 냉정하고 객관적인 여행기를 통해 다른 구법승에게서는 볼 수 없는 서방에 대한 확실한 지식을 전해주었고, 그것이 당조의 서방대책에 크게 공헌했다고 생각되기 때문이다.

동돌궐과의 특이한 관계

630년(정관 4) 당나라 장군 이정(李靖)과 이세적(李世勣) 등은 투르크(鐵勒 : 돌궐족) 여러 부족[13]과 결탁하여 동돌궐의 일릭 카간(頡利可汗)을 멸망시키고 태종은 '천 카간(天可汗)'이라는 칭호를 투르크 여러 부족으로부터 받았다.

647년(정관 21) 설연타를 무너뜨린 당은 고비사막 이북[漠北]을 통제·방어하기 위하여 연연도호부(燕然都護府)를 설치하고 그 아래에 6도독부(都督府) 7주(州)를 두어 기미통치를 실시하였다.[14]

---

13) 설연타(薛延陀)의 이남 가한(夷男可汗).
14) 연연도호부는 663년 투르크의 반란으로 瀚海都護府라고 개칭되어 외튀켄 산으로 옮겨졌다.

당과 멸망 전의 동돌궐이나 투르크와의 관계를 어떻게 이해해야 할까. 모리 마사오(護雅夫)는 당과 이들과의 혼인관계에 주목하였다. 즉 이들과 수·당 황제의 딸인 공주(진짜 딸이 아닌 경우도 있다)가 혼인한 것으로 보아 당과 돌궐·투르크의 카간 사이에는 장인(수·당)과 사위(돌궐·투르크)의 관계가 성립하였다고 보았다. 그리고 돌궐 카간이 중국황제에 보낸 상표문에 '신(臣)'이라고 칭하고

單耳彩繪陶 麴氏高昌

있는 점으로 미루어 군신관계를 맺었으며, 나아가 수대에 돌궐의 계민 카간(啓民可汗)을 수가 책립한 경우는 책립·피책립의 관계였다고 해석하였다.

그러나 장인과 사위, 신, 책립 등의 관계는 모두 중국측 사료에 의거한 것이므로, 이것만 갖고 돌궐·투르크측과 수·당과의 관계를 쌍방간의 객관적 관계라고 단정해 버리는 데는 문제가 있다. 카간의 상표(上表 : 이 말 자체가 이미 문제이지만)도 원문은 투르크어이고 중국측 사료는 한역문이다. 따라서 상표문에는 1인칭으로 신(臣)으로 쓰여 있지만, 투르크에도 과연 '신'과 같은 의미의 용어가 사용되었는지에 대해서는 오늘날 투르크어 원문이 없는 관계로 확인할 길이 없다.

또한 장인과 사위의 관계에서도, '부인의 부친', '옹(翁 : 妻의 夫)', '여(女)의 부(夫)'라는 말이 이쉬바라 카간(沙鉢略可汗)의 상표(上表)에 보이지만, 이러한 번역어 표현으로써 양자의 기본적 관계를 논해도 좋을지에 관해서는 문제가 있다. 혼인관계가 실질적으로는 인질관계인 경우도 있고, 또 문화수준에 차이가 날 경우 낮은 쪽이 높은 쪽에 동경의 표현으로서 혼인을 희망하는 경우도 있을 것이기 때문이다.

모리 마사오는 이들의 관계가 수당 측에서 일방적으로 설정한 것이 아니

라 돌궐·투르크측의 요구와 요청에 따른 것임을 강조하지만, 이 또한 중국 측 사료에만 의거하고 있으므로 의문이 남는다.

수당과 동돌궐이나 투르크 여러 부족과의 관계는 그때그때의 양쪽 사이의 힘의 관계를 반영하고 있고 따라서 이를 단순화시켜 어떤 하나의 관계로 환원하여 논하는 것은 오히려 진상에서 벗어나는 것이라 생각된다. 그러나 동돌궐 및 투르크 여러 부족이 당에 굴복한 뒤, 이들 지역에도 기미지배가 실시되었던 점이야말로 당나라적인 세계제국의 구현화로 이해해야 할 것이다.

또한 수당 세계제국을 정치적 관점이 아니라 문화적 관점에서 보는 견해도 있는데, 이 경우 돌궐·투르크가 후에 기술할 한반도의 삼국과 일본이나 티베트와는 다른 상황에 놓여 있음을 주의해야 한다. 한반도 삼국이나 일본은 중국에서 한자를 수입하고 그것을 통해 유교·불교·법률 등을 배웠다. 그리고 중국의 음악·문물도 그대로 수용하였다. 이는 당의 음악이 아악(雅樂)으로서 일본에 존재하고, 쇼쇼인(正倉院)의 보물 속에 당에서 전래된 것이 다수 존재하고 있다는 사실을 통해서 볼 때 명확하다. 이와는 달리 돌궐·투르크는 한자나 법률·음악·풍습 등을 수용한 흔적이 없고, 문자의 경우에는 오히려 서방계의 것을 사용하고 있다.

따라서 중국문화가 동쪽으로 전해지기는 했어도 북쪽 혹은 서쪽으로는 거의 영향을 미치지 못하였음을 수당 세계제국을 생각할 때 꼭 유의해야 할 것이다.

티베트(吐蕃)와의 교류

티베트는 당대 이후의 중국사료에서 토번(吐蕃)이라는 이름으로 등장한다. 종래 티베트 역사에 대해서는 중국사료를 제외하면 13세기 이후의 티베트측 사료에만 의지하였는데, 금세기 초에 발견된 돈황문서의 연구가 진전됨에 따라 그 실상이 조금씩 밝혀지게 되었다.

티베트 왕조는 5세기경에 성립되었다고 하지만 명확히는 알 수 없다. 확실한 것은 손첸 감포(581~649 : 중국측 사료에는 棄宗弄讚이라고 쓰여 있다) 때부터이다. 손첸 시대에 당과 티베트 사이에는 선비계의 토욕혼(吐谷

渾)이 있어 최성기를 맞
이하고 있었는데 수양
제가 이를 격파하였다.
토욕혼 왕은 복윤(伏允)
이라는 인물이었는데, 당
태종은 630년(정관 9)
복윤을 무너뜨렸고 복
윤은 자살하였다. 복윤
이 죽은 후 손첸은 복윤
의 아들과 손첸 일족의

궁녀도 懿德太子墓 벽화, 8세기 초두

딸 사이에서 태어난 아들을 왕으로 세웠다. 그런데 당이 다른 아들을 세워
왕으로 삼았기 때문에 손첸은 그를 죽이고 말았다.

손첸은 634년(정관 9) 당에 사신을 보내고, 636년에는 공주와의 혼인을
청하였다. 당은 이 요청에 대해 답을 보류한 반면, 토욕혼에게는 공주를 주
겠다고 약속하였으므로 화가 난 손첸은 638년(정관 12) 당의 송주(松州 : 사
천성 阿壩藏族 自治州 松潘縣)를 공격하였다. 이에 당태종은 손첸에게도
공주를 주겠다고 약속하고 640년(정관 14) 가을 문성공주(文成公主 : 태종
의 진짜 딸은 아니다)를 손첸의 아들인 군손 군첸에게 시집보냈다. 그러나
군손은 곧 말에서 떨어져 사망하고 아버지 손첸이 복위하였다. 문성공주는
646년(정관 20) 티베트의 풍습에 따라 손첸에게 재가하였다. 문성공주는 죽
은 남편을 위하여 지금도 남아 있는 라모치에(小招寺)를 세우고 중국에서
불상을 들여왔다.

한편 손첸은 북인도에 위치한 네팔(泥婆羅)로부터도 왕비를 맞아들였는
데, 이에 따라 네팔에서 불교가 전래되어 당나라 불교와 경쟁을 벌이게 되
었다. 그 사이에서 티베트 불교가 일어나게 된다.

티베트는 당에 유학생을 보내 중국문자를 습득하고 고전을 배우게 하였
으며, 한문으로 중국과의 국교문서를 작성하기 위해 당의 문인을 초청하기
도 하였다. 또 당으로부터 양잠이나 쌀로 빚은 술, 혹은 종이·먹 등도 수입
하였다. 문성공주가 시집오면서 당의 문물이 티베트로 흘러 들어왔을 것으

로 보이는데, 문성공주가 얼굴을 빨갛게 칠하는 티베트 풍습을 싫어하였기 때문에 티베트에서는 이 풍습이 금지되었다. 또한 문성공주를 위하여 중국식의 성벽이 있는 궁전을 건축한 것으로도 보인다.

641년(정관 15) 북인도의 마가다 국왕인 하르샤 왕이 당에 사절을 파견하였다. 현장의 높은 인격에 감동했기 때문으로 추측된다. 당은 그에 대한 답례사를 사절과 함께 돌려보냈다. 그 때 부사(副使)로 파견된 이가 왕현책(王玄策)이다. 그는 647년(정관 21)에 두번째로 하르샤 왕에게 파견되었지만 그가 도착했을 때는 하르샤 왕은 이미 죽고 없었고 혼란에 빠진 인도는 왕현책의 도착을 거부하였다. 이에 왕현책은 티베트 및 네팔의 병사를 인솔하여 그 왕인 아라나순(阿羅那順)을 붙잡아 648년(정관 22) 그를 태종에게 바쳤다. 이것으로 미루어 왕현책의 인도행은 티베트·네팔을 경유하여 이루어진 것으로 보이며, 이를 계기로 당에서 티베트를 거쳐 인도로 들어가는 길이 열렸다고 보아도 되겠다.

티베트와 당의 관계는 당나라 공주와의 혼인을 청한 데서 잘 나타나는데, 이 점은 돌궐·토욕혼과 비슷하다. 손첸 시대에는 유학생을 보내어 한자문화를 배우기도 했으나 이것은 정착되지 않았고 후에 북인도계 문자가 티베트 문자로 되었다. 즉 문성공주를 통해서 당의 문화가 유입된 흔적은 보이지만, 한반도의 삼국과 일본이 당왕조의 많은 문화를 수입한 것과는 그 양상을 달리한다. 이는 티베트가 지역적으로 인도문화에 접할 기회가 많았기 때문으로 생각된다.

한반도 삼국에 대한 책봉

고구려는 세 차례에 걸쳐 수양제의 침입을 받았으나 이를 격퇴하였다. 그러나 그로 인한 피해는 막대하여 재건에 어려움을 겪었다. 618년 당조가 성립되자 고구려·백제·신라 삼국은 함께 사신을 파견하고 조공을 하였다. 623년(무덕 5) 당고조는 고구려에 아직 잔존해 있던 중국인의 송환을 희망하였고 고구려가 이에 응하여 약 1만 명을 송환하였다. 수·당과 고구려 사이에 지속된 살벌한 관계 속에서 이는 한 모금의 청량제와도 같은 것이었다. 624년(무덕 7), 당은 한반도 삼국의 조공에 답하여 고구려왕에게 상주국 요동군왕(上柱國遼東郡王), 백제왕에게 대방군왕(帶方郡王), 신라왕에게 주국낙랑군왕(柱國樂浪郡王)의 칭호를 주었다. 이를 책봉이라 부른다. 이로써 삼국은 책봉관계에 들어가기는 했지만, 각각 타국의 침입을 당에 호소하여, 과거 수의 고구려 원정에 구실을 제공한 것과 마찬가지 사태가 재연되었다.

그 후 631년(정관 5) 태종은 수의 고구려 원정 때 전사한 자의 유골 수집을 고구려에게 명하고, 동시에 경관(京觀)이라 불린 고구려의 충령탑(忠靈塔)을 파괴할 것을 명하였다. 이것은 고구려에 대해 중국측이 또다시 강경책을 쓰겠다는 조짐이었다. 고구려는 부여성(길림성 農安)에서 발해만에 걸친 1천여 리의 장성을 쌓고 당의 침입을 경계하였다.

당시 한반도 삼국과 당 사이에는 유학생·유학승의 파견이 활발하여, 640년(정관 14)에는 한반도 삼국 외에 고창·티베트를 포함하여 장안의 국학(國學)에 8천 명(일설에는 80명)이나 되는 유학생이 있었던 것으로 보이지만, 그 동안에도 당과 고구려 사이에는 먹구름이 끼기 시작하였다.

그 계기가 된 것이 고구려의 대신 연개소문(淵蓋蘇文)의 쿠데타였다. 642년(정관 16) 연개소문은 고구려의 영류왕을 죽여 유해를 절단하여 개천에 버린 후, 영류왕의 동생의 아들을 보장왕으로 세웠다. 태종은 즉시 출병을 생각하였지만, 장손무기의 충고를 받고 자중하여 보장왕에게 상주국 요동군공(上柱國遼東郡公)의 칭호를 내려 우호관계를 가장하였다.

그러나 고구려·백제가 연합하여 신라에 대한 공격을 계획하고 있다고 신라가 당에 호소하였고, 실제로 신라에 대한 양국의 공격이 시작되었다.

당태종은 645년(정관 19) 직접 고구려 원정에 나섰고 신라가 이에 호응하였으나 성공하지 못하였다. 당시 신라는 선덕여왕의 치세였는데, 이 난국을 극복하지 못해 결국 내란이 일어났다.

647년(정관 21) 당태종은 다시 원정에 나섰으나 이번에도 역시 실패하였다. 당시 신라에서는 선덕여왕이 사망하고 여동생인 진덕여왕이 즉위하였다. 한편 648년에도 당은 제3차 고구려 원정을 시도하였으나 이 또한 실패로 막을 내렸다. 이 사이에 태종이 사망하였다. 이제 당조의 한반도 문제는 다음 고종조로 넘어가게 되었다.

한편 신라는 650년(고종 영휘 원년) 독자 연호를 폐지하고 당의 속국이나
마찬가지로 되어 버렸다.

일본의 정치혁신

630년(정관 4), 일본은 제1회 견당사(遣唐使)로서 이미 견수사로 파견된
바 있던 이누가미노 미타스키(犬上御田鍬)를 파견하였다. 그는 2년 후 당나
라 사신 고표인(高表仁)과 함께 유학승인 민(旻)을 동반하여 귀국하였다.
고표인은 궁중에서 자리 순서 문제로 다투어, 당의 조명(朝命)은 전달하지
도 않은 채 귀국해 버렸다.

639년(정관 13)에는 에인(惠隱), 다음 해에는 미나미부치노 쇼안(南淵請
安), 다카무코노 구로마로(高向玄理)와 유학생이 당에서 속속 귀국하였다.
이는 당에 또다시 고구려 원정의 기운이 높아지고 있었고, 그 긴장에 대해
일본도 대처할 필요가 있었기 때문일 것이다. 645년(정관 19), 당의 고구려
원정이 시작되었다. 당조의 수·당전기 통치체제의 확립을 눈으로 직접 보
고 귀국한 유학생들은 이러한 분위기 속에서 일본에 혁신정치를 실시할 필
요성을 절감하였다.

645년(정관 19), 즉 당의 제1차 고구려 원정이 있던 그 해 6월 나카노오에
(中大兄) 황자와 나카토미노 가마타리(中臣鎌足)는 당나라에서 귀국한 인
물들과 함께 소가(蘇我)씨를 무너뜨리고 개신정치를 실시하였다. 그 다음
해 정월에 개신의 조를 발표하였다. 그 핵심은 (1) 공지공민(公地公民) (2)
행정·군사의 중앙집권 (3) 반전수수(班田收授) (4) 조용조제(租庸調制)인
데, 그 존재를 부정하는 견해도 있다. 그러나 이 다이카 개신(大化改新)은
일본이 처음으로 당나라식 법률을 수입하여 법에 의한 통치의 원리를 알게
되었다는 점에서 큰 의의가 있다. 후에 이 개신정치가 다이호 율령(大寶律
令)으로 조문화되어 일본도 동아시아 법제적 국가의 하나로 등장한 것은 높
이 평가할 일이다.

그런데 당의 고구려 원정의 개시와 동시에 다이카 개신이 단행된 것은 흥
미로운 일이다. 종래 한반도 삼국을 통해서 수용하던 중국의 여러 문물·제
도를 사신과 유학생 파견을 통해 수·당으로부터 직접 흡수하면서 일본은

당조 창업과 함께 갑자기 높아진 동
아시아의 긴장을 직접 느끼게 되었
고, 이것이 다이카 개신을 추진하는
원동력이 되었던 것이다. 그리고 이
시기에 일본은 한반도 삼국과는 달리
책봉을 받아들이지 않고 스스로 개신
정치를 행하였는데, 이는 중국 당조
와 동아시아 여러 나라와의 관계에서
보이는 또 하나의 특징이다. 그러나
한반도 삼국과 일본의 문제를 고려할
때는, 수·당과의 거리 차이에서 오
는 문제도 당연히 생각해야 할 것이
다.

연주자를 태운 삼채낙타 섬서성 서안 출토

수당 세계제국의 내용

'수당 세계제국'이라는 말은 꽤 널리 퍼져 있는 말이다. 그러나 이 말이
갖는 내용성은 명확하지 않다. 도야마 군지(外山軍治)는 "종래의 왕조의 영
역이 대개 중국본토를 중심으로 한 데 대해, 수는 중앙아시아·동남아시아
의 이민족과 그 거주지를 함께 지배하에 넣고, 중국문화 외에 서방의 문화
도 포함한 나라였기 때문이다. 세계제국의 건설사업은 수를 대체한 당에 의
하여 이룩되었다"[15]라고 말하고 있다.

그러나 중국왕조의 지배가 중국본토 이외의 지역에까지 미친 경우는 수
당대로만 한정되지 않으며, 서방문화를 포함하였기 때문에 세계제국이라고
한 것도 충분한 설명은 못 된다. 세계제국이라고 할 경우 그에 따른 제국의
구체적 내용과 구조를 언급하지 않으면 안 된다. 당고조 시대에는 아직 중
국본토 내의 군웅과 계속 항쟁을 하던 때라 밖으로 눈을 돌릴 여유가 거의
없었다. 그러나 태종시대에 이르러서는 중국본토가 평정되고 북방의 강적인

---

15) 『동양의 역사 5-수당세계제국』, 人物往來社, 1967.

동돌궐의 일릭 카간이 당에 항복하였으며, 투르크 여러 부족으로부터 천 카간이라는 칭호를 받게 됨으로써 돌궐에 대해서는 이 시기에 무력토벌을 통한 세계제국정책을 실시하였다고 볼 수 있겠다.

수·당은 서방의 토욕혼의 경우 토벌을 가하는 한편 공주를 주어 결혼시켰다. 새로이 등장한 티베트에 대해서는 요청에 따라 문성공주를 출가시켜 공주를 중심으로 친선관계를 진행시켰다.

한반도 삼국에 대해서는 위의 지역들과는 일정하게 차별성을 두었음을 유의해야 한다. 예컨대 고구려에 대해서는 "고구려가 있는 곳은 원래 한(漢)의 4도(四都)가 있던 곳이다"[16]라고 지적하고 있다. 당은 한반도 삼국에 대해 책봉을 중심정책으로 삼아 봉국으로 대하고 위기에는 출병한다는 태도를 취하고 있었다. 태종 만년에 실패로 끝난 고구려 원정이 이를 잘 보여준다.

일본은 이상의 나라들과는 달리 자진해서 사절을 파견하였는데, 태종시대에는 견수사에 딸려 보낸 유학생을 철수시켜 그들을 혁신정치의 원동력으로 삼았다. 그리고 다이카 개신을 단행하여, 당나라식의 법치국가로의 탈피를 시작하게 되었다.

당왕조의 세계제국 정책

당왕조의 대외정책은 시기에 따라 가지각색인데, 고창국의 경우에는 토벌 후 그 지역에 안서도호부를 설치하여 기미통치를 시작하였다. 이 기미정책은 돌궐, 투르크 여러 부족이나 한반도, 베트남에 대해서도 마찬가지로 적용되어(한반도·베트남에 대한 기미통치는 고종 때의 일이다) 6도호부의 설치로 이어진다. 그러나 이것은 일시에 성립된 것이 아니며 설치 장소도 때에 따라 이동하고 있다.

당조의 세계제국 정책은 조공 요구, 책봉, 공주를 통한 혼인정책 등 그 지역의 실정에 따라 각기 다르고, 이 가운데 어떤 것에 중점이 두어진 것은 아니다. 따라서 책봉만을 뽑아 내어 '책봉체제'를 동아시아 세계에서 수당제국

---

16) 『冊府元龜』 권142, 제왕부 帝王部弭兵.

의 구조였다고 보는
시각에는 문제가 있
다. 그 세계정책의 궁
극적인 목표는 도호부
의 설치에서 나타나는
기미정책에 있다고 생
각한다. 그렇기는 하
더라도 이는 무력토벌
을 거친 후 비로소 시
행되는 것으로, 반드
시 일률적으로 동시에
행해지는 것은 아니었
다.

客使圖 섬서성 乾縣, 唐 章懷太子墓 墓道 동벽 벽화 모사. 위 그림 오른쪽에서 두 번째 사람의 출신국에 대해 논란이 계속되고 있다. 머리에 쓰고 있는 것이 새털이라고 해서 신라인이라고 보기도 하지만 고구려인이라는 견해도 있다. 즉 신라는 650년 이후 복제를 중국화하였고 위의 벽화는 그 이후에 만들어진 것이므로, 신라인이라면 중국식 복장을 하였을 것이라는 견해이다. 한편 일본에서는 위의 인물을 일본의 사절로 보는 사람도 있다.

일반적으로 '수당
세계제국'이라고 할 때는 정치적 관계만이 아니라 문화적인 측면에서도 살펴보아야 할 것이다. 640년(정관 14)에 고구려·백제·신라·고창·티베트 여러 나라의 추장 자제 8천 명(일설에는 80명)이 장안의 국학에 입학하였다고 하는데, 당의 선진문화를 흡수하고자 모여든 이러한 유학생이야말로 수당 세계제국의 모습이 아닐까 한다. 이 점에서는 일본도 당연히 여기에 포함된다. 그러나 돌궐·투르크의 경우는, 복속하여 당조에 봉사한 사람들은 다수 있지만 한자 문명, 법률제도, 풍속 등은 그 내부로 침투하지 못했다. 이 점은 당문화의 전파라 해도 한계성이 있었음을 의미하는 것으로, 특별히 당문화가 한반도와 일본에 주로 전파된 이유는 무엇인지 더 깊이 생각해 볼 일이다. 당의 문화가 농경문화라 농경국가로는 전파되고 유목지대에는 침투하지 않았던 것도 한 원인이 되겠지만 그것만으로 모든 것을 설명할 수는 없다.

3. 측천 - 여제(女帝)의 출현

고종의 초기 치세와 측천의 등장

치세 초기의 작은 파란

649년(정관 23) 5월 태종이 위독한 상태에 빠지자 태자 치는 밤낮 그 옆에서 밥도 제대로 먹지 못하고 머리칼이 하얗게 새도록 비통해하였다. 태종은 "네가 이토록 효도를 다하니 죽어도 원이 없다"고 만족해하였다.

태종은 황후의 오빠이자 재상인 장손무기, 그리고 마찬가지로 재상으로서 서도(書道)의 대가이기도 하였던 저수량(褚遂良)에게 후사를 부탁하였다. 특히 수량에게는 자칫하면 오해받을 소지가 있는 장손무기에게 궁지에 빠지게 하는 일이 없도록 하라는 유언을 남기고 숨을 거두었다. 곧 태자 치가 즉위하여 고종(高宗)이 되었다.

태종의 무장으로 당시 군사권을 장악하고 있던 이세적(李世勣)은 고종과 가깝지 않았다. 그래서 태종은 자신이 죽기 전에 일부러 이세적을 지방관으로 좌천시키고 새로이 고종에 의해 등용되도록 일을 꾸몄다. 고종은 즉위 후, 이세적을 동중서문하삼품(同中書門下三品)에 등용하여 재상으로 삼았다. 당왕조에서는 중서성 장관인 중서령과 문하성 장관인 시중이 정재상(正宰相)인데, 특별히 재상대우를 받는 것은 동중서문하삼품 또는 동중서문하평장사(同中書門下平章事)라고 칭하였다. 이들 정재상이나 동중서문하삼품은 모두 영제(令制)에는 없는, 말하자면 제도 밖의 관직이다. 따라서 태종의 이러한 조치는 이세적을 특별히 고종이 우대한 것처럼 보이게 하여 군사권의 안정을 꾀하고자 한 데서 나온 것이다. 이세적은 태종 사후에 '世'자가 태종의 이름인 이세민(李世民)과 같은 글자라고 '世'자를 피하여 이적(李勣)이라고 하였다.

고종의 치세 초기는 태종의 영향이 이어져 비교적 태평하였지만, 다소의 파란은 있었다. 우선 태종이 후사를 위탁한 저수량에 대한 탄핵사건이 일어

났다. 이는 저수량이 하급관리의
토지를 지나치게 싼 가격으로 사
들인 것이 원인이 되었는데, 저수
량은 공정가라고 변명하였지만
그 공정가라는 것이 민간의 매매
가격과는 달랐기 때문에 한때 지
방관으로 좌천되기도 하였다. 장
손무기도 모반을 꾀하였다는 누
명을 쓰고 고소당한 적이 있어,
태종의 유언체제가 동요되었음을
볼 수 있다. 거기에 장손무기 등을
둘러싸고 어두운 그림자가 어른거
리고 있었다. 사정은 이러하였다.

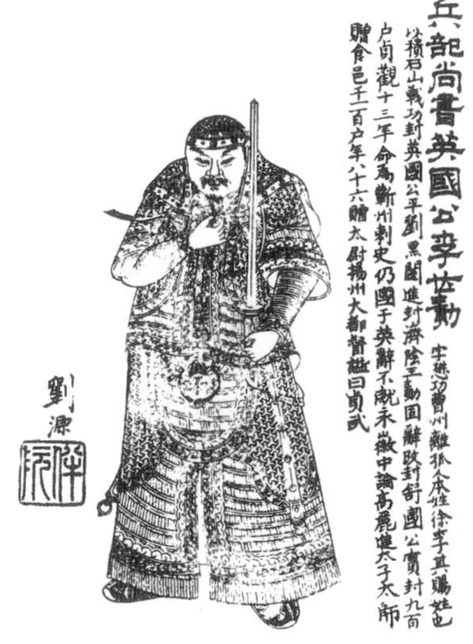

李世勣

태종이 특별히 귀여워한 딸 중
에 고양(高陽)공주가 있었는데, 그녀는 태종의 모신(謀臣)인 방현령의 아들
방유애(房遺愛)에게 시집을 갔다. 그러나 행동이 제멋대로인데다 태종이 살
아 있는 동안 현장(玄奘)의 제자인 변기법사(弁機法師)와 밀통한 것이 드러
나 태종의 총애가 식었다. 남편인 방유애도 형 유직(遺直)과 다툼이 있어 부
부가 둘 다 불만에 차 있었다.

그러던 차에 고조의 아들인 형왕 원경(荊王 元景), 고조의 외손자인 시령
무(柴令武),[17] 태종의 아들인 오왕 각(吳王 恪)[18] 등이 방유애의 모반에 가
담하였다고 하여 자살케 한 사건이 있었다. 이들은 모두 장손무기의 처사에
불만을 품은 자들이었고, 당 황실 일족 사이에도 이들의 자살이 장손무기
탓이라며 장손무기의 고종 일변도 처사에 대한 불만이 높아갔다.

---

17) 고조의 딸로 태원기의(太原起義) 때 낭자군(娘子軍)을 일으켜 활약한 평양공주(平
陽公主)와 그 남편인 시소(柴紹)의 아들이며, 태종의 딸인 파릉공주(巴陵公主)의 사
위이기도 하였다.
18) 어머니는 수 양제의 딸이며, 한때 태자 후보에도 올랐다.

『율소(律疏)』·『오경정의(五經正義)』의 완성

고종은 즉위 3년째인 651년(영휘 2)에 영휘율령(永徽律令)을 공포하였다
(율령은 무덕율령, 정관율령 등과 같이 황제가 바뀔 때마다 개정 공포되었
다. 율령은 통치의 근간이므로 뒤에서 설명하기로 한다). 그 2년 후인 653년
에는 장손무기 등이 편집을 맡은 『율소(律疏)』가 완성되었다. 이것은 영휘
율의 관찬 주석서로서 법적 효과를 갖는 것이다. 현재 『당률소의(唐律疏議)
』로 불리며 현존하는 것은 '737년(개황 25) 율'에 대한 주석인데, 그 원형은
이 때 만들어졌다.

또한 『율소』와 함께 태종 때부터 계획된 『오경정의(五經正義)』도 완성되
었는데, 이는 유가의 오경[19]에 대하여 본문 교정과 해석의 통일을 꾀한 것
이다. 그 때까지는 오경의 주석도 남조계·북조계 등 여러 가지가 있어 과
거시험에서 어떤 것을 따를지 망설이게 되는 경우가 많았지만, 이 때에 이
르러 일률적으로 되었다. 이와 같은 관찬 주석서의 공포는 편리하기는 하였
지만, 한편으로는 고정화의 폐해를 초래하여 학문의 발전을 저해하기도 하
였다. 그러나 어쨌든 『오경정의』를 과거시험의 교재로 삼으면서 지식계급의
교양을 통일시키는 데 효과가 있었다.

고종의 치세 초기인 영휘 연간(650~656)은 이처럼 태종의 유풍을 추진하
여 이를 완성시킨 면도 있지만, 앞서 보았듯이 그 중심에 선 장손무기의 전
제(專制)에 대한 불만 또한 높아져 간 것도 간과할 수 없다.

태종의 아름다운 후궁＝무재인

후에 무측천(武則天 : 이하 측천)이 되는 무재인은 성은 무(武)씨이고 이
름은 조(照)라고 한다. 아버지 무사확(武士彠)은 당고조가 즉위하기 전 태
원유수로 있을 때 알게 되어 행군사개(行軍司鎧)라는 관직에 등용되었다.

측천이 태어난 해에 대해서는 623, 624, 625년 등 여러 설이 있었지만,
1955년에 사천성 광원현(四川省 廣元縣)에서 발견된 『이주도독부 황택사
당 측천황후 무씨 신묘기(利州都督府皇澤寺唐則天皇后武氏新廟記)』에 의

---

19) 『역경』·『서경』·『시경』·『예기』·『춘추』.

하여 627년(정관 원년) 경에 태어난 것으로 추정되었다. 따라서 628년생인 고종과 거의 같은 해에 태어났다고 보아도 될 것이다.

뛰어난 미모를 자랑한 측천은 14세 때 태종의 후궁으로 들어가 재

唐太宗 昭陵 6駿馬의 하나 섬서성 醴泉縣

인(才人 : 정5품)이 되었다. 무재인 시절의 이야기 한 토막. 태종에게는 사자총(獅子驄)이라고 하는 명마가 있었는데, 어찌나 사납던지 아무도 길들일 수가 없었다. 이에 무재인(武才人)이 나서서 "제가 길들여 보겠습니다"라고 하며 그 방법으로 "첫째로 철편(鐵鞭 : 철제 채찍), 둘째로 철과(鐵檛 : 굵은 철제 채찍), 셋째로 비수(匕首)를 사용합니다. 우선 철편으로 때리고, 다음에 철과로, 그래도 안 되면 비수로 목을 자르면 됩니다"고 말하였다. 이 말에 놀란 태종은 "오늘은 짐의 비수를 더럽힐 정도는 아니다"고 하였다고 한다. 측천의 이렇듯 격한 기질은 태종에게는 맞지 않았으나, 기가 약한 고종에게는 오히려 어울렸다고 한다. 태종이 죽은 뒤, 측천은 감업사(感業寺)로 들어가 여승이 되었다.

고종의 후궁으로 들어가다

고종의 즉위와 함께 왕비 왕(王)씨가 황후가 되었다. 고종의 할아버지인 고조의 여동생이 왕황후의 종조모이고, 왕황후의 어머니의 친정 부친인 유석(柳奭)은 중서령이라는 배경을 갖고 있었으며, 왕황후 자신도 미모와 정숙함으로 명예가 높았지만 자식이 없어 결국 고종의 애정은 소숙비(蕭淑妃)에게로 옮겨갔다.

왕황후는 어떻게든 소숙비에 대한 고종의 애정을 식히고자, 고종이 태자 시절에 측천을 좋아한 사실을 생각해 내어 고종을 감업사에 참배케 하여 여승이 된 측천과 만나게 하였다. 재회한 고종과 측천은 쌓인 그리움으로 울

皇后行從圖 당 전성기의 화가 張萱 그림

음을 터뜨렸다. 이 사건을 전해들은 왕황후는 측천의 머리를 기르게 하여, 고종의 후궁으로 들였다. 아버지의 후궁이었던 여자가 아들의 후궁이 되는 경우는 중국의 도덕률에 비추어 인정할 수 없는 것이었으나, 북쪽 유목민 사이에서는 예사로운 일이었으므로 이 같은 일이 행해진 당 황실은 북쪽 유목민 출신이 아닐까 하고 생각하는 사람도 있다.

궁중에 들어간 측천은 소의(昭儀 : 정2품)에 오르고 뛰어난 재주로 고종의 애정을 독점하는 한편, 빈틈없이 왕황후의 기분도 맞추었다. 왕황후는 측천을 통해 소숙비로부터 고종의 애정을 끊는 데는 성공하였지만, 동시에 자신의 황후 자리까지 위협받게 되리라고는 꿈에도 생각 못했을 것이다. 측천은 궁중에서 요령있게 행동하여 다른 사람들을 자기쪽으로 끌어들여 왕황후와 소숙비의 동정을 환히 들여다보고 있었다.

황후의 자리에 오르다

측천은 곧 딸을 낳았다. 자식이 없던 왕황후가 이 아이를 귀여워하여 가끔씩 보러 왔다. 그런데 어느 날 왕황후가 아이를 보고 방을 나온 때를 노려 측천은 자신의 딸아이를 죽여 버리고는 그 곳에 고종이 들어오자 놀란 모습으로 싸늘히 식은 아이의 시체를 보여주었다.

이 때 시녀가 "방금 왕황후가 들렀습니다"라고 하자 왕황후가 아이를 죽인 것으로 생각한 고종은 크게 노하였다. 이 때만은 측천도 왕황후를 나쁘게 말하였고, 고종은 곧 왕황후의 폐위를 결심하였다. 그러나 폐후는 그렇게 쉽게 할 수 있는 것이 아니었다. 우선 고종과 측천은 원훈(元勳)인 장손무기의 저택으로 이례적인 행차를 하였다. 그리고 장손무기의 기분을 맞춘 후

왕황후에게 자식이 없음을
말하며 슬며시 폐후의 의
향을 비추었다. 그러나 장
손무기는 이를 받아들이지
않았고, 측천의 어머니 양
씨도 장손무기의 저택에
딸의 입후(立后)를 부탁하
러 갔지만 통하지 않았다.

仕女狩獵文八曲把杯 唐

이러한 분위기를 눈치챈 예부상서 허경종(許敬宗)도 장래를 생각하여 장손
무기를 찾아가 측천의 입후를 부탁하였지만 장손무기에게 야단만 맞았다.

  655년(영휘 6) 9월, 고종은 장손무기·저수량·이적·우지령(于志寧) 등
의 중신을 내전에 소집하여 왕황후의 폐위에 대해 상의하려고 하였으나 이
적은 아프다는 핑계를 대고 참석하지 않았다. 첫날의 상의는 선제의 유탁을
들고 나온 저수량의 맹렬한 반대로 그대로 끝나버리고, 그 다음 날 상의가
재개되었다. 그러나 저수량은 이 날도 황후를 바꾼다면 천하의 명족에서 뽑
아야 하지 않겠느냐며, 특히 "측천이 선제를 섬겼음은 많은 사람들이 알고
있는 사실로 숨길 수는 없습니다. 폐하에게 불명예가 되실 일은 하지 말아
주십시오"라고 호소하였다. 그리고는 가지고 있던 홀(笏)로 자신의 머리를
때려 피를 흘리며 "이 홀은 폐하께 돌려드리고 저는 고향에 은거하고 싶습
니다"라고 말하였다. 고종은 노하였고, 측천은 발[垂簾] 뒤에서 "어찌 저놈
을 박살내지 않는가"라고 외쳤다. 그러나 장손무기는 이를 제지하며, 저수량
은 선제의 고명을 받은 신하이므로 형벌을 가할 수 없다고 말하였다.

  후일 이적이 입견했을 때, 고종은 저수량의 측천 옹립 반대에 대한 의견
을 구했다. 이적은 "이것은 폐하의 집안일이므로, 굳이 외부인에게 물을 필
요는 없습니다"라며 측천 옹립에 대해 찬성의 뜻을 보였다. 이미 왕황후의
형세는 아니라고 판단해 측천측에 붙을 결심을 하고 있었을 것이다. 665년
(麟德 2)에도 이적은 신하가 간언을 하지 않는 이유를 고종이 물었을 때, 고
종의 행위가 완벽하므로 간언이 없는 것이라고 아첨하고 있어, 태종 만년의
명신 이적의 언행들이 측천시대를 초래하는 데 큰 역할을 하였다고 보인다.

한편 측천의 아첨꾼인 허경종은 "한낱 시골 노인이라도 10말 보리를 더 거두면 부인을 바꾸고 싶어합니다. 하물며 천자가 황후를 세우고자 하는데, 여러 사람에게 상담하여 복잡하게 만들 필요는 없습니다"고 말하였다. 이에 고종도 폐후를 결심하고, 저수량을 지방관으로 좌천시킨 뒤 측천을 황후로 삼았다. 왕황후와 소숙비는 측천에게 죽임을 당하였다. 이윽고 우지령과 장손무기도 좌천되었고, 그 대신 측천의 아첨꾼 이의부(李義府)와 허경종이 재상에 오르게 됨으로써 측천옹립파가 실권을 장악하였다.

측천 책립의 반대파와 추진파

측천 책립의 반대파는 앞서 말한 바와 같이 장손무기 · 우지령 · 저수량 · 이적(후에 옹립파로 바뀜) 등의 재상이었다. 이에 반해 측천 책립 추진파는 예부상서 허경종, 중서시랑(중서성 차관) 이의부였다. 이들 추진파는 측천이 정치적 실권을 장악해 나가는 형세를 보고, 그것을 이용하여 자신의 세력을 굳히려 한 아첨꾼들이었다.

이 두 파의 대립은 앞서 말한 바와 같이 이적의 배신에 의해 옹립파의 승리로 끝나는데, 반대파의 우두머리 장손무기는 원래 북위왕조의 일족인 선비 탁발부 출신으로서 태종의 어릴 적 친구이자 태종 황후의 오빠였다. 명확히 당시 지배집단(관롱집단)의 중심인물이었다고 할 수 있다. 우지령은 북주의 지배집단에 속한 대관 우근(于謹)의 증손에 해당하며 그 또한 전형적인 관롱집단에 속한다. 저수량은 태종의 18학사 중 한 사람인 저량(褚亮)의 아들로, 가문 대대로 남조의 양 · 진을 섬겼다. 저량은 남조가 멸망하자 수를 섬겼고 양현감의 반란 때 좌천당했었다. 수 말 반란기에는 설거(薛擧)를 섬겼지만 그 멸망 후, 태종에게 등용되어 관롱집단에 봉사하였다.

한편 측천 옹립파 허경종은 대대로 남조를 섬긴 가문이었는데, 그 아버지

는 수양제가 우문화급에게 시해될
때 죽임을 당하였다. 허경종은 수
나라 때 수재과로 등용된 문장의
명수로 수 말에는 한때 최대의 반
란집단을 이끈 이밀을 섬겼고 당
왕조가 들어서자 태종의 즉위 전
에 발탁되어 18학사의 한 사람이
되었다. 이의부는 가문의 배경 없
이 문장으로 등용되어 황태자 시
절의 고종의 태자사인(太子舍人)
이 되었다. 허경종과 이의부 모두
고종, 특히 측천에게 붙어서 영달
을 꾀한 인물로 보인다.

彩繪女立俑 唐, 서안시 당묘 출토, 높이 42.2cm

옹립파로 돌아선 이적은 산동의
부농 출신으로 선조 중에 관직을 지낸 인물은 없다. 수 말에 이밀집단에 들
어가 그 곳에서 허경종과 알게 되었다. 이밀을 따라 당에 항복한 뒤 승진하
여 당왕조의 군사권을 장악하였지만, 관롱집단과는 별 관계가 없었다. 태종
이 죽기 전에 이적을 좌천시켜 고종에게 재상으로 등용케 하였음은 앞서 기
술하였는데, 진인각은 이적이 측천과 마찬가지로 산동의 한족(寒族 : 한미한
가문) 출신이었던 점을 들어 이적의 태도 변경을 설명하고 있다.

관롱지배집단의 몰락

측천의 아버지 무사확은 태원유수(太原留守) 시절에 당고조를 따라 행군
사개가 되고, 태원기의(太原起義) 때 대장군부의 개조참군(鎧曹參軍)이 되
었다. 그러나 태원기의 때 고조를 따르지 않았던 부유수(副留守) 왕위(王
威)에게 가담하였다는 사료도 있으므로 확실하지는 않지만, 일단은 태원원
종(太原元從)의 공신으로서 당 황실 창업 후에는 공부상서, 지방관인 도독
(都督 : 도독부의 장관)을 역임하였다고 본다. 그리고 목재업으로 재산을 모
았다는 설도 있지만, 확실한 사료에 의거한 것은 아니다.

黃鶴樓 그 기원은 삼국시대 吳로까지 거슬러 올라가며 많은 도교적 일화를 남기고 있다. 그 건물과 배치가 웅대하고 仙界를 연상시켜 많은 文人墨客이 詩文을 남겼다.

무사확은 처음에 상리(相里)씨를 아내로 맞아들였지만 후에 수 황족 관덕왕 웅(觀德王 雄)의 조카를 아내로 삼았다. 그녀가 바로 측천의 어머니로, 관덕왕 웅의 일족 즉 관왕방 양(觀王房 楊)씨는 불교를 숭상하는 가문으로 유명하다. 후에 기술하겠지만 측천은 무주혁명의 원리를 설명할 때 불교를 이용했다고 하는데, 열렬한 숭불가문의 피를 이어받은 것과도 관련이 있을 것이다.

이처럼 아버지가 태원기의에 참가한 인물이고(공적은 불명) 어머니가 당 초기에 높은 관직자를 많이 배출한 관왕방 양씨였고 보면, 측천의 가문을 관롱집단에서 특별히 배제될 가문이라고는 생각할 수 없다(하긴 왕황후는 그 증조모가 당고조의 여동생이었으므로 그에 비교하면 떨어진다고 할 수 있지만). 따라서 측천의 황후 책립 반대파가 든 '명족 출신이 아니기 때문에'라는 이유는 크게 설득력을 갖지 못한다.

결국 측천의 황후 책립에 대한 반대파의 이유로서는 측천이 일찍이 태종의 후궁이었다는 점에서 찾아야 할 것이다. 필자는 진인각이 주장하는 것처럼, 측천과 이적이 모두 산동의 한족 출신이기 때문에 이적이 측천의 옹립을 찬성하였다고는 생각하지 않는다.

그러나 측천의 황후 책립문제를 둘러싸고 장손무기 등 고종 초기 치세의 재상들이 거의 실각한 것은 당왕조 창업 이래의 지배집단인 관롱집단이 몰락한 것을 의미하며, 측천의 정권장악은 당왕조 지배집단에 일대 전환을 초래했음을 주목해야 할 것이다.

수렴정치—측천의 대권장악

측천이 황후로 책립되고 폐후 왕씨 및 소숙비가 측천에게 죽임을 당한 것은 655년(영휘 6) 11월의 일이다. 그리고 그 다음 해(顯慶 원년), 황태자 충(忠 : 후궁 유씨 소생)이 폐위되고 측천 소생으로서 당시 4세의 대왕 홍(代王 弘)이 황태자가 되었다.

662년(龍朔 2) 당왕조 이래의 관제·관직의 명칭이 대폭 변경되었다. 문하성을 동대(東臺), 중서성을 서대(西臺), 상서성을 중대(中臺), 시중을 좌상(左相), 중서령을 우상(右相), 복야를 광정(匡政), 상서(6부의 장관)를 태상백(太常伯), 시랑(차관)을 소상백(小常伯), 어사대를 사헌대(司憲臺)로 하는 등 그 영향은 문관뿐 아니라 무관에까지 미쳤다. 이것은 여러 가지 표현에 신경을 쓴 측천의 의도에서 나온 것이 아닌가 생각된다. 그러나 이것은 어디까지나 명칭의 변경일 뿐 관제개혁은 아니었다.

측천은 황후가 되기 전에는 고종의 뜻을 받들었으나, 일단 황후가 되자 제멋대로 행동하고 고종에게 간섭하기 시작하여 고종은 불만에 가득차게 되었다.

664년(인덕 원년), 측천이 도사(道士 : 도교의 승려)를 궁중에 출입케 하여 주술[厭勝]을 행하는 것을 환관이 폭로하였다. 분노한 고종은 측천의 폐위를 결심하고, 재상으로서 강직한 성품을 가진 상관의(上官儀)에게 상담하였다. 상관의는 상관체(上官體)라고 불리는 오언시(五言詩)의 명수이기도

高祖·太宗	高宗	武則天	玄宗
尙書(左·右僕射)	中台(左·右匡政)	文昌台(左·右相)	尙書左·右丞相(僕射)
吏部尙書	司列太常伯	天官尙書	吏(文)部尙書
戶(民)部尙書	司元太常伯	地官尙書	戶部尙書
禮部尙書	司禮太常伯	春官尙書	禮部尙書
兵部尙書	司戎太常伯	夏官尙書	兵(武)部尙書
刑部尙書	司刑太常伯	秋官尙書	刑(憲)部尙書
工部尙書	司平太常伯	冬官尙書	工部尙書
門下侍中(納言)	東台(左相)	鸞台(納言)	門下侍中(黃門監)
中書令(內史)	西台(右相)	鳳閣(內史)	中書令(紫微令)

<唐代 3성6부 관명 변천표>

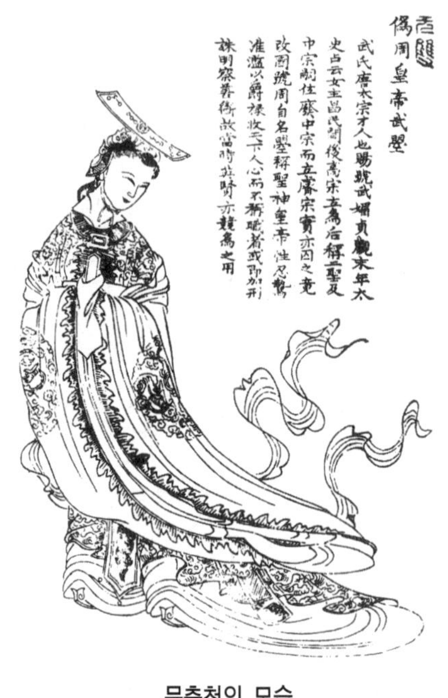

무측천의 모습

하였다. 상담을 받은 상관의는, "측천의 전횡은 천하가 모두 반대하고 있습니다"라고 하여 측천 폐위를 권하였으므로 고종은 상관의에게 측천을 폐위하는 조칙의 기초를 명하였다.

그러나 이 정보는 곧 측천에게 흘러 들어갔다. 측천이 고종의 처소로 달려가 보니 조칙이 놓여 있었다. 서슬 퍼런 측천에게 두려움을 느낀 고종은 모든 책임을 상관의에게 돌려 버렸다. 측천은 심복인 재상 허경종에게 상관의를 무고케 하여 그를 옥에 가두었다. 상관의는 그의 아들과 함께 사형에 처해지고 가족은 관노비가 되었다. 또 이 사건에 연루되어 폐태자 충은 자살을 명령받았고, 상관의와 교류가 있던 자 가운데 많은 사람이 좌천되었다.

이 사건 후 측천은 고종이 정무를 볼 때 발을 치고 그 뒤에서 모든 일에 관여하게 되었다. '수렴청정(垂簾聽政)'이 시행된 것이다. 이로써 정치의 대권은 측천에게로 돌아가고 고종은 이를 방관만 하게 되니, 천하의 사람들이 고종과 측천을 두고 '이성(二聖)'이라고 부르게 되었다.

무주혁명(武周革命)과 측천의 정치

여황제로의 길

674년(上元 원년), 당왕조는 고종을 천황(天皇), 측천을 천후(天后)라 하였다. 이것은 측천이 스스로 황제의 자리에 오르기 위한 일단계로 보인다. 그리고 그 때까지 아버지가 살아 있는 동안 어머니의 상(喪)을 1년으로 하

였던 것을 3년으로 하여 모권
(母權)의 신장을 꾀하였는데,
이 역시 여제 출현의 준비작업
이라고 보아도 좋을 것이다. 이
밖에 경관(京官 : 중앙관) 8품
이상의 월급을 인상하여 관리
들에게 인기를 사고자 하였다.

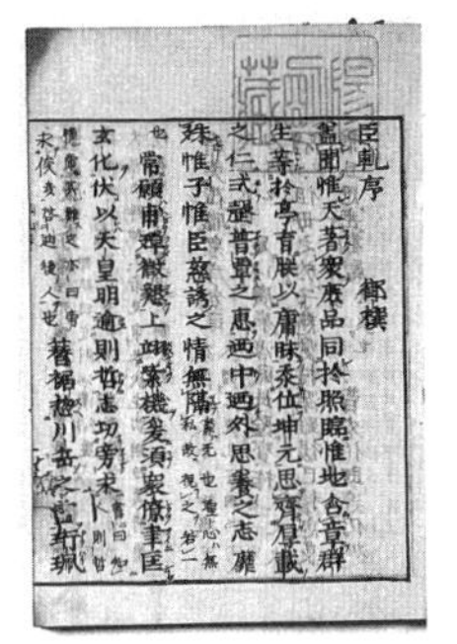

『臣軌』

다음 해인 675년 중풍으로
고생하던 고종은 측천에게 섭정케 하려 했으나 신하들의 충고로 그만두었
다. 그 무렵 측천은 주위에 문학에 능한 인사를 모아『열녀전(烈女傳)』·
『신궤(臣軌)』·『백료신계(百僚新戒)』등 합계 1천여 권의 서적을 편집하게
하고 이들에게 재상의 일도 맡겼으므로, 당시 사람들은 이들을 '북문학사(北
門學士)'라고 불렀다. 정식 관리는 남문(南門)을 통해 궁중으로 들어가는 데
반해, 이들은 북문(北門)을 통해 들어갔기 때문에 이런 이름이 붙은 것이다.

관리의 등용에도 측천은 문학에 밝은 지식인을 이용하였다. 이는 관롱집
단의 몰락과 함께 정치의 중추에 인물이 부족해지자 점차 활발해진 문학,
특히 시를 통해 인재를 구하려 한 조치였다. 과거과목 가운데 진사과의 중
심 시험과목을 시부(詩賦)에 두게 된 것도 측천 때부터라고 생각된다.

655년(영휘 6) 이래 황태자는 측천이 낳은 태자 홍(弘)이었다. 홍은 어질
고 효심이 깊어 고종에게 귀여움을 받았지만, 어머니 측천에 대해서는 종종
비위를 거슬리는 일이 많았고 이로 인해 측천과의 관계는 소원해졌다. 그러
던 홍은 소숙비의 두 딸이 30세가 되어도 결혼하지 못한 것을 동정하다가
측천의 노여움을 사서 독살되었다(675년). 고종은 그의 죽음을 슬퍼하며 효
경황제(孝敬皇帝)라는 시호를 붙여 주었다.

홍을 이어 황태자에 오른 것은 홍의 동생 현(賢)으로, 장회태자(章懷太
子)라고 불린다. 그는 학문에 뛰어나 그가 만든『후한서』의 주(注)는 지금도
사용되고 있다. 그러나 자신을 측천이 낳은 것이 아니라 측천의 언니인 한
국부인(韓國夫人)이 낳았다는 소문을 듣고 고민하다가 타락하기 시작하여
비행을 저지르는 일이 잦아졌다. 이러한 때 현의 동생이자 마찬가지로 측천

장회태자묘 복원영상

觀鳥捕蟬圖 장회태자묘 앞 묘실 서벽 남측벽
화 모사, 섬서성 乾縣

이 낳은 영왕 철(英王
哲)의 얼굴이 태종과
닮았다고 하여 황태자
로 추천하는 자가 있
었는데, 그만 그 추천
자가 죽임을 당하는
사건이 일어났다. 이것
을 태자 현의 짓으로
본 측천은 현을 폐위시켰다. 폐태자
현은 후에 측천이 제위에 오른 후 자
살을 명령받았으며 아버지인 고종의
건릉(乾陵)에 배장(陪葬)되었다. 이
묘는 1971년부터 섬서성 박물관, 건현
(乾縣) 문교국(文敎局) 당묘 발굴팀
에 의해 발굴되었다. 묘는 선명한 채
색벽화가 50면 이상, 그 밖에 출토품
이 6백 점에 이르는 대규모의 것으로
(『文物』1972-7 참조), 아스카 다카마
쓰 총(明日香高松塚)과 더불어 자주
인용되는 거의 같은 시대의 영태공주
(永泰公主 : 측천의 손녀) 묘보다도
매장품·벽화 등이 훨씬 훌륭하다. 묘
지명도 출토되었다.

680년 현에 대신하여 태자가 된 영왕 철은 이름을 현(顯)으로 개명하였
다. 그가 후의 중종(中宗)이다.

고종의 죽음과 측천의 집정

고종의 건강은 늘 시원치 않았는데, 683년(弘道 원년)에 결국 중태에 빠
져 두통에 시달리고 눈도 보이지 않게 되었다. 시의가 머리에 침을 놓아 피

를 뽑으면 좋아질 것이라고 하였다. 측천은 고종의 쾌차를 기대했던 것은 아니었지만, 고종의 바램대로 뇌에 두 개의 구멍을 내자 눈은 보이게 되었다. 그러나 결국 그 해 12월 56세의 나이로 세상을 떠났다. 황태자 현이 즉위하여 중종이 되고 위씨가 황후가 되었다.

중종은 아버지 고종을 닮아 우유부단하였다. 이 범용한 중종이 제위에 올라 우선 행하고자 한 것이 위황후의 아버지인 위현정(韋玄貞)을 시중(문하성의 장관)으로 발탁하는 것이었다. 그러나 이로 말미암아 측천의 노여움을 사게 되어 중종은 당장 폐위되었다. 제위에 있었던 기간은 겨우 54일이었다.

이어 그의 동생이며 측천이 낳은 예왕 단(豫王 旦)이 24세의 나이로 제위에 올랐다. 예종(睿宗)이다. 그러나 예종은 별전에 거처하며 정치에는 관여하지 않았고, 측천이 수렴청정을 하였다. 측천은 자신의 일족인 무승사(武承嗣)를 재상으로 삼고, 무씨 칠묘(七廟)를 세워 묘제를 황제에 버금가게 하였다. 또 낙양을 신도(神都)라고 이름 붙여 실제적인 수도로 삼았는데, 이것은 장안은 왕황후의 원한이 배여 있다고 하여 피한 것이라고 한다. 662년(龍朔 2) 당의 관직명을 바꾸었다가 670년(咸亨 원년)에 원래대로 복구한 관직명을 다시 바꾸어 이부를 천관(天官), 호부를 지관(地官), 예부를 춘관(春官), 병부를 하관(夏官), 형부를 추관(秋官), 공부를 동관(冬官)으로 하는 등『주례』[20]의 육관을 본떠 무주왕조를 열 준비를 진행시켰다.

당 황실 일족의 궤멸

측천의 전횡에 대하여 무력저항도 일어났다. 우선 측천에 의해 관직에서 좌천당한 사람들이 양주(揚州 : 강소성)에 모여 반란을 계획하였다. 그 주모자는 역설적이게도 측천 옹립파로 돌아섰던 이적의 손자인 이경업(李敬業)이었다. 게다가 이경업의 동생인 이경유(李敬猷)와, 새로운 시풍(詩風)을 열어 초당 4걸(初唐四傑)의 한 사람으로 꼽히는 낙빈왕(駱賓王)도 여기에 가담하였다. 때는 중종이 폐위되고 새로이 예종이 즉위하였지만 실권은 주어지지 않고, 당 황실의 자손이 계속 주살되어 측천에 대한 불만이 최고조에

---

20) 주왕조의 제도에 가탁해서 관제의 이상을 기술한 경서.

含元殿 복원도

달한 684년(光宅 원년)의 일이다.

이경업 등은 폐태자 현과 닮은 사람을 찾아내어 그를 추대하였다. 격문은 낙빈왕이 썼는데 그 마지막을 "한 움큼의 흙이 아직 마르지도 않았는데, 6척의 몸은 어디에 있는가?"라는 말로 끝맺었다. 이는 고종의 능묘가 막 만들어져 그 흙이 아직 마르지도 않았는데 그 유아(遺兒 : 주로 중종을 가리킨다)는 어디로 가버린 것인가라는 의미이다. 그러나 이에 대하여 측천은 화를 내기는커녕 오히려 이런 문재(文才)를 지닌 자를 떨어뜨린 것은 재상의 책임이라고 할 만큼 여유가 있었다.

반란군은 금릉(金陵 : 남경)을 근거지로 삼으려 하였지만, 측천측의 30만 대군에게 곧 무너졌다. 이경업은 살해되고 조부가 사성(賜姓)받은 당 황실의 이씨 성도 빼앗겨 원래의 서씨로 돌아갔다.

그러나 이 사건을 계기로 측천의 의심은 깊어져 자신에게 솔직하게 간한 재상 배염(裴炎)을 참하였다. 그리고 이른바 '고밀의 문(告密의 門)'을 열어 밀고를 장려하였다. 또 사궤(四匭)라고 불리는 투서함을 만들어 밀고자를 우대하고, 마음에 든 자를 관리로 등용하기도 하였다. 이 같은 상황 속에서 유명한 혹리(酷吏)가 출현하게 되는데 이것에 대해서는 후에 언급하겠다.

이러한 상황에 직면한 당 황실 일족의 불안은 점점 커져갔다. 태종의 동생인 한왕 원가(韓王 元嘉), 고종의 형제뻘인 월왕 정(越王 貞) 등은 당시 모두 주의 자사(刺史 : 장관)로서 지방에 있었는데, 당 황실의 잔존자를 규합하여 측천에 대한 무력 반항을 계획하고 688년(垂拱 4) 명당(明堂) 낙성을 기회로 당 황실의 여러 왕들에게 낙양으로 모이라는 명령을 내렸다. 여러 왕들은 명령에 따라 낙양으로 가면 결국 일망타진당할 것이고, 가지 않으면 항명(抗命)으로 토벌되리라 판단하였다.

한왕 원가의 아들 황국공 선(黃國公 譔), 월왕 정의 아들 낭야왕충(琅邪

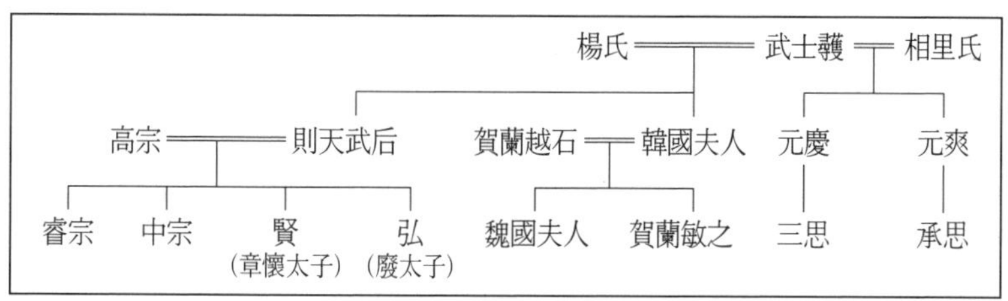

<武氏 계보도>

王沖)이 주모자가 되어 반란을 일으켰지만, 곧 측천의 군에게 패하여 당 황실 일족은 거의 사멸되었다. 살아남은 자는 측천의 비위를 맞추고 있던 태종의 여동생인 천금공주(千金公主) 등 몇 명뿐이었다.

이와는 반대로 측천 일족은 영달하여 높은 관직을 독점하였다. 측천의 조카 무승사(武承嗣)가 문창좌상(文昌左相 : 상서좌복야)으로 재상이 되고, 또 다른 조카 무삼사(武三思)는 하관(병부)상서, 측천의 백부의 손자라고 하는 무유령(武攸寧)은 납언(문하시중・재상)이 되었다. 또 측천의 딸인 태평공주(太平公主)는 특히 측천의 귀여움을 받았는데, 그 재능과 성격도 측천을 닮았다고 전해진다. 측천은 태평공주를 자신의 백부의 손자에 해당하는 무유기(武攸曁)에게 출가시키고자 무유기의 아내를 죽이는 행동도 서슴지 않았다. 그야말로 무씨 일족의 번영과 횡포는 놀랄 만한 것이었다.

괴승 설회의(薛懷義)와 무측천

수공 연간(垂拱年間 : 685~688)에 위풍당당하고 힘도 센 약장사 풍소보(馮小寶)라는 자가 낙양에 살고 있었다. 이 자가 태종의 여동생인 천금공주의 연줄로 측천의 환심을 사, 궁중에 출입하게 되었다. 측천은 그를 자유롭게 출입할 수 있도록 승려로 꾸미고 이름을 회의(懷義)라고 하였다. '승려 회의'는 측천이 사랑하는 딸 태평공주의 전남편인 설소(薛紹)의 일족이라고 하여 설(薛)씨 성을 받았기 때문에 설회의라고도 한다.

측천은 설회의에게 낙양의 고승인 법명(法明) 등과 함께 궁중의 불사(佛寺)인 내도량(內道場)에서 경문을 독송(讀誦)케 했다. 설회의는 궁중용 말로 출입하고 환관 십여 명의 호위를 받았으며, 가까이 오는 사람을 채찍으

白馬寺 중국 최초의 불교사원

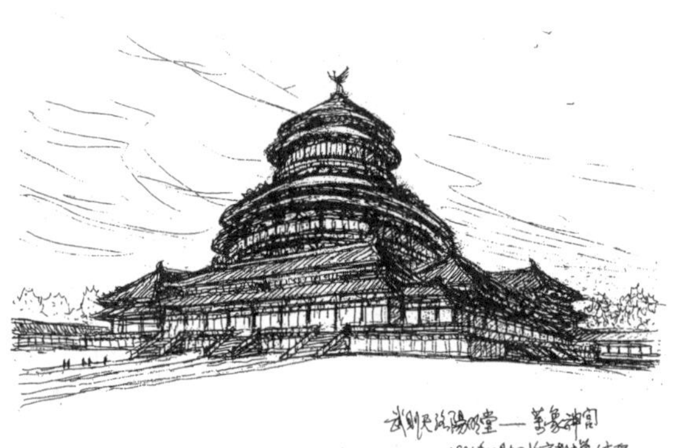

明堂 복원투시도

로 때리고 그대로 가 버리는 등 횡포를 부렸기 때문에, 시민들은 그의 행렬을 보면 숨어 버리고 설사(薛師)라 부르면서 두려워하였다. 측천은 낙양의 명사찰인 백마사(白馬寺)를 중수케 하여 설회의를 그 주지로 삼았다.

688년(수공 4), 측천은 유자(儒者)의 반대를 누르고 설회의에게 명하여 궁중의 건원전(乾元殿)을 부수고 명당(明堂)을 건립케 하였다. 명당은 상고 주(周)대에 천자가 정치를 행한 곳으로, 측천은 그것을 부흥하였다고 칭하였다. 이것도 '당(唐)'을 '주(周)'로 바꾸는 무주혁명의 전제라고 생각된다. 명당은 한 변이 300척, 높이가 300척에 이르는 장대한 3층짜리 건물이었다. 그 다음 해 측천은 설회의를 돌궐 토벌의 대총관(大總管)으로까지 임명하는 등 상식에서 벗어난 행동을 자행하였다.

설회의 및 법명 등은 이전부터 있었던 『대방등무상대운경(大方等無想大雲經)』(약칭 대운경)을 끄집어내어 그 속의 정광천녀(淨光天女)의 즉위와 미륵불 하생을 결부시켜, 여제 출현의 기초이론을 만들었다. 그러나 측천은 이 때만 불교를 혁명이론에 사용한 것이 아니라 원래 숭불가였다고 생각되며, 이 점은 앞에서 기술하였다.

그러나 측천의 총애는 이윽고 어의(御醫)인 심남구(沈南璆)에게로 옮겨갔다. 화가 난 설회의는 694년(證聖 원년) 명당을 불태워 버렸다. 측천은 설회의에게 이를 재건케 하였지만, 결국 설회의를 미워하여 태평공주를 시켜 그를 죽여 버렸다.

측천문자

무주혁명을 이루다

측천문자는 천(天)·지(地)·일(日)·월(月)·성(星)·국(國)·군(君)·신(臣)·인(人)·년(年)·정(正)·재(載)·초(初)·수(授)·증(證)·성(聖)에다 측천의 이름자인 조(照)를 의미하는 '조(曌)'를 합쳐 총 17자가 있었다고 한다.21) 이 가운데 천·지·인 등의 중요한 글자 외에, 증성(證聖)·재초(載初)·천수(天授) 등 연호로 사용된 문자의 의미를 살펴보면, 측천은 이 특정한 문자를 사용하도록 강제함으로써 그 위광을 나타내려 한 것이 아닌가 생각된다. 그러나 이것이 저항없이 사용되었음은 당시의 문서를 통하여 명확히 증명된다.

측천은 이미 30년에 걸친 집정 경험을 갖고 있었고, 또한 당 황실의 일족은 거의 제거된 상황이었다.

690년(천수 원년) 9월, 관중의 인민 900여 명이 시어사(侍御史)인 부유예(傅遊藝)의 인솔하에 국호를 당(唐)에서 주(周)로 바꾸기를 청원하였다. 측천은 겉으로는 이 청원을 물리쳤다. 그러나 부유예는 급사중이라는 문하성의 중요한 지위에 발탁되었다. 이윽고 원근의 인민과 주변 네 오랑캐(四夷)의 군장(君長)·승려·도사 등 6만여 명이 주(周)로 바꿀 것을 간청하였다. 누군가 꾸민 것이겠지만, 봉황과 적작(赤雀)의 상서로운 징조도 나타났다. 이에 측천은 드디어 당을 주로 고치고 스스로 성신황제(聖神皇帝)라 칭하며, 예종을 황제의 후계자로 삼아 성을 무씨로 바꾸고 무씨 일족을 왕으로 하였다. 이렇게 하여 무주혁명은 이룩되었다. 이 때 측천의 나이는 63세(혹

---

21) 역자 주 : 요즈음 발견되는 신라시대의 유적에도 측천문자가 쓰여져 있는 경우가 있다.

泉州의 開元寺 唐(686) 창건

하였다. 이렇게 하여 무주혁명은 이룩되었다. 이 때 측천의 나이는 63세(혹은 64세)였다.

측천은 즉위 후, 고종 치세인 666년(인덕 3)부터 있었던 여러 주의 관사(官寺)·도관(道觀 : 도교의 사원) 가운데, 관사에 대운사(大雲寺)라는 이름을 붙이고, 그 때까지 도교의 시조 노자가 당 황실과 같은 이씨라고 해서 도교를 불교보다 우위에 두었던 것을 뒤집어 '불선도후(佛先道後)'로 하였다. 692년(如意 원년)에는 불교를 더욱 존중하여 도살(屠殺)하거나 물고기나 새우를 채집하는 것을 금하였다.

한편 이미 서술한 바와 같이 측천은 관롱지배집단을 박멸하였기 때문에 그에 대신할 인재를 구하지 않으면 안 되었다. 측천은 한편으로는 작시작문(作詩作文)에 능한 인재를 과거의 진사과를 통해 구하고, 한편으로는 신분에 구애받지 않고 인재를 직접 관계(官界)로 흡수되게끔 하였다. 이것을 두고 당시 사람들은 이렇게 비웃었다.

보궐(補闕)[22]은 수레를 줄지어 태우고,
습유(拾遺)[23]는 두량(斗量)에 가득차 있고,
갈퀴로 끌어 모으듯이 모은 시어사,[24]
틀로 찍어낸 붕어빵 같은 교서랑(校書郎)[25]

또 측천을 '장님 성신황(聖神皇)'이라고도 하였지만 측천은 불합리한 인

---

22) 중서·문하 두 성의 종7품 이상관.
23) 마찬가지로 정8품관.
24) 어사대의 종 7품 이상관.
25) 秘書省의 정9품 이상관.

하여 강경하게 밀고 나갔다. 측천은 상벌권을 단단히 쥐고 있었고, 당시의 영민하고 어진 이들이 다투어 측천을 위해 일하였다. 따라서 악담이 있었다고는 해도 측천의 인재등용은 높이 평가해도 될 것이다. 측천 이후 꽃핀 현종의 '개원(開元)의 치'의 중심인물이 측천 때 등용된 사람들이라는 점은 이를 증명하고 있다.

측천의 혹리와 충신

측천의 폭정으로 지적되는 것 가운데 혹리(酷吏 : 법을 방패로 삼은 혹독한 관리)의 임명이 있다. '내(來)·삭(索)'이라고 불린 내준신(來俊臣)과 삭원례(索元禮)가 그들이다. 삭원례의 아버지는 노름꾼이었으며 삭원례도 원래 도적이었는데, 낭야왕 충의 반란계획을 고하여 측천의 환심을 사서 시어사가 되었으며, 이 사건으로 천여 가가 처벌되었다.

낙양궁성 서면의 남쪽에 있는 여경문(麗景門) 내에 추사원(推事院)이 있고 그 곳에서 혹리가 취조를 하였는데, 여기에 들어간 자는 다시 살아나온 예가 없었으므로 여경문을 예경문(例竟門)이라고 하였다. 경(竟)은 진(盡 : 다하다, 죽다)의 의미이다. 당시는 또 관리도 한 번 입조하면 소식이 끊어지는 일이 가끔 있었으므로 입조 때 집안사람들에게 다시 만날 수 없을지도 모른다며 이별을 고하였다고 한다.

내준신이 어느 때 강직한 재상 적인걸(狄仁傑)에게 모반의 흑심이 있다고 무고하였다. 그는 적인걸에게 모반을 인정하면 사형에 처하지 않겠다고 구슬렸으나 끝내 적인걸은 기를 꺾지 않아 좌천되는 것만으로 끝났다. 내준신은 무씨 일족과 측천이 사랑하는 딸인 태평공주의 죄까지 파헤쳐 측천의 노여움을 사서 사형되었다. 측천은 혹리를 이용하였지만 맹신하지는 않았던 것이다.

측천은 설회의를 죽인 후 장이지(張易之)·장창종(張昌宗) 형제를 총애하였다. 장형제는 태종조로부터 고종조까지 이어 활약한 장행성(張行成)의 일족으로, 용모가 준수하고 음악에도 능통하여 태평공주의 추천으로 696년(萬歲通天 2) 동생인 창종이 측천을 섬겼고, 이어 창종이 형인 이지를 추천하였다. 둘 다 화장을 하고 아름다운 옷을 입었다고 한다. 창종은 산기상시

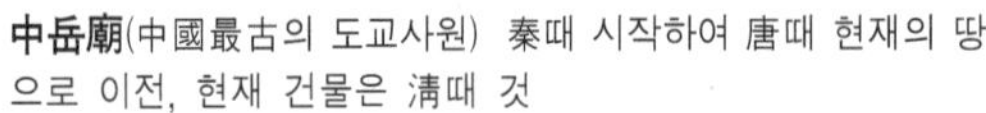
中岳廟(中國最古의 도교사원) 秦때 시작하여 唐때 현재의 땅으로 이전, 현재 건물은 淸때 것

승선태자비

(散騎常侍 : 종3품), 이지는 사위소경(司衛少卿 : 종4품상, 衛尉寺의 차관)이 되었다.

일반적으로 남자 황제가 많은 비를 총애하는 일은 당연시하면서 여제 측천에게 두세 명의 남성 총애자가 있었던 사실을 비난하는 것은 지금까지의 남성중심사관의 결과이다. 게다가 장이지 형제의 경우, 당시 측천의 나이가 이미 70의 고령이었던 점으로 생각하면 이 총신을 남녀관계로 보고 비난한다는 것은 좀 잘못된 것이 아닌가 생각한다.

어쨌든 장이지 형제는 곧 권세를 쥐었고, 무승사·무삼사 등 무씨 일족의 대관들조차 그들의 눈치를 보는 형편이었다. 698년(성력 2), 측천은 장이지 형제를 위하여 공학부(控鶴府)[26]라는 관청을 만들고, 그 곳을 측천의 문화 살롱으로 삼았다. 여기에 시인인 이교(李嶠)와 송지문(宋之問) 및 현종 때 활약한 장열(張說)도 들어 있었다. 측천은 이 곳에서 『삼교주영(三敎珠英)』 1천 3백 권을 편집하였다. 여기에서 삼교란 유·불·도 3교를 말한다. 측천은 국호를 주(周)라고 한 이상, 한편으로는 유교를 존중하였으며 『삼교주영』에서는 유교를 중심으로 해서 불·도를 더하였다.

한편 측천은 만년에 불로장생을 바란 탓인지 도교에 심취하였다. 장창종은 주 영왕(周靈王)의 왕자 진(晉 : 昇仙太子)의 후예라고 했기 때문에 측천은 왕자 진을 위하여 「승선태자비」를 만들고, 그 상부의 비액(碑額)은 스

---

26) 후에 봉신부(奉宸府)로 고쳤다.

스로 비백(飛白)이라고 하는 새로운 서
체로 썼다. 측천의 이 친필 글씨는 지금
도 남아 있다.

측천시대의 종말

측천도 나이에는 어쩔 수 없어, 후계
자를 정하지 않으면 안 되었다. 측천의
조카인 무승사·무삼사는 황태자 자리

永泰公主墓誌

를 당연히 기대하였으나, 강직한 대관 적인걸 등의 반대에 부딪쳐 성공하지
못하였다. 측천은 결국 원래의 중종(당시 귀양 가 있던 盧陵王)을 소환하여
황사(皇嗣), 즉 원래의 예종(중종의 동생)을 대신해서 황태자로 삼았다. 때
는 698년(성력 2)이었다.

705년(神龍 원년) 측천의 병이 악화되었다. 총신인 장이지 형제는 재상의
지시에 따라 참수되고, 중종이 감국(監國)을 하게 되었다. 이어 측천으로부
터 양위를 받아 당의 국호를 되찾고, 제도는 모두 고종 재위 동안의 것으로
돌아갔다.

그 해 11월, 측천은 세상을 떠났다. 종래는 82세 전후라고 하였지만 새로
운 설에서는 77세 혹은 78세이다.

중종의 딸 영태군주(永泰郡主)는 무승사의 아들 무연기(武延基)에게 시
집갔지만 무연기가 장이지 형제를 비방한 죄로 인해 남편과 함께 17세의 나
이로 자살을 명령받았었다. 중종이 복위하자 영태군주는 영태공주로 승격시
키고, 고종의 건릉에 배장(陪葬)되었다.

재평가(再評價)가 필요한 측천시대

그 동안 측천은 여성의 전권을 의미하는 '빈계사신(牝鷄司晨)'27)으로 평
가되어 왔고 역사가의 근본자료인『구당서』·『신당서』·『자치통감』에는 폭
정을 일삼은 인물로 묘사되어 있다.

---

27) 수탉에 대신하여 암탉이 때를 고하는 것. 여성의 전권을 비유하는 말로,『서경(書
經)』목서편(牧誓篇)에 나온다.

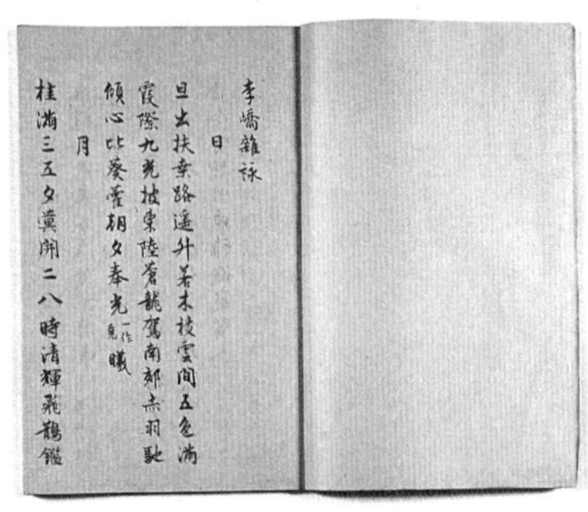

李嶠 雜詠

그러나 이는 케케묵은 평가이다. 일찍이 당대(唐代) 사람으로 『육선공주의(陸宣公奏議)』로 유명한 육지(陸贄 : 754~805)와 『22사차기(二十二史箚記)』의 저자로 유명한 청나라의 조익(趙翼 : 1727~1814) 등은 측천이 간언을 잘 받아들이고 인물을 알아보는 탁월한 눈을 갖고 있었다고 평가하고 있다. 물론 진인각과 어깨를 나란히 하는 잠중면(岑仲勉) 같은 이는 측천의 사생활을 공격하며 정치면에서 볼 만한 것이 없다고 하였다. 이에 대해 진인각(陳寅恪)·전백찬(翦伯贊) 및 문화대혁명 때 비판의 대상에 오른 삼가촌(三家村) 그룹의 한 명인 오함(吳晗) 등은 측천시대를 적극적으로 평가하고 있다.

역사가는 측천을 도덕적 잣대만으로 평가해서는 안 되며, 그 정치와 나아가 그 시대를 어떻게 평가할 것인지를 주제로 삼아야 한다. 뒤의 현종의 경우, 아들인 수왕 모(壽王 瑁)의 비였던 양귀비(楊貴妃)를 자신의 비로 삼았지만 오히려 현종과 양귀비와의 애정생활은 미화되어 서술되고 있다. 일부에서 현종이 양귀비를 비로 삼은 것을 들어 비난하기도 하지만 그렇다고 해서 현종에 관한 모든 것을 무가치한 것으로 돌리지는 않는다.

측천시대는 태종의 '정관의 치'와 현종의 '개원의 치' 사이에 끼인 약 50년 간이다. 태종 때 정비되고 확립된 수·당전기 통치체제를 유지해 나가야 하는 곤란한 시대였다. 당시 시인으로서도 유명한 이교(李嶠 : 644~713)의 도호대책(逃戶對策)에 나타나 있듯이 균전제·부병제는 이미 파탄을 보이고 있었지만 어쨌든 유지되고 있었고, 측천시대에 농민반란이 일어난 기록도 없는 것은 이러쿵 저러쿵 해도 측천의 정치가 농민에게까지 가혹한 영향을 미치지는 않았다고 보아도 좋을 것이다.

대외적으로는 당왕조 창업에서 자극을 받은 주변 여러 민족이 대두하여 꽤 곤란한 형세였다. 수대 이래 고민거리였던 고구려를 멸망시킨 것은 이 시대였지만 그 후 한반도에는 신라가 발흥하였다. 또 동돌궐이 부흥하고 거

란·말갈의 대두도 있
었지만, 큰 문제 없이
현종대로 이어지게 된
다.

또 문화상으로는 일
종의 살롱문화라고 할
궁정귀족문화이기는 했
지만 훌륭한 궁정시인
이 많이 활약하고, 상관
의(上官儀)의 손녀 상

하남성 용문석굴의 奉先寺 毘盧舍那佛像龕 龍門을 대표하는
높이 7미터에 달하는 磨崖大佛, 672~675년 조영

관완아(上官婉兒) 같은 여류시인도 등장하였다. 서예 방면에서도 측천 스스
로「승선태자비」에 비백(飛白)이라고 불리는 기교적인 작품을 남겨 광초(狂
草 : 서체의 이름)의 선구가 되었고, 왕희지의 보존 감상자로서의 공적도 있
다. 또 용문(龍門 : 하남성 낙양의 남쪽) 조상 등 기술적으로도 획기적인 모
습을 보여주고 있다. 측천시대는 이처럼 문화사적으로도 상당한 평가를 내
릴 수 있는 것이다.

측천시대에 대해서는 대부분의 기초사료에서 여성이 정권을 장악하여 재
앙을 낳은 것으로 평가하고 있지만, 오히려 그것을 극복하고 적극적인 평가
를 부여하는 것이야말로 역사가의 책임이라고 생각된다.[28]

위후(韋后)의 등장 - 측천의 여파

중종 복위 후 그 황후 위씨가 세력을 잡게 되었다. 한 번 여성이 전권을
장악하자 그 여파가 멈추지 않았다. 위후는 모두 측천을 모방하여 정치에
일일이 관여하였다. 중종과 위후 사이에 태어난 안락공주(安樂公主)는 측천
의 딸 태평공주처럼 재원으로서 위후의 사랑을 받아 권세를 누렸다.

---

28) 역자 주 : 이러한 것은 시대적인 성과이지 측천 자신의 개인적인 역량에만 좌우된 성
   과라고는 할 수 없을 것 같기도 하다. 측천이 아닌 다른 사람이 이 시기를 통치하였
   더라도 당왕조가 성립되고 어느 정도의 시간이 지난 이 시점에서라면 이러한 문화적
   성과를 거둘 수 있었을 것이다.

陶梳髮女俑

金龍 唐, 높이2, 길이 약 4cm, 1970년 서안시 하가촌 출토

또 일찍이 측천의 폐위조칙을 기초한 책임으로 죽임을 당한 상관의의 손녀 상관완아는 궁중의 관비가 되었지만, 그 문학적 능력과 재질은 측천으로부터도 인정을 받은 바였다. 중종이 복위하자 상관완아는 그 비로소 첩여(婕妤 : 女官名)가 되고 중종의 총애를 받아 위후를 압도할 정도의 세력을 쥐게 되었다. 거기에 무삼사를 우두머리로 하는 무씨 일족이 여전히 건재하고 있었고, 태평공주 또한 안락공주보다 더한 세력을 장악하고 있었다. 당시는 측천이 사망하고 없을 뿐 문제점들은 그대로 남아 있었던 것이다.

중국 최초로 여제가 된 측천도 고종을 직접 죽이는 일까지는 하지 않았지만, 위후는 안락공주와 공모하여 드디어 중종을 독살하기에 이르렀다. 710년(景龍 4)의 일이다. 위후는 측천을 본떠 당을 대신하여 새로운 나라를 세우려고 하였으나, 이것은 임치왕 융기(臨淄王 隆基 : 예종의 셋째아들로 후의 현종)에 의해 저지당하였다. 융기는 위후와 안락공주·상관완아를 죽이고 아버지인 예종을 복위시켰다(710년). 마지막까지 건재해 있던 태평공주도 712년(先天 원년) 황제에 오른 현종에게 죽임을 당함으로써 측천의 여파는 현종에 의해 일단 막을 내리게 되었다.

그러나 현종의 시대가 되어도 무씨 일파는 여전히 잔존했으며 현종은 무씨 출신의 무혜비(武惠妃)를 총애하였다. 무혜비 사후에는 양귀비를 총애하여 그 일문인 양국충(楊國忠)이 정치의 실권을 잡게 되는데, 그야말로 정치계에 여성의 등장은 현종 말년까지 40여 년이나 계속된다.

고종·측천시대의 주변의 여러 나라

백제·고구려의 멸망과 통일신라

당왕조는 649년(정관 23) 태종이 죽은 뒤에는 고구려 정벌을 중지하였다. 그 후의 한반도 형세는 어떻게 전개되었을까.

신라는 650년(고종 영휘 원년) 독자적인 연호를 포기하고 당나라 연호를 사용하는, 말하자면 신민의 예를 취하였다(奉正朔). 이에 따라 신라는 여러 가지 당제를 받아들이면서 한편으로 당에게 백제정벌을 간청하였다. 그 다음 해 백제의 사자가 당에 파견되었을 때, 당왕조는 백제에게 한반도 삼국 간의 화해를 권하였지만 효과는 없었다.

654년(영휘 5) 김춘추가 신라의 무열왕으로 즉위하였으나 그 다음 해 고구려·백제 연합군에게 북부를 침략당하였다. 신라는 곧 당에게 원조를 요청하였고, 이에 당은 출병하였지만 효과를 거두지는 못했다. 당은 658년(현경 3)부터 다음 해 659년에 걸쳐 고구려에 출병하였지만, 이 또한 성공을 거두지 못했다. 이에 당은 작전을 변경하여 우선 백제를 토벌하기로 하고, 660년(현경 5) 소정방(蘇定方)이 지휘하는 수륙 13만 대군으로 백제를 공격하였으며 신라도 이에 호응하여 무열왕이 몸소 5만의 군을 동원하여 백제로 진격한 결과 드디어 백제를 멸망시켰다. 현재 부여에 남아 있는 정림사지 5층석탑의 비명에는 그 경과가 자세히 기록되어 있다. 당은 옛 백제의 땅에 웅진(熊津) 등 5도독부(五都督府)를 두고 직접 통치하였다.

그러나 그 후에도 백제부흥군은 일본과 고구려에 원조를 요청하고 664년(인덕 원년) 무렵까지 나·당 연합군과 싸움을 계속하였다. 백제의 요청을 받고 출동한 일본군이 백촌강(白村江) 전투에서 패한 것은 663년(용삭 3)의 일이다.

한편 661년(용삭 원년) 백제를 멸망시킨 당의 소정방은 신라와 연합해서 고구려를 공격하여 수도인 평양을 포위하였으나 완전히 토멸시킬 수는 없

菩薩像幡 감숙성 돈
황현 출토

었다. 666년(乾封 원년), 고구려의 연개소문이 사거한 후 그의 아들 사이에 다툼이 일어나 장자인 남생(男生)이 당으로 망명하였다. 당은 그 다음 해 신라와 함께 고구려를 공격하였고, 드디어 668년(總章 원년) 고구려는 나·당 연합군에게 항복하였다. 당은 평양에 안동도호부(安東都護府)를 설치하여 2만의 병사를 두고, 그 밑에 9도독부(九都督府), 그 밑에 주·현을 두어 기미(羈縻) 통치를 개시하였다. 이로써 신라의 영토를 제외한 한반도는 당왕조의 영향하에 놓이게 되었다. 앞에서도 언급하였지만, 기미통치란 도호부의 도호(都護)만 당왕조에서 파견하고 이하의 관리는 현지인을 임용하는 간접통치 방식이다.

신라는 당과 동맹하여 백제·고구려를 토벌하였지만, 그렇게 되자 당의 통치지역과 직접 경계를 접하게 되어 필연적으로 당과 충돌하게 되었다. 이와 함께 옛 백제·고구려의 유민은 당과 신라 양국의 회유 대상이 되어 불안한 정세가 계속되었다. 이로 인하여 안동도호부는 설치된 지 10년도 되지 않은 676년(儀鳳 원년)에 요동으로 후퇴할 수밖에 없었다. 게다가 후퇴한 만주지역도 말갈과 거란의 대두로 불안정한 상태였다.

그러나 이로써 통일신라시대를 맞이한 한반도는 당의 통치체제를 수용하여 국내체제를 정비하고, 오늘날의 한민족의 기초를 형성하게 되었다.

백촌강 패전과 그 후의 일본

백제가 멸망한 660년은 일본에서는 여왕인 사이메이 천황(齊明天皇) 6년에 해당한다. 당시 일본에는 백제왕자 풍(豊)이 머물고 있었다. 백제왕족인 복신(福信)은 왕자 풍을 맞이하여 백제의 부흥을 꾀하였다. 사이메이 천황은 백제 구원을 위하여 661년에 나니와(難波)를 떠나, 쓰쿠시(築紫)의 아사쿠라 궁(朝倉宮 : 후쿠오카 현)으로 행차하여 같은 해 7월에 이 곳에서 세상을 떠났다. 이에 천황을 모시고 있던 나카노오에 황자(中大兄皇子)가 수도로 돌아와 즉위하니, 그가 곧 덴지 천황(天智天皇)이다.

그 이전인 659년에 견당선 두 척이 백제를 경유하여 당으로 향하였는데 한 척은 남해에서 표류하여 그 중 5명이 당시의 수도 낙양에 도착하였고, 다른 한 척은 회계(會稽 : 절강성)에 도착하여 낙양으로 들어가 공물을 헌상하였다. 그러나 사자는 중상모략을 받아 유죄에 처해졌다. 후에 용서받았지만, 당시는 당이 백제에 원정중이었으므로 귀국하지 못하다가 백제가 멸망한 다음 해인 661년에 귀국하였다.

663년(덴지 천황 2, 당 용삭 3) 8월, 덴지 천황은 백제왕자 풍의 요청으로 대군을 한반도에 파견하여 당의 군선에 돌입하였으나 패퇴하였다. 이것이 백촌강 전투이다. 당측의 기록에는 백촌구(白村口 : 금강 하구)로 되어 있다. "당군이 네 번 싸워 모두 이겨 일본의 배 4백여 척을 불태우니, 연기가 하늘을 뒤덮고 바닷물을 온통 붉게 물들였다"(『자치통감』 권201)고 쓰여 있다. 이 때 왕자 풍은 고구려로 도망갔다. 일본은 당과 신라의 습격을 예상하여 다자이후(大宰府) 등에 국토방위를 위한 산성구축과 방인(防人)·봉화(烽火) 제도의 정비에 주력하였다. 따라서 이후 무주시대에 걸쳐(8세기 초까지) 일본의 견당사 파견은 거의 없었다.

거란·말갈의 대두

이 무렵, 중국의 동북(만주)지역에 거란과 말갈이라고 하는 두 부족이 대두하였다. 거란은 몽고족의 일파로 북위(5세기) 무렵부터 나타나 요하 상류의 시라무렌 유역에 있었는데, 동쪽으로는 고구려, 서쪽으로는 돌궐이 있어 발전할 여지가 없었다. 당대가 되자 태종에게 복속하여 고구려원정에 종군하고, 그 추장은 공적에 의해 송막도독(松漠都督 : 요녕성 조양시)에 임명되었다. 고구려가 멸망하자, 세력을 신장하여 측천의 치세인 696년(만세통천 원년)에 유주(幽州 : 북경) 부근까지 침입하였으나, 돌궐이 세력을 회복하였기 때문에 일시 제압당하였다. 후에 당말에 야율아보기(耶律阿保機)가 나와 요왕조를 일으키게 된다.

말갈은 여진(如眞 혹은 女直)족과 같은 퉁구스족으로, 북조 때는 물말(勿末)로 기록되었지만 수당에서는 말갈이라는 글자로 기록되고 있다.

현재의 티벳 라싸 역대 달라이라마의 주거였던 포탈라 궁, 7세기 창건

696년 거란이 중국에 침입하였을 때, 이 소동을 틈타 고구려 유민 대조영(大祚榮)이 요하를 동쪽으로 건너 진국(震國)을 세웠다(698). 진(震)이란 활동의 개시를 의미하는 말로『역경(易經)』에 나오는 괘의 하나인데, 중국적 교양에 바탕한 이름이다. 이 무렵은 요동에 있던 안동도호부의 자취도 희미해져 나라를 세우기에 좋은 기회였다. 진국이 발해국(渤海國)이라고 개칭한 것은 713년 현종 개원 원년의 일이다. 발해국에 대해서는 뒤에 서술하겠다.

돌궐의 부흥과 티베트(吐蕃)의 거취

내몽고에 있던 선우도호부(單于都護府) 아래의 돌궐은 670년(함형 원년) 무렵부터 내부에 분쟁이 일어나 당측으로 항복해 오는 자가 나타났다. 그 가운데 귀화성(歸化城)29) 일대에 유목하고 있던 부족이 대두하여 돌궐국가의 재흥을 꿈꾸었다.

679년(調露 원년), 아사덕부(阿史德部)가 아사나부(阿史那部)를 카간(可汗)으로 세워 독립을 꾀하고, 682년(永淳 원년) 쿠틀룩(骨咄祿)의 반란이 일어났지만, 당은 그 토벌에 실패하였다. 쿠틀룩은 일릭 카간(頡利可汗)의 후예로 귀화성 북쪽 음산산맥을 근거지로 삼고 투르크(鐵勒)의 여러 부족을 약탈하여 독립하였다. 일테리쉬 카간(682~91)으로 칭해지는 쿠틀룩은 중국에 침입하여 686년(수공 2) 무렵 근거지를 돌궐의 본거지인 외몽고의 외튀켄 산으로 옮겼다.

691년(천수 2) 쿠틀룩의 동생 벡초르(默啜)가 카파간(Qpaghan) 카간이

---

29) 내몽고 자치구 呼和浩特.

되어 중국의 서변에 진공해 왔지만, 측천과 화목하
고 동쪽의 거란을 토벌함으로써 강성해졌다. 그리고
쿠틀룩의 아들인 후의 빌게(Bilge, 毗伽) 카간을 서
쪽의 샤드(設)로 삼았다. 나아가 거란과 해(奚)와 탕
구트(黨項)를 공략하고, 서돌궐의 분파인 튀르기쉬
(突騎施)를 무너뜨렸다.

이렇게 해서 카파간 카간의 치세에 이르러 돌궐
세력은 급속히 회복되었고, 이 때 당은 현종의 치세
를 맞이하고 있었다.

티베트에서는 왕인 손첸 감포가 649년(정관 23)에
사거하고, 손첸과 당에서 시집온 문성공주(文成公
主) 사이에서 태어난 만손 만첸 왕이 어렸기 때문에
실권은 갈 톤첸 유르슨(祿東贊)이 장악하고 있었다.
그는 군사국가체제를 강화하고, 징세조직을 완성하
는 동시에 토욕혼을 그 아래에 두고자 하여 당과 대
립하였다.

姜行本기공비 唐, 당태종
이 고창왕 국문태의 방해
공작에 대해 군사를 파견
한 기록

659년(현경 4) 티베트는 당의 소정방군과 싸워 당
이 세운 토욕혼의 왕 낙갈발(諾曷鉢)을 양주(涼州 : 감숙성 무위현)로 내쫓
고 중앙아시아 제패의 첫발을 내딛었다. 이 즈음 토욕혼 왕인 소화귀(素和
貴)가 티베트로 귀화하였다. 당은 토욕혼의 실지회복(失地回復)을 꾀하여
669년(총장 2) 대군을 일으켰지만 실패하였다. 문성공주는 만손 왕에게 당
과 화친을 도모하게 하였지만, 군사회의 둔마는 그것을 인정하지 않았고 그
러는 동안 만손도 사망하고 문성공주 또한 679년(조로 원년)에 세상을 떠났
다.

만손을 이어 왕위에 오른 그 아들 치두손 왕은 당과 화친을 꾀하였고,
710년(중종 4)에는 치두손의 아들 티데 츠쿠첸과 당나라 금성공주(金城公
主)가 혼인을 하였다.

4. 현종의 개원·천보시대

현종의 치세 초기—개원의 치

현종의 사람됨

현종(685~762, 재위 712~755)은 쿠데타로 중종의 위후 및 그 딸인 안락공주를 몰아내고 아버지인 예종으로부터 양위를 받아 제위에 올랐다. 712년(선천 원년) 그의 나이 28세 때의 일이다. 그 다음 해 아직 위세를 떨치고 있던 측천의 딸 태평공주와 그 일파를 타도하여 여성의 전권(專權)시대에 일단 종지부를 찍었다. 현종의 초년은 과감한 쇄신정치가 행해져 그 연호에 따라 '개원(開元)의 치'(개원은 713~741)라고 불린다.

현종은 "성격이 지혜롭고 용기가 있고, 다예(多藝)하며 특히 음률에 능통하고 팔분(八分 : 서체의 일종)의 서예에 뛰어났다. 의범(행위)이 빼어나고 그 자태가 비상하였다"고 하는데, 성격과 풍모가 모두 뛰어나고 거기에 음악과 서예에도 능한 예술가적 천성을 갖고 있었다. 만년에 양귀비와 사랑에 빠져 대당제국을 파멸 직전까지 몰고 갔음에도 불구하고, 그 애정생활이 미화되고 백낙천(772~846)에 의해 「장한가」로 읊어져 후세까지 전해진 것은 그 인덕에 의한 것이라고밖에 할 수 없다.

현종의 사람됨을 보여주는 예로 자주 언급되는 것이 형제간의 돈독한 우애인데, 이는 중국 황제들 중에서는 보기 드문 예이다.

동생인 설왕 업이 병들었을 때 현종은 정무를 보는 동안 사자를 열 번이나 보내 병문안을 하게 하고 친히 동생을 위해 약을 너무 열심히 다리다가 결국 수염까지 태웠다는 이야기까지 전해진다.

예종의 3남인 현종에게는 이복형인 송왕 헌(憲)과 신왕 성의(成義)가 있었는데, 송왕은 일찍이 예종의 황태자였다. 현종에게 특별한 공이 있지 않는 한 제위는 당연히 송왕에게 돌아가게 되어 있었던 것이다. 따라서 현종과 송왕은 미묘한 관계에 놓여 있었고, 송왕으로서는 일 꾸미기 좋아하는 자들에게 이용당하기 쉬운 입장이었다. 그러나 신왕을 포함한 형제 모두는 사람 좋은 현종과 우애하여, 정치에 대하여 어떠한 비평도 하지 않았으며 대관과 어울리지도 않아 현종 형제 사이에는 야심가가 비집고 들어갈 틈이 없었다.

삼형제가 긴 의자에 함께 앉아 사이좋게 술도 마시고 닭싸움도

擊毬(폴로)圖 섬서성 건현, 당 章懷太子墓 墓道口 서벽 벽화 모사

의식용 음악대 唐 高元珪(高力士의 동생) 묘실 동벽, 서안시 1955년 발굴

구경하고 시도 읊고 폴로 경기(격구) 등도 함께 즐겼다. 현종은 폴로를 잘하여, 황제에 즉위하기 전 티베트가 금성공주를 맞이하러 왔을 때는 4명으로 팀을 짜 티베트 팀 10명을 이겼다는 일화가 전해진다(『封氏聞見記』). 폴로 경기는 페르시아에서 기원한 스포츠로, 이 무렵 중국에서 유행하였다는 것은 동서 문화교류의 한 단면으로서 흥미롭다.

현종은 음악에 특히 뛰어난 재주를 보여 스스로 관현악기를 연주하였으며, 송왕은 피리를, 동생인 기왕 범(範)은 비파를 특기로 하여 함께 합주를 즐겼다. 즉위 후에는 그 때까지 있었던 의식용 음악대 외에 「황제이원제자(皇帝梨園弟子)」라고 하는 속악을 연주하는 특별 악단을 두기도 하였다(714, 개원 2년).

수렵과 음악에 푹 빠져 있었던 현종이 한 번은 "내가 이러는 것을 재상 한휴(韓休)가 알고 있는가"하고 물었다. 한휴(673~740)는 평소 황제의 사사로운 행동까지 꼬치꼬치 간하고 있었기 때문이다. 좌우의 사람들이 "한휴가 재상이 되고 나서부터 폐하는 단 하루도 즐겁게 지내신 적이 없습니다"라고 하자, 현종은 "짐이 마르더라도 천하가 살찌면 되는 것이지"30)라고 대답하

였다고 한다. 위트 넘치는 사람됨이 엿보인다.

명재상 요숭과 송경

'개원의 치' 초기에 그 중심이 되어 현종을 보좌한 재상은 요숭(姚崇 : 651
~721)과 송경(宋璟 : 663~737)이었다. 태종의 '정관의 치'를 짊어진 두 재
상 방현령과 두여회를 '방·두'라고 나란히 일컫듯이, 이 두 사람도 '요·송'
으로 불린다. 요숭은 변화에 대응하는 능력이 뛰어났으며, 송경은 창업의 뒤
를 이어 지키는 수성(守成)에 뛰어나 이 둘은 명콤비를 이루었다.

요숭은 측천의 전권시대에 하필성장과(下筆成章科)라고 하는 제거(制
擧 : 특별과거)에 합격하였다(677년). 측천에게도 간해야 할 것은 서슴지 않
고 간하였기 때문에 칭찬을 받아 무주시대(697년)에 재상에 발탁되었다. 특
히 병부 관계의 사무처리에 뛰어났지만 측천의 총신 장이지의 참언으로 좌
천되었다. 중종이 살해당하고 예종이 즉위하자, 병부상서(병부의 장관)가 되
어 재상에 복귀하였고, 이어 중서령(중서성의 장관)으로 관직이 올랐다. 현
종이 즉위하자 요숭은 다음과 같은 혁신정치의 대강 10조를 올렸다.

(1) 법을 엄하게 시행하기보다는, 배려(仁恕)를 우선시할 것
(2) 화려한 무공을 구하지 말 것
(3) 정치에 환관의 참견을 배제시킬 것
(4) 국친(황제·황후의 일족)의 대관 임명을 정지하고, 사봉관(중종 때
    안락·태평의 두 공주가 마음대로 임명한 관)·원외관(정원 외의 관)
    을 정지할 것
(5) 황제 가까이에서 아첨하는 무리가 국법을 어기는 것을 엄히 단속할 것
(6) 규정 이외의 헌상품을 금지할 것
(7) 불사·도관의 조영을 그만둘 것
(8) 황제는 예로써 신하에게 대하고, 대신과 너무 허물없이 친하게 지내
    지 말 것
(9) 간언의 길을 적극적으로 열 것
(10) 외척(황후의 일족) 전권의 길을 막을 것

---

30) 『신당서』 한휴전.

이 10조는 측천시대 이래의
폐해를 집약하여 지적한 것으로,
요숭은 이를 좌우명으로 삼고
혁신정치에 착수하였다.

어느 날 요숭이 낭리(郎吏)의
인사를 현종에게 상주하였다. 그
러나 현종은 그저 궁전 지붕만
쳐다볼 뿐, 요숭이 몇 번을 아뢰
어도 대답이 없었다. 요숭이 참
지 못해 물러나와 버렸다. 이를
지켜본 환관 고력사(高力士)가
현종을 나무라니, 현종은 "짐은
요숭에게 정치 일체를 맡기고

宦官俑 唐, 아스타나 206호묘

있다. 대사건에 대한 상주라면 몰라도 겨우 낭리 인사 문제로 일일이 짐을
번거롭게 하는가"라고 말하였다. 고력사가 이 말을 요숭에게 전하자 요숭은
크게 기뻐했고, 이 이야기를 전해들은 사람들은 현종의 태도에 감복하였다
고 한다. 요숭은 애석하게도 721년(개원 9) 73세의 나이로 세상을 떠났다.

송경은 680년 측천의 전권시대에 진사에 합격하여, 후에 측천의 총신인
장창종을 탄핵한 강직한 성품의 인물이었다. 그는 716년(개원 4)에 재상이
되었다. 요숭과는 스타일이 다른 인물이었지만 그는 요숭이 내세운 기본방
침을 잘 지켜 쇄신정치를 지속하였다.

요·송의 노력에 의해 현종의 초기 치세는 폐정이 혁신되고 천하는 태평
하였으며 재정도 충실해졌다. 태종 때 3백만이 되지 않았던 호구수는 726년
(개원 14)에 7,609,564호로 증가하고 인수는 41,419,712명이 되었다. 곡가도
저렴하고, 병사도 무기를 실제로 잡아볼 일이 없어지게 되었으며, 도로에 물
건이 떨어져도 집어가는 사람이 없고, 인물도 조정으로 모여들었다. 당시 사
람들은 이를 '개원의 치'라고 하여 평화를 구가하였다고 한다.

고력사 : 환관의 전권이 시작되다

거세되어 궁정에서 시중드는 사람을 환관이라고 한다. 이미 후한 때 환관에게 정권을 장악당한 적도 있었지만, 당대에는 특히 안사의 난(755) 이후 환관이 군사·재정 등 정치의 실권을 장악하여 당말에는 환관이 마음대로 천자를 폐위시키기까지 하였고, 황제를 환관의 제자(弟子)로 보아 '문생천자(門生天子)'라고 부르기도 하였다. 이러한 환관의 전횡은 현종이 즉위하기 전부터 그의 시중을 들었던 고력사로부터 시작된다.

환관은 궁정에서 단순한 시종으로 있었던 것은 아니다. 환관만의 엄연한 관청이 있었다. 행정부의 상서·중서·문하 3성의 관청에 대하여 비서(秘書)·전중(殿中)·내시(內侍)의 3성이 있었는데, 이 중 내시성은 환관을 관리하기 위한 관청이었다. 개원 7년(719)령에 따르면, 그 장관으로서 내시(종4품상) 4명, 차관에 내상시(정5품하) 6명이 있고, 이하 본청에 30명의 유내관(종9품 이상)과 그 위에 부속 5국이 있어 내시성은 합계 유내관 27명을 갖는 대관청이었다. 또 754년(천보 13)에는 내시성 장관으로서 내시감이 정3품으로 승격되어, 중서·문하 2성의 장관 및 6부 장관과 관품의 격이 같아지게 되었다. 그런데 측천시대에는 여제가 군림했으므로 당연히 환관 수가 증가했을 것으로 생각하겠지만, 실제로는 증가도 없었고 권세를 가지는 일도 없었다. 오히려 중종 때 천여 명으로 늘어났고 현종 때가 되면 더욱 증가하여 3천 명이 되었다고 한다.

고력사는 수의 남방 토호의 추장인 풍앙(馮盎)의 증손이라고 하는데, 가계에 대해서는 사서(史書)의 기록과 비문에 약간의 차이가 있다. 번주(광동성 무명현)에서 측천에게 헌상되었다가 한때 작은 과실로 추방당했지만 환관 고연복의 양자가 되어 고(高)씨 성을 갖게 되었다. 그는 고연복의 추천으로 무삼사의 인정을 받아 궁중에 들어가, 현종의 태평공주 토멸 때 발군의 공을 세웠고 수도를 경비하는 16위 중 하나인 우감문위의 우감문장군(차관=종3품)이 되고 내시성을 통할하게 되었다.

치밀한 성격에 재주를 갖추었던 고력사는 체격도 훌륭하여 현종이 재위하는 40년 동안 내내 시중을 들고 안록산의 반란으로 현종이 촉(사천성)으로 도피하였을 때도 물론 따라갔다. 그는 현종에게 대단한 신임을 받아 요·송 이하 재상이 수없이 교체되는 동안에도 그의 자리는 튼튼하였다. 오히려 재상 교체에 고력사의 의견이 영향을 끼쳤다고 보아도 될 것이다. 정3 품관인 내시감도 고력사를 위하여 설치된 것이다. 현종이 태자 영을 폐위하고 총애하는 무혜비 소생의 수왕 모를 세우려 하였을 때, 후에 숙종이 된 여(璵)를 추천한 것도 다름아닌 고력사였다. 현종의 후계자 결정에 고력사의 입김이 강하게 작용한 것으로 보이는 것은 이 때문이다.

현종의 퇴위 후, 촉에서 돌아온 고력사는 환관 이보국에게 무고되어 유배당하고 현종에 대한 알현을 허락받지 못했다. 762년(대종의 보응 원년) 79세의 나이로 알현을 허락받아 수도로 돌아왔지만 이미 현종도 숙종도 모두 세상을 뜬 후였다. 고력사는 통곡하며 세상을 떠났다.

시인 정치가─장열과 장구령

장열(張說 : 667~730)은 무주시대인 698년(영창 원년), 학종고금과(學綜古今科)라고 하는 과거에 합격하였다. 그의 집안은 높은 관리가 배출된 적이 없어 그는 가문의 배경 없이 순전히 과거를 통해 관직에 올라 재상이 된 대표적인 인물이다. 태자교서(종9품하), 좌(우)보걸(종7품상)을 역임하고, 측천의 총신 장이지 형제가 편집한 『삼교주영』 1300권의 완성에 능력을 발휘하고, 궁정시인으로도 활약하였다.

무주시대 말년, 그의 나이 37세 때 그는 재상 위원충의 무고에 연루되어 영남(광동)지방으로 좌천되었다. 중종 복벽 때 병부원외랑(종6품상)으로 돌아와 예종 때 재상에 취임하였다. 현종이 태평공주를 친 뒤에, 중서령(중서성의 장관 정3품)에 올랐지만 당시 재상이었던 요숭과 마음이 맞지 않아 다시 지방장관으로 좌천되었다. 그러나 716년(개원 4), 요숭이 재상을 그만두게 되자 복귀하여 721년(개원 9)에 재상이 되었다.

725년(개원 13) 장열의 발의로 현종이 봉선(封禪 : 하늘에 태평을 감사하여 지내는 제사) 의식을 행하였고, 장열의 위세와 영화는 일세를 풍미하였다. 그러나 이 봉선 때 행한 은상(恩賞)이 아랫사람들에게는 후하였고 윗사람들에게는 박하였던 것을 원망하는 자가 있어, 괄호(括戶)정책(후술)에 반대하였다는 점과 뇌물을 탐한다는 점 등을 이유로 탄핵당하여 실각하였다. 고력사의 중재로 그 죄가 완화되었고 우승상(상서우복야, 종2품) 집현원학

태산 맨 위가 등산로의 종점인 南天門. 封禪은 이 태산을 대상으로 하여 산꼭대기에서 封의식을 행하고, 산 아래에서 禪의식을 행한다.

사로 막을 내렸다. 장열의 시풍은 남방에 좌천되어 있던 중에 진부하고 단순한 궁정시인에서 벗어나 성당(盛唐)의 새로운 시풍의 기초를 형성하였다.

그런데 장열을 탄핵한 사람들이 가문을 배경으로 한 북조 호족계 출신으로서 과거합격자가 아닌 점이 주목된다. 장열이 뛰어난 행정능력과 문학적 재능에도 불구하고 좋은 평판을 얻지 못한 것은 사람됨됨이 때문인지 아니면 가문의 배경이 없어서인지에 대해서는 견해가 엇갈리고 있다.

장구령(673~740)은 당시로서는 보기 드문 소주(韶州) 곡강(曲江 : 광동성 곡강현) 출신으로 7세 때 문장을 지었고, 남방으로 좌천되어 있던 장열의 인정을 받고 무주시대 말년(702)에 진사과에 합격하였다. 장열의 일족으로 받아들여져 오로지 그 추천으로 영달하였다. 그러나 봉선에 즈음하여 장열이 아래로 두터운 은상을 베푼 데 대해 간언하였다가 좌천되었다.

733년(개원 21)에 재상이 되었지만 이 때는 이미 당왕실 출신 이림보와 하급관리 출신의 우선객(牛仙客) 등, 과거합격자와는 교양을 달리하는 사람들이 실권을 잡고 있어 그들과 뜻이 맞지 않았다. 장구령을 끝으로 현종 말년까지 과거합격자가 거의 재상에 오르지 못했던 것은, 당시의 관계(官界)에서 아직 그들을 수용할 만한 바탕이 없었기 때문인지 아니면 가문의 배경이 없었기 때문인지, 혹은 정치의 실무에는 별 쓸모 없는 문학적 재능을 꺼려한 때문인지 어느 쪽으로도 단정짓기 어렵다. 단지 고려해야 할 것은, 이들에 대한 반대파가 거의 북조계의 명문가 출신이었던 점, 그들이 재정위기에 대처하여 재무관료의 역할을 수행하고 수·당전기 통치체제를 유지하는 데 노력을 기울인 점이다.

우문융의 괄호정책 — 수·당전기 통치체제 유지의 시도

수·당전기 통치체제는 인민을 그 본적지의 호적에 묶어놓는 제도이다. 본적지를 이탈한 도망자는 이미 무주시대에 정치문제화되어 있었다. 시인으로 유명한 이교(李嶠 : 644~713)는 이 문제에 대해 무주 초기인 695년(證聖 원년)에 다음과 같은 네 가지 원칙을 제시하였다.

  (1) 금령책 : 주민에게 인보(隣保)를 만들게 하여, 공동책임으로 도망을
      방지할 것
  (2) 은덕책 : 도망자의 죄과를 꾸짖지 말고 귀향을 장려하여 본적지로 귀
      환시킬 것
  (3) 권형책 : 도망자가 임시거처지(寄寓地)에 눌러 앉아 살기[定住]를 바
      랄 경우, 가난한 자는 임시거처지에 정착을 인정하고 호적에 등록시
      킬 것
  (4) 제한책 : 도망자에게 백 일 내의 자수유예를 인정하고, 그 기간 내에
      자수하지 않을 경우 변경의 주(州)로 옮길 것

이어서 721년(개원 9) 감찰어사 우문융(宇文融 : 729년 사망)은 괄호(括 戶 : 인민을 호적에 묶어 두는 것)를 건의하여 (1) 등록되어 있지 않은 토지 (田地) 조사, (2) 여러 종류의 요역 부정 단속, (3) 도망가 버린 호구를 수색하여 찾아낼 것을 제안하였다. 그리고 그 실시명령이 떨어지자 위에서 서술한 이교의 방책에 기초하여 괄호가 행해졌다. 그런데 우문융은 그 성씨로 알 수 있듯이 북조 호족의 명문 출신으로 조부인 우문절(宇文節)은 고종 때 재상을 지냈다. 음(蔭)[31]에 의하여 관직에 오른 후 수도 부근의 현주부(縣 主簿)에서 역시 북조 계열의 명문으로 진사 출신 재상이었던 원건요(源乾 曜)의 인정을 받아 감찰어사(정8품상)에 발탁되었다.

그는 723년(개원 12) 권농판관 등을 각지로 파견 조사하여 괄호를 실시하여, 같은 해 말까지 임시거처지에서 호적에 오른 객호 80여만 호(인구로는 약 4백만)와 등록되지 않았던 대량의 토지를 토지대장[田籍]에 올렸다. 이는

---

31) 父의 官에 의하여 자손이 임관하는 것.

당시 인구의 약 1%에 가까운 수를 등록한 것이기 때문에, 책임량을 올리기 위해 숫자를 약간 부풀린 것도 있겠지만 대단한 성과임은 분명하다.

그러나 한편으로는 이 정책으로 인해 세금이 무거워지고 정치가 가혹하게 행해진 점도 있어서 이 정책에 반대하는 목소리도 있었다. 또 이 정책은 그 때까지 지주와 결탁하여 느슨한 행정을 펴고 있던 지방관에게는 타격을 주었다. 게다가 지주층을 배경으로 하고 있던 관료들의 반대도 당연히 일어났다. 동시에 한편으로는 우문융의 시책에 감격의 눈물을 흘린 빈민들이 있었던 사실도 기록되어 있다.

이 시기 재상 자리에 있던 사람은 앞서 서술한 장열이다. 우문융의 모든 시책에 반대하였던 그는 결국 탄핵을 받고 실각하였다. 우문융도 한때 좌천당했지만 729년(개원 17)에 재상에 올랐다. 대응은 번개처럼 빠르고 현종의 말에도 쉽게 굴하지 않는 기개를 보였던 그도 겨우 1백 일 만에 탄핵을 받아 실각하고, 광서로 옮겨지는 도중에 병사하였다.

현종은 우문융을 벌하면서 "그를 벌하는 것은 좋으나, 국용(國用)의 부족은 어떻게 보충할 것인가"라고 걱정하였다. 국용이란 재정을 말한다. 그러나 아무도 거기에 답할 수 없었다. 그 무렵 수·당전기 통치체제의 중요한 부분이었던 부병제도 운용이 불가능해져 이미 낡은 체제가 되었기 때문에 수·당전기 통치체제의 유지가 얼마나 곤란하였는지를 알 수 있다. 이 수·당전기 통치체제는 곧장 붕괴의 길을 걷게 된다.

재상 이림보

무혜비

현종에게는 즉위 전부터 비(妃)인 왕(王)씨가 있었고 즉위와 동시에 그녀가 황후에 올랐지만 자식이 없었고 현종의 애정도 식었다. 724년(개원 12) 왕씨는 주술을 한 죄로 폐위되고 죽임을 당하였다.

또 현종에게는 즉위 전에 노주(潞州 : 산서성 장치시)로 행차하는 동안 그 가무(歌舞)가 마음에 들어 비로 세운 조려비(趙麗妃)가 있었는데, 그로

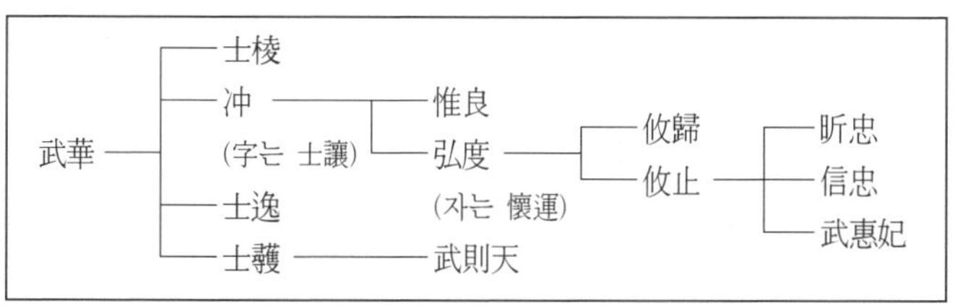

<武惠妃 계보도>

* 『新唐書』 권74상, 宰相世系表에 의함.

부터 왕자 영(瑛)을 얻었다. 영은 715년(개원 3) 황태자가 되었지만 737년
(개원 25)에 폐위되었다.

왕황후에 대한 현종의 총애가 식으면서, 그 애정은 무혜비(武惠妃)에게로
쏟아졌다. 무혜비는 무측천 일족 출신이었지만 현종의 극진한 총애를 받아
혜비라는 최고의 칭호로 불리며 우대받았고, 왕황후가 폐위되고 나서는 황
후에 준하는 대우를 받았다. 현종은 무혜비를 황후로 삼으려 하였으나 "무
씨는 예로부터 부모의 불구대천의 원수이니, 무씨를 황후로 삼아서는 천하
를 대할 낯이 없습니다"라고 간언하는 근신들 때문에 단념하였다.

또 현종과 무혜비의 사이에서 태어난 수왕 모(瑁)를 태자로 세우려고 하
였으나 이 또한 장구령의 간언에 의해 포기하였다. 간신(奸臣)의 대표라고
할 이림보가 재상이 되고 나서 수왕을 태자로 삼을 것을 현종에게 주청하였
지만, 그 전 해(737)에 무혜비가 사거하였고 현종은 충왕 여(璵 : 뒷날의 숙
종)가 최연장이라는 이유로 그를 황태자로 삼았다. 이것은 앞서 기술한 바
와 같이 환관 고력사의 의견에 따른 것이었다.

이림보 등장의 배경

현종 초년에는 재상인 요숭과 송경에 의해 쇄신정치가 단행되었고, 이어
서 과거 출신을 유일한 기반으로 하는 장열이 재상에 복귀하였다. 동시에
북조계 호족 명문가 출신의 원건요(源乾曜)·우문융(宇文融)이 재정의 회
복을 꾀하여 수·당전기 통치체제의 유지를 시도하게 된다. 그 후 장열의
추천으로 그와 마찬가지로 과거 출신을 유일한 배경으로 하는 장구령이 재

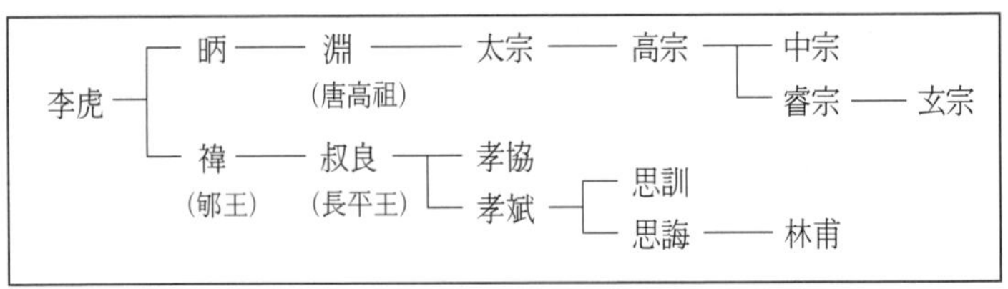

<李林甫 계보도>
*『新唐書』 권70상, 宗室世系圖에 의함.

상이 되었다. 장열·장구령은 모두 시문(詩文)의 명수이기도 하였다.

재상인 이림보(李林甫)는 이러한 과정 속에서 대두하였다. 이림보는 재상
자리에 19년간(734~752, 개원 22~천보 11)이나 있었는데, 이는 현종조의
재상으로서는 최장기이다.

이림보는 당고조의 조부인 이호(李虎)의 후예였다. 아버지인 사회(思誨)
와 백부인 사훈(思訓)이 모두 회화의 명수로 알려졌으며, 이림보의 그림은
"그림의 형적이 대단히 아름답다"(唐代 張彦遠의『歷代名畵記』)고 평가되
고 있다. 이림보에 대해서는 후술할 것처럼 문학적 교양을 갖추지 못하여
비난의 표적이 되지만, 회화 및 음악에 뛰어난 예술적인 재능을 보였고 이
점에서는 현종과 통하는 점이 있었다. 이림보는 원건요·우문융의 추천으로
어사중승,[32] 형부시랑·이부시랑[33]으로 승진해 나갔다.

이림보는 "입으로는 듣기 좋은 말을 하면서 속으로는 음험한 마음을 품고
있는[口蜜腹劍]" 인물로 묘사되었고, 또 학문적 교양을 갖추지 못한 인물로
비웃음을 당하였다. 이림보가 인사(人事)를 맡아서 선발할 때 수험자의
판[34]에 있는 '체두(杕杜)'[35]라는 숙어를 '장두(杖杜)'로 잘못 읽어 동료에게
그 의미를 물었다는 이야기라든가, 탄생의 축사에 "농장(弄璋)의 경(慶)"[36]

---

32) 어사대의 차관, 정5품상.
33) 차관, 정4품상.
34) 선발의 네 가지 기준이 되는 신언서판(身言書判)의 하나로 판은 문체의 일종.
35) 『詩經』 唐風의 편명.
36) 남자는 태어나면 구슬을 장난감으로 삼으므로, 남자가 태어났을 때는 이와 같이 말
   한다.

이라고 써야 할 것을 "농장(弄麞)의 경"이라고 써 버린 이야기 따위가 이를 보여준다. 장두란 용모가 보기 흉한 사람을 뜻하며 장(麞)이란 노루를 가리키는 말이다.

이 밖에도 이림보에 관한 사료는 그를 매도하는 말들로 가득 차 있다. 이것은 장열·장구령을 대표로 하는 과거 출신을 기반으로 한 문학적 교양이 조야(朝野)를 풍미하였고, 이림보 사후 그를 질시하는 사람들이 그의 전기(傳記)를 구성한 결과일 것이다. 사실 정사(正史)는 아니지만 이림보가 꽤 학식을 가진 인물이었음을 시사하는 사료도 있다. 즉 그가 일찍이 국자사업(國子司業 : 국학의 부학장)을 역임하였으며, 또 그 관직에 있을 때 국자감의 기강이 진흥했다는 점 등이 그것이다. 그리고 재상이 되고 나서 학생들이 이림보를 찬양하는 현창비를 세우려 하자, 이림보가 그럴 만한 공적이 없다며 화를 내었기 때문에 학생들이 밤새 내내 비문의 글자를 문질러 지웠다는 이야기가 전한다(唐 封演의 『封氏聞見記』).

이미 기술한 바와 같이 수나라 때부터 당나라 초기에 걸쳐 지배집단으로 군림한 북조계 관롱집단은, 한때 무측천에게 분쇄당하고 대신 가문의 배경이 없는 과거 출신자가 대두하였지만 반드시 그것이 정착된 것은 아니었다. 오히려 우문융으로부터 이림보로 이어지는 북조계 명문 출신자가 재상에 오르고 특히 현종 만년에는 과거 출신 재상이 없어졌다. 이는 오히려 명문 출신자가 정치적 실전에는 강하였음을 말해 준다. 아마 과거는 주로 시문 능력을 시험하는 것이고, 그 합격자가 정치가·행정가로서 반드시 유능하다고는 할 수 없었던 점과 관계가 있을 것이다.

이림보는 무혜비가 자신의 소생인 수왕 모를 황태자로 삼고자 하는 움직임을 보이는 중에 대두하였다. 거기에다 이림보는 그 이전의 재상이었던 배광정(裵光庭 : 676~733)의 처와 사통하고 있었다는 이야기도 있다. 배광정의 처는 무삼사(측천의 조카)의 딸이다. 그러다 보니 이림보가 무씨 일파를 배경으로 하고 여성과의 관계를 통하여 재상이 되었다는 얘기가 있지만 이러한 요소만 갖고 재상이 된 이유를 설명하는 것은 무리가 있다고 보여진다.

장구령과 대립하는 내정개혁

이림보가 행한 개혁 중에 조(租)·용(庸)과 방정(防丁 : 국경경비병)의 수송에 따르는 번잡한 50여만 조(條)에 이르는 서류를 주(州)마다 2통으로 개선한 점(『新唐書』食貨志)은 그가 이 방면에서 수완이 상당한 인물이었음을 엿보게 한다. 그의 개혁 중에는 조용조 등으로 수도로 수송하는 물품의 질을 인정(認定)하는 권한을 주현장관에게 위임한 것도 있다.

이림보와 같은 시기의 재상으로 재정개혁을 담당한 배요경(裴耀卿 : 681~743)이 있다. 배요경은 동자거(童子擧)[37] 출신으로, 수도 장안의 인구증가에 따른 식량부족을 조운(漕運 : 운하에 의한 수송)의 개선으로 해결하였다. 그는 귀족파 개혁자인 우문융의 추천을 받아 호부시랑에 오른 사람으로, 오히려 이림보파라고 보아도 된다. 그러나 이림보는 자신의 권력이 커지자 배요경의 개혁에도 손을 대어, 배요경의 개혁으로 파생된 곡물의 공급과잉에 따른 가격저하를 억제하는 방법을 취하였다. 이는 이 방면에 정통한 재상 우선객(牛仙客)의 방법을 채용한 것이다.

또 이림보가 재상으로 있던 737년(개원 25)에는 당왕조의 마지막 법제 개정이 행해졌는데, 현존하는 『당률』과 관정(官定) 주석서인 『소의』는 이 때의 것이다. 또 당대 관제에 관한 관찬서인 『대당육전』 30권이 738년(개원 26)에 완성되었는데, 현종이 찬한 이 서적에서 이림보는 주(注)의 편집자로서 그 이름을 현재에 전하고 있다.

이림보는 736년(개원 24) 삭방절도사였던 우선객(牛仙客)을 상서(尚書 : 육부의 장관)에 기용하려고 하였다. 우선객은 현의 소리(小吏)에서 군공을 세워 승진하였으며 재정의 충실과 무기의 정비에 정통하였다. 그런데 이림보의 우선객 기용에 대해 과거 출신 재상 장구령이 맹렬히 반대를 하였고, 이 때문에 이림보와 장구령의 대립이 크게 격화되었다. 그 대립을 보여주는 대화 한 토막을 소개한다.

이림보가 "장구령은 책상물림이라 큰 흐름을 모릅니다"라고 하자 현종도 장구령에게 "우선객이 미천한 가문 출신이라고 해서 경이 기용에 반대한다

---

37) 연소자로 재능이 뛰어난 사람에 대한 특별과거.

면, 경에게는 도대체 어떠한 가문이 있다고 하는가"라고 했다.

이에 장구령이 "소신은 광동 태생의 미천한 출신으로, 중화(중국 중추부) 태생인 우선객에는 미치지 못합니다만, 오랫동안 대각(臺閣)에서 조칙의 기초를 담당하여 왔습니다. 그런데 우선객은 벽지의 소리(小吏)에서 승진하여 학문에는 문외한이니 이러한 대임을 맡길 수 없습니다"라고 말하였다.

이림보는 물러나와 "적어도 재주와 식견이 있으면 학문 따위가 무슨 필요가 있는가. 천자가 기용하면 그것으로 되는 것이다"라고 거리낌없이 말하였다.

이처럼 장구령은 대관의 조건으로 문학적 교양이 필요하다고 생각하여 진사합격자를 중시하였다. 그러나 이미 재위 20년에 이르는 현종은 사사건건 전례나 고사를 들춰내며 거리낌없이 간하는 과거 출신자에 염증을 내기 시작했고 이에 과거파의 진출이 주춤하게 되었다. 그 대신 기용한 것이 소리(小吏) 출신의 사무에 능통한 인물이다. 이러한 조치는 물론 나름대로 의의가 있지만, 이것이 양국충의 등장을 촉진하여 '안사의 난'으로 이어졌음을 기억해야 할 것이다.

어쨌든 장구령은 이 다툼에서 패하여 736년(개원 24) 재상직에서 물러나게 되고, 대신 우선객이 재상에 올랐다. 우선객은 이림보의 뜻을 그대로 따랐다. 740년(개원 28) 장구령은 좌천된 곳에서 사망하였지만 현종은 인물의 추천이 있으면 "그 풍채와 태도가 장구령에 버금가는 인물인가" 하고 물었다고 한다. 그 재능을 높이 사고 있었던 것이다.

이민족 무장의 임용과 절도사

이림보의 정책 중 주목되는 것으로 변경의 이민족을 무장(武將)으로 기용한 점을 들 수 있다. 이림보는 "문인이 장군이 되면 화살과 돌에 맞는 것을 겁내므로, 한미한 가문 출신자나 번인(蕃人 : 오랑캐)을 기용하는 것이 좋다. 번인은 전투를 잘하고 게다가 용기가 있다. 또 한미한 가문의 출신자는 당파가 없다"고 하였다.

당왕조는 창업 이래 변경의 장군으로는 충성과 절의가 강한 문관을 기용하고 장기 임용은 피하며 또 많은 군을 겸하여 통솔하지 않게 하는 정책을

취하고 있었다. 또한 변경에서 공명을 떨친 자는 재상으로도 기용하였다. 태종조의 이적(李勣), 현종조의 장열(張說)·이적지(李適之) 등이 모두 그러한 예에 속한다. 이러한 정책하에 사이(四夷) 출신의 무장은 아무리 뛰어나도 장군에 기용될 수 없었다.

그런데 현종대에 들어 외정이 많아지면서 기존의 방침을 변경하여 앞서 언급한 이림보의 견해를 받아들이게 되었다. 이 정책은 이림보가 문관 출신자가 변경의 장수를 거쳐 재상이 되는 코스를 방지하기 위해 취한 정책이라고 하지만, 실제로는 부병제의 파탄으로 인해 종래의 변경방비책이 유지될 수 없게 되면서 취한 정책의 일단이라고 보아야 한다. 따라서 이 정책을 이림보의 세력 굳히기의 일환이었다고만 보는 것은 타당성이 부족한 것으로 생각된다. 물론 이 정책이 안록산에게 강대한 실권을 쥐어주고 안사의 난을 초래한 것은 명료하다.

태종조 이래 당왕조의 변경 경비와 점령지 행정을 담당한 것은 도호부였는데, 예종조로부터 현종 집권시대에 이르면 이것이 무너지고 국방제일선도 상당히 후퇴하게 된다.

이에 대처하기 위하여 부병제 아래서는 진수(鎭戍)가 국경경비를 담당하였던 데 대하여 이제는 군진(軍鎭)을 두고 방어대사(防禦大使) 등이 이를 통할하였다. 하나의 군진에 병수는 1만이나 되었고 그 병력은 용병으로 조달되었다. 710년(예종 경운 원년) 하서(河西)절도사가 양주(涼州 : 감숙성 무위현)에 설치되어 방어대사를 통솔하게 되면서부터 이후 도호부는 유명무실화하고 군진과 이를 통할하는 대사가 국방을 담당하게 된다. 그리고 그 수는 계속 증가하여 721년(개원 9) 무렵까지 10절도사가 설치되었다.

節度使名	소재지(現在地)	兵數
安西節度使	龜玆(新疆 庫車縣)	24,000
北庭節度使	庭州(新疆 烏魯木齊縣)	20,000
河西節度使	涼州(甘肅 武威縣)	73,000
朔方節度使	靈州(寧夏 靈武縣)	64,700
河東節度使	太原(山西 太原市)	55,000
范陽節度使	幽州(河北 北京市)	91,400
平盧節度使	營州(遼寧 朝陽市)	37,500
隴右節度使	鄯州(靑海 樂都縣)	75,000
劍南節度使	益州(四川 成都縣)	30,900
嶺南五府經略使	廣州(廣東 廣州市)	15,400

<10절도사표>

이 절도사는 번진(藩鎭) 혹은 방진(方鎭)이라고도 불린다. 절도사는 군정 외에 관찰사 등을 겸하면서 민정도 담당하여 지방에서 강대한 권력자로 대두하게 되었다. 평로(平盧)·범양(范陽)·하동(河東)의 3절도사를 겸하였던 안록산은 이를 기반으로 하여 반란을 일으켜 당왕조를 파멸 직전으로까지 몰아갔다. 절도사는 안사의 난이 발발한 후에는 내지에도 많이 설치되게 되었다.

장기집권자의 만년

이림보는 744년(천보 3) 무렵부터 폭력을 사용하지 않고 정적들을 음험한 수단으로 차례차례 매장하였다. 이것이 후세에 그가 비난받는 근원이 되고 있다. 이 때 희생된 사람 중 하나가 재상 이적지(李適之 : 747년 사망)이다. 이적지는 태종의 폐태자인 승건의 손자로 제실의 일족으로서 이림보보다 황제와 촌수가 더 가까웠다. 천보 원년(742) 이적지는 우선객에 대신하여 재상이 되었지만, 사람 좋은 그는 이림보의 악랄한 수단에 걸려들고 말았다.

이림보는 우선 "장안 가까이에 있는 화산에 금광이 있어 이를 채굴하면 나라를 넉넉하게 할 수 있는데, 황제께서는 아직 모르신다"는 말을 흘렸다. 이에 이적지가 현종에게 이 말을 아뢰었더니 이림보가 "소신이 일찍부터 알고 있었지만, 화산은 폐하가 태어나신 곳으로 왕기(王氣)가 있는 곳이라 채굴해서는 안 되므로 말씀드리지 않았습니다"라고 하여 이적지의 의견을 나무랐다. 이적지는 최후에는 인사부정을 저질렀다는 농간에 걸려 자살로 삶을 끝냈다.

746년(천보 5) 이림보는 진희열(陳希烈)을 재상으로 올렸다. 진희열은 숭현관(崇玄館) 대학사라고 하는 도교의 대학사였는데, 만년에 도교에 심취한 현종이 그를 총애하였다. 이 점에 주목한 이림보가 진희열을 재상으로 추천하였다. 물론 이림보는 진희열이 부리기 쉬운 인물임을 간파하고 있었다. 과연 정사는 모두 이림보가 결정하고 진희열은 이림보가 하는 대로 따랐을 뿐이었다.

당대의 재상은 통상 일출과 함께 출근하여 정오에 퇴출하는 것으로 정해져 있었다. 그러나 이림보는 오전 10시에 퇴출해 버리고 이후에는 사택에서 나라의 대사를 결정하였기 때문에 백관이 이림보의 사택에 모였다. 따라서 재상이 정무를 집행하는 정사당에는 진희열 혼자만 남아 있었다고 한다.

만년의 이림보는 자객을 두려워하여 원래 몇 명에 불과했던 경호원을 백여 명으로 늘렸다고 전해진다. 750년(천보 9)이 되자, 이림보의 앞잡이 노릇을 하던 길온(吉溫)이 양귀비의 일족으로 권세가 커진 양국충의 앞잡이로 돌아섰다. 내리막길로 들어선 이림보의 모습이 엿보인다. 그렇다고 해서 당장 이림보의 세력이 약화된 것으로 보아서는 안 된다. 그 해 이림보는 권세의 아성인 삭방절도사를 겸하게 된다.

이 무렵 이미 안록산은 어사중승(어사대의 차관, 정5품상)에 임명되어 권세가 커지고 있었지만, 이림보 앞에서는 공손한 태도를 취하고 이림보를 만날 때는 한겨울에도 식은땀을 흘렸다고 한다. 범양(북경)으로 돌아가서도 장안에서 돌아온 자에게 이림보의 언동을 물어보고 혹시라도 이림보가 자신을 칭찬한 말이 있으면 기뻐하였다.

752년(천보 11) 이림보가 사망하고 양귀비 일족인 양국충이 재상이 되자, 양국충과 안록산 사이에 대립이 생기고 결국 안록산의 난이 발발하게 된다.

이림보가 세상을 떠난 다음 해, 양국충은 이림보에게 반역의 음모가 있었다고 하여 이림보의 관(棺)을 부수고 입에 물려 있던 구슬을 빼고, 입고 있던 금자(金紫)의 옷을 벗겨낸 후 작은 관에 넣어 서민과 마찬가지로 장사하였다. 이림보를 맹종하였던 재상 진희열은 오히려 이림보 반역음모의 증인

이 되어 준 포상으로 국공(國公)에 봉해졌다.

양귀비와 양국충

중국의 클레오파트라

한 번 돌아보면 도시를 기울게 하고[傾城], 다시 돌아보면 나라를 기울게
한다[傾國]. (『한서』외척전)

여기서, '경성(傾城)' '경국(傾國)'이란 미인을 뜻하는 말로 그 전형이 양
귀비다. 흔히 세계 최고의 미인으로 서방에서는 클레오파트라, 동방에서는
양귀비를 든다. 과연 양귀비가 어떤 미인이었는가에 대해서는 예로부터 의
론이 분분한데 '풍염(豊艶)하다'(『구당서』후비전)는 기록으로 보건대 보기
좋게 살이 오른 요염한 스타일의 미인이었지 않나 한다.

처음에 양귀비는 현종이 총애한 무혜비 소생인 수왕 모의 비(妃)가 되었
다(735년 개원 23년, 당시 나이 17세). 그 후 이 비할 데 없는 절세 미인 양
귀비가 무혜비를 잃고 이에 대신할 비가 없었던 호색한 현종의 눈에 띄었
다. 그러나 시아버지가 며느리를 취하는 것은 중국인의 도덕에 어긋나는 행
위였으므로, 일단 여관(女冠 : 도교의 여승)으로 만든 뒤 다시 후궁으로 삼
았다. 그리고 그 해 이미 양귀비는 현종과 함께 여산(驪山 : 섬서성 임동현
에 위치, 해발 1256m)의 온천궁으로 행차하였다.

봄바람이 싸늘하여도 화청의 못[華淸池]에 목욕 들어가니
온천의 물이 엉킨 기름[凝脂] 매끄럽게 씻어 주네

백낙천(772~846)이 위의 「장한가」를 읊은 것은 이 때의 일이다. 온천궁
은 747년(천보 6) 화청궁(華淸宮)으로 개칭되었는데, 이 시에서 나오는 '화
청(華淸)의 못'은 여산 온천을 가리킨다. '응지(凝脂)'는 양귀비의 살찐 옥같

현재의 華淸池 현종이 양귀비를 데리고 행차한 화청궁 터. 섬서성 臨潼縣 驪山온천

唐玄宗

은 피부의 형용이다. 이후 현종의 화청궁 행차는 빈번해져 747년 이후 10월부터 12월 말까지는 거기서 지내고, 749년부터는 신년맞이 인사도 1년 간격으로 여산의 화청궁에서 행하게 되었다.

이 무렵 재위 30년을 넘기며 정무에 싫증을 내던 현종은 정치는 이림보 등에게 맡겨둔 채 돌보지 않았다. 지략이 뛰어나고 가무에 능하며 음률에도 능통했던 양귀비는 예술가 기질을 지닌 현종에게 딱 어울렸고, 현종은 이 양귀비와의 사랑에 깊이 빠져 들었다.

사랑에 빠진 현종과 양씨 일족

양귀비의 계보에 대해서는 설이 여러 가지라 일치하지 않지만, 조부는 양영본(楊令本)이라고 하며 주(州)의 장관이었다고 한다. 아버지는 양현염(楊玄琰)이라고 하고, 촉주(사천성)의 사창(司倉)이었다고 한다. 보통은 일찍 고아가 된 양귀비를 그 숙부인 양현교(楊玄璬)가 키웠다고 알려져 있다.

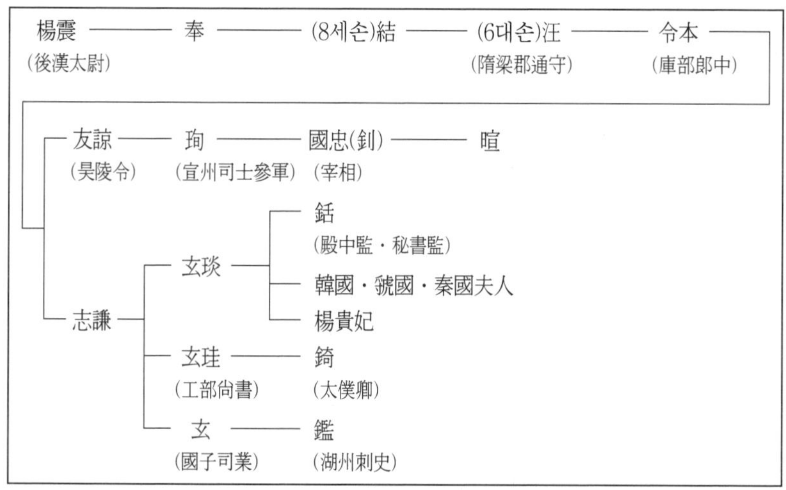

<楊氏 일족 계보도>

또 다른 설로는, 양귀비는 원래 양현교의 딸인데 현종이 수왕에게서 양귀비를 빼앗아 후궁으로 맞이할 때 외부의 소문을 꺼려하여 양귀비를 다른 사람처럼 보이게 하기 위해 양현염의 딸로 하였다는 말도 있다. 현염과 현교의 어느 쪽이 생부인지는 확실하지 않다.

양귀비는 오빠38)인 섬(銛)과 나중에 각각 한국부인·괵국부인·진국부인의 칭호를 받은 세 언니가 있었으며, 이 때 섬은 홍려경(종3품)이었다. 사촌인 기(錡)는 시어사(종7품상)라는 관직에 있었고, 세 언니도 궁중을 출입하며 현종의 은택을 받았다. 이들 다섯 명은 당시 '5가(五家)'라고 불리며 크게 권세를 누렸다. 5가로부터 의뢰가 들어오면 부현(府縣)의 관리는 이를 천자의 조칙처럼 조아리며 시행하였고, 뇌물이 5가로 쇄도하였다.

745년(천보 4) 양귀비는 비로서는 최고의 지위라 할 귀비에 올라 양귀비라고 불렸다. 그러나 양귀비는 지위가 높아져도 현종과의 사랑에만 몰두했기 때문에 측천이나 위후처럼 정치에 개입하는 일은 거의 없었다. 현종은 양귀비를 애지중지하였다. 746년(천보 5) 어느 날 양귀비가 사소한 일로39)

---

38) 또는 사촌이라고도 한다.
39) 다른 妃에 대한 질투 때문이었다고 한다.

楊貴妃

양섬의 집으로 돌아가 버렸다. 그 때문에 현종은 식사도 못하고 걸핏하면 화를 내며 주위에 있는 자를 두들겨 패기까지 했다. 이를 보다못한 환관 고력사는 많은 선물과 함께 현종의 어선(御膳)을 싸들고 양귀비를 찾았다. 기분이 풀린 양귀비가 돌아오자 현종은 밤중에는 절대로 열지 못하게 되어 있는 금문(禁門)을 열어 맞이하고, 이후 두 사람의 애정은 더욱 깊어졌다고 한다.

양귀비가 말을 탈 때에는 고력사가 재갈을 잡았고, 그 의복을 위해 7백 명의 직공이 시중을 들었으며, 또 양귀비가 좋아하는 여지(과일)를 남방에서 들여와 색도 맛도 변하지 않게 해서 바치는 사람도 있었다.

양국충의 등장

양귀비의 등장과 함께 그 일족인 양국충이 관계에 큰 세력을 얻게 되었다. 양국충은 양귀비의 일족이었을 뿐만 아니라, 그 어머니는 측천의 총신이었던 장이지(張易之) 형제와 자매간이었다. 양국충은 애초에 학문을 싫어한데다 술과 노름으로 신세를 망쳐 일족에게 따돌림을 받는 처지였다. 그러나 후에 분발하여 촉(사천성)으로 종군하였고, 그 결과 현에서 네번째 관직에 해당하는 현위 직을 얻었다. 그렇지만 임기를 끝내고도 귀향할 여비조차 마련 못해 촉(蜀)의 부민(富民)인 선우중통(鮮于仲通)의 휘하에 들어갔다. 이때 당시 촉에 있었던 양귀비의 아버지인 양현염의 집에도 출입하였는데 이때 양귀비의 언니인 후의 괵국부인과 사통하였다고 전해진다.

이윽고 선우중통이 이 방면을 관할하는 검남절도사인 장구겸경(章九兼瓊)의 휘하에서 채방지사(採訪支使)가 되었다. 선우중통은 장구겸경과 중앙과의 연락을 담당할 자로서 양국충을 소개하였고, 양국충은 장구겸경의 헌상품을 들고 수도 장안으로 올라가 그 무렵 과부가 되어 있던 괵국부인의 집에 머물렀다. 그리고 능숙한 도박솜씨로 현종에 대한 알현을 허락받고 궁중에도 출입하게 되었으며, 금오위 병조참군(정8품하)이라는 관직도 하사받았다. 궁중에서는 뛰어난 도박솜씨와 경리에도 밝은 점을 인정받아 '훌륭한 탁지랑'(우수한 출납관)으로 불렸다. 또 당시 백성들로부터 재물을 강탈하여 자우정(自雨亭)이라는 냉방장치가 된 저택까지 소유하고 있던 어사중승 왕홍(王鉷)의 앞잡이가 되기도 하였다. 장구겸경은 양국충이 힘을 써서 호부상서(호부의 장관, 정3품)에 발탁되었다.

748년(천보 7) 양국충은 탁지낭중(度支郎中 : 호부의 장관, 종5품상) 겸 시어사에 오르고, 15제사(諸使 : 제도 밖의 官의 使職)를 겸하여 현종의 유흥비를 조달하는 데 활약하였다. 750년이 되자 양국충의 권세는 더욱 커졌고, 이림보의 앞잡이였던 길온이 양국충쪽으로 돌아섰다. 같은 해 선우중통을 검남절도사로 임명하는 데 성공하고, 다음 해에는 선우중통의 청원에 의하여 양국충이 검남절도사가 되었다. 752년(천보 11)에는 과거 자신이 섬기던 왕홍을 탄핵하고 그 해에 사망한 이림보를 대신하여 재상이 되어 전권을 휘둘렀다.

이 양국충이 이민족 출신의 절도사 안록산과 현종의 은총을 다투다 그 결과 안사의 난이 일어났음은 익히 알려진 사실이다. 안사의 난은 수·당전기 통치체제의 모순이 집중적으로 표현된 것으로, 이 난을 계기로 당왕조는 급속히 붕괴의 길로 들어서게 된다.

현종조 시대의 주변 제국

발해국의 흥기

698년 동북쪽에 진국을 세운 말갈계 고구려인 대조영(재위 698~719)은 당으로부터 발해군왕에 봉해지고 713년(개원 원년)에는 나라 이름을 발해국으로 개칭하였다. 현종조에 발해국에서는 고왕 대조영－무왕 대무예(719~737)－문왕 대흠무(737~794)의 3대가 왕위를 계승하였다. 제2대 무왕은 '인안(仁安)'이라는 독자적인 연호를 썼고, 독자적인 연호는 발해국이 멸망하는

926년까지 계속된다. 무왕은 또한 주변으로 영토를 넓혀 다음 문왕대에 발전하는 기초를 닦았다.

문왕은 내정의 충실에 노력하고 당의 문물과 제도를 받아들여, 특히 당의 행정체제를 모방하여 3성 6부제를 시행하였다. 당의 상서성에 해당하는 정당성이 있었고, 그 아래에 당의 이·호·예·병·형·공의 6부에 해당하는 충·인·의·지·예·신(忠仁義智禮信)의 6부가 있었다. 당의 문하성에 해당하는 것으로 선조성(宣詔省), 중서성에 해당하는 것으로는 중대성(中臺省), 어사대에 해당하는 것으로는 중정대(中正臺), 그리고 당의 9시(九寺 : 寺는 관청명)에 해당하는 것으로는 7시 등이 있었다.

지방행정구획으로는 부(府)·주(州)·현(縣)·독주주(獨奏州)가 있었고, 부 가운데 5부에 상·중·동·남·서의 5경이 설치되었다. 가장 번성기에는 '5경 15부 62주 3독주주'가 있었는데 이 수치는 9세기 것으로 보인다.

발해는 당으로부터 제도와 문물을 수입하고, 모피류를 당에 활발하게 수출하였다. 일본과도 동해를 경유하여 통교하였다. 일본의 『속일본기』 권10에 따르면, 발해국사는 727년(聖武天皇 神龜 4, 唐 開元 15)에 처음으로 일본에 도래하였다. 이는 신라와의 국교가 잘 이루어지지 않은 것을 보충하기 위한 일환으로서 행해진 것으로 보인다. 이후 발해국이 멸망하는 10세기까지 약 200년 동안 일본과 발해는 36회에 걸쳐 사절을 주고받고 비단 등이 발해로 전해졌다.

발해의 사절은 높은 교양을 자랑하며 일본의 문인과 시문을 자유롭게 주고받았다. 883년에는 발해의 사자 배정(裵頲)이 스가와라노 미치자네(菅原道眞)의 시를 당의 백낙천(772~846)과 유사하다고 비평했다는 이야기가 전해진다.

통일신라의 전성기

이 시기 한반도는 통일신라시대였다. 현종시대는 신라의 성덕왕(702~737), 효성왕(737~742), 경덕왕(742~765)대에 해당된다.

이 시기의 신라는 통일을 이룩한 후 당의 문물과 제도를 수입하여 문화의 전성기를 맞이하였다. 제도면에서는 당의 통치체제를 수입하여 이를 시행하

였다. 그러나 지방호족의 세력이 강해 통치체제는 쉽게 촌락의 내부로까지
는 침투하지 못하였다. 관제의 경우도 단번에 정비하지 못하고 점차적으로
시행해 나가는 방법을 취하였다. 이러한 양상은 토지제도에서도 마찬가지였
다. 문무 관리에게 직전(職田)을 주고, 종래의 식읍(食邑)을 축소시켜 나가
는 방침을 취하였다. 722년(성덕왕 21, 당 개원 10) 농민에게 토지를 나누어
주는 공전제(公田制)를 시행하였으나, 이는 촌락단위로 실시된 정도였다.

당이나 일본과의 관계는 그 시기의 정세를 반영하여 여러 가지 변화가 있
었다. 당은 733년(개원 21, 성덕왕 32) 신라에게 발해공격을 명하였고, 이를
기회로 신라는 당과의 국경선을 자신의 요구대로 인정받는 데 성공하였다.
또 그 때까지 신라는 일본에 사신을 파견하였는데 이는 당을 견제하기 위한
것이었다.

738년(효성왕 2, 일본 聖武天皇 天平 10, 당 개원 26) 이후 일본에 파견된
신라사절단의 수가 증가하고 있는데, 그 까닭은 명분과 달리 실제로는 무역
을 위주로 한 것으로서 그 때문에 상인이 더해진 결과라고 보인다. 여기에
는 당시의 일본귀족이 신라무역품을 환영한 데에도 원인이 있다고 보아야
할 것이다.

일본 – 나라 문화(奈良文化)

현종시대는 일본의 나라(奈良) 시대에 해당된다. 현종이 즉위하기 2년 전
인 710년(화동 3) 일본은 나라로 천도하고 장안을 모방한 헤이조쿄(平城京)
를 완성하였다.

718년(당 개원 6, 養老 2) 후지와라노 후히토(藤原不比等)가 『다이호(大
寶) 율령』을 개정하여 『요로(養老) 율령』의 편찬을 시작하였다. 720년(당
개원 8, 양로 4)에는 『일본서기』가 완성되고, 752년(천보 11, 天平勝寶 4)에
는 도다이지(東大寺) 대불 개안식이 거행되었다. 754년(천보 13, 천평승보
6)에는 당나라 승려 감진(鑑眞)이 일본에 도착하여 도쇼다이지(唐招堤寺)를
열었다. 감진은 자그마치 11년에 걸쳐 일본 도항을 시도하였는데 그 와중에
배가 난파되고 질병에 걸려 심지어 실명까지 하는 등 숱한 고생을 하였다.
초제(招堤)란 범어(인도 산스크리트어)로 승방을 말하는데 당대에도 사용된

鑑眞像

사원의 별칭이다. 그 다음 해 당에서는 안사의 난이 발생하였다.

일본은 오랫동안 중국에 대한 사신 파견을 중단한 상태였는데, 702년(長安 2, 大寶 2)에는 견당사가 부활하여 제7차 견당사가 아와다노 마히토(粟田眞人)를 중심으로 파견되었다. 717년(개원 5, 양로 원년)에는 다지히노 아가타모리(多治比縣守)의 인솔하에 총 557명에 이르는 제8차 견당사가 네 척의 배로 나뉘어 파견되었다. 당시 유학생으로는 기비노 마키비(吉比眞備), 아베노 나카마로(阿倍仲麻呂), 승려 겐보(玄昉)가 있었다. 기비노 마키비와 겐보는 735년(개원 23, 천평 7)에 일본으로 귀국하여 질병으로 잇따라 숨진 후지와라노 후히토의 네 아들을 대신하여 활약하였다. "하늘 아래 들판을 굽어보면 봄날이로구나 / 미카사(三笠) 산 위로 올라오는 달빛이여"라는 노래로 유명한 아베노 나카마로(698~770)는 그대로 당에 머물면서 이름을 조형(朝衡 : 晁衡)으로 고치고 과거에 합격하여 당왕조에서 벼슬을 하였다. 숙종(재위 756~762) 때에 지금의 북베트남 지역을 통치하며 진남(鎭南)도호가 되고 대종(재위 762~779) 때는 안남절도사가 되었다. 일본인이 절도사로 등용된 사실은 신라승려가 당의 불교계에서 활약한 사실과 함께, 당왕조의 세계제국적 성격을 보여주는 것으로서 흥미롭다. 또한 이는 안사의 난 무렵 무장으로 활약한 사람 가운데 서역 출신자가 많았던 점과도 대비할 수 있겠다.

돌궐 — 제2제국의 흥망

현종이 즉위할 무렵에는 새로이 부흥한 돌궐 제2제국의 카파간 카간(默啜)의 시대였지만 카파간 카간은 716년(개원 4)에 전사하였다. 그 후 카간 자리를 둘러싸고 카파간 카간의 형인 일테리쉬 카간(骨咄祿) 계통과 카파간 카간 계통 사이에 싸움이 일어났다.
이 싸움에서 승리한 일테리쉬 카간
의 아들 퀼테긴(Kul Tegin, 闕特勤)
이 형인 묵구(默矩)를 빌게(毗伽,
Bilge) 카간(재위 716~734)으로 옹
립하고 자신은 군사권을 장악하고
아버지 이래의 공신이었던 톤유쿠
크(暾欲谷 : 중국명으로는 阿史德元
珍)를 고문으로 삼아 여러 부족의
안정을 꾀하였다.

빌게 카간은 톤유쿠크의 의견에
따라 당에는 침입하지 않고, 북의

당삼채낙타　하남성 낙양 출토

투르크·거란·해(奚), 서쪽의 카를룩(葛邏祿)·바스밀(拔悉密) 등 근처 여
러 부족을 세력하에 넣었다. 이 빌게 카간과 그 동생인 퀼테긴 및 공신 톤유
쿠크의 공적을 찬양한 비문이 소위 '돌궐비문'인데, 이는 북아시아 민족이
자신의 문자로 남긴 가장 오래 된 기록으로서 역사상·언어학상 중요한 자
료이다.

퀼테긴 비(碑)는 732년(개원 20)에, 빌게 카간의 비는 735년(개원 23)에
세워졌고, 오르혼 강(셀렝가 강으로 합류하여 바이칼 호로 들어간다)가에
위치해 있다. 톤유쿠크의 비는 716년(개원 4)에 세워졌고 톨라 강(오르혼·
셀렝가 두 강과 합류하여 바이칼 호로 흐른다) 상류에 위치해 있다. 두 비에
는 돌궐문자 외에 한문으로 글을 새긴 면도 있지만 양자는 별개의 체제로
되어 있다.

이 돌궐문은 19세기 말 이래 러시아 학자들 사이에서 해독이 이루어졌는
데, 덴마크의 톰센(V. L. P Thomsen : 1842~1927)이 그 해독의 실마리를
발견하였다.

731년(개원 19) 퀼테긴이 사망하고 734년(개원 22)에 빌게 카간도 독살되
자, 다시 동족간에 다툼이 일어났고 이후 카간의 치세도 짧아졌다. 이러한
가운데 바스밀·카를룩·위구르 등의 투르크계 여러 부족이 대두하여, 마침

내 744년(천보 3) 위구르의 골력배라(骨力裵羅)가 자립하여 카간이라 칭하였다(당에서는 懷仁可汗이라고 한다). 이로써 돌궐 제2제국은 와해되었다. 이후 위구르가 안사의 난 때 당측을 군사적으로 후원하여 활약하였다.

티베트와 남조

710년(중종 경룡 4) 당의 금성공주가 티베트의 왕 티데 츠쿠첸에게 시집을 가고 양국 간에는 평화관계가 성립되었다. 그러나 714년(개원 2) 티베트의 대군이 당을 침입하면서 이후 티베트는 당과 평화와 전쟁상태를 반복하였다.

안사의 난 말기, 티데 츠쿠첸의 아들 티베트 왕 티손 데첸은 당의 변경 경비가 허술한 틈을 타서 대군을 이끌고 침략하여 763년(대종 광덕 원년)에는 당의 수도 장안을 함락시키기까지 하였다. 이후에는 당의 서북변경을 그 지배하에 넣었다.

오늘날의 중국 운남성 지역은 예로부터 비한족(非漢族)이 거주하던 곳인데, 남북조시대로부터 수·당초기에 걸쳐 찬(爨)씨 일족이 강대한 세력을 지니고 있었다. 찬 부족은 오만(烏蠻)과 백만(白蠻)으로 나뉘어 있었고 그 중 백만이 강세를 보였다. 백만은 타이계이고 오만은 티베트·미얀마계의 로로족으로 민족이 다르지만, 오만은 백만에게 복속하여 찬씨가 되어 있었다. 653년(당 고종 영휘 4) 6조(六詔 : 詔는 왕이라는 의미)의 하나인 몽사조(蒙舍詔)를 일으킨 것은 오만족의 몽씨인 세노라(細奴羅)이다. 세노라는 몽사조를 대몽국(大蒙國)이라고 칭하고, 당으로부터 외주자사(巍州刺史)로 임명되었다.

몽씨 제4대 왕 피라각(皮羅閣)은 남조 건국의 기초를 굳히고 737년(개원 25)에 패권을 확립하였다. 다음 해 피라각은 당으로부터 운남왕에 봉해졌다. 그러나 운남 동부에서는 백만이 당으로부터 남영주(南寧州) 도독으로 임명되어 있었다. 746년(천보 5) 당의 검남절도사 장구겸경이 북베트남에 이르는 통로를 열고자 하였으나, 여러 부족이 방해를 했으므로 당은 피라각에게 그 토벌을 명하였다. 이 기회를 이용하여 피라각은 운남을 통일하여, 남조 몽씨의 운남제패가 완성됨으로써 남조왕국이 성립되었다.

이 같은 통일과정으로 보아, 남조는 티베트·미얀마계의 오만이 타이계의 백만을 정복하고 구축된 복합민족국가라고 할 수 있겠다.

피라각을 계승한 각라봉(閣羅鳳)은 당의 요주(姚州 : 운남성 요안현) 도독을 살해하였다. 이에 당은 거듭 대군을 파견하여 전쟁을 벌였다. 751년(천보 10), 당이 이슬람 제국 압바스 왕조의 대군과 탈라스 전투를 치르던 같은 시기에 당군은 각

加彩胡人騎馬俑　唐

라봉에게 대패하여 6만에 이르는 전사자를 냈다. 그러는 동안 안사의 난이 발발하면서 당의 세력은 이 방면에서 격퇴되었다. 그러나 그 후에도 남조는 완전하게 독립하지 못하고 티베트의 원조에 의하여 겨우 독립을 유지하는 데 그쳤다.

타지크(大食)-탈라스 전투

당송시대의 중국인은 아라비아인 혹은 이슬람교도를 '대식(大食)'이라고 기록하였다. 이란어로 아라비아인을 타지(Tazi)라고 했는데 그 음을 따서 기록한 것으로 보인다.

당은 751년(천보 10) 탈라스(怛羅斯 : 옛 소련 연방 키르기즈 공화국 쟘부르. 현장이 인도로 가던 도중 이 곳을 통과하였다)에서 이슬람 제국 압바스조(당에서는 黑衣大食이라고 했다)가 파견한 아라비아군과 싸워 대패하였다. 이 탈라스 강의 전투는 당시 세계 2대 강국이 격돌한 사건으로, 세계역사상 보기 드문 사건의 하나이다. 종이제작법이 이 전투에서 붙잡힌 중국인 포로에 의해 서방으로 전래되었다는 이야기는 유명하다. 그러나 이미 이보다 100년 전에 종이제작법이 전해졌다는 설도 있다.

황하고원 (김유철 교수 제공)

이슬람교의 개창자인 마호메트(570~632)는 당의 고조(565~635)와 비슷한 시기에 살았던 인물로, 이슬람제국과 당나라는 거의 같은 시기에 일어났다. 이슬람력의 기원 원년, 즉 성천(聖遷 : 헤지라. 마호메트가 메카에서 메디나로 옮긴 해)하였던 622년은 당고조 무덕 5년이다. 제2대 카리프인 오말(재위 634~644)의 시대는 당태종(재위 626~649)의 정관 연간에 해당한다. 태종 때 당조는 중앙아시아의 경영에 나섰고, 같은 시기에 오말도 동방경략을 개시하였다. 따라서 이 양대 제국은 언젠가는 충돌할 운명에 있었다. 이 충돌이 바로 751년의 탈라스 전투이다.

전투는 그 전해에 당나라의 하서절도사였던 고구려 출신인 고선지(高仙芝)가 석국왕을 포로로 잡아가 그를 학대한 것이 직접적 발단이 되었다. 석국(石國)은 옛 소련연방 우즈베크 공화국의 수도 타슈켄트에 있던 나라로, 타슈켄트는 투르크어로 '돌의 도시'라는 의미이므로 석국은 그 의역이다.

포로가 된 석국의 왕자가 도망하여 주변 나라에 고선지의 포악한 진상을 호소하자, 이에 여러 나라가 비밀리에 압바스조에 구원을 의뢰하여 그 원군과 함께 당군을 공격하였다. 고선지는 번한(蕃漢)으로 이루어진 3만 병력을 동원하여 아라비아군을 치고, 탈라스 성에서 5일 동안 지구전을 펼쳤지만 카를룩(투르크족의 일파)군이 아라비아군에 내응하여 당군을 협공하였기 때문에 대패하였다. 살아 돌아온 당군 병사는 겨우 수천 명에 불과하였다.

그러나 이처럼 대대적인 사건도 당에게는 그다지 심각하게 받아들여지지 않았던지, 패전한 장군인 고선지에게 책임을 묻지도 않았다.

5. 수·당전기 통치체제

수·당전기[40] 통치체제의 본질

법제의 연혁

지금까지 4개 장에 걸쳐 수왕조의 창업(581)으로부터 안사의 난의 발발(755)에 이르는 175년간을 지배집단의 동향을 중심으로 서술하였다. 이하에서는 이 지배집단이 인민을 지배하는 방식 즉, 지배의 근간이 된 법으로서 율과 령에 대해서 서술하겠다.

중국의 법치적 지배는 수당 이전에 이미 800년에 이르는 긴 역사를 갖고 있었다. 율령 가운데 율(律)은 형법전(刑法典)을 그 특색으로 하며, 전해지기로는 위(魏)나라 문공(文公)을 섬긴 이회(李悝 : 기원전 455~395)의 『법경』 6편이 가장 오래 되었다고 한다. 그러나 이것에 대해서는 의심하는 사람이 많다. 전국(戰國)의 6국을 평정하고 중국통일에 성공한 진(기원전 221~207)에는 상세한 내용은 알 수 없지만 도율(盜律)·적률(賊律)·수율(囚律)·포율(捕律)·잡률(雜律)·구율(具律 : 총칙)의 6편으로 구성된 율이 있었다.

한고조(재위 기원전 206~195)는 진나라의 수도 함양(섬서성 함양시)에 입성한 뒤, '법 3장(法三章)'(살인자는 死刑, 상해를 입힌 자와 도둑질한 자는 罪에 처한다)의 슬로건을 내걸고 진의 번거롭고 가혹한 법을 없애겠다고 하였다. 그러나 이 '법 3장'만으로 천하를 통치한다는 것은 물론 불가능하였기 때문에 곧 소하(蕭何 : 기원전 193년 사망)가 '9장률(九章律)'을 만들었다. 이것이 한율(漢律)의 기원이다. 9장률은 앞서 서술한 도·적·수·포·잡·구의 6편에 호(戶)·홍(興 : 군률)·구(廐 : 축산에 관한 것)의 3편을 더한 것이다.

---

40) '수·당전기'라고 표기하는 것은 수대와 당전기를 합쳐서 부르기 때문이다. '수당전기'라고 잘못 읽어 '수 전기' '당 전기'로 혼동하는 것을 피하기 위해서이다.

한율은 오늘날 그 단편밖에 볼 수 없지만 형법전이었던 것은 확실하다. 중국에서는 법(法)을 형(刑)이라고 간주하는 경향이 강한데, 인민의 최저한의 질서를 국가가 제정한 형으로 규제하려 한 것이 율(律)이다. 이러한 점에서, 법의 기원을 사람과 사람과의 계약을 국가가 보장해 주는 민법(民法)에 두는 로마법과는 그 취지를 매우 달리한다. 령(令)도 한대(漢代)에 시작된다. 이것은 처음에는 율의 추가법 혹은 부법(副法)의 성격을 띠었는데, 황제의 조칙 가운데 그 효과를 영구화시킨 것을 분류·편집함으로써 생겨났다. 따라서 한의 령(令)에는 형벌 규정도 포함되었다.

268년(서진 태시 4) 율을 형법전, 령을 비형법전으로 나눈 『태시율령(泰始律令)』이 완성됨으로써 수당 법제에 보이는 율·령의 분화가 처음으로 생겨났다.

남북조로 분열(440)된 후, 남조는 진(晉) 법제의 영향 아래 있었다. 북조는 선비족이 한민족을 지배하고 있었던데다 한 이래의 영향, 거기에 남조의 영향을 받아 법제에 의한 지배가 한층 강화되었다. 이것은 호족(胡族) 지배자가 법제를 통해 명확한 지배 기준을 보여줌으로써 한족을 안도시키기 위해서였다고 생각된다. 호족(胡族)정권은 그 때까지의 중첩되고 번잡해진 한족의 법제를 호족정권의 시각 아래 정리하여 체계화시키는 데 노력하였고, 그 결과 상당한 정도로 율령의 객관화가 이루어진 것으로 생각된다.

따라서 동아시아의 모법(母法)이라 불리며 타민족에게도 통용된 세계법으로서의 수당법제는 북조 호족정권 아래서 이루어졌다고 보는 것이 타당할 것이다. 그러나 그것을 실증해 줄 사료는 극히 부족하고, 수당법제는 갑자기 잘 정비된 체계를 갖고 등장한다. 따라서 수당법제의 연원을 정확히 밝힌다는 것은 쉬운 일이 아니다. 억지로 탐색해 본다면, 수당은 정치적 계보로 보면 북주를 잇고 있지만 적어도 법제에 관한 한 북제에 그 바탕을 둔 것으로 보인다. 수가 북주의 『주례』(주의 제도에 가탁해서 이상적인 관제를 나타낸 경서)적 체제를 싫어했기 때문일 것이다. 동시에 이는 수문제의 식견이 보통을 넘었다는 것을 보여주는 예이기도 하다.

이상이 8백 년에 걸친 수당법제의 간단한 전사(前史)이다.

일본의 경우는 일찍이 쇼토쿠 태자(574~622)가 견수사를 통해 법치에 대

한 지식을 갖고 있었고, 이후 견수사
와 동행한 유학생의 귀국은 분명 다이
카 개신(646)의 원동력이 되었다. 그러
나 다이카 개신은 곧바로 법제도의 제
정으로 직결되지는 않았고 개신정치
는 우선 조칙 형식으로 반포되었다.

그러다가 668년에 우선 당령(唐令)
에 의거한 『오미 령(近江令)』이 공포
되었다. 681년에 일본 최초의 율령인
『기요미하라(淨御原) 율령』이 제정되
었고 701년에는 『다이호 율령』, 718년
에는 『요로 율령』으로 그 개정이 진척

鍍金舞馬銜杯文銀壺　섬서성 서안 남쪽근
교 하가촌 唐代穴藏 출토. 높이 18.5cm

되었다. 이 때 제정된 율은 일찍 사라져 버렸지만 령(令)은 그 주석인 『의해
(義解)』, 『집해(集解)』와 함께 지금까지도 남아 있다. 중국의 경우는 일본과
반대로 영은 일찌감치 사라져 버렸고, 율이 그 주석인 『소의(疏義)』와 함께
지금까지 남아 있다. 이것만 보더라도 율과 령이 똑같지 않았음을 알 수 있
다.

일본의 율령제에 대한 평가는, 당의 율령을 모범으로 한 점을 중시하는
견해와 그것을 일본적으로 변화·개정한 점을 중시하는 견해로 나뉘어진다.

법제와 황제권

법제를 구성하는 율령의 보조 법령으로 격식(格式)이 있다. '격'은 북제
문선제(550~559) 때 인지격(隣趾格)의 편찬으로 시작되어 564년(북제 하청
3) 하청율령과 함께 편찬되었고 수대에 완성을 보았다. 율령도 항상적인 성
격을 띤 이상 고정화되는 경향이 있으므로 그 경직성을 수정할 필요가 생기
는 것은 당연하다. 수정은 수시로 반포된 조칙에 의해 이루어졌고, 이를 명
문화시킨 것이 바로 격(格)이다.

식(式)은 544년(서위 대통 10)의 『대통식(大統式)』으로부터 시작된다. 이
식의 상세한 내용에 대해서는 명료하지 않지만 수당의 식이 율령의 시행세

칙이었으므로, 비슷한 것으로 보아도 될 것이다.

이하에서는 율령과 황제권의 관계에 대해 살펴보기로 하자.

한대의 『사기』 두주전에서는 율과 령을 "이전의 군주가 옳다고 한 것을 문장화시킨 것이 율(律)이고, 다음 군주가 옳다고 한 것을 분류한 것이 영(令)이다"라고 정의하고 있다. 율의 근원은 황제의 의지에 있고 이 황제의 의지는 조칙으로 표명되는데 그 가운데 후세에까지 효과를 미쳐 사라지지 않고 대전(大典)이 된 것이 율이고, 시대에 따라 개변된 것이 령(令)이라는 뜻이다. 따라서 율과 령이 형법전과 비형법전으로 분화된 수당법제의 경우에도, 황제의 의지로 이를 변경할 수 있었다. 수당의 통치체제 아래서 보이는 격(格)·칙격(勅格)·격칙(格勅)이 그것이다.

그렇다면 황제의 의지와 율 가운데 어느 쪽이 우선할까? 이 점에 대해서는 입장이 두 가지로 갈린다. 그 하나는 율의 근원이 황제 자신이므로 황제의 의지가 당연히 율에 우선한다는 입장이고, 다른 하나는 황제의 의지에 따라서 율을 굽히는 것을 비난하는 입장이다. 실제로는, 율을 시행할 경우 황제의 의지로 결정된 것은 상관이 없지만, 일단 신하에게 명령이 떨어지고 그에 따라 재판을 행할 경우에는 당연히 율에 따른다는 것이 일치된 견해였다.

당률 아래에서도 황제가 율보다 중벌을 가할 경우, 비록 간언은 하지만 황제의 입법권이 율을 넘어선 절대성을 가진 점을 인정하였다. 그러나 율령이란 천하를 공평히 다스리기 위해 존재하는 것이므로 황제가 개인적 감정으로 율을 어겨서는 안 된다는 의견이 끊임없이 유력하게 존재하였다.

당률의 단옥편(斷獄篇)에 "죄를 처단할 때는 모두 율령격식의 해당 조문을 자세히 인용해야 한다. 이를 어겼을 때는 태형 30대에 처한다"는 조문이 있다. 이것은 당률의 죄형법정주의를 나타낸 조문이기는 하지만, 현실적으로 그것도 황제의 의지에 따라 변경이 가능하였다는 데 주의하지 않으면 안 된다.

수당시대의 율령 제정

율령의 제정에 대해서는 앞에서도 약간 살펴보았지만, 다시 정리하여 기술하겠다. 수문제는 자신이 즉위한 해인 581년(개황 원년)에 『수율(隋律 : 開皇律)』12권을 편찬하였다. 편목은 ⑴ 명례(名例 : 總則) ⑵ 위금(衛禁 : 궁정 경비와 관문) ⑶ 직제(職制 : 관리 복무규율) ⑷ 호혼(戶婚 : 호적과 혼인) ⑸ 구고(廐庫 : 축산 관계와 창고) ⑹ 천흥(擅興 : 군율) ⑺ 적도(盜賊) ⑻ 투송(鬪訟) ⑼ 사위(詐僞) ⑽ 잡률(雜律) ⑾ 포망(捕亡) ⑿ 단옥(斷獄)으로 나뉘어져 있다. 이는 후의 당률과 완전히 같은데, 형벌체계의 태형·장형·도형·유형·사형[笞杖徒流死]이라는 5형(刑)도 마찬가지이다.

수의 『개황령(開皇令)』은 그 공포 연월일은 불명료하지만 존재한 것은 확실하다. 그 내용은 전해지지 않으나 관제 등 일부 판명된 것으로 보건대 후의 당나라 율령과 큰 차이가 없을 것이라고 생각된다. 그러나 이처럼 정연한 체계를 갖춘 율령이 북주의 것을 계승하지 않고 갑자기 출현했다는 것은, 비록 북제율령을 참조하여 이루어졌음이 밝혀지긴 했지만 여전히 수수께끼로 남아 있다.

율령은 앞에서도 언급했듯이 그 근원이 황제의 의지에 있기 때문에 원칙적으로 황제가 교체될 때마다 새로 수정·공포된다. 수의 제2대 황제 양제는 607년(대업 3) 『대업율령(大業律令)』을 공포하였다. 이것은 율의 편목도 개황률보다 6편을 늘려 18편으로 하는 등 상당히 대폭적인 개정이 이루어진 듯하지만 상세한 것은 알 수 없다.

당대에 들어오면 고조·태종·고종·무측천·중종·예종·현종과 무주시대까지 포함하여 각 황제가 반복해서 율령을 공포하고 있다. 고조는 당조를 창업하자(618) 자신이 타도한 수양제의 『대업율령』을 사용하지 않고 수문제의 『개황율령』을 그대로 사용하되 그 수정을 위해 53조의 격을 공포하는 데 그쳤다. 624년(무덕 7)에는 『무덕율령』을 편찬 공포하였으나, 53조의 격을 『개황율령』에 삽입한 정도였을 것으로 보인다. 637년(정관 11) 태종은 『정관율령격식』을 편찬 공포하였다. 이것이야말로 당조 성립 후 최초로 이루어진 본격적인 편찬일 것이다. 격식도 완성되었다. 651년(영휘 2) 고종은 『영휘율령격식(永徽律令格式)』을 공포하였고, 653년에는 『율소』가 완성되었다. 『율소』는 국가에서 정한 율에 관한 주석서이다. 이 밖에 고종조에는 관직명의 변경에 따른 령(令)의 개정이 있었다.

측천시대에는 685년(수공 원년)에 『수공율령(垂拱律令)』이 공포되었는데, 큰 변경은 없었던 듯하다. 복위 후의 중종과 예종대에는 각각 『신룡율령』과 『태극율령』이 공포되었는데 상세한 것은 알 수 없으나 역시 큰 수정은 없었다고 생각된다.

현종 때 율이 719년(개원 7)과 737년(개원 25)에, 령이 715년(개원 3)·719년·739년의 세 차례에 걸쳐 수정 공포되었다. 특히 개원 25년 율령은 당조에서 가장 대폭적으로 개정된 것이자 최후로 완성된 것이다. 현재 우리가 주로 인용하는 당률은 이 시대에 이루어진 것이고, 주석을 포함하는 『율소』(지금은 『唐律疏議』[41]라고 말한다)의 경우도 현재 통용되고 있는 것은 이 시대의 것으로 간주된다.

령(令)은 오늘날 뿔뿔이 흩어져 완전한 모양을 보기 어렵고 단지 다른 책에 인용되어 부분적으로 전해지고 있을 뿐이다. 일본의 『요로 령(養老令)』 등을 근거로 삼고 여러 종류의 자료에서 령을 끌어모아 정리한 니이다 노보루(仁井田陞)의 『당령습유(唐令拾遺)』(초판 1933/재판 1964, 東大出版會)가 있다.[42]

수당율령의 특색

수당율령의 특색은 대단히 다양한 부문에 걸쳐 나타나는데, 가장 기본이 되는 (a) 양천제 (b) 존비장유제 (c) 관료제의 세 가지에 따라서 규정 적용이 달라지는 점에 대해 간단히 살펴보겠다.

(a) 양천제(良賤制)

수당율령에서 사람은 크게 양인과 천인으로 구별되어 2대 신분질서를 구성한다. 천인은 다시 관(官)천인과 사(私)천인으로 나뉘는데, 관천인은 태상음성인·잡호·관호(번호)·공호·낙호·관노비로 나뉘고, 사천인은 부곡

---

41) 역자 주 : 역자 등이 번역한 『역주 당률소의』(한국법제연구원)가 있으므로 이 방면에 관심이 있는 분들은 참조하기 바란다.

42) 니이다의 업적을 계승하여 이케다 온(池田溫) 씨를 중심으로 『당령습유보(唐令拾遺補)』(東京大學出版會, 1997)를 만들어 냈으므로 아울러 참조하여야 한다.

·부곡처·객녀·사노비로 나뉜다. 매우 세분화된 이러한 천인의 계층화는 진한제국에서는 볼 수 없는 수·당전기 통치체제의 특색이다.

이렇게 세분되어 종류를 달리하는 신분 사이에서 사건이 일어나 율을 적용할 경우에는 양인과 천인, 혹은 천인 중에도 이종(異種) 간에 그 형벌이 달라진다. 즉 이종 간의 범죄일 경우에는 높은 사람이 낮은 사람에 대해 죄를 범했을 때 동종 간의 경우보다 그 죄가 가볍고, 반대로 낮은 사람이 높은 사람에게 죄를 범했을 때는 동종 간의 경우보다 무겁다. 예를 들면 같은 살인죄를 범하더라도 동종 간(양인이 양인을 죽였을 경우)일 때는 도형(徒刑) 3년이 내려지는 데 반해, 부곡·노비가 그 주인인 양인을 죽일 때는 참수형에 처해진다. 부곡이 주인인 양인을 때리면 동종 간에 싸움을 한 것보다 형이 한 등급 무겁고, 노비가 주인인 양인을 때리면 부곡의 경우보다 한 등급 더 무겁다.

이에 반해 양인이 타인 소유의 부곡을 때려서 다치게 하면 양인 간에 싸움을 하거나 다치게 한 경우보다 한 등급 형이 가볍고, 양인이 타인 소유의 노비를 때려 다치게 하면 부곡의 경우보다 형이 한 등급 더 가벼워진다.

이 규정 때문에 살인·구타[毆]·상해[傷]의 경우에는, 이종 간의 예를 일일이 규정하여 율이 대단히 번잡해졌다. 당률은 이러한 번잡성을 요구하는 양천제 위에 성립되어 있었다. 이와 같이 강력한 신분제 위에 성립한 것이 수당법제의 가장 큰 특징이다.

(b) 존비장유제(尊卑長幼制)

수당법제는 양천제를 통해 사람들을 신분적으로 가혹하게 지배하는 한편, 호[家] 안에서는 존비장유(尊卑長幼)를 통해 엄격한 지배를 관철하였다. 존비란 친족관계에서 세대 간의 상하를 말하며, 장유는 나이의 상하를 말한다. 일본에는 지금까지 존속살인죄가 있어 문제가 되고 있는데(1973년에 이르러 최고재판소에서 위헌으로 단정) 그 기원은 이 당률에 있다.

존비장유제라고 하는 것은, 예를 들면 존비장유 간에 구타가 있었을 경우 윗사람이 아랫사람을 때리면 양인끼리 서로 때렸을 때보다 형이 가볍고, 반대로 아랫사람이 윗사람을 때리면 형이 무거워지는 것이다. 실제로 친족 간의 구타와 상해는 복잡하여 이처럼 단순하지는 않기 때문에 당률은 자질구레한 것까지 상세히 규정하고 있다. 절도일 경우에도 친족 간에 물건을 훔쳤을 때는 친족의 친소(親疎) 등급이 소원해짐에 따라 형이 1등급에서 3등급까지 감형된다.

이 존비장유제는 전체적인 통치체제에 따라서 각 집안의 존비나 장유 질서를 형벌로써 강제한 것이다.

(c) 관료제

수·당전기 통치체제의 특색은 무엇보다도 관료제적이고 중앙집권적 일원지배가 관철되고 있다는 점이다. 당령에서는 30권 가운데 8권이 관품령(官品令)과 직원령(職員令)으로 채워져 있다. 격·식의 경우는 상서성의 24사(司 : 曹) 등과 같이 관청마다 편찬되어 있어, 이러한 특징을 단적으로 보여준다. 또한 령(令)의 편목도 대개는 관청마다 마련되어 있었다고 이해해도 될 것이다. 그리고 앞서 기술한 양천제·존비장유제와 마찬가지로 관료제도 9품의 관품, 유내관(流內官)·유외관(流外官)·잡임(雜任) 등 그 안에서는 계층적 질서가 엄격히 관철되고 있음은 말할 것도 없다.

통치체제에 보이는 이러한 관료지배의 원형은 『주례』에 보이는데, 당조에서는 738년(개원 26)에 『주례』의 6관제에 따라 『대당육전(大唐六典)』 30권을 편찬하였다. 이처럼 관직별로 서적을 편찬한 것은 그 주요 의도가 경서인 『주례』를 모범으로 한 서적을 출간하여 태평성세를 구가하려는 데 있었을지 모른다. 그러나 한편으로는 수·당전기 통치체제 그 자체에 『대당육전』의 편찬에 어울리는 면이 있었음도 알아야 한다. 당령이 뿔뿔이 흩어져 없어졌음에도 불구하고 『대당육전』만은 오늘날까지 전해져 내려오고 있는 것도 그 실증일 것이다.

수·당전기 관료체제

관품

관품이란 령(令)의 관품령에 규정되어 있는 것으로, 관인(官人 : 당대의 관리에 대한 정식 호칭)을 30계층으로 엄중히 구분한 계층규제이다. 기원은 삼국의 위(魏)나라가 실시한 구품관인법(220년 시행)에서 찾을 수 있다. 당의 관품 30계는 1품부터 3품까지 정·종으로 나뉘고, 4품부터 9품까지는 각각 정(正)·종(從)과 상(上)·하(下)로써 각각 4단계로 나뉜다. 이 9품 이상의 관을 유내관(流內官)이라 하고, 그보다 낮은 관은 유외관(流外官)이라 한다.

관인이 되면 이 30계층 중 어느 하나의 관품을 가지는데, 정1품을 제외하고 종1품은 문관일 경우 개부의동삼사(開府儀同三司), 무관일 경우 표기대장군(驃騎大將軍)이라고 한다. 정2품은 문관일 경우 특진(特進), 무관일 경우 보국대장군(輔國大將軍)이라고 한다. 종2품은, 문관은 광록대부(光祿大夫), 무관은 진군대장군(鎭軍大將軍)이라 하고 이하 순서에 따라 관명이 있다. 종9품하인 경우 문관은 장사랑(將仕郎), 무관은 배융부위(陪戎副尉)라고 한다.

이처럼 각 품계마다 정해져 있는 특정 관명을 문산관(文散官)·무산관(武散官)이라고 한다. 요컨대 산관(散官)이란 실무와는 관계가 없고 각 관인의 품계만을 나타내는 것이다. 이 밖에 실무와 관계가 없는 영전적(榮典的)인 성격을 갖는 것으로 작(爵 : 王·國郡縣公·縣侯·縣伯·縣子·縣男)과 훈관(勳官 : 上柱國·柱國·上護軍……武騎尉)이 있다.

9품 중 5품 이상은 동거친족에 대한 공과(公課)의 면제, 영업전의 급부, 음(蔭 : 자·손에게 관인이 될 자격이 주어지는 것)과 같은 많은 특권을 누렸기 때문에 귀족적이라고 할 수 있다.

관품소지자 즉 관인이 되기 위해서는 황제의 친족이거나 음을 통하거나 과거(정식으로는 貢擧라고 하고, 과목별 시험이므로 보통 과거라고 한다)에 합격해야 하는데, 각 초임관에 일정한 차이가 있었다. 과거를 보기 위해서는 국자감 관할의 국자학 이하 국립학교에 입학할 필요가 있었다. 그러나 이들 학교는 곧 유명무실해지고, 지방관의 추천을 받은 향공(鄕貢)이 과거 시험자의 태반을 점하게 되었다.

과거에는 수재과(秀才科)·명경과(明經科)·진사과(進士科)가 있었는데,

수재과는 곧 없어지고 명경·진사의 2과, 특히 주로 시부(詩賦)를 시험하는 진사과가 관인의 등용문으로 되었다. 경쟁률은 명경과가 10대 1정도였던 데 비해 진사과는 그보다 훨씬 높은 100대 1이나 되어 "30세는 늙은 명경, 50세는 젊은 진사"라고 할 정도였다. 당 중기 이후에는 제거(制擧)라 불리는 임시과거가 등용문이 되었다. 서판발췌과(書判拔萃科), 박학굉사과(博學宏詞科) 등이 제거 과목에 속한다.

　　그러나 실제로 관인이 되기 위해서는 이부가 실시하는 소위 신(身 : 몸매)·언(言 : 언어)·서(書 : 습자)·판(判 : 문체의 일종)이라는 전선(銓選)에 합격해야 했다. 물론 이 전선에 합격하여 관인이 된다고 해도 진급할 희망이 있다거나 좋은 관직[淸官]에 오를 수 있었던 것은 아니었다. 이에 대해서는 후술하겠다.

관직

　　관품(官品)을 갖는 자가 관직에 오른다. 경관(중앙관)의 문관에는 총괄해서 3사3공(三師三公)·6성(六省)·9시(九寺)·1대(一臺)·5감(五監)이 있다. 이들 관직에는 각각 고유한 품계가 있다. 3사3공은 정1품으로 품은 높으나 실무도 관청도 없고, 상설직이 아닌 명예직이다. 6성은 정치의 중추인 상서·중서·문하의 3성과, 궁내관인 비서(秘書)·전중(殿中)·내시(內侍)의 3성으로 구성된다(내시성에 대해서는 고력사를 다루면서 이미 기술하였다). 상서성은 본청인 도성(都省)과 여기에 부속된 이·호·예·병·형·공의 6부(部)로 구성되어 있고, 그 밑에 24사(司 : 曹)가 있다.

　　9시(九寺)43)는　태상(太常)·광록(光祿)·위위(衛尉)·종정(宗正)·태복(太僕)·대리(大理)·홍로(鴻臚)·사농(司農)·태부(太府)의　각　시(寺)로 이루어진다. 이 9시는 진한 이래 행정을 분담해 온 전통적인 관청으로, 수당에서는 6부 밑에서 실무를 담당하는 관청으로 되어 있었다. 5감은 소부(少府)·장작(將作)·국자(國子)·군기(軍器)·도수(都水)의 각 감이다.

---

43) 이 寺는 관청이라는 의미로 불교의 사원과는 관계가 없다.

<唐代 6省6部1臺州官制度>

	종2품	정3품	종3품	정4품상	정4품하	종4품상	종4품하	정5품상하	종5품상하
尙書都省	左右僕射			左丞	右丞				左右司郞中
六部		尙書		侍郞					24司郞中
門下省		侍中		侍郞				給事中	
中書省		令		侍郞				舍人	
秘書省			監			少監			
殿中省			監			少監			丞
內侍省						內侍		內常侍	丞
御史臺			大夫					中丞	內給事
上州			刺史			別駕			
中州				刺史				別駕	長史·司馬
下州					刺史				別駕

상서성 장관인 령(令 : 정2품)은 수당에서는 상설직이 아니었고, 좌·우복야(左·右僕射)[44]가 실질적인 장관이었다. 중서성 장관도 영(정3품, 2명)이라 하고, 문하성 장관은 시중(侍中 : 정3품, 2명), 차관은 중서·문하성 모두 시랑(侍郞 : 정4품, 2명)이라 한다. 6부는 모두 장관을 상서(정3품, 1명), 차관을 시랑(정4품, 이·호는 2명, 나머지는 1명)이라 한다. 6부 밑에는 각 4사(司)가 있어 총 24사가 있고, 그 장관은 시중(정5품상), 차관은 원외랑(종6품상)이라 한다.

대(臺)는 어사대(御史臺)를 가리키는 말로 장관을 대부(大夫 : 종3품, 1명), 차관을 중승(中丞 : 정5품, 2명)이라 하고, 그 밑에 시어사(侍御史 : 종6품, 4명), 전중시어사(殿中侍御史 : 종7품상, 6명), 감찰어사(監察御史 : 지방감찰, 정8품상, 10명)가 있었다. 9시는 장관을 경(卿 : 太常寺만 정3품, 나머지는 종3품), 차관을 소경(少卿 : 太常寺만 정4품상, 나머지는 종3품)이라고 한다. 이 밖에 경관(京官)으로 동궁관, 친왕부관이 있다.

지방관을 의미하는 외관(外官)의 문관에는 부(府 : 3府·都督府·都護符), 주(州 : 약 300), 현(縣 : 약 1500)에 속하는 많은 관이 있다. 주 장관은 자사(刺史 : 上州는 종3품, 中州는 정4품상, 下州는 정4품하, 州를 郡이라 부를 때는 장관을 太守라고 한다), 현 장관은 영(令 : 정5품상부터 종7품상

---

44) 좌·우승상이라고도 한다. 종2품, 각 1명.

까지)이라고 한다.

무관은 중앙에 16위(衛. 그 밖에 左·右羽林軍), 지방에 절충부(折衝府: 약 600)의 관이 있었다.

이상 유내관의 경관·외관을 총합하면, 그 수는 733년(개원 21) 현재 17,686명에 달한다(『자치통감』 권213).

이들 관직에는 앞서 기술했듯이 관품 소지자가 오르는데, 관직에도 고유한 품계가 있다. 일반적으로 산관(散官)과 관직(職事官 또는 實官이라고 한다)의 품이 일치하면 좋겠지만, 그렇지 않을 경우에는 산관이 낮은 자가 직사관이 높은 관직에 취임할 때는 '수(守)', 산관이 높은 자가 직사관이 낮은 관직에 취임할 때는 '행(行)'이라는 글자를 붙여 양자의 관계를 분명히 하였다.

관제의 운용

앞서 기술한 관직은 관제로서 대개 다음과 같이 운용되었다.

관제는 상서·중서·문하의 3성을 중심으로 운영된다. 중서성은 조칙을 기안하고, 문하성은 이를 심사하여 황제의 재가를 거친 후 상서도성(본청)으로 회부하고 6부를 통해서 집행한다. 밑으로부터의 상주(上奏)는 상서성이 수리하고, 중서가 회답의 문안을 만들어 위에서 언급한 방법으로 집행된다. 9시·5감은 6부의 지시에 따라 사안을 집행하고 어사대는 이상의 모든 것에 대한 감찰을 담당한다. 수당의 관제는 구래의 9시·5감 위에 입안과 집행을 총괄하는 3성 6부가 황제의 비서관을 확대한 형태로 존재하였다고 생각하면 될 것이다.

최고정책의 결정은 재상 합의로 이루어졌다. 중서·문하성 장관인 중서령과 문하시중(각 2명)이 정재상(正宰相)이 되고, 상서성의 좌·우복야(또는 좌·우승상이라고도 한다. 각 1명)는 때에 따라 정재상으로서 참가하기도 한다. 이 밖에 다른 직사관에 취임해 있는 사람 중에 참여조정(參與朝政), 동중서문하삼품(同中書門下三品), 동중서문하평장사(同中書門下平章事) 등의 명칭을 부여받아 재상 대우를 받으며 최고정책 결정에 참여하는 경우도 있다. 이 재상회의는 정사당(政事堂) 혹은 중서문하(中書門下)라고

하였는데, 원래 령제(令
制)에는 없는 영외적(令
外的)인 것이었다. 그런
데 정사당으로 실권이
옮겨지면서 독자적인 관

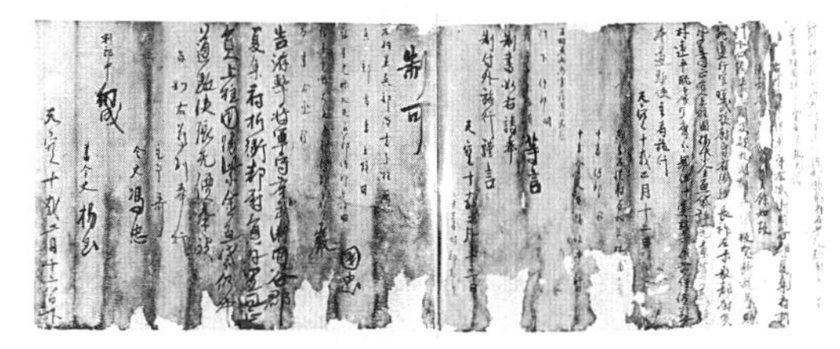

制授張無价遊擊將軍告身　唐, 신강성 아스타나 506호묘

청이 필요해졌다. 이에 이(吏)·추기(樞機)·병(兵)·호(戶)·형례(刑禮)의
5방(房)이 설치되고 재상의 일일 당직도 정해졌다.

각 관청의 집무에 대해서는 4등관제에 의해 관청마다 장관·통판관(通判
官 : 차관)·판관(判官)·주전(主典)의 4등관 규정이 마련되어 있었는데, 책
임분담이 명확하고 문서처리에도 자세한 규칙이 확립되어 있었다.

수·당전기 관료체제의 특색

수·당전기 관료체제는『주례』의 6관(천·지·춘·하·추·동)을 모방하
여 3사3공, 6성, 6부 등 숫적·형식적으로 정비되어 있었다. 또 각 관청의 관
직도 중서·문하 2성이 전형적으로 보여주듯이 서로 대칭되게 배치되어 있
었다. 이 때문에 관료체제는 관제 운용의 면보다는 형식에 중점이 놓여 있
어서 관직이 번한(繁閑 : 다망과 한가)하거나 중복된 점이 두드러지다.

따라서 실제로는 이부와 병부 등 업무가 많은 관청에는 배당인원을 늘여
조절하기도 하고, 형부·대리시, 공부·장작감(將作監)과 같이 담당 직무가
중복될 경우에는 전자가 주로 입안을 하고 후자가 집행을 하는 식으로 실시
면에서 분담이 이루어졌다. 그렇더라도 관직의 중복은 변함없는 사실로, 관
료체제가 확립되고서도 뿌리깊은 전통적 관청(예를 들면 9시)을 폐지하지
못하였기 때문에 이처럼 관직을 겹겹이 중첩시키게 되었던 것이다. 이는 관
제개혁이 말로는 쉬우나 행하기는 어렵다는 일면을 말해 준 것이라고 하겠
다.

다음으로 관직에 청·탁(清濁)의 구별이 있는 것도 한 특색이다. 이는 출
신이 청인 사람만 취임할 수 있는 관을 청관으로 하고, 그 이외는 탁관으로
구분하는 것이다. 청 출신이란 황제·황후의 일족이거나 음(부조가 5품 이
상의 관직에 있었던 자) 내지 과거 출신자를 말한다. 관에 청·탁이 있는 것

은 귀족제의 흔적인데, 과거 출신자가 청관에 속한 점이 수당대의 새로운 분위기를 보여준다.

또한 기술을 가진 자, 예를 들면 천문·역·산에 능숙한 자로서 벼슬에 오른 자는 그 관청 내에서만 승진할 수 있었다. 가장 좋은 청관이 청망관(淸望官)인데, 내외관의 3품 이상, 중서·문하의 시랑, 상서도성의 좌승·우승, 6부의 시랑, 태상소경(太常少卿), 비서소감(秘書少監), 국자사업(國子司業)이 그것이고 청망관은 직무의 번한과는 관계가 없었다.

시대의 변천에 따른 관료체제의 보충과 시정은 특히 현종조에 보이는 사직(使職)의 설치로 이루어졌다. 절도사·채방사(採訪使)·전운사(轉運使)·염철사(鹽鐵使)·탁지사(度支使) 등이 그것이다.

균전제와 조용조제

당대의 균전제

령제(令制) 가운데 인민의 생활과 관계가 깊은 것으로 호령·군방령·전령·부역령이 있다. 국가가 인민에게 농지를 나누어 주는 균전제(均田制)는 전령에 규정되어 있다. 전령(田令)은 무덕령(武德令)과 개원25년령(開元二十五年令) 등에서 다소 차이를 보이나 그렇게 큰 차이는 없는 듯하다. 여기에서는 개원25년령에 나오는 전령에 대해 기술하겠다.

균전제에 의거하는 급전(給田)은 크게 영업전(永業田)·구분전(口分田)·원택지(園宅地)로 나뉜다.

영업전은 세업전(世業田)이라고도 불리며 연령·사망 등에 관계없이 반환하지 않아도 되는 토지이다. 정남(21~59세, 때에 따라 약간 차이가 있다) 및 18세 이상의 중남에게 20무(5尺平方이 1步, 240步가 1畝), 또 정남 및 18세 이상의 중남이 아닌 남녀 호주에게도 20무를 주고, 유작자(有爵者) 및 종5품하 이상의 품관과 훈관에게는 각각 60무에서부터 60경(1경은 100무)까지 차등을 두어 관인영업전이 지급되었다. 당대에는 대토지소유를 관인영업전의 소유 이외에는 인정하지 않았음을 알 수 있다. 영업전에는 뽕나무·대추

나무·느릅나무를 심을 것을 의무로 하고 있었다.

구분전은 곡물을 심는 토지로, 정남과 18세 이상의 중남에게 80무, 노남 (60세 이상)과 독질·폐질자(모두 신체장애자)에게 40무, 과부와 처첩(남편 이 없는 처첩)에게 30무, 정남 및 18세 이상의 중남 이외의 호주에게 20무가 급전되었다. 구분전은 영업전과는 달리 그 자격을 잃으면 반환해야 했다.

원택지는 양인 3명 이하에게 1무, 3명이 늘어날 때마다 1무씩 증가되었다. 천인은 5명마다 1무씩 지급되었다. 당의 급전제에서는 천인에게 거의 급전 을 하지 않고 관천인의 일부인 잡호 등에게 약간의 급전을 하고 있는데 상 세한 것은 생략한다.

급전(給田)은 지역에 따라 협향(狹鄕)과 관향(寬鄕)의 구별이 있어, 관향 은 규정대로 급전하고 협향의 구분전은 규정의 반을 급전하였다.

이러한 균전제는 실제로 어떻게 시행되고 있었을까. 이를 보여주는 것이 1907년 이래 영국인 스타인(Sir Aurel Stein : 1862~1943)과 프랑스인 펠리 오(P. Pelliot : 1878~1945)가 돈황(감숙성)에서 발견한 돈황문서에 나오는 당대의 호적이다. 호적은 호주 이하 가족의 이름·관계·연령·관직 및 정 남·중남을 구분한 후 다음과 같이 기록하고 있다.

> 수전해야 할 토지가 1경 86무인데, 그 가운데 92무는 이미 수전하였다. 20무는 영업전, 71무는 구분전, 1무는 거주원택이며, 94무는 아직 수전하 지 못하였다.
> 合應受田壹頃捌拾陸畝 玖拾貳畝已受 甘畝永業 七十一畝口分 一畝居 住園宅 九十四畝未受

이것은 돈황군 돈황현 용칙향(龍勒鄕) 도향리(都鄕里)의 호주인 49세의 정지의(鄭智意)라는 사람의 747년(천보 6) 호적인데, 그는 '위사(衛士)·비 기위(飛騎尉)'로 되어 있다. 부병제(후술)의 위사이므로 '불과호(不課戶)'로 서 세역부담을 면제받고 있다. 비기위는 훈관 종6품으로 80무의 관인영업전 을 지급받았다. '수전해야 할 토지(合應受田)'라는 균전제에 따라 급전되는 전액(田額)으로, 1경은 100무이므로 이 호는 186무를 급전받게 되어 있다.

내역을 보면, 정남인 호주가 받는 것은 영업전·구분전을 합쳐 100무에 관인영업전이 80무이고, 가족이 16명이므로 원택지 6무를 합쳐 총합계 186무이다. 그러나 실제 급전된 액은 92무로 내역은 영업전이 20무, 구분전이 71무, 원택지가 1무이고 94무는 급전되지 않았다.

이것이 시행된 균전제 실상의 일단인데, 이를 통해 다음과 같은 사실을 알 수 있다. ⑴ 정남에게 급전된다고 해도 사실은 호 단위로 급전되고 있다. ⑵ 실제 급전액은 규정의 반이다(협향이라면 반액을 급전받으므로 거의 정액이라 할 수 있다). ⑶ 영업전이 충족되고 있다. 다른 돈황 호적을 조사해 보더라도, 실제 급전되는 것은 평균 '수전해야 할 토지' 액의 약 30% 정도이다. 이 때문에 균전제가 규정대로 환수되고 있었는지에 대해 의문이 일어나, 단순히 균전제 규정에 맞추어 이전부터 그 호가 소유하고 있던 전지를 우선 영업전부터 기록한 데 불과하다는 균전제 불환수설이 생겨났다.

그러나 1959년 니시지마 사다오(西嶋定生)가 류코쿠 대학(龍谷大學)에 소장된 투루판(신강 위구르 자치구) 문서를 연구하여, 개원 연간에 실제로 토지환수가 이루어졌음을 증명하는 여러 종류의 문서를 명확히 밝혀냄으로써 환수설이 유행하였다. 그러나 이 투루판 문서는 영업전도 환수되고 있으며 부전(部田)·상전(常田) 등 균전법규에 없는 용어가 사용되는 등의 문제가 있어 균전제가 아니라 둔전제가 아닌가 하는 비판도 있었다. 반면 영업전과 구분전은 실제로 엄격히 구분되지 않았기 때문에 문제가 안 된다고 생각하는 사람도 있다.

균전제의 계보

당의 균전제는 수나라 것을 계승한 것이지만 균전제는 수나라에서 시작된 것이 아니라 그보다 약 백년 전인 485년 북위 효문제 때 북조의 선비정권 아래서 처음 시행되었다.

이 때의 균전제는 수·당의 그것과는 상당한 차이가 있었다. 당의 구분전에 해당하는 것은 노전(露田 : 正田)이라 하였는데 정남에게 40무, 정남의 처에게 20무를 급전하였다. 사천인(私賤人)의 노(남)·비(여)에게도 양인과 마찬가지로 급전하였고 일소[耕牛]에게도 1마리당 30무씩 급전하였다. 당의 영업전에 해당하는 것은 뽕밭[桑田]이라 하고, 정남과 노[45)]에게 20무를 급전하고, 뽕나무 재배에 적합하지 않고 삼[麻]을 재배할 수 있는 곳에는 정남과 노에게 10무, 정남의 처·비(婢)에게 5무의 삼밭[麻田]을 급부하였지만 이 삼밭은 환수하였다.

북위제도에서는 당과는 달리 노비와 일소에게도 노전을 급부하는 점이 특색이다(당대에는 官賤人 일부에게 급전하였고 私賤人에게는 급전하지 않았다). 노비·일소에게 급전된 것은 결국 그 소유자에게 돌아가는 것이므로, 노비·일소의 소유자인 대토지소유자는 균전제가 실시되어도 그대로 대토지를 소유할 수 있었다. 토지소유제를 일거에 변혁시키게 되면 저항이 있을 것이기 때문에 이러한 조치를 취했을 것이다.

균전제는 북위 이후 여러 번 변경을 거쳐 수에 이르러 노비·일소에 대한 급전을 폐지하였다. 이것은 노비·일소의 주인인 대토지소유자에 대해 강경한 자세를 드러낸 것으로, 수조의 성격을 보여주는 유력한 자료가 된다. 수당 이후에는 이미 관인영업전을 제외하고는 대토지소유자를 공인하지 않았고, 게다가 남북조 이래의 대토지소유자는 부인하고 수당 왕조에 대관(大官)으로서 공헌한 자만을 우대하는 정책을 썼다. 이는 『정관씨족지』의 편집에도 보이는 당조의 귀족대책이다.

수에서는 북위를 이어받아 정남의 처에게 급전을 하였지만, 당은 급전 대상을 정남으로만 한정했다. 당이 정남을 통해 급전함으로써 국가 지배를 정남에게 집중하여 관철시키려 하였음을 알 수 있다. 균전제가 왜 북위에서 처음으로 실시되었는지에 대해서는 앞에서 이미 기술하였는데, 균전제의 실시를 어떻게 보는가는 당나라 균전제의 성격을 이해하는 데 도움이 되므로 간단히 언급해 두겠다.

첫째, 중국에서는 이미 선진(先秦)의 고전에 '정전제(井田制)'에 대한 기록이 보이고 이것이 역대 왕조의 패턴이 되었으며 균전제는 그것을 구체화한 것이라고 할 수 있다. 둘째, 한대 이래 대토지소유를 제한하기 위해 한전책(限田策)이 등장하는데, 균전제도 그 계보 위에서 파악될 수 있다. 셋째,

---

45) 비에게는 없다.

황폐해진 전토를 인민에게 분배하여 경작시키는 권농주의적인 관점이 있다는 것이다. 넷째, 균전제가 북위의 호족정권 아래서 처음으로 실시된 것을 중시하여 선비왕조의 한인정책의 하나로 본다는 것이다(徒民政策과 計口受田). 이 경우에는 균전제와 전후하여 실시된 삼장제(三長制 : 黨·里·隣 三長을 통해서 이웃끼리 부정을 서로 규찰하는 제도)와의 관계도 중요하다. 다섯째, 균전제를 국가적 토지소유로 보고 둔전제(특히 삼국 위나라의 民屯制)와의 관계를 중시하는 것 등이다. 특히 마지막에서 언급한 균전제 아래에서의 토지를 공유로 볼 것인가 사유로 볼 것인가는 오랫동안 계속 논쟁되어 온 문제로 좀처럼 결론이 나지 않고 있다.

당대의 조용조제

균전제에서는 농지가 정남을 중심으로 하여 급전되고, 이 정남(중남에게는 없다)에게는 부담체계로서 조용조제(租庸調制)가 있다. 정확하게는 조·조·역·잡요(租調役雜徭)의 네 가지가 부역령에 규정되어 있다.

이 네 가지 외에 잡역(雜役)·색역(色役)·번역(番役)·잡임(雜任)과 부병(府兵)이라고 불리는 병역(후술)도 있는데, 이런 것들은 조·조·역·잡요 중 어느 것 혹은 전부를 면제받은 후 이행되는 것이므로 정남의 부담에 대해서는 조·조·역·잡요를 살펴보면 된다. 단 균전제의 규정대로 토지지급이 완전히 충족되지 않더라도 정남의 부담체계는 변하지 않는다는 점을 덧붙여 둔다.

조(租)는 정남의 부담체계인데 곡물 2석(약 60ℓ), 조(調)는 견 2장(20척. 폭은 1척 8촌)과 면 3냥(111g)[견·면 대신 마포로 낼 경우에는 마포 2장 5척과 麻絲 3장]이다. 역(役)은 1년에 20일이고 역에 종사하지 않는 경우 1일마다 견 3척 혹은 마포 3척 7촌 5푼씩 납부하는데 이를 용(庸)이라 한다. 잡요 일수에 대해서는 최고 50일설부터 40일설, 39일까지라고 하는 등 많은 설이 있다.[46]

역(役)은 매년 20일인데 정해진 일수에서 15일을 초과하면 조(調)를 면제

---

46) 상세한 것은 吉田孝, 「日唐律令における雜徭の比較」『歷史學研究』264, 1962 참조.

받고 30일을 초과하면 조·조(租
調)를 모두 면제받는다고 되어 있
다(「부역령」). 미야자키 이치사다는
이 기록을 통해 조·조·역(租調
役)이 총 50일에 이른다고 보았다
(宮崎市定,「唐代賦役制度新考」『東
洋史研究』 14-4, 1956). 또「충부
식(充夫式)」에 역의 일수가 잡요의
두 배로 계산되어 있으므로, 조·

懷集縣庸調銀餠

조·역의 총계 50일의 두 배인 백 일에다, 잡요를 50일로 보면 총합계는 150
일이 된다.

조·조·역·잡요를 총 150일로 본 것은, 1년 365일 동안 정남의 부담체
계를 잡요로 환산한 수치다. 이는 수·당전기 통치체제 아래에서 정남이 1
년 동안 43%에 해당하는 150일 간 묶여 있었음을 나타내는 것으로, 놀랄 만
큼 강력한 규제가 행해지고 있었음을 알 수 있다.

부병제

수·당전기 통치체제 아래의 국방체제

일반적으로 중국역대 각 왕조의 평시 국방체제는 보통 (a) 수도경비 (b)
국경경비 (c) 지방경비의 세 가지로 나뉘어 그 기구가 복잡한 것이 보통이
다. 이에 대하여 수·당전기 통치체제 아래의 평시 국방체제는, 군방령으로
농병일치의 징병제를 시행하고 위의 세 가지를 삼위일체적으로 운영하는
역대 병제의 모범이 된다.

부병제는 당대 병제의 전형으로서, 636년(정관 10) 천하통일과 함께 지방
에 설치된 병부 소관의 절충부(折衝府)가 병력의 공급원과 지방치안의 중심
이 된다. 이것은 지방행정구역인 주현과는 통속관계에 있지 않으며, 소재지
이름을 앞에 붙여 팽지부(彭池府) 등으로 불렸다.

의장도

절충부는 그 수가 전국에 걸쳐 약 600개 정도였으며, 배치는 각 방면에 걸쳐 있다. 그 중 약 400곳은 장안 및 낙양을 중심으로 배치되어 수도 및 그 연변의 경비에 중점을 두었다. 각 절충부의 병원 수는 대개 1천여 명 전후이므로, 총 600부에 60만 병원 정도였을 것으로 추정된다. 절충부에는 장관으로서 절충도위(折衝都尉 : 정4품상～정5품상), 차관으로서 과의도위(果毅都尉 : 정6품상～종6품하, 2명), 200명을 통솔하는 장인 교위(校尉) 등이 있었다.

수도경비는 12위 6솔부에서 담당하였다. 12위는 좌우위·좌우효위·좌우무위·좌우영군위·좌우금오위로 이루어지고, 장관은 대장군(정3품), 차관은 장군(종3품)이다. 솔부(率府)는 태자를 경비하는 6군단이다. 이 12위 6솔부는 각 위마다 지방의 절충부 약 50개씩을 지배하에 두고 거기에서 병력원을 공급받았다. 국경경비에는 약 245진(鎭)과 332수(戍)가 있었고, 진장(鎭長)·수주(戍主)가 절충부에서 교체 파견되는 병사인 방인(防人)을 통솔하여 경비에 임하였다. 12위 이외의 4위에는 부병이 배치되지 않았다.

이상이 평시 편성이고, 전시에는 행군(行軍)이 편성되어 행군대총관이 이를 통할하였다. 태종 및 고종시기에는 절충부의 병원을 절충도위 휘하로 파견하여 행군이 편성되었을 것이다. 그러나 외정(外征)으로 수십만 병력을 동원해야 할 경우, 절충부에 속한 60만 부병(府兵)만으로는 부족했을 것이다. 따라서 이 경우에는 절충부가 있는 주이건 없는 주이건 상관없이 병사를 모병하여 충당하였다. 이를 병모(兵募)라고 한다. 부병의 식량은 자기부담이지만 병모의 경우에는 관이 식량을 지급해 주었다.

이상에서 기술한 내용은 군방령의 규정이 이상적으로 운영될 경우의 상태이다. 실제로는 원정군과 국경경비는 병모·건아(健兒) 등 별도의 존재에 의존해야 했고, 따라서 부병만으로 국방체제를 운용할 수는 없었을 것으로 생각된다. 부병제는 747년(천보 6)에 완전히 붕괴된다.

부병의 부담

절충부의 병사 즉 부병이 될 수 있는 자는 정남이다. 그러나 모든 정남이 부병으로 되는 것은 아니고, 총 320개 주 중 절충부가 설치된 90개 주에 살고 있는 정남 가운데서 뽑아 의무를 지게 하였다. 이 때문에 절충부가 있는 주에서는 일반적으로 인정되는 협향(狹鄕)에서 관향(寬鄕)으로의 이주를 금지하여 징병기피를 방지하고자 하였다.

부병의 임무는 다음과 같다. 먼저 수도 12위 6솔부로의 번상(番上), 정남 일 동안 한 번은 3년 동안 진·수에서 국경경비, 매년 겨울철(12월) 농한기에 실시되는 훈련 외에도 유사시 출정(出征)과 외국에 파견되는 사신의 수행 등 임시임무가 있었다. 그러나 부병의 일상적인 최대 부담은 수도로의 번상이었다.

이 번상이 부병에게 얼마나 부담이 되었는가에 대해서는 아직 확실하게 밝혀지지 않았다. 번상의 부담에 대해서는 「군방령」에 "500리 안에서는 5번(番)으로 나누고, 500리 밖에서는 7번으로 나누어 각각 1개월 올라온다"라고 기술되어 있다. 여기에서 번(番)이란 팀을 의미하는 것으로, 500리 안에 있는 절충부 부원이 1천 명이라면 200명씩 5조로 나뉘거나, 혹은 5인 1조가 되는데 그렇게 해석하면 200조가 만들어진다. 200명 1조설을 취할 경우 그 중 1조가 계속 한 달 간 수도에 번상한다는 말이 되고, 5인 1조설일 경우 5명 중 한 명이 계속 수도로 번상한다는 말이 된다. 5번의 절충부라면 5개월에 1회씩 한 달 간 번상하게 된다. 즉 1월에 번상하면 다음은 6월에 번상한다. 부병의 부담에는 이 한 달 간의 번상 외에 왕복 일수가 더해진다. 왕복 일수는 하루 보행거리가 50리(「공식령」)로 정해져 있으므로, 수도에서 500리 떨어진 곳에 있는 절충부일 경우 왕복 20일이 소요된다. 결국 부병의 부담은 1회마다 5개월 즉 150일 동안에 30일이 되며 거기에 왕복 소요일수인 20일을 더한 합계 50일이다. 150일 단위로 순환되므로 부병(수도에 번상한 부병의 정식명칭은 衛士)의 부담은 1년 365일 가운데 평균 33%, 즉 120일이 된다.

이처럼 수도로부터의 거리에 따른 번수(番數)를 위사의 부담으로 고쳐보면 대략 22.6~40%가 된다. 부담의 40%를 연간 일수로 고치면 144일이 되는데, 이 일수는 앞서 기술한 정남의 조·조·역·잡요를 잡역 일수로 환산한 150일에 가깝다. 위사는 다른 정남의 부담을 전부 면제받고 복무하므로 부담의 균형이 이루어지고 있음을 알 수 있다.

지금까지는 부병제의 모순이 절충부가 수도 근방에 편재해 있었던 데 있고 그로 인하여 부병제가 일찍 붕괴된 것처럼 주장되어 왔다. 그러나 이는 잘못된 견해이다. 부병이 되든 일반 정남[白丁이라고 한다]이든 그들이 지는 정식 부담은 거의 변함이 없다는 사실이 명확해졌기 때문이다.

부병제의 연원

당의 부병제가 어떠한 연원을 갖는가는 수당사 연구에서 중요한 과제 가운데 하나이다.

부병제가 서위 때 우문태(505~556)에 의하여 창설된 8주국 12대장군 24군 96의동부(儀同府)에 기원한다고 본 것은 하마구치 시게쿠니(浜口重國)로, 그 성과는 높이 평가되고 있다. 더욱이 8주국 12대장군의 구성원 가운데 북주·수·당의 제실 혹은 그 선조가 포함되어 있다는 것은 앞서 기술한 대로이다.

그러나 부병제의 기원을 자세히 고찰해 보면, 당의 부병제가 8주국 12대장군에서 직접 생겨난 것이 아님을 알 수 있다. 기원이라고 해도 부병제의 어떤 부분을 중심으로 생각하는가에 따라서도 시각은 달라진다. 지방에 상설된 군부가 중앙군에 병원(兵員)을 공급한다는 점을 중심으로 생각한다면, 그 점은 분명히 인정된다. 그러나 이 중앙군이 과연 당나라의 12위에 상당하는가 하면 그렇다고는 할 수 없다. 지방에 상설된 군부의 병원도 일반 농민에서 직접 선발한 것이라고는 할 수 없다. 일반 민적(民籍)과는 다르게 특정 병사를 배출하는 병호(兵戶)의 존재도 인정되기 때문이다.

부병제 성립의 직접적 계기는 역시 수대에서 구할 수 있다. 수문제는 근위군을 정리하여 당나라 12위의 기초가 되는 12위부(衛府)를 만들었다. 이어 남조의 진을 멸망시켜 천하를 통일한 후, 590년(개황 10)에 모든 병사를 주현에 소속케 하여 일반 인민과 같게 하고 군역이 있는 자만 군적에 편입시켰다. 이로써 병호제(兵戶制)는 정식으로 폐지되었다. 나아가 12위부 직속의 표기부(驃騎府)가 여러 주에 설치되어 부병제의 완성을 앞당겼다.

　이 표기부가 수의 총관부의 분포에 따라 배치되었고 이 때문에 당의 절충부가 장안·낙양 근방에 편재되게 되었다. 수양제 때는 응양부(鷹揚府)가 확립되어 당의 절충부의 기원을 이루었고, 국경경비를 담당하는 진·수에도 절충부에서 파병이 이루어져 중앙·지방·국경을 삼위일체로 하는 부병제가 성립되었다.

6. 대당 문화

당의 수도 장안

장안성의 설계

장안성 내황성(관청거리)의 남쪽 정문인 주작문에 서서 북쪽을 바라보면, 승천문가라고 불리는 폭 150m짜리 도로가 멀리 1843m까지 이어지고, 궁성(황제 거주)의 남문인 승천문이 있다. 승천문으로 들어가면 동쪽으로 문하성, 서쪽으로 중서성, 정면에 태극전이 있다. 궁성의 남면은 횡가(橫街)라고 불리는 대광장으로서, 폭은 문헌에 441m로 되어 있지만 실제 측정값은 그 반인 220m였다. 횡가의 남쪽 황성에는 우선 동쪽으로 문하외성, 서쪽으로 중서외성, 한 줄기 남쪽은 동서로 장안성을 경비하는 위(衛)가 늘어서 있고 그 한 줄기 남쪽의 동쪽으로 상서도성 및 6부가 있다. 황성과 궁성을 구분하고, 성내 북쪽 끝에서부터 질서정연하게 배열한 것은 장안성의 특색이다.

장안성은 남북이 8651m, 동서가 9721m에 달한다. 장안성 북단 중앙의 궁성은 동서 2820m 남북 1492.1m이고, 그 남쪽의 황성은 동서는 궁성과 같고 남북은 1843m이다.

궁성과 황성 이외에는 도로에 의해 가로와 세로로 구획되어 있다. 남북으로 난 11개의 도로 폭은 문헌상 모두 100보(147m)로 되어 있지만, 실제 측정치로는 중앙의 주작대로가 150~155m이고 동서로 퍼져 나가면서 좁아져 서쪽 끝은 20m 동쪽 끝은 25m로 되어 있다.

동서로 난 14개(단 장안성은 동서남북의 끝이 성벽으로 되어 있으며 각각 1개의 도로로 치지 않는다)의 도로 폭도 문헌과 실제 측정치는 서로 다르다. 주작문 앞의 동서 도로만이 실제 측정치 120m로 넓고, 그 밖에는 75~25m로 되어 있다.

또 동서남북의 도로는 모두 양쪽에 폭이 3m 정도 되는 도랑이 있었다. 주작대로의 동쪽은 만년현, 서쪽은 장안현으로서 행정구역상 두 현으로 나뉘며, 대관들은 주로 만년현에 살았고 일반 민중은 주로 장안현에 살았다. 동서남북 도로에 의해 구획된 직사각형 구역 하나하나를 방(坊)이라 하고(里라고도 한다), 각 방은 숭인방·평강방 등과 같이 아명(雅名)으로 불렸고 총 108개 방이 있었다.

궁성·황성은 성 담장으로 에워싸여 내성(內城)을 형성하고, 그 바깥에 장안성의 외성(外城)이 있었는데, 동서로 각각 3문, 남쪽에 3문이 있었다. 북쪽에 대해서는 후술하겠다. 각 방도 방(坊) 담장으로 에워싸이고, 각 방의 넓이는 남북이 문헌상으로는 514.5m 실측치는 500~590m이고, 동서는 문헌과 실측치 모두 비슷한데 실측치는 562~1125m로 되어 있다. 방 안은 십자로 길이 통하고 네 개의 문이 있다. 방의 문을 포함하여 장안성의 모든 문은 해가 진 후부터 새벽까지 닫히며, 이를 어기면 '범야(犯夜)'라고 하여 태형 20대에 처해졌다. 장안성 동남부에는 곡강지(曲江池)와 부용원(芙蓉園)이 있어 유원지로 되어 있었다. 이것이 성 안에 위치하는지 혹은 성 밖에 위치하는지를 둘러싸고 의견이 갈려 있었으나 실제로 조사해 본 결과, 이 부분의 성벽이 안측으로 패

長安城 복원영상

長安城圖

唐 懿德太子墓 闕樓圖 장안 궁전의 상황을 추측할 수 있다

여 있어 성 밖에 위치한 것으로 판명되었다.

궁성(太極宮·西內라고도 한다)은 황성의 북쪽에 있어 '천자남면(天子南面)'에 어울리는 위치에 정착하였다. 그 북문이 '현무문의 변'으로 유명한 현무문이다. 태종은 즉위 후, 퇴위한 부친 고조를 위하여 궁성의 동북에 장안성에서 밖으로 삐져나온 대명궁(東內라고도 한다)을 지을 계획이었지만, 완성되기 전에 고조가 세상을 떠났다. 후에 고종 때 궁성의 땅이 낮고 습기가 많아 건강에 좋지 않았기 때문에 대명궁을 완성하여 이 곳에서 거주하였고, 궁성은 의식을 거행하는 장소로만 사용하였다(그렇게 보면 장안성을 계획할 때 궁성지역으로서 반드시 살기 좋은 곳을 고른 것은 아니었던 듯하다). 대명궁의 정문은 단봉문이라고 하고 그 문 안에 있는 대명궁의 정전(正殿)이 함원전, 그 북쪽의 선정전이 황제의 정당이고, 그 동남쪽에 문하성, 서남쪽에 중서성이 있었다. 두 성의 배치로 보건대 당대의 관제가 이 두 성을 중심으로 운영되었음을 알 수 있다.

현종은 황성의 동쪽 외성(外城)을 따라 흥경방(興慶坊)과 영가방(永嘉坊)의 2방(坊)에 걸쳐 흥경궁(南內)을 세우고, 728년(개원 16)부터 이 곳의 근정무본루(勤政務本樓)를 정당(政堂)으로 삼았다. 그 서남쪽 모퉁이에 위치한 화악루(花萼樓)는 형제간의 우애가 두터웠던 현종이 형제들과 연회를 베푼 곳이다. 대명궁에서 흥경궁까지는 외성을 따라 협성(夾城)이라고 불리는 황제 전용의 고가도로를 만들어, 민중과 접촉하지 않고 통행할 수 있게 하였다.

장안성 설계의 기원

당의 장안성이 수의 대흥성(大興城)에 의거한 것임은 잘 알려져 있다. 그

러나 이 같은 장대한 계
획은 수가 처음 생각해
낸 것이 아니라, 북위의
낙양성과 동위의 업성(鄴
城 : 하북성 臨漳縣)이 장
안성의 원형이 되었다고
한다.

현재의 서안시가

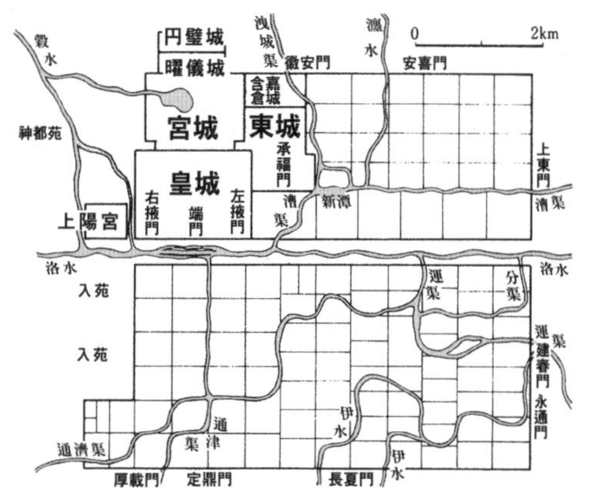

唐 洛陽城圖

북위 낙양성에 대해서
는 여러 가지로 연구가
되고 있지만 견해가 일치
되어 있지 않다. 우선 장
안과는 달리 내성(궁성·
황성)과 외성의 구별을
알 수 없고 판명된 것은
대개 내성에 해당하는 부
분이다. 내성의 북쪽 중
앙에 궁성이 있고, 그 남
문으로부터 동타가(東駝
街)가 남쪽으로 나 있으
며, 그 동서가 장안의 황성에 해당하는 관청거리로서 선양문(宣陽門)으로
이른다. 궁성 북쪽에도 조방(條坊)이 있다. 북단에 북궁, 서북쪽 모퉁이에
금용성(金墉城)이 있고, 장안성 북단에 있는 궁성이 낙양성에는 없다. 또 낙
양성은 장안성과는 달리 남북으로 길고 동서가 짧다. 그러나 이는 낙양의
내성에 대한 지식일 뿐이고 외성에 대해서는 알 수 없기 때문에(조사결과
판명되지 않았다) 낙양성 전체의 조형은 아직 파악할 수 없다. 그래서 장안
성의 내성(궁성·황성)만 낙양성과 비교해야 한다는 사람도 있다.

그런데 낙양성의 시장이 내성 밖에 있고 대략 동서로 대칭해서 위치하고
있는 것으로 미루어 보아, 낙양성 외성까지 포함해서 보면 그 규모는 수의
대흥성 즉, 당의 장안성 조형과 일치할 것이다.

그렇다면 전한(기원전 3세기～기원전 1세기 말)의 장안성은 어떻게 되어 있었을까. 실측 결과로 보면 동면이 5940m, 남면이 6250m이다. 서쪽은 4550m이고 북쪽은 5950m가 된다. 게다가 동면이 직선인 점을 제외하면 모두 구불구불한 부정형으로 되어 있으며 북면은 특히 심하게 휘어 있다. 이는 북면이 위수(渭水)에 연해 있기 때문이라고 한다. 그러나 한나라의 장안성이 처음에 장락궁(長樂宮)·미앙궁(未央宮)이 건조된 후에 두 궁을 포함하여 성벽이 만들어졌기 때문에 이렇게 된 것이 아닌가 한다. 따라서 한의 장안성은 처음부터 계획적으로 조영된 것은 아니라고 보인다.

장안의 인구와 시장

종래부터 장안의 인구는 100만으로 알려져 왔지만, 그 근거를 잠삼(岑參 : 715～770)의 "장안성안 백만가(長安城內百萬家)"라든가 한유(768～824)의 "장안백만가"라는 시구와 같이 시적으로 표현된 데에서 찾고 있으므로 실제 수치로 보기에는 무리가 있는 듯하다. 그러나 히노 가이자부로(日野開三郎)는 1973년에 『당대 저점(邸店)의 연구』라고 하는 책 속에서, 장안시 인구에 대한 고찰 결과를 토대로 장안의 호수가 대략 30만 전후였음을 납득할 만한 사료를 들어 고증하였다. 호수가 30만 호이라면 인구는 당연히 백만 이상이라고 할 수 있다. 이는 장안이 당시 세계 최대 도시였음을 말한다.

장안에는 황성의 남쪽을 동서로 달리는 도로를 북면하여 2방(坊)을 합친 땅에 시장인 동시(東市)·서시(西市)가 있었다. 동시 유적은 중국과학원이 1959년부터 1962년에 걸쳐 조사하였는데, 조사결과 남북이 약 1000m, 동서가 924m에 달하여 문헌에서 보이는 882㎡보다 넓었음을 알 수 있다.

주위에는 각 방과 마찬가지로 방 담장이 있었고 두께는 6～8m 정도였다. 동시의 4면 도로는 약 120m이고 시장 한가운데에는 '井'자형으로 동서남북에 각각 두 도로가 나 있고 도로 폭은 20m였다. 그 앞에는 문이 각각 2개씩 해서 총 8개가 있었다. 옛말에 "시정(市井)의 항(巷)"이라는 것이 있다. 흔히 우물[井戶] 주변에 사람이 모여들어 시장을 이루었기 때문에 시정(市井)이라는 말이 나왔다고 설명하고 있는데 사실은 '井'자 모양으로 구획되어 있어서 시정이라고 한 것이 아닌지 모르겠다.

서시도 동시를 조사할 무렵에 조사하였는데 남북 1031m, 동서 927m로 동시와 비슷하였다. 서시의 도로폭은 16m로 동시보다 좁다. 서시에서는 '井'자형 구획의 중앙부분이 동서 295m 남북 330m이고, 그 곳에 시서(市署)와 평준서(平準書)라는 시장을 통할하는 두 개의 관서가 있었다고 추정된다.

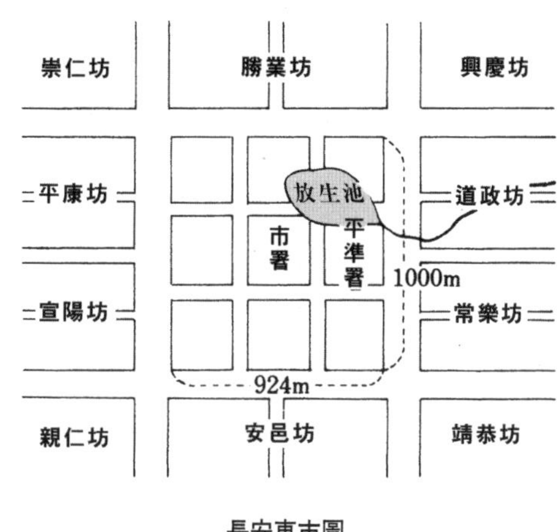

長安東市圖

이 두 관서는 대부시(大府寺)에 속하고, 그 장관은 시서(市署)와 평준서 모두 영(令 : 각각 종6품상, 종7품상)이라고 하였다. 시서는 도량형 검사, 동업조합인 행(行)의 단속, 표준가격표의 공시, 무기판매의 단속 등을 행하였다. 평준서는 관이 필요로 하는 물품을 구입하였다.

당대의 시장은 정오에 열려 일몰 전에 파하도록 규정되어 있었다. 따라서 야시는 앞서 말한 '범야(犯夜)'의 규정과 맞물려 있어 열리지 않았던 것으로 생각되지만, 히노 가이자부로는 실제로는 야시가 열렸다고 보고 있다. 그렇다 해도 장안에서는 각 방 내에서 열렸을 것이다.

동서 시장의 구성

동시·서시에는 상가가 얼마나 있었을까. 입당승 엔닌(円仁 : 794~864)은 『입당구법순례행기(入唐求法巡禮行記)』라는 상세한 일기를 남겼다. 843년(회창 3) 6월 27일 밤 장안의 동시에 큰 화재가 있었는데, 마침 장안에 머물고 있던 엔닌이 이 화재에 대해 다음과 같은 기록을 남겼다. "동시의 조문(曹門) 이서의 12행(行) 4천여 가를 태웠다." 히노 가이자부로는 조문을 시장 중심에 있는 시서의 문으로 해석하고, 따라서 조문 이서라 하는 것은 동시의 서쪽이고 그 곳에 4천여 가가 있었다면 동시에는 총 8천여 가가 있었다고 생각하였다.

시장의 면적은 남북이 약 1000m, 동서가 924m이므로 92만 4천 ㎡ 정도이고 1호를 300㎡라고 치면 3080호가 된다. 총면적 안에는 도로와 광대한 저점(邸店 : 여관·운수·창고업을 겸함) 등도 포함되기 때문에 동시 전체를 8천 호로 보는 것은 좀 과다한 것이 아닌가 생각된다. 한편 오노 가쓰토시(小野勝年)는 엔닌의 '4천여 가'는 '40여 가'를 잘못 기술한 것이라고 하였는데 이것은 너무나 적은 수이다.

시장에는 엔닌도 기술하였듯이 동업조합인 '행(行)'이 있는데 엔닌은 이를 '12행 4천여 가'라고 기재하였다. 행은 상품의 종류에 따라 나뉘는데, 북송 송민구(宋敏求)의 『장안지(長安志)』(1079년 序)에는 동시의 행수가 220으로 기록되어 있다. 그렇다면 엔닌이 기재한 12행은 너무 적다. 따라서 당말에는 행의 수가 감소했다고 보는 견해와, 엔닌의 12는 '백'이 탈락한 것으로서 '112'가 바른 것이라는 견해로 의견이 갈려 있는데, 앞으로 연구가 이루어져야 할 부분이다. 행의 이름 중 명확한 것은 동시에 '육행(肉行)' '철행(鐵行)', 서시에 '태의행(太衣行)' '칭행(秤行)' '견행(絹行)' 등이 있다.[47]

행에는 동업조합의 기능 외에 돈황의 사(社)처럼 길흉의 경조(慶弔)를 행하는 기능이 있었다. 이는 행이 민중 최말단에서 상호부조에 의한 자치 조직이라는 면을 갖고 있었음을 의미한다. 관헌은 이 조직을 행정권을 침투시키는 방편으로도 이용했을 것이다.

한편 장안성 내에서는 동시·서시 이외에서는 상업행위가 절대 이루어지지 않았다는 설이 있다. 가토 시게루(加藤繁)는 원칙적으로는 위와 같이 이해하면서도 예외적으로 이완된 현상으로서 이사(里肆 : 방 내의 작은 상점)라는 존재를 인정하였다. 사토 다케토시(佐藤武敏)는 이사에 대한 사료가 꽤 존재한다는 것을 예증해 보였다. 히노 가이자부로는 그 안에 숭인방의 악기점처럼, 그 방 내의 수요를 넘어서는 바도 있다는 점에 주목하여, 동시·서시에서만 정규 상업행위가 행해졌다고 생각할 필요는 없다고 지적하고 있다.

---

47) 佐藤武敏, 『長安』(世界史硏究叢書 8), 近藤出版社, 1972, 193쪽.

장안의 불사와 도관

장안성 안에는 다수의 불교사원과 도교의 도관(道觀)이 존재하였다. 승사는 801사, 비구니사원은 28사, 도관은 30관, 여관(女觀)은 6관에 이른다. 이 중 대흥선사(大興善寺)는 정선방(靖善坊)의 전부를 차지하는 광대한 규모였는데, 일본 헤이안쿄(平安京)의 동사(東寺)도 그렇게 되어 있었다. 입당승 엔닌이 머문 곳이 이 대흥선사였다.

대천복사(大薦福寺)는 수양제의 옛 저택 자리에 측천이 고종의 명복을 빌기 위하여 건립한 것으로, 지금도 남아 있는 13층

長安 大薦福寺 小雁塔　섬서성 서안

의 소안탑(당대에는 15층이었으나 후에 위쪽 2층이 파손)은 유명하다. 이 절은 개화방(開化坊)의 반을 차지하였고, 탁승(度僧 : 국가에서 정식으로 허가를 받은 승) 200명이 있었다고 한다.

대자은사(大慈恩寺)는 진창방(晉昌坊)의 동쪽 반을 차지하고, 탁승 300이 있었다고 한다. 이 절은 고종이 황태자였을 때 수대의 폐사를 부흥한 것으로, 인도에서 귀국한 현장법사가 상좌가 되어 있었다. 652년(영휘 3) 고종이 인도의 사리탑을 모방하여 건립한 것이 지금까지 남아 있는 7층의 대안탑인데, 처음 기록에는 5층으로 되어 있다. 이 절은 경치가 빼어난 자리에 위치하였고, 일찍이 백낙천이 「모란 향기 그윽하네」라는 신락부(新樂府)에서 "꽃 피고 꽃 지기가 20일, 온 성의 사람이 미친 듯 열광하네"라고 읊은 서명사(西明寺 : 延康坊)와 함께 모란의 명승지였다.

도관 · 여관은 불사보다는 그 수가 적다. 그러나 당대에는 불교가 융성하였음에도 불구하고 노자가 당 황실과 마찬가지로 이씨였다는 점 때문에 '도

長安 慈恩寺 大雁塔 섬서성 서안

선불후(道先佛後)'라 하여 도관도 많이 건립되었다. 보령방(保寧坊) 전부를 차지하는 호천관(昊天觀)은 가장 큰 도관이었다. 대흥선사와 주작대로를 끼고 마주 서 있는 숭업방(崇業坊)의 현도관(玄都觀)은, 수문제가 도불병용(道佛倂用)을 위하여 건립한 것으로 복숭아의 명산지로 유명하다. 불사·도관은 모두 공주(황제의 딸)를 위하여 건립한 것이 많다.

장안에는 불사와 도관을 합해 총 145개가 있었다. 앞서 서술한 바와 같이 대천복사에는 탁승 200명, 대자은사에는 탁승 300명이 있었다고 한 것으로 보아 이들 사원에는 탁승에게 봉사하는 사람까지 포함하여 1천 명에 가까운 사람이 있었다고 보아도 될 것이다. 따라서 145개의 불사·도관에 각각 400명씩이 있었다고 한다면 총계는 5만 8천명에 이르며 이는 장안의 인구 100만의 5%를 웃도는 숫자이다. 이는 인구 2만 명 중 승려가 1천 명이었다는 돈황의 인구비율과도 대개 일치하여 아주 근거없는 숫자는 아닐 것이다.

장안 사람들의 오락에 대해서는, 북송 초기의 전역(錢易)이 저술한 『남부신서(南部新書)』 무(戊)에 "장안의 공연장은 자은사(慈恩寺)에 많이 모여 있다. 그 다음은 청룡(사)이고, 그 다음은 천복(사), 영수(사)다"라는 대목이 나온다. 대자은사, 청룡사(신창방), 대천복사, 영수사(영락방)의 주변에 오락시설이 설치되어 있었음을 말해 주는 예이다. 그 곳에서는 칼삼키기[呑刀]·불뿜기[吐火]·줄타기[繩技]·장대곡예[竿技] 등 페르시아풍 구경거리도 홍행되고 있었을 것이다. 당말의 손계(孫棨)가 쓴 『북리지(北里志)』(888년 序)는 그 곳의 유명한 기녀들 이야기를 모아놓은 것이다.

장안의 이국정서

당대의 장안에는 '파사호사(波斯胡寺)' '파사저(波斯邸)' '호현사(胡祆祠)' '현사(祆祠)'가 있었다는 기록이 있다. 파사(波斯)는 페르시아의 한자이름으로 현재의 이란, 호(胡)는 당대에서는 주로 이란인, '현(祆)'은 현교(祆敎) 즉 이란의 국교인 조로아스터교를 가리킨다. 파사저는 이란 상인의 근거지일 것이다.

紅陶胡人將軍俑

당대에는 이란에서 그 민족종교인 조로아스터교가 전해졌다. 불을 숭배하는 의례[拜火儀禮]가 있어 배화교(拜火敎)라고 부르기도 하고, 중국에서는 현교라고도 한다. 이는 광명과 암흑, 선과 악의 대립을 설파하는 이원적인 가르침을 갖고 있다. 이 종교는 남북조 말기에 전해져 수당에 이르러 이란계 사람으로서 중국에 거류하는 자는 현교 신봉자가 많았고, 그 단속을 위하여 당은 살보부(薩寶府)를 두었다. 장관인 살보는 시정5품(정5품 상당관)이다. 또 기독교 일파인 네스토리우스교도 전해져 경교(景敎)라고 불렸다. 니케아(Nichaea) 종교회의(325년)에서 이의를 주창한 콘스탄티노플의 사교(司敎) 네스토리우스(Nestorius)에 의하여 창시된 것이다. 당에는 635년(정관 9) 이란인 아라본(阿羅本 : 혹은 阿羅斯)을 수반으로 하는 전도단이 들어와 태종으로부터 포교를 허가받았다. 그리고 745년(천보 4)부터 그 때까지 파사사라고 부르던 사원을 대진사(大秦寺)라고 부르게 되었다. 후술하겠지만 한문으로 번역된 성서도 발견되었다. 781년(덕종 건중 2)에 장안의 의령방에 세워진 「대진경교유행중국비(大秦景敎流行中國碑)」를 통해 그 전래와 포교의 발자취를 알 수 있다.

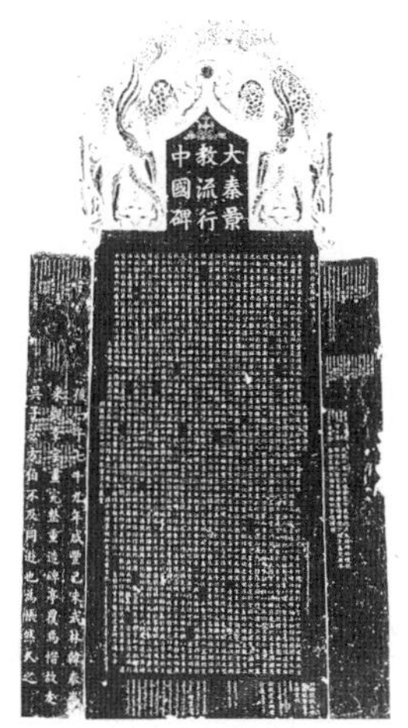

大秦景敎流行中國碑　섬서성 서안

페르시아 호스로 2세 은화

또 3세기 초에 이란인 마니 (Mani, 摩尼)에 의하여 창시된 마니교는 이란의 혼합종교로서 측천시대 무렵에 전해졌다. 20세기 초두 이래 유럽 각국(프랑스·영국·독일·러시아)의 중앙아시아 탐험대에 의하여 투루판(吐魯番 : 신강 위구르자치구) 기타 지역에서 고대 투르크어·소그드어 및 한문 교전(教典)이 발견되었다. 그러나 장안에서는 마니교 유적이 발견되지 않았다.

장안에서는 이란인이 서시에 많이 살았는데, 이시다 미키노스케(石田幹之助)48)는 서시에서 보석을 파는 호상이 있었던 것을 상세히 소개하였다. 또 서안(장안) 근교의 유적에서 사산조 페르시아의 호스로(Husrav) 2세(590 ~627)의 은화, 콘스탄티노플 동로마 제국의 헤라클레이오스(Heracleios : 610~641)의 금화가 발견되어 상호교류가 있었음을 전해 주고 있다.

서시에 사는 호상은 호식(胡食)·호병(胡餅)·호주(胡酒) 등의 이란풍 음식을 팔고, 시중을 드는 호희(胡姬)도 있었다는 것이 이백 등의 시에 명백하게 나타나 있다. 현종 때 뇌물로 축재한 왕홍(王鉷)이 주택의 지붕 위로 물을 끌어올려 흐르게 하는 일종의 냉방장치를 했다는 이야기가 있는데, 이를 '자우정(自雨亭)'이라고 한다. 궁중에도 유사한 장치가 된 양전(凉殿)이 있었다고 한다. 이것들은 로마령 오리엔트에서 기원한 것으로 이란인이 전한 것으로 추측된다.

오아시스 돈황

돈황과 돈황학

돈황은 현재의 행정구획상 감숙성 주천전구 돈황현이며 감숙성이 서쪽으

---

48) 『增訂 長安の春』(東洋文庫), 平凡社, 1967.

로 뻗어나간 서쪽 끝에 위치하며 북경에서 직선 거리로 2000km 서쪽에 있는 오아시스이다. 한무제 때(기원전 2세기 초) 중앙아시아를 경영하기 위한 첨단기지로서 돈황군을 설치한 것을 시작으로, 5호 16국시대에는 당왕실의

돈황 막고굴

선조로 알려진 이고(李暠 : 357~417)가 이 지역에 서량국을 세웠다. 당은 여기에 사주(沙州)를 두었다.

1900년 돈황 시가지로부터 20km 떨어진 천불동에서 방대한 양의 당대 문서가 발견되었다.

1907년(청 광서 33) 이 곳을 방문한 영국의 스타인(1862~1943)은 처음에 불화에만 넋을 빼앗겼으나 곧 이 문서군에 대하여 알게 되었다. 그것은 바닥에서 3m 정도의 높이로 쌓여 있었고 체적은 14㎥나 되었다는 것이다.

두루마리로 되어 있는 이 문서군은 폭이 30cm 길이가 18m에 달하는 것도 있었다. 대부분은 한문으로 된 불교경전이고, 그 밖에 부르만 문자(고대 인도문자)로 쓰여진 것과, 티베트어, 타림 분지의 토착어 쿠차 어, 코탄 어로 된 것도 있었다. 스타인은 이 곳에 많은 돈을 기부하고 나서 문서군의 약 3분의 1을 런던의 대영박물관으로 보냈다. 그 해 말, 후에 동양학의 대가가 된 프랑스의 뻴리오(P. Pelliot : 1878~1945)도 이 곳을 방문하여 한문과 비한문으로 된 약 1만 5천 점의 문서를 파리 국립도서관으로 보냈다. 다음 해 뻴리오는 북경에서 중국학자에게 그 일부

스타인

를 보여줌으로써 큰 소동이 일어나 나머지는 북경으로 옮겨졌다. 그러나 당
시는 청조가 거의 붕괴되어 가고 있던 차라 치안도 불안하여 도중에 짐에서
빼내 팔아버린 것도 있었다. 1911년 돈황을 방문한 일본의 오타니(大谷) 탐
험대도 이들 문서를 일본으로 보냈다. 그 일부가 현재 교토의 류고쿠(龍谷)
대학에 소장되어 있다.

　이 방대한 돈황문서를 이용한 연구를 '돈황학'이라고 부른다. 그 선구는
1909년(청 선통 원년) 당시 북경대학당 교관으로 초빙된 후지타 도요하치
(藤田豊八 : 劍峯, 1869~1929)의 『혜초왕오천축국전전석(慧超往五天竺國
傳箋釋)』이다. 승려 혜초는 신라인으로 바닷길을 통해 인도로 가서 불교를
연구한 후 파미르 고원의 이북지역을 지나 귀국하였다(727, 개원 15). 후지
타의 연구서는 돈황문서 안에서 나온 뿔뿔이 흩어진 혜초의 기행문에 상세
한 주석을 붙인 것이다. 또 하네다 도루(羽田亨 : 1882~1955)는 법화경의『
관세음보살보문품』(觀音經)의 위구르어 번역본과, 돈황문서 가운데 경교의
『성서』마태복음 가운데 '산 위의 가르침[山上垂訓]'의 한문번역본 등을 소
개하였다.

　돈황문서는 워낙 방대하여 처음에는 제대로 정리가 되지 못해, 2차대전
이전에는 런던과 파리를 방문한 학자들의 필사와 부분 사진에 의해서만 소
개되었을 뿐 그 전모가 좀처럼 분명하게 드러나지 않았다. 그러다가 대전
후부터 정리가 진척되고 여기저기에서 견본이 나오기 시작하여, 1962년에『
돈황유서총목색인(敦煌遺書總目索引)』으로 정리되었다. 또한 1952년 이후
대영박물관의 스타인 수집문서는 현재 북경에 소장된 문서와 함께 마이크
로 필름으로 정리되어 연구에 이용할 수 있게 되었다.

돈황과 불교

　돈황은 오아시스 농업을 생업으로 삼는 지역이자 무역의 중계지이기도
하였다. 돈황문서를 통해 보면 이 곳은 불교적 성격이 매우 강하였다고 볼
수 있다. 물론 돈황문서가 천불동에서 나왔다는 점을 고려해야 하겠지만.

　돈황의 인구는 758년(건원 원년) 현재 호수가 4256에 인구수가 16250이며
총 27개의 사원 이름이 보인다. 물론 이 사원들이 동시에 병존한 것은 아니

다. 그렇다 하더라도 인구비례
로 보아 사원 수가 많다. 승·
비구니 숫자는 1천 명 전후로,
16명에 한 명꼴로 승이나 비구
니였음을 알 수 있다. 이것은
장안의 100만 인구 가운데 5만
명이 사원 관계자였다는 추정
과 가깝다. 또 비구니가 남승보
다 많다. 대승니사에는 한 절에
273명의 비구니가 있었던 것으
로 판명되었다.

여기에는 돈황문서 속의 관
문서인 호적49)에 여성이 남성
보다 많고, 동시에 세역을 피하

7세기 중엽의 돈황호족 돈황막고굴, 초당시대

기 위해 남성을 여성으로 신고했다는 것만으로는 설명할 수 없는 무언가가
있다고 생각된다. 더욱이 천불동은 절이 아니라 주지승이 없는 인도의 석굴
사원에 기원을 둔 불감(佛龕)이다. 비구니에 대해서는 소속 사원과 성씨·
법명을 기록한 「패자력(牌子曆)」과, 비구니의 법명 및 출신현·향·성·속
명·연령을 기록한 「승니적(僧尼籍)」도 나오고 있다.

돈황의 절은 시주자가 기부한 토지와 사호(寺戶)에 의하여 운영되었다.
사호에 속하는 장정 190명에게 노역을 할당한 장부도 나왔다. 사호의 장정
을 승려 1천 명의 반수인 500명으로만 잡아도 그 가족수는 2천 명에 달한다.
사호의 장정은 10명 혹은 십수명을 1단(團)으로 조직하고, '단두(團頭)'가 이
를 통할하였다. 문서에는 '거두(車頭)'라고 하는 수레에 관련하는 노역의 책
임자도 나온다. 그 밑에 농경을 가리키는 노역인 '간원(看園)' '원수(園收)',
직위가 높은 승려·비구니의 심부름꾼을 가리키는 '구사(駈使)' '수력(手力)'
이라는 이름도 나온다. 용흥사 부분에는 장정수 43, 단두 3, 차두 2로 기록되

---

49) 관청의 폐지가 된 호적을 불하받아 寫經하였기 때문에 전해진 것이다.

어 있다. 이것은 당시의 경작 형태를 보여주는 귀중한 사료인데, 이 사호의 성격에 대해서는 농노제의 한 형태로 볼 것인지 고용인으로 볼 것인지 등이 현재 문제로 되어 있다.

단 돈황문서는 스타인 문서의 예를 들면, 8012점 가운데 6580점이 불전이다. 오래 된 불전이 적은 오늘날에는 이 불전도 매우 귀중한 것으로, 그 가운데 수문제와 당현종의 탄압을 받아 자료가 남아 있지 않았던 '삼계교(三階敎)'에 대한 자료도 나오고 있다.[50] 또한 대장경에는 포함될 수 없는, 중국에서 위찬(僞撰)된 것도 나왔다.

위찬된 경전은 가치가 없다고 하여 후세에 불교계로부터 배제되어 뿔뿔이 흩어져 버렸지만, 중국불교의 입장에서 볼 때 이 위찬된 경전은 오히려 중국인의 인도불교에 대한 이해와 실천에 대한 회답이고 따라서 소홀히 할 수 없는 것이다. 연구 초기에는 돈황불교 연구가 장안의 중앙불교와의 관계 속에서 이루어졌으나, 최근에는 중앙불교와는 다른 돈황불교의 독자성을 연구하는 방향으로 진행되고 있다. 특히 티베트 불교와의 관계에서 그 독자성이 입증되어 가고 있다.

돈황의 민중

장안의 시장 상인들이 '행'에 가입해 있었던 데 비하여, 돈황의 민중이 '사(社)'에 가입해 있었다는 것이 돈황문서를 통해 판명된 것은 흥미롭다. 사라는 것은 예로부터 토지신을 중심으로 하여 이루어진 지연(地緣)단체이다. 돈황의 사(社)를 통솔 운영하는 관리자는 '사장(社長)'이고, 그 아래로 '사관(社官)' '녹사(錄社)'가 있다. 또한 사는 몇 개의 단(團)으로 나뉘며 단은 대략 10여 명 정도로 구성된다. 이 단에 '단두(團頭)'가 설치된 것은 사호(寺戶)의 경우와 같다. 사에는 '공고관사(孔庫官社)' '항사(巷社)'나 승려만으로 이루어진 사, 속인의 사(社)에 한 사인(社人)으로서 승려·비구니가 가입할 수 있었던 경우라든가 부인만으로 이루어진 사(社) 등 여러 조직이 있었다.

사내(社內)의 규정을 '사조(社條)'라 하고, 그 모범문의 예가 나와 있다.

---

50) 矢吹慶輝, 『三階敎之硏究』, 岩波書店, 1973(재판).

그것에 따르면, 사에서는 길흉의 경조·재해에 대한 상호원조, 불교행사에의 참가가 정해지고, 여기에 따르지 않는 자에 대해서는 장형(杖刑)을 가하거나, 주연일석(酒宴一席)을 벌로서 부과하거나, 기름 1홉을 벌로서 내도록 하는 등이 정해져 있다. 특히 장례식 때 부의금(香奠)으로서 조·보리·기름·땔나무·옷감을 각 사인에게 균등하게 부과한 예가 많으며, 그것들은 전달하기 위해 '사사전첩(社司轉帖)'(회람판)이 이용되었음이 돈황문서 안에서 많이 나왔다. 회람판에는 '열람 완료'를 의미하는 '知'나] 표시도 붙어 있다.

사는 순수 민간단체이지만 사의 관리자가 지방관청으로부터 벌을 받은 실례가 있는 것으로 미루어 행정책임을 묻는 일이 전혀 없었다고는 할 수 없다. 또 간다 기이치로(神田喜一郎)가 소개한 뻴리오 문서 『돈황20영(敦煌二十詠)』[51] 가운데 「안성현영(安城祆詠)」이라는 것이 있다. 현(祆)은 앞서 기술한 조로아스타교를 말하고, 안성(安城)은 지명인데 혹 안국(安國)[52] 출신 사람이 쌓은 성을 의미하는 것은 아닌가 생각된다. 어쨌든 돈황 내의 안성에 현사(祆祠)가 있었고, 여기에는 관에서 물품을 제공한 예가 많았으며 연말의 불제행사에는 화현신(火祆神)이 중요한 역할을 하였다. 현사는 돈황의 한인들 속으로 녹아들어가 융화된 것으로 보인다. 그러나 이 지역에 현사가 있었다는 것은 이란인과 모종의 관계가 있었던 데 기인함을 염두에 두어야 할 것이다.

도쿄 대학의 이케다 온(池田溫) 교수가 뻴리오 문서 가운데 돈황 종화향(從化鄕) 차과부(差科簿)[53]를 연구한 결과에 따르면 다음과 같다. 우선 종화향은 앞에서 말한 안성으로서 돈황현성에서 동쪽 약500m 되는 지점에 있다. 8세기까지 약 300호 1400명이 살았으며, 성씨는 강(康 : 사마르칸드 출신)·안(安 : 부하라 출신)·석(石 : 타슈켄트 출신) 등의 소그드인 혹은 투카리스탄 출신자의 성씨가 대부분이다. 이들 호성(胡姓)을 가진 사람의 이름에도 소그드어로 해석할 수 있는 경우가 40%를 차지하며, 시대가 흐름에

---

51) 『東洋學說林』, 弘文堂, 1948.
52) 부하라(Bokhara). 현재의 우즈베키스탄.
53) 지방 요역노동 할당부로 751년(천보 10) 무렵의 것.

따라 한족식(漢族式) 이름도 많아졌다. 또한 불교가 스며들어 있고 농업에 종사하는 자가 많으며, 상업도 상당한 비중을 점하여 주민의 상하 계층차가 크다. 당왕조의 지배가 일단 미치고는 있지만, 한인취락에 비하면 철저하지 못한 점도 있다. 이 소그드인 취락은 7세기 중엽에 형성되었으나 점차 흩어져 결국 취락도 소멸해 버리고 현사(祆祠)만 그대로 남아 있었다. 이상이 이케다 씨가 밝힌 돈황에서의 이란계 소그드인의 동향과 성쇠이다.

당 전기의 문학·예술

정관시대

당태종 이세민(李世民)은 아버지 고조 이연(李淵)이 기의하기 전인 수대에 18세 때부터 전투에 참가하였고 당왕조 창업 때는 큰 활약을 하였다(618). 이후 고조의 무덕 9년 동안에도 동분서주하며 숨쉴 틈 없이 군사적으로 활약하였다. 그럼에도 전투 틈틈이 문화인으로서의 교양도 쌓아 시작(詩作)에, 습작에 탁월한 재능을 보였다. 일종의 초인적인 사람이다. 지금 남아 있는 「온천명(溫泉銘)」을 통해 왕희지풍의 그의 뛰어난 필적을 알 수 있고, 작시(作詩)는 상관체로서 당시를 풍미한 상관의(上官儀 : 608~664. 고종조에 측천을 배제하기 위한 조칙을 기초한 책임을 물어 재상 자리에서 쫓겨남)에게 사사하여 101수의 작품을 남겼다.

당왕조는 북조계의 관롱집단을 기반으로 홍기하였지만, 태종은 그 수뇌부인 18학사에 남조계 문화인도 기용하였을 뿐만 아니라 남조문화에 심취한 감조차 있다. 무덕시대의 태종 휘하에는 저수량·우세남(虞世南) 등 당시 일류 서예가가 들어 있었는데, 저수량은 태종이 왕희지(307~365) 작품을 수집하는 데 그 감정(鑑定)을 담당하였다. 태종은 왕희지가 활약한 진대의 정사『진서(晉書)』를 스스로 편찬하였는데, 「왕희지전(王羲之傳)」의 논찬은 태종이 직접 쓴 것으로 특징을 잘 포착한 명문이다.

태종은 어떻게든 수장품에 왕희지의 유명한 행서(行書)『난정서(蘭亭序)』를 꼭 넣고 싶어했는데, 마침 왕희지의 7대손인 지영이 그것을 갖고 있다는 사실을 알게 되었다. 지영이 죽고 난 후 『난정서』는 그의 제자 변재가 소유하게 되었는데 태종은 속임수를 써서 결국 이것을 빼앗았다고 하는 유명한 이야기가 있다. 게다가 태종은 죽음에 임박했을 때 황태자에게 이 『난정 서』

岳麓山 麓山寺

를 자신의 묘에 함께 묻어 줄 것을 유언하였다. 그가 왕희지에 얼마나 빠져 있었는지를 잘 보여준다. 그러나 당시의 글씨는 대체로 왕희지의 조술(祖述)로서 특별히 신선미는 부족하다.

태종시대의 회화로는 재상까지 지낸 염립본(閻立本)의 『역대제왕도권(歷代帝王圖卷)』을 들 수 있는데, 이는 중국의 전통화법을 최고도로 발휘한 것이다. 그 모사품이 미국의 보스톤 미술관에 소장되어 있다. 또 태종을 섬기던 코탄(于闐 : 신강 위구르 자치구 우전현) 사람인 위지을승(尉遲乙僧)은 물감의 농도로 물건의 두께와 요철을 표현하는 서방화풍을 전하고, 회화에 신기원을 여는 기초를 만들었다.

시 방면에는 우선 태종의 간신(諫臣)으로 유명한 위징(魏徵)이 있다. 『당시선』의 권두를 장식하는 「술회」는 이렇게 시작한다.

중원에서 또 사슴을 좇으니,
붓을 던지고 전차를 일로 삼는구나.
종횡하는 계략이야 이루지 못했더라도,
강개(慷慨)한 뜻은 여전히 남았어라.54)

위징이 품고 있던 포부를 남자답고 호쾌하게 읊어 당왕조의 신흥 기풍을 표현한 이 시를 "성당(盛唐) 풍격의 기원이 여기에서 발하도다"라고 평하는

---

54) "中原還逐鹿 投筆事戎軒 縱橫計不就 慷慨志猶存 ……".

說書俑 唐, 서안시 출토, 설서는 음률과 대사를 사용하여 시대물이
나 역사물을 이야기하는 문예의 일종

사람도 있다. 그러나 시의 테크닉 면에서는 신선미가 없다는 것이 전문가의 비평이다.

또 수 말기의 사상가로서 『문중자(文中子)』를 저술한 왕통(王通)의 동생인 왕적(王績 : 585~644)은 미관말직을 내던지고 은퇴한 도연명(365~427)류의 시인으로, 당시로서는 보기드문 민간시인이었다. 작위적 느낌을 주는 기교를 피하고 자연스러운 시가 많아 어느 정도 새로운 경지를 보여준 것으로 평가된다. 이 밖에도 더 있었을 것이나 태종 주변에 있던 사람들 이외의 것은 자료가 없어 파악이 되지 않는다.

측천시대

현종조에 활짝 꽃을 피운 당시(唐詩)의 기초를 마련한 시인은 왕발(王勃 : 648~675)·양형(楊烱 : 650~695?)·노조린(盧照隣 : 637~689?)·낙빈왕(駱賓王 : 640~684?)의 초당 4걸(初唐四傑)이라고 불리는 사람들로, 이들은 고종대에 활약하였다.

태종으로부터 고종 초기에는 상관의의 상관체가 주류를 이루었지만, 신선미는 없었다. 초당 4걸은 조정과 인연이 없지는 않으나 일단 벼슬한 후 세상에 받아들여지지 못하고 좌천당하여 지방에서 살았던 비슷한 경력을 갖고 있다. 이들은 시인이 '궁정시'로부터 독립해 나가는 과정을 보여주는 예로서도 주목된다.

낙빈왕이 측천의 전권을 타도하기 위해 일어선 서경업의 반란에 참가한 것은 앞서 기술하였다. 한편 왕발은 오언율시의 완성에 큰 역할을 한 인물로 기백이 넘쳐났고 이 점에서는 양형도 마찬가지이다. 노조린과 낙빈왕은 장편인 칠언가행(七言歌行)에 뛰어났다. "산하 천리의 나라, 구중궁궐의 문,

황거(皇居)의 장대함을 보면, 어찌 천자의 존귀함을 모르겠는가"로 시작되
는 낙빈왕의 유명한 「제경편(帝京篇)」은 98구 614자로 이루어진 잡언체 칠
언이다. 전반에는 장안의 장려한 겉모습으로부터 시작하여 그 곳에 사는 황
족귀인과 호탕한 풍류객들의 호사스러운 생활과 연애를 묘사하고, 후반부에
서는 논조가 싹 바뀌어 그들의 영화가 덧없는 것이고 영화로운 삶 뒤에 남
겨진 사람들의 불행을 호소하는 말로 끝맺고 있다.

측천의 정치에 대해서는 다양한 평가가 이루어지고 있다. 그러나 적어도
문화적인 면에서는 궁정중심이기는 하나 상당한 업적을 쌓은 것은 분명하
다. 과거의 한 과정인 진사과에 시를 정착시킨 것도 측천으로 보이며, 이것
을 당시(唐詩)의 개화 원인으로 보는 사람도 있다. 또 유·불·도 3교의 설
을 집대성하여 1300권에 이르는 방대한『삼교주영(三敎珠英)』의 편찬을 명
한 것도 결과야 어찌됐든 그 열의는 대단한 것으로 평가받고 있었다.

측천시대의 시인은 궁정사람들로 이루어져 있다. '문장의 4우(四友)'로 불
린 이교(李嶠 : 644~713?)·소미도(蘇味道 : 648~705?)·최융(崔融 : 652~
705)·두심언(杜審言 : 648~708)이나 '심·송'이라고 나란히 불린 심전기
(沈佺期 : 656~714)·송지문(宋之問 : 658~712)이 대표적인 인물이다.

두보의 조부에 해당하는 두심언은 오만한 인물로, 죽음에 임박해서 송지
문 등이 문안을 가자 "내가 건재했을 때는 자네들을 유유히 눌렀는데 이제
나는 죽네. 나를 대신할 인물이 없음이 한스럽네"라고 했다고 한다. 두보의
거만한 풍채도 이 조부로부터 이어받은 것일지 모른다. 심전기는 칠언율시
의 정형화에 공헌하였고, 송지문은 오언율시에 뛰어났다. 그러나 이 두 사람
은 처음에는 측천의 총신인 장이지의 환심을 사고 장이지가 실각하자 무삼
사에게 환심을 사고 이어 태평공주에게 아첨하는 등 인간적으로 바람직하
지 못한 면도 있었다.

측천의 필적으로는 앞서도 언급한 「승선태자(昇仙太子)비」가 남아 있다.
본문은 예서체(隸書體)의 붓놀림이 담긴 초서(草書)로 되어 있는데, 상부의
비문 머리는 비백(飛白)이라고 하는 서체(먹물의 양을 적게 하여 스치고 지
나가듯 흰 줄이 생기게 쓴 것)이고, 그 위로 새의 형상을 한 장식이 있으며
이는 정교하게 제작되었다. 승선태자는 백학을 타고 승천했다고 전해지는

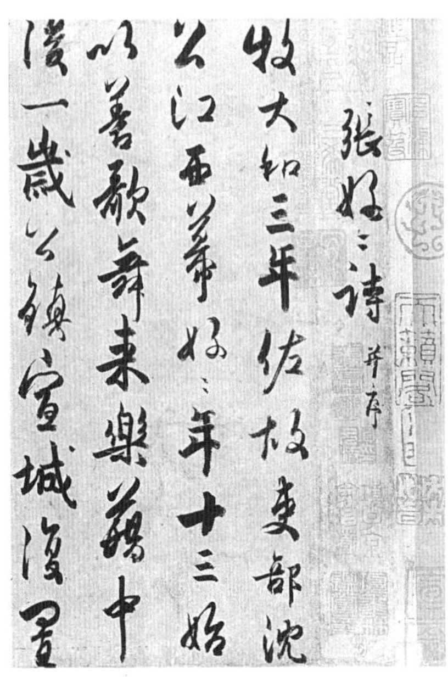

杜牧 張好好詩

주 영왕(周靈王)의 태자 진(晉)으로, 당시 장이지의 동생 장창종은 그의 후신으로 일컬어지고 있었다. 이 비백은 현종대에 장욱(張旭)의 광초(狂草) 등으로 대표되는 새로운 서풍의 선구가 되었다. 또 측천이 실시한 과거를 통해 등용된 장열이 현종조 초기의 재상이 된 사실도 주목할 만하다.

당시(唐詩)의 개화

현종의 즉위와 함께 당의 문화는 찬연히 그 꽃을 피웠다. 현종 자신이 예술적 소질이 풍부한 사람이었던 점도 여기에 영향을 끼쳤을 것이다. 성당(盛唐)시기라 불리는 이 당시의 대표적인 시인은 말할 것도 없이 이백과 두보인데, 그들이 활약하기 이전 상황부터 살펴보자. 오가와 다마키(小川環樹)는 이를 두 가지 경향으로 나누어 살폈다.

제1군은 왕유(王維 : 701~61)와 맹호연(孟浩然 : 689~740)으로 둘 다 자연의 풍경에 젖어살며 한적한 분위기를 사랑하였다. 왕유의 시는 일반적으로 불교적 요소에 강하게 영향받은 것으로 평가된다. 맹효연의 경우는 대관에까지 올랐던 왕유와는 달리 양양(襄陽 : 호북성)에서 일생을 보냈다. 지방에 살면서도 일류 시인으로 꼽힌 것으로 미루어, 현종시기의 문화가 지방으로까지 널리 확산되어 갔음을 알 수 있다.

왕유의 시 중 「녹채(鹿柴)」(왕유의 별장인 망천장 안의 20景 가운데 하나를 읊은 것)를 감상해 보자.[55]

---

55) 임창순, 『唐詩精解』, 소나무, 1999, 42·36쪽 참조.

空山不見人 　 빈산에 사람은 보이지 않고
但聞人語響 　 말소리의 울림만 들릴 뿐이네
返景入深林 　 노을이 되비치는 깊은 숲에 들었다가
復照靑苔上 　 다시금 푸른 이끼 위로 비추네

정적 속에 그림같은 아름다움이 있고 "시 속에 그림이 있고, 그림 속에 시가 있다"고 하는 시화일여(詩畵一如)의 경지가 훌륭하게 표현되어 있다.

맹호연의 시로는 저 유명한 「봄날 새벽[春曉]」을 보자.

春眠不覺曉 　 봄잠에 날 새는 것도 몰랐는데
處處聞啼鳥 　 여기저기서 새 우는 소리가 들리는구나
夜來風雨聲 　 간밤에 비바람 소리 요란스러웠건만
花落知多少 　 꽃은 또 얼마나 떨어졌겠는가

짧은 언어 속에 심오한 풍미를 잘 표현하고 있다.

제2군은 잠삼(岑參 : 715~70)과 고적(高適 : 702~65)을 중심으로 한 집단이다. 이들은 중국 변경의 이국적 풍물과 생활을 묘사한 데 그 특징이 있다. 이 일례로 잠삼의 「호가가(胡笳歌)—안진경(顔眞卿)이 사신으로 하롱(河隴)에 부임하는 것을 송별하며」의 일절을 들어 보자.

君不聞胡笳聲最悲 　 그대 들리지 않는가, 피리 소리가 저리도 서글픈
　 　 　 　 것을
紫髥綠眼胡兒吹 　 자줏빛 수염 푸른 눈의 호인이 피리를 부네
吹之一曲猶未了 　 아직 한 곡을 채 불지 않았는데도
愁殺樓蘭征戍兒 　 서글픔이 누란의 정수군에게 저며 들어가는구나

이 시에서는 '자줏빛 수염 푸른 눈[紫髥綠眼]'이라 하여 아리아계 인종이 등장한다. 누란은 한대 때 서역지방인 롭놀의 북쪽에 있었다. 호인이 불었다는 갈대잎을 말아 만든 호가(胡笳)라는 피리는 예로부터 알려져 있었지만, 잠삼은 탈라스 전투에서 패한 안서절도사 고선지의 서기로서 중앙아시아까

李白

지 가서 실제로 호가 소리를 들었을 것이다.

당왕조는 순수한 한민족 왕조와는 달리 북조적, 즉 북방유민적 요소를 다분히 가지고 있었다. 위의 시의 제목과 소재는 당왕조의 세계성을 엿보게 해 주며 이러한 세계성에 익숙한 시인집단이 이 시대에 활약하였다.

이백과 두보

이백과 두보에 대한 기술은 너무나도 많아 모두 언급할 수는 없고, 여기서는 그들의 가계에 대해서만 약간 언급해 두겠다.

이백의 전기와 가계에 대해서는 거의 판명되어 있지 않다. 혹 당 황실의 선조와 마찬가지로 농서 성기(隴西成紀 : 감숙성 천수현) 사람으로, 5호16국시대의 서량의 무소왕(武昭王) 이고의 자손이라고도 전해지지만 확증은 없다. 혹은 면주(사천성) 장명현 청련향 사람이고 그 때문에 청련거사(靑蓮居士)라고 불렸다고도 하고 산동 사람이라는 설도 있지만 아버지의 이름조차 알 수 없다. 아버지는 서방 이민족의 거주지에서 이주해 온 대상인이었던 듯하다.

이백은 어렸을 때부터 기억력이 비상했지만, 일반 사람과는 달리 그 재능을 써서 과거시험을 치려고 하지 않았다. 오직 독서에만 열중하는 한편 검술과 유협(의협심이 있는 사람)을 좋아했다. 25세 때부터 호북·호남·강소·산동 등을 두루 돌아다니다 42세 때 현종의 부름을 받아 3년간 벼슬하였지만, 궁정사람의 원한을 샀기에 수도에서 추방당하였다. 이렇게 보건대 이백은 완전히 자신의 재능만으로 대시인이 되었고 가문적인 배경 등은 전혀 없었다고 생각된다. 그리고 이를 통해 시작(詩作)이 이미 상류계층의 소유물이 아니라 민중의 저변으로까지 침투하고 있었음을 알 수 있다. 이백 시의 특징은 '시선(詩仙)'이나 '적선인(謫仙人 : 하늘에서 추방된 선인)'이라고 불리듯이 신선을 이상으로 삼았는데, 이를 고체시(古體詩)라고 하며 절구에서 정교하게 표현하였다.

두보는 먼 조상으로 서진시대에 문무 양쪽에서 활약한 두예(222~284)가 있고 조부는 앞서 언급한 두심언이었다. 외가쪽의 조모가 당 황실의 의양군왕 종(悰 : 태종의 손자)의 딸이고 외할머니도 당고조의 아들인 서왕 원명(元名)의 외손녀로서 외가쪽이 이중으로 당 황실과 연결되어 있었다.

이백은 서방에서 이주해 온 상인의 아들이고 두보는 외가쪽으로 당 황실과 연결되어 있었다. 이백과 두보는 그 가계로 보더라도 당대사를 상징하는 뭔가가 있는 것으로 느껴진다.

두보는 율시에서 탁월한 재능을 발휘하고, 그 정신은 이백과는 반대로 침울하고 저음풍으로 민중의 고뇌를 표현하였다. 또한 두보는 한편으로 관리가 되어 민중의 고통을 없애 주고자 하는 의욕을 다분히 갖고 있었지만 이는 성공하지 못하고 위정자에 대한 비난을 시를 통해 표현하는 데 머물렀다. 그는 안사의 대란을 몸으로 체험하며 이곳저곳을 가족과 함께 떠돌면서 그러한 시풍을 더욱 심화시켜 마침내 대시인으로 우뚝 서게 되었다.

현종과 여러 예술

현종은 선천적으로 예술가적 소질이 풍부하였을 뿐만 아니라, 초인간적이었던 이전의 황제들에 비해 극히 인간적이었다. 수많은 비빈 가운데 마지막에는 양귀비에게만 애정을 쏟고 그로 인하여 거의 망국의 군주가 되다시피 했음에도 불구하고, 민중이 그에게 친근감을 느끼는 것은 현종의 인덕 때문이라고 할 수 있다. 그는 자신의 적나라한 인간성을 민중 앞에 드러내고, 황제이면서도 개성을 표현한 드문 인물이라고 해야 할 것이다.

이것이 시성 두보를 낳고, 또 왕희지풍의 귀족적인 서예에서 씩씩하고 굳센 안진경(709~785. 안사의 난 때 당왕조 측에서 분투)의 서예를 낳은 원인

陶伎樂女俑

이 된 것은 아닐까.

회화 방면에서는 오도현(吳道玄)이 등장하여 신기한 붓놀림으로 대벽화를 완성하고, 종래의 전통적인 화법을 완성의 경지로까지 발전시켰다. 당황족 출신인 이사훈(李思訓 : 718년 사망)과 그 동생인 이사회(李思悔), 그리고 사회의 아들인 재상 이림보 역시 산수화에다 자연의 실감을 담는 데 성공하였다. 시인이자 화가였던 왕유(王維)는 종래의 산수화에 운연(雲煙)이 감도는 고요하고 깊은 경지를 개척하여 새로운 생명을 불어넣는 데 성공하였다.

현종은 음악에도 뛰어난 재능을 발휘하였다. 스스로 연주를 하고, 궁정음악에 새로운 활력을 불어넣었으며 종래의 태상사 소속의 음악 외에 이원(梨園)·교방(敎坊)·이부기(二部伎)·사부악(四部樂)을 만들어 거기에 호악·속악을 받아들였다. 특히 천축기(天竺伎 : 인도), 구자기(龜玆伎 : 쿠챠), 고창기(高昌伎 : 투루판), 강국악(康國樂 : 사마르칸트) 등 서방의 음악을 받아들여 중국의 음악을 획기적으로 진보시켰다.

7. 수·당전기 통치체제의 파탄

촌락의 변화

성당(盛唐)의 그늘

당왕조 290년 가운데 8세기 전반의 대부분을 군림한 현종(재위 712~756)의 치세는 연호를 따서 '개원천보('開元天寶)의 치'라고 불리며 성당(盛唐)으로 칭송받고 있다. 중국의 전통문화면에서 보면, 두보·이백으로 대표되는 시작(詩作) 활동이 중국에서 시의 전성기를 출현시켰고, 오도현(吳道玄), 이사훈(李思訓)·이소도(李昭道) 부자, 왕유(王維 : 701~761) 등이 중국 회화사에 산수화라는 새로운 장르를 개척하였으며, 서도에서는 안진경(顏眞卿 : 709~786)이라는 걸출한 인물을 배출하였다. 또 백낙천은 「장한가(長恨歌)」에서 현종과 양귀비(719~756)의 애정을 이야기했고, 장안에서는 귀족들의 호사스럽고 화려한 생활이 펼쳐졌다. 한편 당왕조가 갖는 세계제국적·국제적 성격의 구체적인 표현으로서 일본·신라·발해 등 많은 동아시아 제국 사람들이 당으로 건너왔을 뿐만 아니라, 서방의 여러 민족과 종교를 포함한 여러 문화가 유입되어 이국적 분위기를 띠고 있었다.

이것들은 확실히 현종기를 화려하게 치장하고 있다. 호구수를 보더라도 국력이 크게 충실해져 '정관의 치'라고 불린 태종시기(626~649)에 300만 호 이하였던 것이 현종시대인 726년에는 호구수 707만 호에 인구는 4142만 명에 달하였다. 안사의 난이 일어나기 전해인 754년에는 당대를 통해서 가장 많은 호구수 920만에 인구는 5,280여만 명이었다.

이렇게 보면, 현종시대는 당왕조에서 가장 지배력이 충실한 시기였다는 인상을 받는다. 그러나 그 말기에는 두보가 「수도에서 봉선현으로 부임할 때의 영회(詠懷) 5백자」에서 날카로운 시인의 감각으로 "주작문에는 술과 고기 냄새가 진동하는데 길에는 얼어죽은 뼈가 널려 있네"라며 사회의 모순을 읊었고, 또한 안사의 난이 일어나 성당의 그늘에서 번영을 허물어 버리는 움직임이 나타나고 있었다.

부자연스러운 호구통계

호구수는 압도적 다수를 자랑했지만, 그 가운데 정남(丁男)에 속하는 21세부터 59세까지의 서민남자가 차지하는 비율은 이상하게 적었다. 정남이야말로 조용조와 부역의 부담자로서 당왕조가 가장 중점적으로 지배한 사람들이었다. 관헌에 의하여 호적에 들어가 당왕조의 지배하에 놓여 있으면서도 조용조를 바칠 필요가 없는 사람을 불과구(不課口)라고 하고, 불과구밖에 없는 집을 불과호(不課戶)라고 불렀다. 법적으로 불과구로 인정받는 것은 관료, 20세 이하이거나 60세 이상의 남자, 폐질이라고 불린 신체장애자, 일반 여성, 미망인, 천민신분의 부곡·객녀·노비 등이었다. 이에 반해 정남은 과구이고, 정남이 한 명이라도 있으면 그 집은 과호였다. 따라서 불과호에는 정남이 한 사람도 없다는 말이 된다.

그런데 755년의 891만 호 가운데 40%나 되는 약 356만 호가 불과호이고 인구로 보면 5292만 명 가운데 실로 84% 이상이 불과구였다. 그 다음 해 안사의 난이 일어난 해에도 호구수에서 점하는 불과호의 비율은 거의 비슷했다. 인구의 태반은 여성이므로 불과구의 비율이 어느 정도 높아지는 것이야 당연하지만, 거기에 법적으로 조용조 등의 부담을 면제받은 자를 더한다고 하더라도 불과호구의 비율이 이처럼 지나치게 높다는 것은 자연스럽지 않다.

부자연스러울 정도로 불과호구가 많은 이러한 호구 통계는 어떻게 생겨난 것일까. 우선 무주(武周)시대(690~705) 때부터 과거를 치르지 않아도 서민에게 하위관품을 주는 예가 있었는데 이것이 현종시대에까지 계속된 경우를 생각할 수 있다. 관직을 받으면 물론 조용조 등을 면제받는다. 그러나 관직을 받는 대상은 주로 자산을 가진 서민 즉 지주부농층이었고 아무리 관품을 남발하였다 하더라도 압도적인 다수를 차지하는 소농민이 혜택을 받았을 리 없다. 따라서 이는 불과호구의 비율이 높은 이유를 충분하게 설명해 주지 못한다. 실제로 주된 이유는 농민이 조용조와 관계없는 20세 이하의 남자와 여자를 많아지게 하는 형식으로 가족구성을 그대로 호적에 기입하지 않은 데 있다.

20세기 초 프랑스인 동양학자 뻴리오와 영국인 고고학자 스타인 등에 의하여 현종기의 호적이 돈황(감숙성 돈황현)에서 발견되었다. 그 가운데 가족구성이 완전히 기재된 30개 정도의 호적을 보면, 총 212명 중 여자가 138명인 데 비해 남자는 74명이고 더욱이 정남은 33명밖에 없다. 이 숫자는 호구통계와 대응하고 있다.

한 마디로 말해 이상의 호구수는 당왕조가 파악한 숫자이고, 실제의 호구수는 아니다. 754년의 경우에도 당 중기의 관료로서 학자인 두우(杜佑 : 735~812)는 중국 역대 제도의 연혁을 기술한 명저『통전(通典)』(200권)에서 실제 호구수는 적어도 1300만에서 1400만이라고 추정하고 있다. 그렇다면 4호에 1호, 350만 호 이상이 당왕조의 지배 밖에 있었다는 것이 된다. 그리고 이들 가운데는 관헌의 눈을 피한 일부 자립소농민도 포함되어 있었겠지만 대부분은 귀족·관료·사원·도관 외에, 서민이 신흥지주층 등의 대토지소유자 밑에 예속되어 당시 장객·전객이라고 불린 소작농민으로 탈바꿈한 자들이었을 것이다.

도호(逃戶)의 끊임없는 발생

진한 이래의 여러 왕조는 갖가지로 국가부담을 부과하여 왕조의 기초를 확립하기 위해 일관되게 호적을 작성하여 인민을 파악하고자 하였다. 전한 시대인 기원후 2년의 매우 오랜 시대부터 여러 왕조의 호구통계가 기록으로 남아 있는 것도 바로 이러한 이유에서이다.

어쨌든 호적에 현재의 가족구성을 속이고 부담을 기피하는 것은 지배에 대한 하나의 저항법이었지만, 호적에 의한 인민파악 그 자체를 부정하는 것은 아니었다. 보다 철저한 저항은 호적에 기입된 주소, 즉 본관에서 관헌의 눈이 닿지 않는 곳으로 도망쳐 도호(逃戶)가 되는 것이었다. 그러나 도호가 된다는 것은 그 때까지 함께 생활하고 상부상조해 온 마을사람들과 떨어져, 생활의 전망도 없고 안면도 없는 타향에서 새로운 생활의 터를 구하지 않으면 안 되는 것이었기 때문에 농민에게는 쉽지 않은 결단을 강요하는 것이었다. 도호는 고립분산적인 저항법이긴 하였지만 호적에 의한 파악을 뿌리로부터 부정하는 것이었다.

원래 율(처벌법)에서는 과호(課戶)가 도망한 경우 도망한 지 하루이면 태형30대, 최고형은 도형3년으로 정해져 있었다. 그러나 당왕조는 이 같은 처벌을 무시하고 지방관을 독려하여, '괄호'라고 해서 어떻게든 도호를 붙잡아 그들을 다시 지배체제 아래 편입시키는 정책을 강력히 추진하였다. 이 괄호정책은 앞서 기술하였듯이, 측천정권 때부터 활발히 진행되어 현종시대의 723년 전후에 행해진 우문융(?~729)의 괄호에서 정점에 달하였다. 이 때 우문융은 80여만 호를 괄호하였다고 한다. 이 안에는 우문융의 권세에 아첨하여, 지방관이 도호가 아닌 자를 도호라고 보고한 경우도 꽤 포함되어 있었다고 한다. 어쨌든 그 2년 후 호구조사에서 전국의 호구수는 약 707만 호에 달했고 그 안에는 2년 전에 괄호된, 이전의 도호까지 포함되어 있었을 터이므로 9호 가운데 1호는 도호였다는 말이 된다.

이렇게 많은 도호가 생기고서는 일일이 처벌을 할 수도 없었고, 다시 도호가 될 것을 우려한 당왕조는 도호를 본관(本貫)으로 되돌리는 방침인 측천 때의 괄호제를 포기하고, 도망친 곳에서 도호가 그대로 정주하는 것을 인정하였다. 즉 수·당전기 통치체제는 원칙상 주호(主戶 : 토호·편호)로서의 농민을 본관에 거주시켜 이동시키지 않았지만, 그 원칙을 버리고 객호(客戶)라고 해서 본관 이외의 지역에 살면서 당왕조의 지배 아래 편입되는 것을 법적으로 인정하게 된 것이다. 게다가 이러한 객호에게는 조용조보다 가벼운 세를 부담케 하였다. 확실히 당왕조는 종래의 수·당전기 통치체제에서 후퇴하지 않을 수 없었던 것이다.

그런데 도호가 빈발한 곳은 당왕조에게 가장 중요한 장안(섬서성 서안시)과 낙양(하남성 낙양시)을 연결하는 선을 중심축으로 하는 지방이었다. 당왕조가 인구에 비해 경지가 충분하여 균전법규상 정남에게 구분전 80무(1무는 580평방미터)를 급부할 수 있는 지역을 관향(寬鄕)이라 하고, 이에 대해 인구밀도가 높아 80무의 절반인 40무밖에 지급할 수 없는 지역을 협향(狹鄕)이라고 불러 구분하였다는 것은 앞 장에서 기술한 바 있다.

이 구별에 의하면, 앞에서 언급한 지방은 말할 것도 없이 협향으로서 40무조차 보유할 수 없는 농민이 많은 곳이었다. 게다가 이 지방의 정남들은

여러 부담, 그 중에서
도 가혹한 부병역을 중
점적으로 졌다. 그러다
보니 당왕조가 가장 중
요시한 지방에서 도호
가 특히 빈발하게 되었
던 것이다. 도호의 빈
발은 결과적으로 농민
의 생활의 터인 촌락에
변화를 가져왔다. 다음

成都 이천년의 역사를 자랑하는 사천성의 古都. 新舊가 잘 어우
러져 있다

에서 이 변화의 모습을 구체적으로 살펴보도록 하자.

파현(破縣)

광대한 당왕조의 영역은 기미주를 제외하고 350개 정도의 부·주(府州)
로 구성되어 있었다. 부는 주 가운데 중요하다고 여겨진 곳을 승격시킨 것
이었는데, 예를 들면 장안을 중심으로 한 일정 구역은 경조부(京兆府), 낙양
을 중심으로 한 구역은 하남부(河南府)였다. 부·주의 하급 행정구역이 현
이고, 현은 1550개 정도 존재하였다. 따라서 하나의 부나 주는 평균 4개 정
도의 현으로 이루어져 있었는데, 경조부 등은 호구수도 많았고 20개 현 정
도를 관할하에 두었다.

경조부와 서쪽으로 이웃한 지역은 기주(岐州)로서, 이 곳은 나중에 기술
하게 될 안사의 난이 있던 757년에 당왕조 측이 반란군으로부터 장안과 낙
양을 탈환했을 때 주에서 부(府 : 鳳翔府)가 되었다. 동시에 기주의 통치기
관 소재지는 장안·낙양을 비롯하여 안사반란군의 장안점거로 현종이 도망
갔던 성도(成都 : 사천성 성도시), 고조 이연(재위 618~626)과 태종 이세민
(재위 626~649) 부자가 당왕조를 건설하기 위한 군사를 일으킨 태원(太原
: 산서성 태원시)과 함께 5경 가운데 하나가 되고 평균보다 많은 9현으로
이루어져 있었다. 이것으로 알 수 있듯이 기주는 당왕조의 중요한 행정구역
가운데 하나이고 협향이었다. 이 기주 소속의 9현 가운데 하나로 장안의 정

서쪽으로 약100km 떨어진 곳에 미현(郿縣 : 협서성 미현)이라는 현이 있었다. 광대한 당왕조의 영역에서 본다면 이 현은 황제의 본거지라고 해도 좋을 것이다. 이제부터 이 현을 구체적인 예로서 들어보겠다.

중국의 역사를 파악할 때 주된 소재를 제공해 주는 것은 관료 등이 편찬한 문헌인데, 여기에는 현과 촌락 같은 작은 지역에 대한 상세한 기록은 거의 없다. 단지 당대에 한해 말하면, 중국 서북부의 돈황과 투루판(신강 위구르 자치구 투루판현)에서 호적을 포함한 많은 고문서가 발견되어 편찬물로는 파악하기 어려운 사실을 보여주고 있다. 돈황에서 발견된 이러한 고문서 안에 마침 현종 중기인 736년 무렵 미현의 한 관료가 현의 관할 상황을 꽤 극명하게 밝힌 내용이 들어 있다.

이 관료는 고문서 속에서 "미현 사람은 '피인(疲人)'이라고 불렸고, 경지가 있어도 생계를 꾸려 나가기 어렵고, 날마다 토지를 침해당하여 상실했으며, 병역과 그 밖의 국가부담에다 기근과 역병이 덮쳐 결국은 도호가 되어 유망해 버린다"고 지적하고 있다. 그리고 이 같은 상황 아래 놓인 미현을 '파현(破縣)'이나 '파읍(破邑)' 등의 용어로 표현하고 있다. 수·당전기 통치체제를 지탱하고 국가부담을 담당하는 존재가 자영소농민이었으므로, 이 관료는 소농민의 몰락과 도호화를 보며 이러한 일이 있어서는 안 된다며 강한 관심을 나타내고 있다. 어쨌든 토지를 침해당하고 몰락하는 소농민이 존재했다는 것은 한편으로는 소농민의 토지를 침범하는 대토지소유자, 즉 호족이 존재하였다는 말이 된다.

재지호족과의 호조(互助)관행

이 문서 속에는 그러한 호족 중의 하나인 송지(宋智)라는 인물이 등장하는데 그 일족은 모두 노리(老吏)가 되어 침탈한 토지가 매우 많다고 되어 있다. 노리란 노련한 서리를 뜻한다. 서리는 과거에 합격하여 중앙에서 지방에 부임하여 수년간 과실없이 근무하여 영전하는 관료와는 달리, 그 고장에 생활근거를 두는 사람이 뽑혔다. 서리는 아무리 오래 근무해도 관료는 될 수 없고 언제까지나 그 밑에서 일하는 하급관료일 뿐이었다. 그러나 그 고장의 토착인이기 때문에 과거 출신 관료와는 달리 마을사람들과 관계가 깊고 재지성(在地性)이 강한 존재였다. 따라서 현과 같은 지방행정에서도 실정을 충분히 파악하고 있던 것은 서리였다. 과거 출신 관료는 시문을 주로 하는 과목과 용모·말투 등을 보는 시험에 합격한 자로서 근대 관료와는 성격이 많이 다르고 전문가 출신의 고급관료가 아닌 까닭도

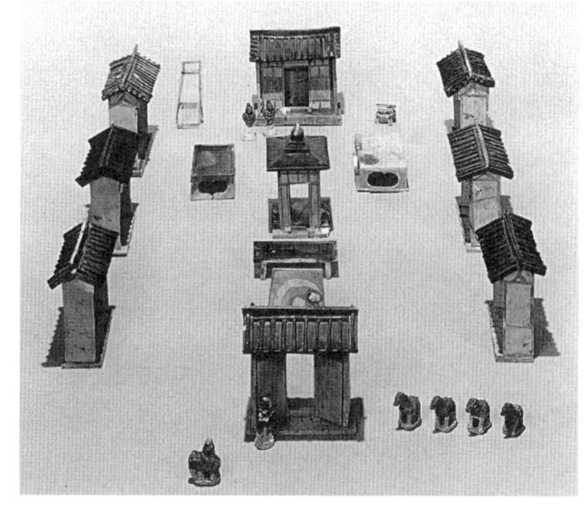

三彩建築模型 唐, 섬서성 東川市 당묘 출토, 높이 18~ 21cm, 唐代의 전형적인 전원주택으로 사실성이 높다

있어서, 두우가 "실권은 서리가 장악했다"고 말할 정도이다.

송지 일족이 서리가 되었다는 것은, 당왕조 권력에 지배당하는 쪽이 미현의 행정에 참여하여 당왕조의 권력을 행사하는 지배자로 전환했음을 의미한다. 아마 이렇게 당왕조의 지방통치기관에 참가하는 것을 기화로 삼아 소농민의 토지를 침탈하였을 것이다.

이 송지가 같은 촌락공동체 안에서 방정(防丁)이라는 국경경비에 임할 병사로 징발된 빈농을 위하여 그 병사가 야영에 사용할 털로 만든 군장품을 다른 집과 공동으로 제공하는 일을 거부하였다. 공동체 안에서는 여비 보태기(資助)라고 해서 병사로 징발된 농민에게 홑겹옷과 겹옷 등 여러 가지 군장품을 제공하여 경제적으로 원조해 주었는데, 이것도 그 가운데 하나였다. 아마 여비 보태기라고 하는 것은 출정병사의 경우에 한하지 않고 여러 면에서 마을사람들인 촌락공동체 성원의 몰락을 막기 위해 생겨난 서로 돕는 관행일 것이다. 당왕조가 인보제라고 해서 연대책임을 지워 지배하는 방법을 제정한 것도 이 같은 관행과 무관하지 않으며 권력 측이 이용한 것으로 추측된다.

양모섬유를 압축해서 만든 군장품의 제공은 마을사람들의 합의를 거쳐 결정된 사항이었다. 일반적으로 공동체에서는 공동체 성원과 관련된 중요한 사항에 대해서는 성원인 촌인들의 협의로 결정하였다. 이것도 하나의 관행

이었을 것이다. 예를 들면 이 문서 속에는 방정으로 징발된 농민에게 군장품을 원조할 집을 정한 것이나, 후술하게 될 지세와 초세(草稅), 병역의 할당 등 합의를 통해 결정된 사항들이 나타나 있다.

합의로 결정되었다는 것은, 대부분이 소농민이었던 공동체 성원이 자신들과 관련된 중요한 사건의 결정에 의견을 표명할 수 있었음을 의미한다. 그러한 의미에서 원래 공동체 성원은 공동체 내에 존재했고, 서로 동등한 존재로 간주되었다고 할 수 있겠다. 이 같은 공동체에 대하여 당왕조는 100호를 기준으로 하여 리(里)라고 하는 최말단 행정구획을 설정하고, 그 책임자인 리정(里正)을 리 안에서 선출하여 농민을 파악하려고 하였다. 이러한 농촌·농민의 존재에 대응하는 지배형태가 수·당전기 통치체제이고, 또한 조용조적인 국가부담을 지게하는 것이었다.

송지는 대토지소유자였으므로 군장품의 제공이라고 하는 경제적 부담을 지지 못할 리 없었다. 그런데도 그것을 거부한 것은 왜일까? 게다가 거부방식이 매우 거칠어, 현관 이상의 관료에게 심한 노여움을 표하며 마치 장리(長吏)처럼 손가락질하였다고 한다. 이 같은 거부방식에는 일족이 서리라는 점도 작용했을 것이다. 군장품을 제공하라고 배당받았다는 것은 송지도 또한 공동체 내에서 하나의 성원으로서 취급되었다는 말이고, 거부하였다는 것은 서로 도우면서(互助) 살아가자는 관행에 의거한 공동체 성원의 총의에 따르지 않았다는 말이다.

요컨대 송지는 대토지소유자로 상승하는 과정에서 자신을 일반 공동체 성원인 소농민과 마찬가지로 취급하는 공동체의 관행을 거부하고, 소농민과는 단절되어 촌락에 대하여 권세와 위력을 갖는 존재로서 자기를 주장한 것이다. 그뿐 아니다. 일족이 서리로서 지방통치기구를 책임지고 있었으므로, 당조로서는 잠시도 소홀히 할 수 없는 국경경비의 담당자인 방정을 순조롭게 국경주둔지로 보내는 것이 그들의 역할이었을 것이다. 그런데 그것을 촉진하기는커녕 여비 보태기[資助]를 거부하였으므로 이는 자신의 역할을 거부한 것이고, 나아가 이 행동은 당왕조의 국경경비체제에 지장을 초래하게 된다.

게다가 이 때는 이미 관헌이 여비 보태기의 관행에 개입하고 있었기 때문에 여비 보태기가 법적 규제를 받고 있었다. 따라서 송지의 행동은 자신을 소농민과 동등하게 취급하려는 관헌에 반항한 것이 된다. 이는 바로 농민을 동질한 존재로서 파악하는 지배이념을 갖는 수·당전기 통치체제 그 자체를 부정하는 것으로도 연결된다. 말하자면 송지 일족은 공동체의 규제와 그에 대응하는 지배형태인 수·당전기 통치체제를 이중으로 부정한 셈이 된다.

반면 송지 일족이 한층 강화시키고 있었던 것은 족적 결합이었다. 사적 결합 가운데 족적 결합은 가장 원초적이고 간단한 것인데, 족적 통합의 강화는 특히 한 체제가 파탄·붕괴되고 아직 새로운 체제가 확립되지 않은 단계에서 가끔 보이는 것으로서 이 때만의 특유한 역사적 현상은 아니다. 수·당전기 통치체제를 꿰뚫고 있는 것은 공적인 통속관계이다. 그 파탄과 붕괴과정에서 사적 결합 혹은 사적인 주종관계가 지배질서로서 역사의 표면에 등장한 것이고, 송지의 예는 그 하나의 표출이라고 볼 수 있다.

소농민과 호족

공동체 규제에서 벗어나고자 하는 세력이 재지에서 성장하게 되면, 일반 성원인 소농민의 생활을 보호하는 역할을 하던 서로 돕던 관행은 강하게 타격을 받게 된다. 그래서 소농민은 현의 장관에게 거듭 호소하면서 이 관행을 유지하려고 하였다. 이 경우 소농민이 호소한 것은 방정이 된 농민에게 관이 여비 보태기를 해 달라는 것이 아니라, 종래의 관행을 유지할 수 있도록 개입해 달라고 한 것이었다. 소농민의 공동체 의식은 확실히 송지 일족과는 다른 것이었다.

사실 관행이란 성원 스스로의 손으로 주체적으로 유지되는 것이다. 따라서 현의 권력을 빌린다는 것 자체가 이미 모순이지만 그렇게까지 해서라도 유지하려고 했다는 것은 이미 주체적으로는 유지할 수 없을 만큼 서로 도우면서[互助] 살아가자는 관행이 무너졌음을 의미하고, 그만큼 공동체가 변질되었기 때문이라고 할 수 있다. 장관, 즉 관헌이 개입하면 관행이 법적으로 규제받게 되는 것은 필연적이다. 소농민층의 의도에 반하여, 경제적으로 원조해야 할 의복이 새것인지 헌것인지, 또는 때가 묻은 것인가 찢어진 것인가 등등의 면에서 관헌의 규준이 적용되고 납기도 정해진다. 이를 위반하면 엄한 처벌을 각오해야 한다. 그렇게 되면 원래 소농민을 보호하던 경제적인 원조 관행은 가난한 농민에게는 스스로 경제적으로 지탱하기도 어려운 것이 되어 버렸으므로 몰락과 도호화의 길을 촉진하게 된다.

게다가 병역처럼 가장 가혹한 부담은 가난한 하층 소농민에게 전가되는 일이 많았다. 앞서 방정으로서 징발된 것도 빈농이고 문서에서는 이들을 '빈방(貧防)'이라고 표현하고 있다. 문서에는 유주(북경시) 근무를 지시받은 제순(齊舜)이라는 농민에 대한 기록이 나온다. 그는 리정(里正)이 강자[富者]를 숨기고 약자[貧者]를 취하였다면서 장안까지 달려가 관리의 시비를 조사하는 관청인 어사대에 이 문제를 호소하고 있다. 이 경우 결국은 마을사람들이 합의한 결과 병역을 지게 된 것이므로 리정에게는 과실이 없다고 재정(裁定)되었지만, 장안으로 가는 도중에 제순은 향촌을 두루 돌아다니며 호소하였다고 한다.

이 제순의 행동을 뒷받침한 것은 소농민 개개의 공동체를 넘어선 연대감은 아니었을까? 다시 말해 앞서 기술한 변화가 공동체 안에서 많이 일어나고 있었고 그 변화로 인해 소농민층은 한층 괴로운 상황에 빠지게 되어 제순의 호소에 동조하는 층이 향촌에서 확대되어 간 것이다. 재해와 과중한 국가부담은 분명 소농민층을 몰락시키는 큰 원인이 되었는데, 계층분화의 진전에 따른 공동체의 변화가 거기에 박차를 가한 것이다. 부유층에게 뇌물을 보내는 등의 방식으로 관헌과 결탁하여 병역 등의 괴로운 부담을 기피한 것은 문헌에 셀 수 없을 정도로 많이 나온다. 그러나 그것만이 기피 방법은 아니었다.

공동체 내에서 합의가 이루어졌다 하더라도 계층화가 진행되면, 공동체 내에서는 유력한 존재로 부상한 상층 부유호의 의향에 따라 일이 결정되었을 것이다. 빈방은 그 결과이고, 제순도 마찬가지였다. 합의과정을 거쳤기 때문에 리정에 과실이 없다고 본 것은 형식을 존중하는 관료의 해석이고, 실제로는 리정은 상층 부유호의 의향에 따라 할당하였을 것임에 틀림없다. 공동체의 변화는 상층 부유층과 하층 소농민층과의 대립을 격화시켰던 것이다.

체제외적 집단

또 고문서에는 미현과 함께 기주에 속하는 기양현(岐陽縣)과 기산현(岐山縣)에 있던 두 세력에 대한 이야기가 나온다. 이 두 세력은 많은 도호를 거느리며 세력을 형성하고, 리정을 우격다짐으로 잡아들이기도 하고 치안담당자로 보이는 전장(轉將)을 구타하기도 하며 촌락을 휘두르고 있었다. 그 중심인물은 어느 쪽이나 모두 누구인지 모른다고 했기 때문에 관헌은 그 경력조차 확인할 수 없었다. 물론 송지 일족처럼 지방통치기관에 관계한 적도 없고 아마 호적조차 없었을 것이다.

두 세력은 대토지소유자로서 도호를 예속하에 두고 소작농으로 만든 것이 아니라 아마도 도당을 조직하고 있었던 것으로 보인다. 소농민이 공동체 내에 머물고 싶어도 머물 수가 없고 도호가 될 수밖에 없을 정도로 궁지에 몰렸을 때, 리정과 전장은 말단에서 당왕조 권력을 행사하는 존재로서 소농민에게는 공포의 대상이었다. 또 앞서 본 바와 같이 상층 부유호와 리정과의 관계에서 보면 분노의 대상이기도 하였다.

그러므로 리정과 전장을 잡아들이고 구타한 것은 노여움을 떼거리지어 표현한 것으로서 송지 일족에 대한 반항보다 직선적인 것이었다. 그리고 도당의 반수 정도가 타현에서 도호가 되어 들어온 자였다고 하므로, 리정 개개인에게 미움을 품고 있었다기보다는 말단 자리가 리정으로 구현되는 당왕조의 수·당전기 통치체제에 대한 반항이었다고 할 수 있겠다.

리정과 관헌

그러나 리정(里正)은 관료나 서리처럼 순수한 관리가 아니었다. 진한제국 이래 여러 왕조는 지배기구로서의 관료조직을 정밀하게 조직하였는데, 그 정점을 이루는 것이 수·당전기 통치체제를 완비한 당왕조였다. 당왕조의 경우 지배대상이자 왕조의 토대가 되는 촌락에는 관료를 직접 개입시키지 않고 관헌과 촌락을 연결하는 존재를 촌락 내에서 골라 겉으로는 자치의 형태를 띠면서 민을 파악하고자 하였다. 바로 그 연결 역할을 담당한 존재가 리정이었다. 따라서 관료 → 서리 → 리정 → 농민이라는 지배의 구조였다. 도시도 마찬가지여서 리정에 해당하는 존재는 방정(坊正)이었다.

리정은 조용조 등의 국가부담을 면제받았지만, 관료나 서리처럼 급여를
제공받지는 않았다. 그 점에서는 부병과 같지만, 리 내의 권농과 징세, 치안,
나아가 호적의 근원이 되는 수실(手實)의 제작 등 번거로운 책임을 져야 했
다. 그 자체가 일종의 국가부담이었다. 당왕조는 정남 한사람 한사람이 1년
마다 져야 할 부담을 각각 주기(注記)한 장부인 차과부(差科簿)라는 것을
작성하였는데, 돈황에서 발견된 차과부에도(751년 무렵의 것으로 생각된다)
리정이라고 주기된 인명이 꽤 나온다. 이처럼 리정에게는 공동체 성원으로
서의 측면이 있었고, 그것은 앞의 고문서에도 보이는 지세와 초세의 징수를
둘러싸고 벌어진 리정과 관헌의 실랑이에서 볼 수 있다.

리정은 "실정에 맞추어 면제해야 한다"고 하고 관헌은 "실정에 맞추어 수
탈해야 한다"며 실랑이를 벌이고 있다. 둘다 실정에 맞추어 징수하자는 얘
기이다. 그러나 리정의 경우는 작년부터 이미 도호와 사망자가 나오고 있고
이것이 실정이므로 그 몫만큼 징수를 면제하자는 말이고, 관헌의 경우는 설
령 도호와 사망자가 있더라도 장부에서 말소되지 않은 것이 실정이니 장부
대로 징수하자는 말이었다. 연대책임으로 납세하라는 것이다. 이렇게 보면
분명 리정은 관헌과의 관계에서 공동체 성원쪽에 서 있다. 그러나 계층분화
가 진행된 공동체 안에서 지세 등의 배분이 이루어질 때 과연 리정이 소농
민의 입장에 섰을지는 매우 의문스럽다.

촌락의 변화가 의미하는 것

번영을 구가하는 당의 한쪽 그늘에서는, 조용조제에서 구체적으로 드러나
듯이 농민을 등질적으로 파악하는 지배방식을 뒤흔드는 움직임이 나타나고
있었다. 그 하나는 도호(逃戶)라는 형식을 취한 다수 소농민의 행동이었다.
측천기인 695년 괄호를 제안한 이교(李嶠 : 645~714)는 도호에 대하여 "지
금 천하의 사람이 흩어진[流散] 경우가 많다. ……도망호는 검괄(檢括)이 있
으면 다른 지역으로 전입해 버린다"고 지적하고 있다. 도호는 수·당전기
통치체제에 다시 편입되는 데 대해 완강한 저항을 보인 것이다. 앞서도 언
급했지만 도호는 고립분산적이고 수동적인 저항방법이지만, 도호의 빈발은
수·당전기 통치체제를 무너뜨리는 중요한 작용을 하였다. 두번째는 율령으

로 정해진 신분제 면에서 보면, 소농민과 동일한 서민신분 안에서 대토지소유자 즉 서민지주층이 대단한 발전을 보인 것이다. 이는 구체적으로 미현에서도 엿볼 수 있었다. 황제의 본거지라고 해도 좋을 위치에 있는 미현은 그만큼 수·당전기 통치체제가 강하게 관철되고 있었음에도 그러하였던 것이다. 서민지주층은 이미 측천정권 무렵부터 두드러지지만 한층 더 발전하였던 것이다.

앞의 미현에 대해 기술한 고문서가 나온 지 얼마되지 않아, 즉 안사의 난이 일어나기 수년 전에 나온 조칙에서는, "왕공·백관 및 부호의 집이 장전(莊田 : 대소유지)을 두고 제멋대로 겸병·침탈하여 토지대장을 뜯어고치고 객호를 예속시켜 소작을 시키니 소농민은 안주할 곳도 없다"며 그 위법을 비난하고 있다. 이 조칙에서는 부호의 집을 왕공·백관과 구별해서 쓰고 있는데, 분명 서민지주를 가리킨다. 송지 일족과 같은 신흥 서민지주층이 각지에 성장하여 도호와는 다른 방식이기는 하지만 민을 등질적으로 지배하는 수·당전기 통치체제에 강력한 반발을 보인 것이다.

북위에 균전·조용조제가 성립하고 나서부터 지방에서 권세와 위력을 떨친 호족층은 수·당전기 통치체제 안에 점차 편입되어, 귀족화·관료화하여 체제를 지탱하는 존재가 되고, 사(士 : 귀족·관료)―서(庶 : 서민)―천(賤 : 노비와 같은 천민)이라고 하는 신분제를 제정하여 자신들의 특권적 지위를 유지하려 하였다. 서민지주층은 이에 대해 반발을 나타낸 것이다. 따라서 이들은 균전·조용조제 성립기의 호족층과는 역사적으로 성격을 달리하며, 촌락공동체의 주체적 존재였던 소농민과 대립하는 존재이기도 하였다.

이상과 같은 도호의 빈발과 서민지주층의 발전은 수·당전기 통치체제를 지탱한 촌락공동체가 계층분화를 심화시켜 온 결과였다. 이러한 변화가 일어나는 촌락공동체를 거느리는 현은 수·당전기 통치체제를 담당하는 관료의 입장에서 보면 실로 '파현(破縣)'이었다.

부병기능의 분화―새로운 병종의 출현

文吏兵架圖

병제의 변화

'파현'적 상황이 진행되면 종래의 율령이라고 하는 지배법으로는 대응할 수가 없다. 따라서 당왕조는 체제외적 제도로 대응하지 않을 수 없게 되었다. 관제 면에서 영외관(令外官)을 설치한 것도 그 표현인데, 전제지배를 지탱하는 두 개의 기둥, 즉 농민과 직접 관련된 병제와 국가 부담체계의 면에서도 변화가 일어났다.

그렇다면 병제는 어떻게 변화되었을까? 군사력은 대내적으로는 치안과 억압, 대외적으로는 이민족의 정복과 방위의 기능을 갖고 있다. 따라서 병제는 국내의 사정만이 아니라 대외관계에 의해서도 규정된다. 당시에는 이 양면에서 모두 병제를 변화시키는 사정이 존재하고 있었다.

부병제와 인민의 곤궁

수·당전기 통치체제는 통일적 전제지배체제이고, 병제 면에서는 부병제로 표현되었다. 부병은 수도 근번(勤番), 국경경비와 출정, 재지(在地) 치안이라고 하는 세 가지 다른 근무를 삼위일체적으로 맡아 하는데, 이를 통일하는 것이 중앙의 병부였다.

부병제는 말할 것도 없이 징병제로서 호적에 의거하여 병사를 징발하였는데, 그 대상은 주로 농민의 정남이었다. 지방에서 부병을 파악한 것은 절충부로, 평균 1000명을 정원으로 하고 전국에 600개 정도 있었다. 그러나 이 절충부는 전국에 골고루 배치된 것이 아니다. 당왕조는 최대의 지방구획으로서 부(府)·주(州) 위에 도(道)를 두고 전국을 10도로 나누었다. 그 가운데 장안 중심의 경조부(京兆府)를 포함하는 관내도(關內道), 낙양 중심의 하남부(河南府)를 포함하는 하남도(河南道), 태원을 포함하는 하동도(河東

道)에 절충부를 집중적으로 배치
하여 이 3도가 전체의 80%를 차
지하였다. 특히 44%를 점하는 관
내도의 경조부에는 20%에 해당하
는 131개의 절충부가 설치되어,
압도적으로 중점 배치되었다. 이
에 비해 양자강 이남의 강남도와
영남도의 2도에 설치된 절충부는
겨우 전체의 약 17%밖에 되지 않
았다.

折衝府 분포도

　중점 배치지역은 앞서 기술한 협향과 일치하는데 도호가 빈발한 지역이
기도 하였다. 도호의 빈발은 부병역이라는 부담이 가장 큰 이유가 되었다.
당시의 부병역은 근대국가의 병역과는 달랐다. 병역기간은 극도로 길고, 한
번 부역병으로 지명되면 정남으로서 당왕조가 파악한 기간 즉 21세부터 59
세까지 39년 동안 병역에서 빠져나올 수가 없었다. 이것은 조용조 가운데
용(庸)의 본래의 형태인 견(비단) 3척을 하루 노동력으로 환산해서 바치는
것이 아니라 노동력 그 자체를 수취당하는 역의 성질을 갖는 것이었다.

　물론 39년간 군무에만 종사하는 것은 아니다. 그렇지만 수도 근번(勤番)
의 경우, 장안에서 가까운 절충부에 소속된 부병은 5개월에 한 번꼴로 역을
져야 했다. 1회의 근무기간은 1개월인데, 여기에는 장안으로 왔다갔다 하는
일수가 포함되지 않았고, 원칙적으로 근무하는 동안 필요로 하는 식량과
활·화살을 스스로 부담해야 했다. 그 때문에 활·화살 등의 군장품과 55일
분 식량을 미리 절충부에 납부하지 않으면 안 되었다. 게다가 39년간 1회는
방인으로서 3년간 국경에 있는 진수(주둔부대)에서 복무해야 했다. 진수에
서의 군무는, 진수 바깥쪽에서 유목민족이 중국으로 침입할 기회를 노리고
있었고 실제로 전투가 종종 발발하였기 때문에 항상 전사하거나 부상당할
위험에 노출되어 있었다.

　따라서 한 집이 정남을 부병역으로 징발당한다는 것은, 빈번하게 또한 장
기간에 걸쳐 한 집안의 일손을 전투로 전사 내지 부상당할 위험이 높은 군

무에 빼앗긴다는 것을 의미했다. 720년에 내려진 조칙에도 "역은 군부(절충부를 뜻하는데, 여기서는 부병역을 말한다)보다 무거운 것은 없다"고 하여 그 부담을 인정하고 있을 정도였다.

게다가 징발할 때도 우선 강장부자다정(强壯富者多丁)이라고 해서 몸이 건강하고 부유한 정남이 많은 집에서부터 징발한다는 것이 방침이었지만, 실제로는 당시 단빈호(單貧戶)라고 불린 하층 소농민들부터 징발하는 경우가 많았다. 앞의 고문서 안에 보이는 '빈방(貧防)'과 마찬가지였다.

또 당왕조는 요천(樂遷)이라고 해서 경지가 좁은 협향에서 경지에 여유가 있는 관향으로 이주하는 것을 원칙상 인정하였음에도 불구하고, 절충부가 배치된 부·주(군부주)에서 배치되어 있지 않은 부·주(비군부주)로의 이주를 인정하려 하지 않았다. 군부주는 앞의 3도 특히 장안과 낙양을 연결하는 지역에 집중해 있었으므로, 여기에서 멀리 떨어진 지방으로 이주하여 당왕조의 근간이 되는 지역의 부병역 농민이 감소하는 것을 경계한 것이다.

이렇게 하여 부병역을 지게 된 군부주의 하층 소농민들은 도호가 될 수밖에 없는 상황하에 놓였다. 특히 군부주·절충부가 집중되어 있고 당왕조에게 중요한 협향지역에서 그러하였다. 촌락의 변화는 이러한 경향을 더욱 촉진시켰다.

대대적인 병역기피

도호 외에도 대대적인 병역기피 현상까지 나타났다. 백낙천은 「신풍절비옹(新豊折臂翁)」이라는 풍유 속에서 이러한 이야기를 전하고 있다.

신풍현56)에 머리칼과 눈썹까지 새하얀 88세 늙은이가 있었는데, 나이에 비해 건강은 좋지만 오른쪽 팔꿈치가 부러져 있었다. 그 이유를 묻자 늙은

이가 다음과 같이 대답하
였다.

　운남에 세력을 갖고
있던 남조(南詔)왕국을
토벌하기 위해 일가에
정남이 셋 있으면 한 명
을 징병하여 운남으로
보냈다. 그러나 기후는
좋지 않고 병사들은 거
의 돌아오지 못했다. 당시 스물넷이었던 나는 징병장부 안에 들어 있었는
데, 어느 날 밤 돌망치로 팔꿈치를 부러뜨려 활도 못 쏘고 깃발도 못 들게
하여 운남 종군을 면제받았다. 그래서 나만은 60여 년 간 이렇게 살아남아
있다. 추운 밤에는 부러뜨린 팔꿈치가 아파서 잠도 잘 수 없지만 후회는 않
는다. 만약 그렇게 하지 않았다면 유골도 찾지 못하고 운남에서 망향의 유
령이 되어 있을 것이다.

靑海의 高原

　이 '망향의 유령'이란 말은 남조와 연합한 티베트와의 싸움터로 내몰린
병사들의 원한과 비참함을 노래한 두보의 「병거행(兵車行)」의 한 소절을 연
상시킨다.

　당신은 청해(靑海) 근처를 와보지 못했는가
　예로부터 백골을 거두어 주는 이도 없네
　새 귀신은 괴로워서 원망하고, 묵은 귀신은 통곡하네
　하늘은 흐리고 비가 젖어들어 우중충하구료

　君不見靑海頭　　　古來白骨無人收
　新鬼煩冤舊鬼哭　　天陰雨濕聲啾啾

　백낙천은 권력자의 권세욕과 마음대로 인민에게 고통을 주는 것을 비판

---

56) 경조부에 소속된 현으로, 장안에서 동북으로 40km 정도 떨어진 곳에 있다.

하며 늙은이의 이야기를 인용하고 있는데, 이 이야기는 754년 재상 양국충(?~756)이 안록산(705~757)과 현종의 은총을 다투며 공을 세우고자 운남에 있던 티베트계의 오만(烏蠻)·백만(白蠻)의 나라인 남조왕국에 원정군을 보냈다가 패배한 때의 일로, 10만 병력 중 70~80%가 전사하였다.

후에 기술하듯이 이 때는 이미 징병제를 유지할 수 없어 모병제로 전환되어 있던 상황인데, 남조를 토벌하기 위해 임시로 징병을 행한 것이다. 그런데 신풍현의 노인이 쓴 것 같은 기피법은 이 때뿐 아니라 거슬러 올라가 징병제시대에도 있었다. 725년에는 "신체발부(身體髮膚)는 부모에게 받은 것으로 손상해서는 안 된다. 그러나 최근 스스로 이목(耳目)에 상처를 내는 자가 있다는 말이 있다. 앞으로는 이러한 일을 저지르는 자는 우선 태형 40대를 과하고 또 그 후 법에 의거하여 처벌한다"는 조칙이 내려졌던 것이다.

이렇게 해서 농민의 기피는 부병제의 붕괴를 재촉하였다. 수도 근번에는 황제 시위의 임무가 있었으므로 애초에는 '시관(侍官)'이라고 해서 명예롭게 여겼다. 그러나 부병제가 붕괴되자, 노예 등을 근번에 대신 내보내게 되고 장안 사람들은 시관이 되는 것을 부끄러운 일로 여기기 시작하였다. 말싸움을 할 때 상대방을 '시관'이라고 부르면 큰 욕이 되었다고 한다. 시관이란 말이 상대방을 매도하고 모욕하는 용어로 바뀌어 버린 것이다.

지방병제의 변화-단련병의 출현

부병이 진 세 가지 임무 가운데 재지의 치안 쪽에는 일반적으로 단련병(團練兵) 또는 단결병(團結兵)이라고 불린 병종이 창설되었다. 단련병은 물론 체제 일탈적인 병종으로서, 기록에는 이미 측천시기인 696년에 산동, 이어서 2년 후에는 하남·하북지방에도 두어졌다고 나타난다. 이것은 무기단이라고 불리며 150호마다 병사 15명, 말 1마리의 비율로 징병되었다. 당시 벡초르(默啜) 카간(재위 691~716)이 인솔하는 투르크족으로 구성된 동돌궐이 매년 당의 북쪽 변경을 침입하였다. 그 대책으로 설치된 것이 바로 이 무기단으로, 말이 전력으로서 투입된 것도 그 때문이다. 따라서 무기단은 북에서 침입하는 유목 기마민족으로부터 농촌을 방위하는 역할을 하였다.

그러나 단련병은 본래 멀리 출정하는 일은 없고 도둑떼 등으로부터 재지

의 치안을 유지하는 일을 주임무
로 하고 있었는데 이후 경조부를
비롯하여 전국적으로 단련병이
두어지게 되었다. 앞서 리정 부분
에서 언급한 차과부(751년 무렵
의 것으로 돈황에서 발견)에도
정남 170명이 토진병(土鎭兵)으
로 주기되어 있다. 이 토진병은
돈황지방에 설치된 단련병을 의
미한다.

그 밖에 이 차과부에는 부병장
부에 오른 75명이 있었는데, 가장
젊은 자라 해도 나이가 마흔둘이
나 되었다. 이것은 돈황지방에서
이미 20년 동안 정남이 부병으로

騎射男子 섬서성 건현 당 의덕태자묘 출토

징병된 일이 없었음을 의미하는 것으로, 그 붕괴의 모습을 잘 알 수 있다.
이에 대하여 토진병에는 스물세 살 난 젊은이가 있었다.

이렇게 해서 단련병의 통솔자로서 단련사(團練使)라고 하는 체제일탈적
인 무관이 두어지게 되었다. 처음에는 중앙에서 파견되었지만, 현종시대가
되자 주장관인 자사가 단련사를 겸임하여 주의 민정권과 병권을 행사하게
되었다. 단련병은 그만큼 보편적으로 설치되었던 것이다.

단련병은 재지농민들 중에 부유한 자를 징병하여 농한기에 훈련을 받게
하고 그 동안에는 식량을 지급받게 되어 있었다. 그러나 변경 경비와 수도
근번이 없다고 해도 병역임에는 틀림이 없었고, 농촌의 부유층 가운데서 징
병한다는 말도 원칙일 뿐 하층 소농민층에 전가된 것은 부병과 마찬가지였
을 것이다. 게다가 재지인의 농촌방위라는 역할은 단련병에게 농촌자위단의
성격을 띠게 한 것으로, 농촌의 부유층에게 휘둘리는 일이 많았을 것이다.
또한 농촌의 단련병에 해당하는 것으로서 도시에는 성방(城傍)이라는 병종
이 두어졌는데, 이 역시 징병제였다.

중앙병제의 변화-확기의 출현

　절충부가 경조부에 높은 비율로 집중해 있었던 것은 부병의 임무 가운데 수도 근번이 가장 소중한 것으로 간주되었기 때문이다. 율에 의하면, 변경방위에 종사하던 부병이 도망칠 경우 도망 하루에 장형 80대, 도망일수 3일마다 1등급씩 죄를 무겁게 하는 규정이 있었던 데 대하여, 수도 근번일 경우에는 도망 하루에 장형 100대, 도망일수 2일마다 죄를 한 등급씩 무겁게 하는 것으로 규정되어 있었다. 이 역시 수도 근번의 중요성을 나타낸다.

　수도 근번의 부병은 위사(衛士)라고 불렸는데, 위사가 부병 일반을 지칭하는 용어가 된 것도 이러한 이유에 의한 것이다. 그러나 수도 근번의 부병은 722년 무렵이 되자, "당시 위사는 점차 빈약해지고 도망하여 끝장난 것이나 다름없었다"고 기록될 정도로 거의 붕괴되고 있었다.

　그래서 당시의 재상이자 군사상의 최고장관인 병부상서를 겸임하고 있던 장열(張說 : 667~730)은 위사제를 폐지하고 모병으로써 수도경비병을 확보하자는 의견을 냈다. 이것을 계기로 그 3년 후인 725년에 확기(彍騎)라는 새로운 병종이 정원 12만 명으로 성립되었다. 그러나 그것은 장열의 의견과는 달리 위사제와 거의 같아, 한 번에 1개월씩, 1년에 두 번 의무적으로 복무해야 하는 징병제였다. 게다가 부병·단련병과 후에 기술할 병모와 건아 등은 적어도 원칙으로는 부유농가에 정남이 많은 집에서 우선 징병하도록 되어 있었지만, 확기제에서는 원칙 그 자체가 9등호를 주체로 하고 그것으로 정원을 채울 수 없으면 8등호에서 징병하고, 후사를 이을 정남이 한 사람밖에 없는 집에서도 징병하게 되어 있었다.

　당왕조는 개별 인신적으로는 조용조와 같은 균등한 부담을 지우는 반면, 호를 단위로 호등이라고 해서 자산으로 등급을 나누고 있었다. 돈황에서 발견된 호적에도 각 호마다 호등이 표시되어 있다. 애초에는 호등이 3단계로 되어 있었지만, 너무 조잡하다고 하여 626년 이후에는 9단계로 나누었다.

　이 등급에 의하면 9등호는 최하등으로 하하호(下下戶)라고 불리고, 8등호는 그 바로 위의 등급으로 하중호로 불렸다. 앞의 차과부를 보면, 돈황현의 2개 향(향은 里를 5개 모은 것)에 살고 차과가 과해진 자들 가운데서 중하호(6등호)가 15명, 하상호(7등호)가 29명, 하중호(8등호)가 120명, 하하호(9

등호)가 235명으로, 8·9등호 특히 9등호
가 압도적으로 많았다. 이러한 경향은 돈
황뿐 아니라 다른 지역에서도 일반적으로
나타나는 것으로, 8·9등호에는 많은 소
농민이 포함되어 있었다.

확기제에서는 관헌에 의해 자산이 최하
등으로 조사 결정된 소농민·단빈호가 원
칙적으로 우선 징병되었다. 게다가 12만
명 가운데 경조부가 그 반수를 넘는 6만 6
천 명을 징병정원으로 하고 있었던 것을
비롯하여, 장안과 낙양을 잇는 협향만이
징병지역이었다.

그렇다면 소농민 사이에 확기병역을 기
피하는 움직임이 고양되었을 것이고 따라
서 확기제가 오래 지속될 리 없음은 확실

陶文官俑 서안시 근교 唐墓 출토, 높이
81.5cm

하다. 사실 확기제는 성립된 이후 20년도 되지 않아 붕괴의 길을 걸었다.

그런데도 왜 당왕조는 확기제를 장열의 모병론을 부정하고 징병제로서
강행한 것일까? 거기에는 중앙에서 권력을 쥐고 있던 귀족의 정치의식이 작
용하고 있었다고 생각된다.

귀족과 과거관료의 정치의식

귀족은 삼국시대 무렵부터 권력계층을 형성하여 남북조에서 큰 발전을
보았다. 이어진 수당 시기 동안에도 비록 과거에 합격한 서민지주층이 관료
로 진출하고 있었지만 여전히 귀족층이 권력계층의 자리를 유지하고 있었
다. 그 때문에 6조·수당시대는 귀족정치의 시대라고 불리는데, 이 시대는
율과 령이라고 하는 기본적 지배법이 정비되어 그것으로 인민을 지배하는
체제가 성립한 시대이기도 하였다. 바로 귀족의 권력 유지는 수·당전기 통
치체제와 표리를 이루고 있는 것이다.

율령은 유학에서 이상적인 정치가 행해졌다고 하는 주대의 제도를 보여

주는 경전인 『주례』의 정신에 입각한 것이라고 한다. 율령 가운데 그것이 가장 잘 구현된 것은 직접 인민과 관계를 가지고 율령의 핵을 이루고 있던 균전·조용조제와 부병제였다. 주대에는 정전법이라고 해서 각 농가에 똑같이 100무의 토지를 나누어 주어 균등한 생활기반으로 삼게 함과 동시에, 토지를 받은 농가의 남자는 병사가 되어 나라의 군대를 형성하였다고 생각되고 있었다. 수·당전기 통치체제 지배의 조직에 대한 가장 기본적인 문헌인 『대당육전』 권30에서 절충부의 무관에 대한 기술에서도 "주(周)는 정전의 법에 의거하고 군정을 정비하였다"라고 되어 있다.

여기에 보이는 통치사상은 주례적인 병농일치를 이상적이라고 본 것이다. 북송 때 구양수(歐陽修 : 1007~1072) 등이 칙명을 받고 편찬을 시작하여 1060년에 완성한 당 일대의 역사서 『신당서(新唐書)』225권 가운데 병제에 대하여 기술한 서문에는, 전국 진한 이래 여러 병제가 있었지만 모두 일시적인 것으로 후세에 내세울 만한 것이 없고, "단지 당이 부병제도를 만들어 매우 칭송할 만하다"라고 언급하고 있다. 그 이유를 옛날에는 병법이 정전(井田)에서부터 시작되었고 주가 망하고 나서는 부활한 적이 없었는데, "부병(府兵)에 이르러 비로소 이것을 농(農)과 일치시켰다"라고 지적하고 있다.

진한제국 이래의 여러 왕조는 원칙적으로는 징병제 즉 병농일치의 형태로 병력을 조달하였기 때문에 이러한 이해가 반드시 옳다고는 할 수 없으나 균전·조용조제와 부병제를 정전법과 정전농민의 징병에 대응하는 것으로 보고 부병제를 높이 평가한 것이라고 볼 수 있다. 오대를 거쳐 북송시대에는 이미 귀족정치가 몰락하고 정치권력의 담당자는 과거 출신 관료로 좁혀져 있었으므로 『신당서』의 부병제 평가는 북송의 과거 출신 관료들로부터의 평가이지만, 당대의 과거 관료들로부터의 평가도 마찬가지였다. 즉 귀족이든 과거 출신 관료든 모두 부병제를 높이 평가하고 있었던 것이다.

그러나 과거 관료는 서민지주층 출신이 많고, 서민지주층은 인민을 등질적인 존재로서 균등히 지배하는 수·당전기 통치체제의 이념에서 벗어난 존재였으므로, 서민지주층의 발전 그 자체는 수·당전기 통치체제의 파탄을 보여주는 것이었다. 귀족과 과거 출신 관료 사이에 통치의식과 통치자세에서 차이가 나타나는 근원이 여기에 있었다.

산동계 귀족의 과거관료로의 진출 추세

우문융이 괄호정책을 펼 즈음, 수도경비병의 모병을 주장한 장열은 장구령(張九齡 : 673~740), 노종원(盧從愿 : ?~737) 등과 함께 괄호정책은 민(民)을 어지럽히는 일이라며 강력히 반대하였다. 앞서 기술하였듯이 수·당전기 통치체제의 기초는 호적을 통해 인민을 파악하는 데 있고, 우문융의 괄호는 호적에서 벗어난 도호를 다시 당왕조 권력 아래 편입시켜 심하게 파탄된 수·당전기 통치체제를 다시 짜맞추는 것이 목표였다. 장열 등은 파탄의 심각성을 그대로 인정한 후 그에 대응하는 정책을 세워야 한다고 주장하면서 심하게 파탄된 체제에 매달리지 않았다.

장열과 장구령은 비귀족으로서 과거시험 가운데 측천 때부터 명경과를 대신해서 중시되어 온 진사과에 합격한 과거 출신 관료였다. 또 노종원은 귀족이긴 했지만 우문융이 관롱(관중이라고도 함)계 귀족이었던 데 반해 산동계 귀족으로서 명경과 합격자였다.

당대의 귀족은 크게 관롱계와 산동계의 두 계통으로 나뉘어 있었다. 이는 각기 위세를 떨친 지방의 명칭을 따서 현재 그렇게 부르고 있는 것인데, 관롱계는 경조부를 중심으로 위세를 떨친 귀족으로 당왕조의 창업에 적극적으로 가담하여 당왕조 아래서 평탄한 길을 걸었다. 이에 비하여 산동계는 말하자면 냉대를 받는 쪽이었다. 따라서 귀족에게는 서민지주층과는 달리 과거를 보지 않고도 고급관료가 되는 길이 열려 있었지만, 과거 출신 관료가 진출하게 되자 산동계 귀족 가운데는 과거를 치르고 관계에 들어가려 하는 자가 나타났다. 그러나 그 경우에도 어려운 진사과는 피하고 명경과를 택하는 경우가 많았다. 노종원도 그러한 사람 가운데 하나로, 정치의식은 상당히 과거 관료쪽으로 기울어져 있었다고 할 수 있다.

장열은 위사제(衛士制)도 파탄할 것이라고 치부하고 모병제를 주장하였다. 그러나 우문융의 괄호 때와 같이 이 경우에도 장열은 패하였다. 장열이 모병제를 상주한 시기로부터 근 3년이나 지나 확기제가 발족된 것도, 하나는 소농민의 저항으로 당왕조가 예측한 대로 정원을 순조롭게 충족시키지 못한 때문이지만, 중앙에서 상주를 둘러싸고 논의를 주고받는 과정이 있었기 때문일 것이다. 그리고 그 과정에서 징병설이 승리하였다.

儀仗圖

그러나 "위사는 …… 도망쳐서 거의 끝장났다"고 할 만큼 파탄되어 있었기 때문에 구체제를 고집하는 귀족으로서도 위사제를 그대로 존속시킬 수는 없었다. 따라서 가능한 한 그와 유사한 형태인 확기제를 성립시킨 것이다. 거기서는 변경근무를 제외하고 수도근번만을 의무로 하고 있었으므로 부병에 비하면 병역 부담은 꽤 경감되었고, 따라서 소농민이 부병역만큼은 저항하지 않을 것이라고 생각하였을 것이다. 그러나 그것은 완전히 예상을 빗나간 것이었다.

더욱이 확기제가 발족했다고 해서 위사제가 완전히 폐기된 것이 아니었다. 법적으로 그렇게 되는 것은 꽤 훗날인 749년의 일이다. 이 점에서도 고집스러운 자세를 엿볼 수가 있다.

북아금군의 확충

확기제에서는 총수가 거의 12만 명으로 이들이 1년에 두 번, 즉 6개월에 한 번씩 상번하므로 장안에는 항상 2만명이 번근하고 있었다는 말이 된다. 위사제에서는 대개 10만 명 번근이 원칙이었으므로, 확기제는 위사제 상번 수가 5분의 1로 대폭 축소된 형태로 제도화된 것이다. 이는 축소시켜야 할 만큼 소농민의 기피가 많았던 탓도 있지만, 한편으로 당왕조가 위사제의 파탄이 진행됨에 따라 또 하나의 수도 주둔의 병종을 계속 확충하고 있었기 때문이다.

고조 이연이 태원에서 당왕조 창업을 위한 거병을 한 이래 통일전쟁에 종군한 병사들은 건국의 기초가 마련되면서 대부분 고향으로 귀농하였다. 그러나 그 중에는 황제를 경호하는 병사로 그대로 남은 자도 있었다. 그들은 창업 이래 황제를 따르고 있었으므로 원종금군(元從禁軍)이라고 불렸고, 그 가운데서 특히 뛰어난 병사 100명을 골라 백기(百騎)라고 불렀다. 그 후 638년에는 비기(飛騎)라는 부대를 설치하여 궁성의 북벽 중앙의 현무문에 주둔시키고, 그 가운데서 새로이 우수한 병사를 골라 또 백기라고 불렀다. 662년에는 좌·우 우림군(羽林軍)이라고 하는 부대이름이 붙고, 측천시기부터 현종시기까지 백기는 천기(千騎)·만기(萬騎)로 이름을 변경하였다. 이 명칭의 변천을 통해서도 이들의 확충 추세를 알 수 있다. 그리고 확기제가 발족되기 1년 전인 724년에 내려진 조칙에 의하면, 비기는 경조부와 그 근방의 주에서 취하였으므로 확기의 징병지역과 겹치고 있음을 알 수 있다. 단지 기록에서는 2등호 이상의 젊은이를 대상으로 삼고 있는데, 이 점이 확기와는 달랐다. 현대중국의 역사가 당장유(唐長孺)는 2등호 이상은 호등이 너무 높다며 6등호 이상을 잘못 표기한 것이 아닌가 의심하는 견해를 발표하기도 했지만, 어느 쪽이든 확기처럼 8·9등의 하등호를 대상으로 삼지 않은 것은 분명하다.

우림군은 북아금군(北衙禁軍)이라고 불렸고, 이에 대해 위사와 확기는 남아금군(南衙禁軍)이라고 불렸다. 이것은 주둔지의 차이에서 온 호칭이었다. 당의 장안성은 크게 나누어 세 구역으로 구분되어 있다. ① 귀족과 관료의 저택, 사원, 상업구로서의 동시·서시와, ② 일반 주민이 주거하는 구역, ③ 황성·궁성이 있는 구역으로 나뉘어진다. 황성은 관청가이고 궁성은 태극궁이라고도 불리며 황제의 주거지임과 동시에 의식과 정치가 행해지는 구역이었다.

궁성은 장안성의 중앙 정북쪽에 있고, 그 정남쪽에 횡가라고 불린 동서로 달리는 도로를 사이에 두고 황성이 있었다. 비기가 발족 당시 궁성의 북벽 중앙의 현무문에서 가까운 곳에 주둔하고 있었듯이, 우림군은 북의 궁성에 주둔하고 위사와 확기를 통할하는 12위(衛)는 남쪽의 황성 내에 있었다. 여기에서 북아금군과 남아금군이라는 호칭이 나왔고, 주둔위치를 보아도 알 수 있듯이 남아금군은 국군의 성격을 띤 존재였음에 대하여 북아금군은 황제와의 사적 관계가 강한 친위군의 성격을 띤 존재였다.

이는 황제와의 개인적 관계로써 그 존재를 인정받던 환관을 북사(北司)

玉門關 서문

라 하고, 재상 등 국정을 맡은 관료를 남사(南司)라고 칭한 것과 비슷하다. 비기 단계에서는 위사와 확기 등의 국군을 통솔한 12위 장군이 그대로 통솔자가 되었지만, 우림군으로 되면 따로 대장군 1명과 장군 3명을 두어 통솔하게 되었다.

이처럼 위사제의 파탄과정은 국군보다는 황제친위군을 중시하는 과정이었다. 확기제의 경우에도 상·중등호의 젊은이는 미리 친위군으로 빼돌리고 하등호로 하여금 담당케 하였고, 확기제의 축소화는 경시의 표현이기도 했는데, 확충과정에서 부병과 확기를 우림군에 편입시키기까지도 하고 있는 것이다.

앞서 재지세력의 족적 결합과 결부하여 수·당전기 통치체제의 붕괴과정에서 개인적 관계가 지배질서로서 역사의 표면에 나타난 것을 기술하였다. 이는 재지세력만이 아니라 그 밖에 여러 가지 면에서도 나타났다. 황제권력의 중요한 지주를 이루는 군사력 면에서도 황제와의 개인적 관계에서 그러한 경향을 볼 수 있다. 이러한 경향은 안사의 난을 계기로 한층 더 선명해지는데, 이 점에 대해서는 나중에 기술하겠다.

변경경비 – 진수제의 변화

이제까지 내부에서 이루어진 병제의 변화를 살펴보았는데, 다음으로 외부와 직접 관계를 갖는 변경 경비체제는 어떻게 되었을까?

원래 수·당전기 통치체제에서는 이민족과 접하는 변경지대에 진(鎭)과 수(戍)라고 하는 주둔부대를 두어 부병이 방인으로서 3년간 윤번제로 방위임무를 지게 되어 있었다. 진 쪽이 규모가 커서 300~500명 정도의 병력으로 이루어져 있었고 수(戍)는 보다 단위가 적어 30~50명 정도의 병사로 구

성되어 있었다. 태종
시기에는 진·수(鎭
戍)의 수는 1천 정
도이고 방인은 10만
에 달했지만 현종시
기에는 그 수가 반
이상으로 줄어들었
다. 어쨌든 콩알처럼
여기저기 진·수를

고구려 전투도

두고, 이들을 도호부가 지역적으로 통할하고 있었다.

이러한 방위체제는 이민족이 대병력으로 집중공격해 올 경우 극히 취약한 체제였다. 그럼에도 불구하고 진수제를 취한 것은 이민족에게 대한 기미정책이 일단 효과를 보이고 있었고 진수제와는 다른 방위체제가 병존하고 있었기 때문이다.

체제 일탈적인 병종—병모

동아시아 역사를 보면 지리적 조건을 배경으로 대개 만리장성을 경계로 하여 북으로 유목기마민족, 남으로 중국민족의 국가가 병존해 있었다. 그리고 진한시대에는 흉노가, 수당시대에는 처음에는 돌궐 후에는 위구르와 거란이 있었는데 이들은 중국에 통일국가가 성립하자 북방에 이민족이 민족적 결합을 이루고 강대한 세력을 형성하여 중국의 통일국가에 대항하였다. 단, 수당시대에는 한반도에 독립국가가 존재한 점이 진한시대와 차이가 난다.

한(漢)은 한반도 북반에 낙랑 등 4군을 설치하여 식민지화했으나 수당시대에는 한반도 북쪽에 고구려가 있고, 남쪽에 백제·신라, 나아가 바다 건너 고대통일국가를 이룩한 일본이 있었다. 수와 당태종은 몇 차례에 걸쳐 직접 국경을 접하는 고구려를 정벌하려 했지만 모두 실패하였다. 그래서 작전을 바꿔 먼저 663년 고종시대 때 백제를 멸망시켰다. 백제를 돕기 위해 파견된 일본군이 백촌강 전투에서 당군에게 대패당한 것도 이 때이다. 그리고 나서

5년 후 당은 고구려 토벌에 성공하였다. 이처럼 고구려 토벌이 쉽지 않았던 것은 고구려가 강력했던 점도 있지만, 백제·신라·일본 등 당시 국가들의 관계가 복잡하게 얽혀 있었기 때문이기도 하다.

당왕조는 그 때문에 해를 거듭하여 적어도 4~5만, 많을 때는 10여만 대군을 한반도로 투입하였다. 이만한 병력은 부병으로 채울 수 있는 규모가 아니었고 게다가 부병은 수도 근번(勤番)에 중점이 두어졌다. 때문에 부병도 한반도 투입군에 가담하고는 있었지만 그 주체는 오히려 병모라고 불린 별도의 병종이었다.

병모(兵募)는 임시모행자(臨時募行者)라고도 불리며 원래 수·당전기 통치체제상의 병종은 아니었다. 그 명칭으로 보아 원래 모병이었을지 모르지만, 아마도 고종시대(649~83) 이후에는 징병된 존재였을 것이다. 수·당전기 통치체제상의 상비병이 아닌 임시 전투요원인 병모는 기미정책의 파탄과 함께 방위부대 병사로서 점차 변경에 상주하게 된다.

기미정책의 파탄

사실 7세기에도 60년대 이후가 되자 기미정책은 두드러지게 벽에 부딪치고 있었다. 우선 한반도 방면에서는 문무왕(재위 661~681) 때인 676년 신라가 당과 일본의 세력을 구축하고 한반도에 최초로 민족통일국가를 건설하였고, 당왕조는 한반도를 제어하기 위해 고구려를 토벌한 해에 평양에 설치한 안동도호부를 요동으로 후퇴시키지 않으면 안 되었다.

도호부는 주로 당 주변의 동서남북을 평안케 한다는 의미를 포함한 안동·안서·안남·안북 등의 이름을 붙이고, 황제의 덕이 미치는 곳까지를 영역이라고 생각하는 천하관(天下觀)에 의하여 지탱되었다. 당의 세계제국적 성격의 하나의 표출이었다.

또 요동 북부에서는 696년, 거란이 스스로 무상 카간(無上可汗)이라고 칭한 수령 이진충(李盡忠 : ?~696)의 통솔하에 점차 강대해져 현재의 하북성 방면을 위협하기 시작하였다. 한편 북방 초원지대에서는 동서로 분열되어 있던 돌궐 가운데 서돌궐에서 7세기 말에 튀르기쉬(突騎施)가 독립하여 현재의 천산산맥 이북의 신강 위구르 자치구를 세력권으로 삼으니 당왕조의 지배는 점차 이름만 남게 되었다. 동돌궐에서는 682년 쿠틀룩(骨咄祿 : ?~691)이 돌궐 유목국가를 재건한 후 침범을 되풀이하고 있었다. 앞의 무기단(武騎團)이 산동·하북·하남 지역에 조직된 것도 그 대책이었고, 이 때의 동돌궐에서는 쿠틀룩의 동생인 카파간 카간이 유업을 잇고 있었다.

또 서방에서는 현재의 티베트(西藏) 자치구의 토번(吐蕃)이 역시 7세기 말부터 강대해져, 나중의 일이지만 안사의 난 말기에는 한때 장안을 점거하기까지 하였다. 당왕조는 이들을 회유하기 위해 710년 티베트의 왕에게 황제 중종(재위 683~684, 705~710)의 조카딸인 금성공주(金城公主)를 시집 보낼 정도였다. 나아가 서남의 운남에서는 730년 이후, 앞에서 언급한 백낙천의 「신풍절비옹」에 나오는 남조가 독립하고 서남부에 침범하게 되었다.

일본이 645년 다이카(大化) 개신 이후 고대통일국가를 형성해 나간 것도 이 같은 당 주변의 여러 민족 사이에 일어난 민족적 결집의 일환으로 볼 수 있다. 주변 여러 민족 가운데 일본이 일찍이 이러한 움직임을 보인 원인은, 하나는 당의 법제·불교·유학·한자 등 동아시아 문화권 형성의 공통요소를 적극 수용하면서, 동시에 당나라 기미정책의 울타리 밖에 놓여 있어 그 제어를 받은 적이 없었기 때문이다. 그리고 다른 하나는 일본이 고대율령국가를 형성하였을 때는 이미 당에서는 수·당전기 통치체제와 기미정책이 파탄기를 맞고 있었기 때문이라고 할 수 있다.

군진제의 성립

이와 같이 당 주변에서 여러 민족이 민족적인 결집을 이루면 기미정책을 통한 이민족 제어가 어떻게 될지 쉽게 알 수 있다. 게다가 현종시대에는 앞에서도 기술하였듯이, 수·당전기 통치체제의 틀에서 변경방위 형태인 진·수(鎭戍)의 수가 태종시기에 비해 반 이상으로 줄어 있었다. 현종시기에는 방인 외에 돈황에서 발견된 고문서에도 '빈방'으로 표기된 방정이라는 다른 병종이 진수의 병원을 보충하고 있었음에도 불구하고 병력이 그처럼 줄어든 것이다.

원래 진수제는 주변 민족의 민족적 결집에 대응할 수 있는 방위체제가 아니었다. 이 밖에 당왕조는 고종시기 때부터 진수와는 다른 훨씬 대규모의 방위부대를 변경의 요지에 주둔시켰다. 그것은 규모에 따라 군(軍)·수착(守捉)·성(城)·진(鎭) 등으로 나뉘었는데, 일괄해서 군진(軍鎭)이라고 불렀다. 따라서 여기에서의 진(鎭)은 진수(鎭戍)의 진과는 다르다. 그리고 이 군진을 위한 정규병사로서 건아(健兒)가 배치되고 여기에 앞의 병모가 더해져 군진병을 구성하였다.

이상의 건아·병모·방정은 변경방위만을 임무로 한 징병이었다. 징병이라는 점에서는 부병과 다를 바 없었지만, 부병이 군부주에서만 절충부 소관으로 징병된 것과는 달리, 비군부주에서도 징병되었다는 점에서 절충부와는 관계가 없고 주현 관료가 징병권을 행사한 것이었다. 이렇게 하여 당왕조는 징병지역을 군부주에서 비군부주로까지 확대하여 변경방위병을 확보하려고 하였다. 변경방위체제에서 이제 진수 쪽의 방인은 부가적인 역할을 하게 되고, 군진 쪽의 건아·병모가 변경방위에서 주된 담당자가 되었다.

부병이 갖는 세 가지 기능 즉 재지치안·수도근번·변경방위는 각각 단련병·확기·건아·병모 등이 맡게 되었다. 그리고 이들이 모두 징병이었다는 사실은, 부병제의 붕괴가 바로 모병제로 이어지지 않았음을 말해주며, 확기제에서처럼 여기에서도 앞서 기술한 귀족의 통치자세를 엿볼 수 있다고 할 수 있다.

변경번진의 성립

군진병의 도망－배군

신병종은 징병제였으므로 부병과 마찬가지로 호적에 의하여 징병되었다. 그런데 촌락공동체에서는 균등적인 지배가 불가능할 정도로 계층분화가 진행되어, 병역은 상층 부유층에서 하층 소농민층으로 전가되는 경향이 강화되었을 것이다. 그 가운데서도 가장 힘든 변경방위에 해당하는 군진의 경우는 특히 그러하였다.

병모(兵募)의 경우, 한반도 문제에 개입하던 고종시대에 당시의 개입군사령관 유인궤(劉仁軌 : 600~685)가 고종에게 보내는 전황보고서 안에서 이미 '돈있는 자'는 관헌에게 뇌물을 주어 회피하고 '돈없는 자'는 늙은이일지라도 전장터로 끌려나갔다고 쓰고 있다. 병모도 원칙적으로는 부유한 서민층을 우선 징병하게 되어 있었으나, 현종시대가 되면 가끔 조칙 가운데 원칙에 반하여 단빈호가 군진병으로 징병되고 있는 사실이 언급되고 있다. 돈황 고문서 안에 보이는 '빈방'과 장안 서쪽의 미현에서 멀리 유주(북경시) 경비를 명령받은 소농민 제순(齊舜)이 그 구체적인 예이다.

게다가 기미정책의 파탄으로 당왕조는 주변 여러 민족의 민족적 결집에 직접 무력을 써서 대처해야 했기 때문에 변경방위력이 증강될 수밖에 없었다. 기록에 의하면 722년 장열은 "이제 변경이 좀 평온해졌다"며 그 때까지 60여만에 이르던 변경병력을 "20여만 명을 줄여 귀농시켜야 한다"고 아뢰어 그 의견이 받아들여졌다고 한다. 그러나 그 후 병력은 다시 증강되어 20년 후에는 49만으로 늘어났다.

어쨌든 태종기에 진수의 방인이 10여만이었던 사실과 비교해 보면 병력은 수배로 불어나 있었다. 당왕조가 비군부주에까지 징병지역을 확대한 이유도 여기에 있을 것이다. 그리고 이는 소농민 측에서 본다면, 기미정책의 파탄을 병력수의 확대라는 형태로 메우려 한 것이고, 소농민의 기피 움직임은 부병 이상으로 만연·심화되었다.

군진병의 병역기피에서 두드러지는 것은 종군중인 변경에서의 도망이었다. 이것은 당시 일반적으로 배군(背軍)이라고 했다. 율의 규정에 따르면, 이 죄는 방인의 경우와 같아 도망친 지 하루이면 장형80대, 도망일수가 많아지면 그만큼 죄는 무거워져 최고형은 사형 바로 다음 단계인 유형3000리에 처해졌다. 물론 병사는 이 벌칙을 알고 있었을 것이다. 그러나 현종시대가 되면 칙문 중에 배군에 대한 언급이 급속히 많아진다. 그 전부터 배군이 없었던 것은 아니지만, 현종시대에는 칙문 안에서 누차 언급해야 할 만큼 배군이 중대한 문제가 되었던 것이다.

근무연한의 연장

주변 여러 민족이 힘을 결집하여 대립을 강화시켜 나갔을 때, 이처럼 군진에서 도망치는 배군이 많아지고 전사·병사하는 병사도 있어서 보충·교대를 위한 병사를 징병하려 했으나, 내륙에서는 촌락의 계층분화가 진행되면서 병역을 전가받은 소농민층의 기피가 점점 심해져 이대로는 방위력을 유지하기가 어렵게 되었다. 당왕조는 군진병의 근무연한을 연장하는 방식으로 이에 대처하려고 하였다. 건아와 병모는 징병이었으므로 당연히 근무연한이 있었다. 그 연한은 원래 1년이었지만 8세기가 되자 점점 연장되어 4년 이상을 계속 근무하는 병사도 있었다.

이 연장분에 대해서는 하사품으로 비단과 삼베를 주거나, 공적이 있는 자에게 주게 되어 있는 훈관(勳官)을 주기도 하였다. 영(令)의 규정에 따르면, 훈관에는 12등급이 있고 등급에 따라 훈전(勳田)이라고 해서 구분전과 영업전보다 훨씬 넓은 경지가 부여되었다. 그러나 돈황에서 발견된 호적을 보면, 훈관을 받은 자는 몇 명 되지만 훈전은 거의 영에 가까웠다. 측천 때부터 서민에게 훈관을 주는 일이 터무니없이 많아져 훈관을 받았다고 해도 실질적으로는 거의 의미가 없어져 버린 것이다.

하사품이 충분히 주어졌는가에 대해서도 매우 의심스럽다. 726년 조칙에서는 병모에 대하여 "모든 사람들은 배를 채울 음식이 부족하고 몸을 덮을 옷이 없으며 …… 이후 의복이 없는 자에게는 도망병이나 사망병의 의복을 주도록 하라"고 할 만큼 군진병은 극히 열악한 조건에서 방위임무를 수행하고 있었다. 잔존해 있던 진수의 방인과 방정도 비슷한 상태에 놓여 있었음은 말할 필요도 없다.

천산산맥 북쪽 기슭에 튀르기쉬(突騎施) 방위의 제1선을 담당하고 있던 한해군(瀚海軍)이라는 군진이 있었다. 이 곳의 병력은 12000 혹은 7500이라고 기록되어 있다. 20세기 초 정토진종 본원사파 제22대 법주인 오타니 고즈이(大谷光瑞)에 의하여 계획된 오타니 탐험대가 천산산맥의 동부 남쪽 기슭의 투루판에서 발견한 고문서에 나타난 하사품의 양으로 보건대, 725년에는 병력이 12000일 경우에는 거의 60%의 병사가 7500일 경우에는 실로 90%의 병사가 근무연한이 연장되어 있었다고 추정할 수 있다. 이것은 한 예이지만, 교대를 위한 군병의 확보가 얼마나 어려웠던가를 대변한다.

변경 방위병들은 아무리 목을 빼고 기다려도 쉽게 교체병력이 나타나지 않았기 때문에 연한은 질질 연장되었다. 더욱이 대단히 열악한 상황 아래서,

힘을 결집한 유목기마민족의 공격을 받으며 가혹한 방위임무를 맡고 있었다. 이로써 배군(背軍)은 더욱 심해졌을 것이고, 호적에 의해 변경방위병력을 징발하는 징병제 자체는 극히 곤란한 단계에 달해 있었다.

장정건아제(長征健兒制)-모병의 출현

이렇게 하여 737년, 당왕조는 군진병을 모병으로 전환한다는 조칙을 내리지 않을 수 없었다. 조칙에 따르면, 현재 군진에 복무하고 있는 병사와 객호(客戶) 젊은이들로부터 모병을 하고 있다. 그리고 징병 때와 마찬가지로 자원하여 복무하는 자에게는 조용조를 면제해 줌과 동시에 급여로서 옷감을 주고, 또 복무해야 할 군진 옆에 경지와 가옥을 지급하여 가족을 불러오는 것을 인정하였다. 따라서 모병은 근무연한이 있어 교체를 하고 내륙의 고향으로 돌아가는 것이 아니라, 군진 옆에서 가족과 함께 살면서 장기간에 걸쳐 변경방위의 군무에 전적으로 종사하는 존재였다. 이들은 일반적으로 장정건아(長征健兒)로 불렸다.

장정건아제는 조칙이 나온 7개월 후인 다음 해에 처음 발족되었는데, 이 병제에서 주목을 끄는 것은 객호인 젊은이가 병모 대상이 되었다는 점이다.

객호는 호적에 기재된 본관에 사는 주호에 대비되는 말로서, 있어야 할 본관에 없으므로 객인 것이다. 본관에서 계속 살고 싶어도 그것이 불가능해져 도호가 되었으며, 당왕조의 통치조직이 파악할 수 있는 범위에서 벗어나 타향으로 이주하여 생활터전을 구해야만 했던 자들이다. 그 중에는 우문융의 괄호정책(括戶政策) 등으로 괄호되어 다시 당왕조의 통치조직이 파악할 수 있는 범위 안으로 편입된 자도 있었지만, 대부분은 대토지소유자들에게 예속되어 소작농이 되었다. 유민화된 자도 꽤 있었다. 어쨌든 이들은 힘든 생활조건 속에 놓여 있었고, 특히 유민은 치안상의 문제이기도 하였다.

당왕조는 한편으로는 변경병역 의무를 해제하고 조용조의 부담자로서 주호를 파악하고, 다른 한편으로는 장정건아제를 통해 당왕조의 틀에서 벗어난 객호를 변경병사로서 주호에 대신하는 변경방위력의 담당자로 전환시켜 다시 당왕조의 통치조직 범위 안으로 편입시키고자 한 것이다. 물론 변경병사의 수는 한정되어 있었고 모든 객호가 그렇게 된 것은 아니다.

彩繪武士泥俑 투루판 현 아
스타나 230호분

이렇게 하여 변경방위체제 속에 모병이 나타났
다. 단, 장정건아는 모병이라고 해도 군진의 한쪽
옆에 경지를 지급받는 것을 원칙으로 하는 둔전병
적 존재였으므로 완전한 직업병사의 출현을 의미
하지는 않는다. 그러나 정해진 급여가 주어지고
병사가 됨으로써 가족의 생계를 유지할 수 있고
병역은 일반의 정남에서 분리되었기 때문에, 『주
례』적인 의미의 병농일치는 아니었다. 이들은 부
병과 그 붕괴과정에서 출현한 단련병·병모·건
아·확기 등의 징병과는 달랐다.

당왕조가 유가적 정치이념에 바탕한 징병제만
을 고집하지 않고 이러한 모병제로 전환해야 할
만큼, 주호 소농민의 병역기피가 격심하고 객호가
대량으로 출현하였으며 기미정책이 파탄되고 있
었다. 그리고 그 배경에는 자영 소농민층을 주요
성원으로 하는 촌락공동체의 변화, 파현적(破縣的) 상황의 진전이 있었다.
이 점을 고려하였기 때문에 예컨대 돈황에서 발견된 한 고문서에 기록된 다
음 해인 737년에 장정건아제의 조칙이 나온 것이다.

변경번진의 성립

변경병력으로 장정건아가 출현하기 전에 이미 변경방위체제는 도호부제
에서 번진제로 이행하고 있었다. 도호부는 진수를 통할하여 기미정책을 수
행하는 기능체였기 때문에, 기미정책의 파탄, 주변 여러 민족의 민족적 결집
이 진행되고 이에 대처하는 군진제가 발전하자 여기에 대응할 수 없게 되었
다. 이를 대신하여 당왕조가 채용한 것이 군진을 일정 지역마다 통할하는
번진이었다. 그 최고지휘자를 절도사라고 불렀는데 말할 것도 없이 이는 체
제외적 관직(令外官)이었다. 번진은 710년에 설치되기 시작되어 10여 년 동
안 10개가 설치되었는데, 이는 앞에서 보았듯이 주변 여러 민족의 결집시기
와 일치한다. 각 번진의 설치시기와 설치목적, 절도사의 소재지, 병력(742년

무렵)은 다음 표와 같다.

번진	시기	목적	소재지	병력
安西	710	西域 撫寧	龜玆(新疆維吾爾自治區庫次 부근)	24,000
北庭	712	突厥施와 堅昆(투르크족) 방위·제어	北庭都護府(新疆維吾爾自治區 투루판 부근)	20,000
河西	710	吐蕃·突厥의 연계 단절	涼州(甘肅省武威縣)	73,000
朔方	721	突厥 방어	靈州(寧夏會族自治九靈武縣)	64,700
河東	711	朔方藩鎭과 협력하여 突厥 방어	太原府(山西省太原市)	55,000
范陽	713	契丹과 奚(모두 몽골계 민족) 제어	幽州(北京市)	91,000
平盧	719	室韋·靺鞨(모두 징기스계 민족) 진무	營州(遼寧省朝陽市)	37,500
隴右	713	吐蕃 방어	鄯州(靑海省西寧市)	75,000
劍南	714	吐蕃 방어와 蠻獠(산지민족) 진무	益州(四川省成都市)	30,900
嶺南	711	夷獠(산지민족) 진무	廣州(廣東市廣州市)	15,400

이 외에 병력은 1000~1500으로 적었지만, 복건 해안지대의 복주(복건성 복주시)와, 산동반도 북안의 내주(萊州 : 산동성 액현)와 등주(登州 : 산동성 내현)의 합계 3개 소에 부대를 주둔시켰다. 뒤의 2개 소는 분명 신라를 대상으로 하여 설치된 것이다.

이와 같이 대부분의 번진이 기미정책이 현저히 파탄의 길을 걷던 현종시기에 잇달아 설치되었는데, 절도사의 소재지를 도호부의 위치와 비교하면 북정(北庭)과 안서(安西)의 2개 번진이 일치할 뿐 다른 곳은 크게 달랐다. 영남·삭방·평로의 3개 번진은 각각 그에 대응하는 안남·안북·선우·안동도호부에서 뒤로 물러난 지점에 설치되었고, 범양·하동·농우·하서·검남의 여러 번진은 어느 도호부에도 대응하지 않고 새롭게 당왕조의 방위선을 구성하였다.

만리장성은 북방 기마민족과 중국 여러 왕조와의 세력의 접선을 나타내는 거대한 건조물로서, 범양·하동·삭방의 3개 번진은 장성 내부에 설치되어 당왕조의 화북 최후의 방위선 역할을 맡고 있었다.

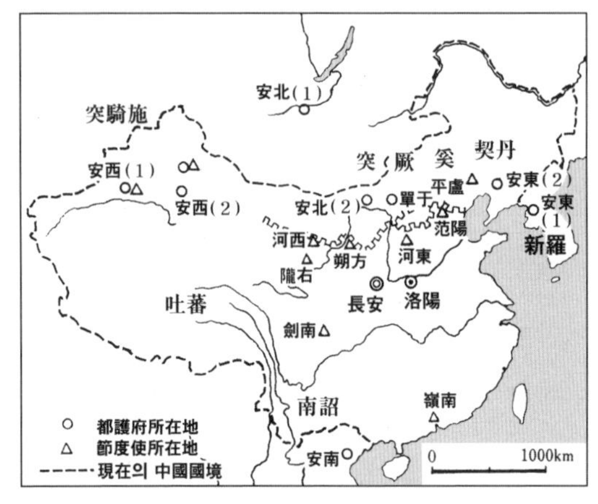

6도호부와 10번진 지도

당왕조의 세계제국적 성격은, 중국민족의 거주 범위를 넘어서서 주변 여러 민족에게까지 그 통제력이 연장 확대됨으로써만 형성된 것은 아니지만 적어도 그것은 당왕조에게 세계제국적 성격을 띠게 한 중요한 조건이었다. 따라서 주변 여러 민족이 당왕조의 통제에서 벗어나 대립할 힘을 키우고, 그 결과 대부분의 번진이 도호부보다 물러난 선에 설치되었기 때문에 변경번진의 설치는 당왕조의 세계제국적 성격의 후퇴와 연결되어 있었다.

장성 밖 절도사와 장성 안 절도사

742년 무렵, 변경 10개 번진의 총병력은 약 49만, 전투마는 8만여 두였다. 이에 대하여 좌우 우림군을 중심으로 하는 수도 경비병력은 10만이 채 되지 않았으므로, 변경의 방인수, 수도의 위사수가 모두 10만 정도였던 태종시기 무렵에 비하면 병력의 중심은 멀리 변경에 두어졌다.

절도사에서 '절도(節度)'란 '군을 지휘한다'라는 의미인데, 대병력을 10명의 절도사가 평균 수만 명의 병력을 분담 통솔하였다. 그러므로 절도사는 당연히 당왕조 내에서 비중 있는 존재였다. 더욱이 주변 여러 민족의 침략이 반복되는 상황 아래에서는 한층 그러하였다.

그렇다면 도대체 어떤 인물이 절도사로 임명되었을까. 크게 나누어 여기에는 네 가지 계통이 있었다. 첫번째는 귀족과 과거관료를 포함하는 문관이고, 두번째는 위사와 확기를 수도에서 통솔한 12위 장군과 절충부 출신의 상급무관, 세번째로는 군진의 하급장병으로부터 승진한 무인, 그리고 네번째로는 이민족이었다.

그러나 이러한 계통의 사람들이 10개 번진의 절도사로서 똑같이 배치된 것은 아니다. 이러한 면에서 보아 10개 번진은 명확히 둘로 갈려 있었다. 하나는 안서(安西)·북정(北庭)·하서(河西)·농우(隴右)·평로(平盧) 등 장성 바깥쪽 번진으로, 여기에는 무관·무인계가 압도적이었다. 때로는 이민족계도 있었다. 이에 대하여 장성 안쪽의 삭방(朔方)·하동(河東)·범양(范陽)과 서남부의 검남(劍南)·영남(嶺南)의 번진들은 대부분 문관이 차지하고 있었다.

안사의 난으로 이어지는 변화

그런데 이처럼 번진에 따라 출신 계통이 다른 절도사를 임명하는 경향 역시 이림보(?~752)가 재상에 올라 중앙에서 권세를 떨치게 되면서 변화가 생겨 삭방·하동·범양과 같은 장성 안쪽의 번진절도사에도 무관·무인·이민족이 임명되었다. 이 변화가 이윽고 안록산과 같은 사람도 절도사 지위를 획득할 수 있게 하였고, 나아가 안사의 난으로 연결되었다. 그렇다면 어떻게 이 같은 변화가 일어난 것일까.

이림보가 재상자리에 있었던 것은 734년부터 752년까지 19년간으로, 이는 당의 역대 재상 중에서도 이례적이라고 할 만큼 긴 기간이었다. 게다가 이림보는 죽을 때까지 재상직에 있었으므로, 그만큼 지위는 안정되어 있었다고 할 수 있다.

이림보는 당왕조를 창업한 고조 이연의 조카의 증손에 해당하고, 멀기는 하나 당 황실의 피를 이어받은 귀족이었다. 그는 과거를 거치지 않고 관계에 들어가 우문융에게 발탁되어 점차 승진가도를 달리기 시작하였다. 아마 귀족으로서 우문융과 정치의식을 같이하고 우문융의 괄호정책을 적극 지지하였을 것이다. 이렇게 하여 일단 지위를 구축하였지만, 그가 재상의 지위에까지 오를 수 있었던 까닭은 당시 후궁 가운데 제1의 총비였던 무혜비(?~737)와 총신인 환관 고력사(684~762)의 환심을 사, 현종에게 가까이 접근할 수 있었기 때문이다.

이 재상지위의 획득과정에서 나타나는 특징은 총비라든가 총신인 환관이라고 하는, 전제군주와 사적관계를 맺고 왕의 은총을 받고 있는 인물과 사적으로 연결되어 이를 매개로 삼고 있다는 점이다. 이것은 공적관계를 기본

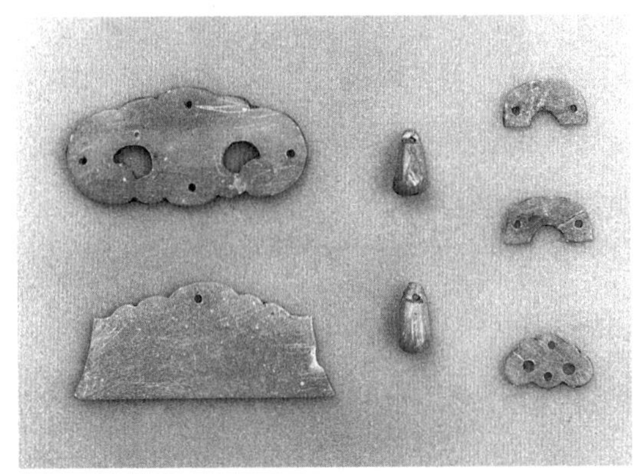

玉佩飾 唐, 섬서성 禮泉縣 출토

적 지배질서로 하는 법치적 지배기구의 틀에서 벗어난 결탁이었다. 또한 수·당전기 통치체제가 파탄된 결과, 이러한 사적관계가 황제를 둘러싼 권력 중추부에도 잠입한 것이다. 이것은 위사제와 확기제가 붕괴됨과 동시에 황제와의 사적관계가 강한 북아금군(北衙禁軍)이 확충되어 나간 사실을 상기시키는 현상이다.

획득한 재상의 지위를 유지하고 권세를 이어 나간 것은, 이림보 스스로 전제군주의 은총을 받으며 전제군주와 사적으로 유착함으로써 비로소 가능해진 것이었다. 『신당서』와 함께 당 일대의 역사서로서 오대 후진 때 유상(劉昫 : 887~946) 등이 칙명으로 편찬하여 945년에 완성한 『구당서』 권200 이림보전에 "현종이 이림보를 환대하는 것이 점점 깊어진다"라는 기록은 전제군주인 현종과 권세자인 이림보의 결탁을 이야기해 주는 것이다. 따라서 권세자의 출현이 전제군주에게 위협이 되지는 못했고 그것이 은총적 결탁인 한에서는 오히려 권세자는 전제군주의 일방적인 의향에 따라 실각되는 일도 있었다. 그만큼 권세자의 지위는 불안정한 요소를 내포하고 있었다.

그러나 이림보의 불안정성은 그 때문만은 아니었다. 앞에서도 언급하였듯이, 과거관료가 귀족에 대항하여 서서히 힘을 키우고 있었고 게다가 그들의 정치성향은 반드시 귀족과 일치하지는 않았다. 이것이 귀족층에게 하나의 위협이 되었음에 분명하다. 사실, 이림보가 재상이 되기 전 중앙관계의 지도적 지위는 과거관료인 장열이나 장구령으로 이어지고 있었다. 장구령은 증조부가 지방의 하급관료에 지나지 않는 가난한 집에서 태어났으나, 어릴 적부터 명민하여 이름이 높았고 진사과에 합격한 바가 있었다.

또 현종시대가 되자, 강회(江淮)라고 불리는 회하와 양자강 하류지역에서 미곡 등의 농산물을 중앙이나 화북으로 운송하여 국가재정에 기여하는 등

재정면에서 활약하는 일종의 재무관료가 등장하여 중앙정계에서도 발언력을 키워 나갔다. 그 한 사람인 배요경(裴耀卿 : 680~742)은 장구령과 함께 이림보보다 1년 먼저 재상에 올랐다.

이림보는 재상에 오른 지 2년 후 선임재상인 장구령과 배요경을 중앙에서 몰아내고, 재무관료의 지위를 계속적으로 자기 일파에게 맡기면서 권세를 장악할 수 있었다.

재상과 절도사의 관계

이림보는 현종의 은총을 입고 그것을 배경으로 중앙에서 대립되는 자들을 몰아내고 권세를 잡았지만, 이림보에게 또 하나 문제가 된 것은 절도사였다. 현종이 즉위하고 나서 이림보가 재상이 되기까지 22년 동안 재상에 오른 자는 25명이나 되었다. 기간에 비하여 재상의 수가 많은 것은 재상이 한 명이 아니라 반드시 2명 이상이었기 때문이다. 그 때문에 중요한 국사를 결정할 때는 합의제를 택하여 황제 이외의 특정 개인에게 권력이 집중되는 것을 방지하였다. 이림보의 경우에도, 장구령과 배요경을 재상직에서 물러나게 한 후 3명의 관료가 계속 그 후임이 되었지만, 이림보의 권세를 위협하지 못할 정도의 인물만 임명하였다.

그런데 25명의 재상과 절도사와의 관계를 연 인원수의 측면에서 보면, 절도사직을 그만두고 중앙으로 돌아와 재상이 된 자가 과반수인 14명이나 되고, 재상을 경험하고 절도사로 전출된 자가 11명, 재상으로 있으면서 절도사를 겸임한 자가 4명이었다. 이 재상과 절도사와의 관계에는 두 가지의 두드러진 경향이 있었다. 하나는 이들이 대부분 진사과와 명경과 등 과거출신의 중앙고관이고, 두번째는 절도사로서 부임한 번진이 삭방·하동·범양 등 장성 내의 3개 번진에 거의 집중되었다는 점이다. 이러한 경향은 일찍이 이들 3개 번진의 절도사를 연이어 역임하고 삭방의 경우는 재상직에 있으면서 겸임한 장열에게서 가장 잘 드러난다.

앞서 기술하였듯이 기미정책의 파탄, 주변 여러 민족의 민족적 결집과 침범이라는 상황 속에서 이를 방위하는 대군을 거느린 절도사는 그만큼 비중 있는 존재였다. 특히 장성 내의 방위선으로서의 역할을 맡은 3번진의 절도

臥駝 唐, 서안시 동쪽근교 출토

사가 그러하였다. 이 곳의 절도사로 재상에게 필적할 중앙고관이 많이 임명된 것은 이 때문이다. 따라서 중앙고관의 절도사 취임, 특히 장성 내 번진의 절도사 취임은 이림보의 권세를 위협하는 계기가 될 수 있었다. 그렇다고 해서 수·당전기 통치체제적인 방위형태로는 주변 여러 민족의 새로운 움직임에 대응할 수 없었고, 그 대신에 이미 형성되어 있는 번진방위체제를 폐지하는 것도 이미 불가능한 일이었다.

그렇다면 이림보가 생각할 수 있는 대안이란 이 절도사직에 중앙고관을 제외시키고 대신 중앙관계에는 아무런 힘도 없는 무관·무인과 이민족 무장 등을 많이 임명하는 것이었다. 결국 절도사의 임명은 장성내 번진이거나 장성외 번진이거나 같은 수준이 되어 버렸다.

이민족이 중요직에 등용된 사실에 대해서는 뒷날 송조와 비교하면 분명해지는데, 당왕조가 갖는 세계제국적 혹은 국제적 성격과도 관계가 있을 것이다. 당왕조의 이러한 성격은 자신의 지배기구 속에 이민족을 그 담당자로 받아들이는 데 대해 거부감이 없었기 때문이다.

유명한 예를 들면, 751년 탈라스 강가에서 이슬람의 압바스조 군대와의 전쟁을 지휘한 당나라 장수는 고구려인인 고선지(高仙芝 : ?~755)였고, 그 아버지도 안서도호부 예하의 장교였다. 태종·고종시기에 12위 대장군을 역임한 돌궐인 아사나충(阿史那忠 : ?~764)은 전후 48년간에 걸쳐 숙위에 임명되었다고 한다. 또 일본인 아베노 나카마로(阿倍仲麻呂 : 698~770. 중국 이름은 朝衡 또는 晁衡)는 유학생으로서, 713년 다지히노 마히토아가타모리(多治比眞人縣守 : 668~737)를 견당사로 하는 제9회 견당사선 편에 승려 겐보(玄昉 : ?~746)와 기비노 마키비(吉備眞備 : 695~775) 등과 함께 입당

하였다. 당에서 과거시험에 합격한 그는 문관
으로서 승진을 계속하여 안남도호에 올랐다.
그 밖에 백제인·투르크인(돌궐인)·말갈인·
티베트인·거란인 등 수많은 이민족이 대부분
무관·무인으로서 태종기 때부터 활약하였다.

　이민족인 안록산도 이러한 여러 사정 속에서
절도사로 등용된 인물이었다. 이림보 자신도
장열을 모방이나 하듯 재상직 외에 농우·하
서·삭방의 3절도사를 겸임하였다.

胡人像頭部　唐, 서안시 출토

안사의 난―당 전기 지배체체 모순의 집중적 표현

안록산의 등장

　안록산(安祿山)은 돌궐의 무장이던 이란계 소그드인을 아버지로, 돌궐여
인을 어머니로 한 혼혈이민족으로, 평로번진의 절도사가 소재하는 영주에서
태어났다. 역시 돌궐계의 혼혈이민족으로 안록산이 죽은 후 난을 지도한 사
사명(史思明 : ?~761)과 고향이 같다.

　이 지방에는 여러 이민족이 있었던 듯한데, 둘다 이민족 말에 능통하였다
고 한다. 그로 인해 두 사람은 함께 당과 북방민족 간의 교역시장 관리가 되
었는데, 평로·범양 절도사를 겸임하고 있던 장수규(張守珪 : ?~739)의 인
정을 받아 하급무장이 되었다. 특히 안록산은 장수규의 가자(假子)가 되어,
의제적(擬制的)이긴 하나 부자관계를 맺게 되는데 이것이 안록산의 출세에
중요한 계기가 된 것으로 보인다.

　장수규에게는, 후에 절도사에까지 오른 장헌성(張獻誠 : 736~796)이라는
친아들이 있었으므로 가문이 끊길 염려는 없었다. 그런데도 가자를 두었다.
가자란 가문의 계승자가 없을 경우 다른 집안에서 아들을 데려와 가문을 잇
게 하는 양자와는 성격을 달리하는 것으로, 주인이 가부(假父)가 되어 뛰어
난 부하를 자신과 보다 강력하게 결탁하도록 하기 위한 것이었다. 그러므로

가부·가자 관계는 주종적 결합의 한 형태였다. 그렇기는 해도 아버지와 아들이라고 하는 관계를 흉내낸 것이므로, 거기에는 가자에 대한 가부의 가부장권이 작용하여 가장 긴밀한 주종적 결합이라고 할 수 있다. 후에 언급되듯이, 이후 이러한 결합 형태가 절도사에게서 활발히 나타나는데, 그것도 귀족·관료 등의 문인계 절도사에게는 보이지 않고 무인계 절도사에게 한정되어 보인다. 장수규도 병사 출신으로서, 돌궐·티베트 등 각지를 전전하며 공을 세워 농우절도사에 올랐고, 나아가 거란을 방위하기 위하여 평로와 범양의 절도사를 겸임한 순수한 무인계 절도사였다.

가부자적(假父子的) 관계는, 설령 의제적이고 가문의 계승과는 관계가 없다 하더라도 아버지와 아들이라는 이름으로 연결되어 있으므로 분명 유가적인 가족윤리관에 어긋난 것이었다. 이 같은 관계를 맺은 무인은 문관과는 달리 유가적 윤리관에 구애받는 일이 없었을 것이고, 문관과는 다른 타입의 존재였다고 할 수 있겠다.

이윽고 안록산은 가부자적 결합을 배경으로 장수규의 막하에서 가장 중요한 존재가 되었을 것이다. 740년 평로의 병권을 맡은 그는 2년 후, 즉 이림보가 재상이 된 8년 째에는 드디어 평로절도사에 임명되었다. 전해지는 이야기에 따르면, 안록산은 그 때까지 중앙에서 시찰나온 관료에게 뇌물을 써서 현종과의 사이에 다리를 놓고 그 때문에 현종의 신임이 두터워져 절도사에 임명되었다고 하지만, 위에서 본 바와 같이 이림보의 의향이 작용하였음에 분명하다. 이후에도 이림보는 현종에게 자주 안록산이 뛰어나다는 말을 비추었다. 이렇게 하여 안록산은 점차 현종의 은총을 받게 되었다.

평로에서는 장수규가 물러나고 안록산이 절도사로 임명되기까지의 사이에 두 명의 절도사가 있었는데, 그 둘을 합쳐 겨우 2년 동안 재임하였고 그 동안 평로의 병권은 안록산이 잡고 있었을 것이다. 또 2년 후인 744년에 안록산은 평로 외에 장성 내의 범양절도사를 겸임하게 되고 이 곳으로 본거를 옮겼다. 이 2개 번진의 겸임은 이미 가부인 장수규에게 선례가 있어 가부의 지위를 답습하려 한 것일지도 모르며, 또한 은총을 받고 있는 안록산에게는 이는 불가능한 일이 아니었다.

안록산에 대한 은총

그 이후 안록산은 한편으로는 이림 보에게 또 한편으로는 현종과 그 총비인 양귀비의 환심을 사는 데 적극적이었다. 전제군주에게 환심을 사는 방법은 이림보가 당시의 총비인 무혜비를 매개로 삼아 환심을 산 방법과 같았다.

안록산은 매우 비만체로, 체중이 330근(약 197kg)에서 350근(약 209kg)에 달했다고 하며 배는 무릎 아래까지 처져 있었다. 언젠가 현종이 농담으로 "그 큰 뱃속에는 무엇이 들어 있는

演奏圖 李壽(唐高祖의 從弟 577~630) 묘 묘실 북벽 동측, 섬서성, 1973년 발굴

가?" 하고 묻자 "그저 적심(赤心 : 진심)뿐입니다"라고 답하였다고 한다. 너무나 뚱뚱하여 양쪽에서 시종의 부축을 받아야 겨우 움직일 수 있었는데도, 현종 앞에만 오면 "호선무를 추고 빠른 것이 바람과 같다"고 하였다. 호선무란 우즈베키스탄의 도시 사마르칸트에 있던 소그드인의 강국(康國)에서 당나라로 전해진 춤으로 움직임이 격렬하였다. 안록산은 소그드계 혼혈이었으므로 이 춤을 젊었을 때부터 습득하였을지도 모르지만, 그렇다 하더라도 현종의 은총을 받고자 얼마나 고심하였는가를 엿볼 수 있다.

현종에게 환심을 산 안록산에 대해 전해오는 이야기는 대단히 많지만, 안록산이 수·당전기 통치체제가 파탄되는 상황 속에서 현종과 사적으로 유착하려 한 움직임은 이림보 이상이었고 보다 더 노골적이었다. 안록산이 자원하여 양귀비의 양아들이 되고 현종 또한 그것을 허락하였다는 이야기는 그것을 잘 나타내고 있다. 여기에 얽힌 유명한 이야기 한 토막을 소개해 보겠다.

양귀비는 자수가 놓인 비단으로 큰 배냇저고리를 만들어 안록산에게 입히고, 예쁜 색깔의 가마에 태워 궁중을 거닌 후 '녹아'(애기 안록산)를 씻겨 주고, 현종도 즐겁게 이를 지켜보며 양귀비에게 '애기를 목욕시킨 값[洗兒

三彩馬, 牽馬俑 말 높이 58.2cm, 인물 높이 47.3cm, 서안시 당묘 출토

金銀錢]'을 주고 안록산에게도 많은 선물을 주었다. 참으로 어이없는 이야기다. 양귀비는 원래 현종의 황자인 수왕 이모(?~775)의 비였지만, 무혜비 사후 양귀비의 미모에 혹한 현종이 744년에 수왕과 이혼시킨 후 후궁으로 맞아들인 것이었다. 당시 현종의 나이 60세, 귀비는 26세였다.

현종은 중종의 황후인 위씨(?~710)와 그 딸인 안락공주(?~710)가 중종을 독살하고 측천을 본떠 당왕조를 빼앗아 전권을 휘두르려 했을 때 쿠데타를 일으켜 이들을 무너뜨리고 황태자가 되고 이윽고 황제에 오른 인물로 즉위 당초에는 친정의 의욕에 불타 있었다. 그러나 이림보가 재상이 된 무렵부터 점차 의욕을 잃고, 양귀비는 이러한 때 총비가 된 말하자면 현종의 정치적 권태의 표상이었다. 그렇다고는 해도 이 정치적 권태가 곧 황제 현종이 꼭두각시화되었다는 것을 의미하지는 않는다. 그는 일찍이 친정이라는 형식으로 정치의 전면에 나서 있었고, 권태 후에도 전제군주로서의 실권을 계속 쥐고 있었다. 그런 만큼, 이 전제군주와의 사적유착은 권세획득에 극히 유용하였다. 이러한 때 안록산은 적극적으로 은총을 구하고 있었던 것이다.

안록산이 자원해서 양귀비의 양자가 된 것은 안록산이 장수규의 가자가 되었던 점을 연상시키는데, 장수규가 유가적인 가족윤리관에 구애받지 않았던 것처럼 양귀비 또한 그러하였을지 모른다. 양귀비는 일찍이 아버지와 사별하고 숙부 밑에서 자랐지만 아버지와 숙부 모두 지방의 하급관리로서 귀족도 아니고 고급관료도 아니었다. 이 점에서 양귀비는 측천의 피를 이은 무혜비와 달랐다. 안록산도 이민족인데다가 이름도 없는 가문에서 태어나, 유가적 윤리관에 구애받지 않았던 것은 당연하다. 그렇기 때문에 이러한 결탁을 바라고 나선 것인데, 이는 가문을 중시한 귀족 이림보에게는 쉬운 일이 아니었다.

안록산의 3절도사 겸임

이렇게 하여 안록산은 극히 두터운 은총을 받았으며 아들들 또한 각각 높은 관위를 받고, 751년에는 하동절도사도 손에 넣을 수 있었다. 바야흐로 장성 외의 평로와 그에 인접한 장성 내의 범양·하동의 3번진의 절도사를 겸임하여, 변경방위 총 병력의 거의 37%에 달하는 18만 병력을 거느리게 되었다. 이는 선례가 없는 것이었다.

이후 안록산은 난을 일으킬 때까지 변함없이 3번진의 절도사를 겸임하였다. 이 또한 선례가 없는 것이었다. 일반적으로 절도사의 재임기간은 평균 2년이 채 못 되며 그 가운데는 겨우 수개월을 못 채우는 자도 있었다. 단 장수규의 경우는 기간이 좀 길어 평로·범양의 2절도사를 7년간 재임한 바 있다. 안록산의 경우 가장 빨리 절도사가 된 평로에서는 14년, 범양에서는 12년, 하동에서는 5년을 재임하고 난을 일으켰다.

안록산이 평로절도사가 되기 수년 전, 이미 기술하였듯이 변경방위의 군진병은 징병제에서 모병 장정건아제로 전환되어 근무연한에 따라 순차 교대하는 일은 없어졌다. 그렇다면 특정 절도사가 하나의 번진에 장기간 재임하게 될 경우 양자 사이에는 차차 주종관계가 생겨날 가능성이 있었다. 이것이 안록산의 경우에는 가능하였고, 그의 군사력을 강화시키기도 하였을 것이다. 안록산 자신도 주종적 결합을 만드는 데 매우 의욕적이었다. 항복한 동라(同羅 : 투르크계 민족)와 해(奚)·거란 8천여 명을 예락하(曳落下)라고 이름붙여 가자(假子)로 삼고, 또 1천 명 이상의 가내노예를 두어 항상 신변을 호위케 하고 이들을 특별히 우대하였다. 그로 인해 이들 모두는 안록산의 은혜에 감동하여 충성을 다하고, 일기당천(一騎當千)하는 용사가 되었던 것이다.

예락하란 남자답다는 뜻의 돌궐어 혹은 경장병(輕裝兵)이라는 뜻의 소그드어를 한자로 표기한 것이라고 한다. 안록산은 많은 이민족을 자신의 지휘하에 두었는데, 그 중 용감한 자가 예락하로 선택되었을 것이다. 일찍이 장

수규의 가자였던 안록산은 절도사가 되자 스스로 가부가 되어 8천여 명에 이르는 대량의 가자집단을 두고, 가장 유대가 강한 주종적 결합을 만들어 냈다. 19년이 걸려 1084년에 완성한 『자치통감(資治通鑑)』(290권)의 저자인 북송의 사마광(司馬光 : 1019~1086)은 8천여 명이나 되는 양자가 있었을 리 없다며 이 사실을 인용하지 않았지만, 이 가자집단이 양자가 아님은 말할 필요도 없다. 안록산이 가자가 되었을 당시에는 가부와 1대 1의 관계였지만, 이 예락하는 집단을 단위로 하여 가자를 삼았다. 안록산이 장수규의 개인형 가자라고 할 수 있다면 예락하는 일종의 집단형 가자라고 할 수 있다. 이 집단형 가자가 안록산 병력의 중핵을 이루고 있었다.

은총 다툼 – 난의 발발

안록산이 3개 절도사를 겸임한 다음 해에 이림보가 병사하고 양귀비의 6촌형에 해당하는 양국충이 후임재상이 되어 곧 이림보 일파를 배척하고 중앙에서 권세를 잡게 되자 안록산의 은총에도 그늘이 생겼다.

양국충이 권세를 획득하는 배경으로서 간과해서 안 될 것은, 고종 이래의 제도를 폐지하여 과거에 합격하고도 오랫동안 관료후보자로 머물면서 관직에 오르지 못한 자를 모두 관직에 오를 수 있게 조치함으로써 후보자는 물론 과거관료로부터 지지를 얻어냈다는 사실이다. 이러한 조치를 취해야 할 만큼 과거관료의 세력이 커진 것이겠지만, 양국충은 과거관료라는 존재를 잘 알고 있었고 이 점에서 과거관료에 대해 경계심을 품은 이림보와는 달랐다.

이렇게 해서 안록산과 양국충이 현종의 은총을 다투게 되는 것은 필연적이었다. 은총에 전제군주의 자의가 영향을 주는 것을 부정할 수 없지만, 전

제군주의 은총인 이상 왕조에 대
한 공적이 은총의 하나의 조건이
었다. 안록산은 거란 방위에서,
양국충은 재정 면에서 각각 충분
한 공적을 쌓아 은총을 유지하였
다. 모두 은총의 조건을 갖추고
있었다.

안사의 난 지도

그래서 현종의 은총을 남보다
더 많이 받기 위해서는 더욱 훈공을 세울 필요가 있었다. 안록산은 빈번해
진 거란의 침입을 토벌하였다. 이렇게 되자 검남절도사를 겸임하고 있던 양
국충은 남조에 대한 무모한 토벌로 공을 세우고자 하였다. 앞의 백낙천의
「신풍절비옹」의 풍유에는 이 같은 배경이 있었다.

그런데 안록산은 양귀비의 양자가 되었다 하더라도, 양국충은 귀비와 피
를 나눈 일족인데다 재상으로서 항상 중앙에서 현종을 접할 수 있었던 반
면, 안록산은 중앙에서 멀리 떨어진 임지인 유주(현재의 북경시)를 쉽게 떠
날 수 없었다. 안록산이 현종의 총애를 잃을까 두려워하여 불안을 느낀 된
것은 당연한 결과였다. 그렇다고 해서 안록산이 절도사가 된 경위를 보건대
문인계 절도사처럼 중앙으로 돌아가 고관이 되는 일은 도저히 바랄 수 없는
것이었다. 게다가 양국충은 현종에게 안록산이 모반할 생각을 품고 있다는
말을 속삭였다. 이대로 가면 결국 은총을 잃고 나아가 현재의 지위까지 잃
게 될 것은 확실하였다. 그렇다면 안록산이 권세를 유지할 방법은 '은총'이
라는 전제군주와의 유대를 끊고, 스스로 전제군주化해 가는 길뿐이었다. 게
다가 안록산은 강대한 병력을 거느리고 있었다. 이렇게 하여 755년, 그는 군
측(君側)에서 역적 양국충을 몰아낸다는 구실을 붙여 난을 일으켰다.

현종의 사천도피와 양귀비의 최후

당시 당왕조 측의 군대는 변경번진의 병력을 제외하면 제대로 된 군단이
거의 없었다. 수도 장안에 있던 우림군의 병사는 장안 상인의 자제가 대부
분이었다. 그들은 상인이 국가부담을 합법적으로 피하기 위해 병적에 들어

楊貴妃墓 처음에는 일반인의 무덤과 같은 흙으로 되어 있었으나, 양귀비 무덤의 흙을 얼굴에 바르면 피부가 고와진다는 중국인들의 믿음 때문에 분봉이 계속 없어져, 지금은 아예 석회토로 무덤을 덮어 버렸다.

가 있었을 뿐, 병사로서의 훈련은 무엇 하나 받지 않았다. 그들은 화려한 옷을 걸치고 사치스러운 식사를 하고 온갖 유희에 빠져 있었다. 그러므로 난이 발발했을 때는 무기를 다루는 방법조차 몰랐다. 거기에 확기는 이미 붕괴한 상태였다.

이 같은 당왕조의 상황은 전제군주측이 은총의 세계에 안주해 있었던 데서 생겨났다. 은총이라고 하는, 전제군주와 권세자와의 사적결탁은 체제로서 정착된 군신관계가 아니었고 은총을 받는 권세자측에 항상 총애의 상실이라는 불안정성을 내포한 것이었다. 동시에 특히 강대한 병력을 가진 권세자가 총애의 상실을 두려워할 때는 거꾸로 전제군주 쪽에 총반격을 가할 가능성도 있는 결탁이었다. 그런데도 은총적 세계에 안주하고 있었으므로, 바야흐로 당왕조는 강렬한 충격을 받게 되었다.

당황한 당왕조는 장안의 서민 중에서 병사를 모집하였으나, 이것으로는 거란과의 전투경험이 풍부하고 엄격한 훈련에 단련된 안록산군에게 도저히 대항할 수 없었다. 난이 일어난 다음 달에는 낙양, 그 반년 후에는 장안이 점령되고 현종은 사천으로 도피하면서 퇴위하였다. 그리고 장안을 벗어나 그 서쪽인 마외(馬嵬)에서 현종과 별도의 행동을 취하며 삭방번진에 의지하고 있던 숙종(재위 756~762)이 즉위하였다.

이 마외에서 현종을 수행한 병사의 요구로 양귀비와 양국충은 살해되었다. 현종을 따르던 자들은 마외에 도착하기 전에 이미 많은 수가 도망한 상태였다. 남은 병사들도 굶주림과 피로에 지쳐 있었다. 그들은 자신들을 이러한 곤경에 빠뜨린 원흉이 양국충과 양귀비라고 하여 그들에게 분노의 화살을 돌렸다. 마외에 도착하자 병사의 분노는 폭발하여, 우선 양국충과 그 아

이들 및 부인이 살해되었고 양국충의 목은 창끝에 매달렸다. 현종이 달래도 병사들은 듣지 않았고, 고력사도 양귀비를 죽이는 것 외에는 병사들을 진정시킬 방법이 없다고 아뢰었다. 결국 현종은 고력사에게 명하여 길가의 불당에서 양귀비를 목매달아 죽이지 않으면 안 되었다. 이렇게 하여 병사의 분노를 진정시키고 서야 현종은 간신히 서쪽으로 도망칠 수 있었다.

顔眞卿 書 죽산당연구책

당왕조의 회복과 난의 종식

난을 일으킨 다음 해 안록산은 자신을 대연(大燕)황제라 칭하고 연호를 성무(聖武)라고 하였다. 완전히 당왕조를 부정하고 전제군주를 지향한 것이었다.

이윽고 당왕조 측에서는, 하서·농우·삭방 등의 번진군을 동원하고 내륙에 새로이 절도사를 두어 반란측에 대항하고, 또 당시 북방에서 세력을 떨치던 투르크계의 위구르 민족에게 원조를 구하여 점차 세력을 회복해 나갔다. 그러나 위구르는 부녀자와 재물의 약탈을 목적으로 원조하였기 때문에 당왕조 치하의 인민은 격심한 고통을 받았다. 당왕조측이 다시 일어설 수 있었던 것은 반란측의 본거지인 유주와 남하한 반란군 사이의 연락을 위협하는 저항집단이 반란군의 배후에서 조직되어, 반란측이 이를 진압하는 데 많은 병력을 투입해야만 했기 때문이다.

이 저항집단의 중심에 선 것이 종형제 사이로서 주의 자사급이었던 안고경(顔杲卿 : 692~756)·안진경(顔眞卿)과 현관(縣官)급 관료이고, 여기에 '군인(郡人)'이 가담하였다. 그리고 수천에서 수만에 달하는 '민중'이 각지에서 반란군을 습격하였다. '군인'이란 향촌에 재주하는 민간인이라는 뜻인데, 실제로 촌락의 지도자 격이었던 서민지주층으로서 안씨 종형제는 그들과 결탁하고 그것을 매개로 비로소 중(衆), 즉 촌락민을 조직하여 저항력을 발휘할 수 있었다. 촌락의 계층화가 진행되어 수·당전기 통치체제가 파탄되는 속에서 형성된 신흥 서민지주층이 촌락에서 지도권을 장악하고, '난'이라고 하는 동란 속에서 촌락민을 결집하여 자위조직을 만든 것이다. 단련병 등도 이 조직에 편입되었다. 안씨 종형제와 현관들은 이를 반란군에 대항하는 힘으로 전환시킨 것이다.

여기에 반란측 내부 사정도 순조롭지 않았다. 실명과 등창으로 광폭해진 안록산은 아들인 안경서(安慶緖 : ?~759)에게 살해당하고, 경서가 그 뒤를 이었지만 안록산의 옛 장수 중에 그를 따르지 않는 자도 있었다. 그래서 젊었을 적부터 안록산과 행동을 함께한, 체구는 안록산과는 대조적으로 마르고 어깨힘이 좋은 사사명이 경서를 죽이고 난을 지휘하였다. 그러나 그 내부에서 다시 불화가 생겨 장남인 사조의(史朝義 : ?~763)가 사명을 살해하고 그 뒤를 이었으나 안록산의 옛 장수 중에 따르지 않는 자가 한층 많이 생겼다.

이와 같이 반란측 지도자 간의 불안정성은, 당왕조라는 강력한 지배체제를 부정하면서도 그에 대신할 체제를 확립할 수 없었던 유동성에서 기인한다. 게다가 반란측에 타격이 된 것은 경제적으로 가장 풍부한 강회지방을 수중에 넣을 수 없었다는 점이다. 북에서 강회로 들어갈 때 요충지인 수양(睢陽 : 하남성 상구현)에서 처참한 공방전을 치렀지만, 결국 강회는 당왕조의 손으로 돌아갔다. 그리고 난이 계속되는 동안, 당왕조는 이 지방에서 여러 가지 임시세를 징수하고 마지막에는 백저(白著)라고 해서 무장대를 보내어 미곡과 견직물의 과반을 강탈하다시피 하면서 재원으로 충당하였다. '저(著)'에는 비축한다는 의미가 있으므로 '백저'란 아무것도 없이 텅텅비었다는 의미일 것이다. 그로 인하여 재지의 유력자였던 원조(袁晁 : ?~763)를 지도자로 하여 부농에서 빈농·상인에 이르기까지 광범한 계층이 참가한 반란이 일어났는데, 이들의 규모는 한때 독립정권을 수립할 정도였다.

이렇게 하여 763년 사조의는 안록산의 옛 장수 가운데 한 사람인 이회선(李懷仙 : ?~768)에게 살해당하고 난은 막을 내렸다. 난이 일어난 지 9년째 되는 해였다.

난이 의미하는 것

수·당전기 지배체제의 파탄이 진행되면서, 그 과정에서 귀족과 과거관료 사이에 대립이 나타나고 그 결과 은총이라는 전제군주와의 사적유대가 권세의 획득 요건이 되었다. 거기에다 주변 여러 민족이 새롭게 민족적으로 결집하는 움직임을 보이면서, 진수를 방위력으로 하는 기미정책을 기본선으로 한 변경방위체제로는 대응할 수 없어 군진 나아가 번진방위체제를 취해야만 했다. 또 이 방위체제의 변화과정에서 소농민 사이에 수·당전기 지배체제에서 규정된 국가부담을 부정하고 징병을 기피하는 도호와 배군이 빈발하여, 징병제는 폐기되고 모병제로 전환하지 않으면 안 되었다. 이러한 사실 등이 안사의 난의 배경이 되었다고 할 수 있다.

이러한 여러 상황으로 보건대 안사의 난은 정치적으로 터져나온 사건이었다. 한 마디로 안사의 난은 수·당전기 통치체제의 모순이 정치면에서 집중 표현된 것이었다고 할 수 있다. 그리고 더 깊이 파고 들어가 보면, 수·당전기 통치체제는 지배이념으로서 농민층을 등질적 존재로 파악하고, 조용조와 같이 균등하게 수취를 부과하는 체계를 갖고 있다. 그러므로 그 파탄은 농민을 그러한 존재로 파악할 수 없게 할 정도로 농민의 생활의 터전인 촌락이 변화하고 계층화한 데서 생겨난 것이다. 난이 계속되면서 등장한 안씨 종형제를 중심으로 한 저항도 계층분화된 촌락을 전제로 조직된 것이었다.

이렇게 하여 9년 동안 화북을 전란으로 몰아넣은 안사의 난은 당왕조에게 충격을 주고 이후의 역사전개에 큰 영향을 주었다. 균등부과(均等賦課)의 수취체계는 점점 껍데기만 남아 당왕조는 계층분화에 대응할 새로운 수취체계를 마련해야 했고 또 반란군에 대처하기 위해 난이 계속되는 와중에 번진제를 내지에도 도입하게 되었다.

8. 양세법의 성립

새로운 수취 조치

적자재정과 변경번진

앞에서도 언급한 두우(杜佑)에 따르면 안사의 난 직전인 현종 말기 755년, 당왕조의 경상세입은 화폐가 200여만 관(1관은 1000문), 곡물이 2500여만 섬(1섬은 59.4ℓ), 비단이 740여만 필(1필은 폭 1척 8촌, 길이 4장), 마포가 1605만여 단(1단은 반필로 2장), 면이 185만여 돈(1돈은 223.8g)으로, 그 외 임시수입은 경상세입의 약 1할을 차지하였다. 이에 대해 경상세출에서는 약간의 흑자를 기록하였지만, 그 밖에 특별지출이 있었다. 특별지출의 대부분은 변경번진용으로, 그 액수는 곡물이 190만 섬, 비단·마포·면이 합계 1010만이었다. 결국 화폐·비단·마포·면의 총합계는 960만이 초과지출되어 큰 폭의 적자를 냈다. 거액에 달하는 변경번진용 지출이 그 원인이었다.

변경번진용 지출은 경상세출 안에도 있어서, 그 액수는 적게 잡아도 곡물로 800만 섬, 비단·마포·면을 합해 1000만 정도였다. 따라서 총 세출 중에서 변경번진용 지출이 차지하는 비율은 곡물이 약 37%, 비단·마포·면의 합계가 53% 정도로 높은 비율을 점하였다.

변경번진에는 이미 장정건아제(長征健兒制)가 성립되어 군진(軍鎭) 부근에 병사와 그 가족용으로 둔전과 가옥을 제공한다는 원칙이 있었다. 그런데 경상세출을 보면, 곡물 800만 석 외에 비단·마포·면의 합계 1000만 중에 화적(和糴)이라고 하여 국가가 곡물을 사서 번진 병사에게 지급하는 몫도 포함되어 있었다. 또 특별지출에서도 곡물 190만 섬 외에 비단·마포·면의 합계 320만이 있었는데 이는 번진의 군량을 화적하기 위한 것이었다.

장정건아제에서는 병사에게 급여로서 의료(衣料)를 지급하였기 때문에 그것이 국가재정을 압박하였다. 이와 같이 곡류의 지급도 거액에 달하였고, 둔전을 통해 식량을 자급한다는 원칙도 그저 원칙으로만 그쳤다. 병사에게 제공되는 둔전도, 앞서 기술하였듯이 태종시기의 진수(鎭戍)에서 근무하는 방인의 몇 배에 달하는 50만 이상의 병사와 그 가족의 식량을 조달하려면 방대한 경지를 필요로 하였다.

당왕조는 종래의 진수에 부속된 둔전을 이용하거나 신규로 개간을 하여 이를 확보하려고 하였다. 그러나 군진이 반드시 경지에 적합한 지대는 아니었기 때문에 당시의 농경기술로는 필요한 만큼 개간을 할 수 없었다. 게다가 항상 이민족의 공격에 노출되어 있어, 장정건아제가 성립된 737년에 삭방 이외의 번진에서는 둔전으로는 병사의 식량조차 조달할 수 없었다. 12년 후인 749년의 기록에 따르면, 둔전은 어느 번진에서건 예외없이 감소하여 하동이나 범양 등의 번진에서는 병사 몫의 60%에서 40%밖에 식량을 조달할 수 없었다고 한다.

이렇게 되자 식량은 내륙에서 보급할 수밖에 없었고, 그것이 국가재정을 압박하는 최대의 요인이 되었다. 그로 인하여 강회에서 북으로 곡물을 수송하기도 하고 화적하기도 하는 역할의 재무관료가 활약하게 되었다. 또 당시의 기록에 "개원 연간에는 변경에 있는 병사의 의료와 군량이 합계 200만을 넘지는 않았으나, 천보 연간이 되자 의료 1200만 필, 군량 190만 섬을 필요로 하게 되어, 공사(公私)가 함께 힘과 재력을 다하고 이 때 인민은 비로소 괴로워하였다"라고 되어 있다. 인민이 이 때 비로소 괴로워한 것은 아니겠지만 인민에게서 거두어들이는 것은 훨씬 강화되었다.

파악 호구수의 감소

이러한 때 일어난 안사의 난은 당왕조의 재정을 점점 위기로 몰아갔다. 앞의 세입을 보면 비단의 비율이 높은데, 비단은 농민들로부터 용(庸) 및 조(調)의 명목으로 징수한 것이다. 비단은 관료의 봉급, 실크로드를 통한 서방으로의 수출, 화폐대용 등으로 수요가 컸지만, 양질의 비단을 산출하는 화북이 안사의 난으로 황폐화되면서 생산량이 크게 떨어졌다.

곡물값도, 현종기에는 장안 부근에서 평균 한 말(5.9ℓ)에 20문(文) 정도하던 것이 반란 후인 764년에는 50배인 1000문 이상이나 되었다고 한다.

또 반란중에는 물론이고 반란 후에도 당왕조가 파악한 호구수는 현종기

<안사의 난 후의 호수표>

年次	戶數
756	8,018,710
760	2,931,145
766~70	약 1,300,000
780	3,085,076
806~20	2,473,963
821~24	3,944,959
825~26	3,978,982
827~35	4,357,575
839	4,996,752
841~46	4,955,151

와 비교하면 확실히 줄어들었다. 반란중이던 760년에는 호수가 약 290만에 인구 1700만명 정도로, 현종기의 가장 많았을 때와 비교하면 호·구 모두 거의 3분의 1로 줄었다. 게다가 호수의 40%는 불과호(不課戶)이고 인구의 86%는 불과구(不課口)로서, 불과호구가 높은 비율을 차지하고 있는 점은 현종기와 거의 같았다. 따라서 과호·과구 모두 현종기에 비하면 3분의 1로 줄어든 것이다.

이것은 반란중일 때의 것으로서 당왕조가 169주만을 지배하에 두었을 때의 일이지만, 770년대에는 반란 후에 황폐화되었다. 다시 북쪽에서 유력한 자립번진이 성립하고 반란이 일어나면서 호수는 더욱 줄어들어 약 130만에 지나지 않았다. 그 후 당이 멸망할 때까지 그 수는 아무리 많아도 400만 호 선에 그쳤다.

이와 같이 당왕조가 파악하는 호구수가 대폭 감소한 것은, 한 마디로 말해 당왕조의 지배력이 그만큼 낮아졌기 때문이다. 거기에 안사의 난을 계기로 내지에도 성립하게 된 번진 가운데에 당왕조에 대해 반드시 복종적이지만은 않은 번진이 존재한 것도 한 이유가 되었다. 그러나 가장 근본적인 이유는, 농민층의 계층분화가 진행되어 소농민이 몰락하고 도호화(逃戶化)하는 규모가 당왕조가 괄호하고 재파악한 것보다 더 크게 진행되었기 때문이다. 몰락하고 도호화한 이들 농민은 귀족·관료·사관(寺觀)·신흥 서민지주층 등의 대토지소유자(莊園主) 밑에서 전객(佃客)·장객(莊客)으로서 소

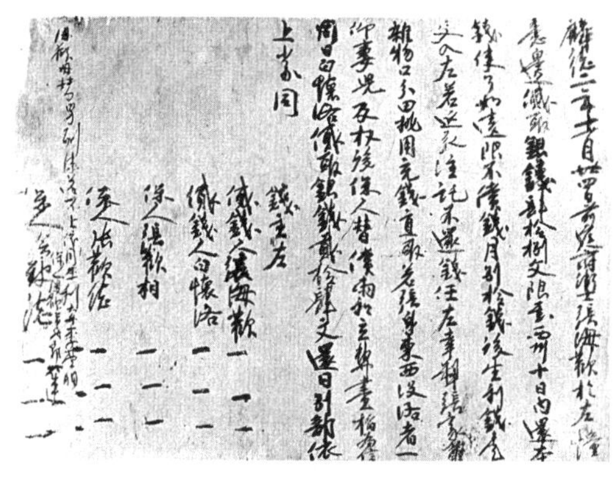

前庭府衛士張海歡等貸銀錢契

작농이 되거나 고용농이 되어 관헌이 파악할 수 없는 존재로 되었다. 즉 예속농민층의 확대가 근본적인 이유였던 것이다. 더욱이 일정한 생업이 없는 유민의 수도 증가하였다. 이러한 경향은 안사의 난 이후 더욱 심해졌다.

떠돌아다니는 호구의 증가

780년 양염(楊炎 : 727~781)은 조용조제를 포기하고, 사회의 변화에 대응하는 새로운 수취체계인 양세법의 채용을 상소하였다. 그는 호적에 기재된 사람이 경지를 경작하지 않고 있으며, 경지의 넓이도 집의 빈부를 나타내는 호등(戶等)도 호적과는 달라 호적이 실정과 일치하지 않는다고 했다. 또한 상층 부유호가 여러 가지 수단을 동원하여 부담을 회피하고 그 부담을 하층 소농민이 떠안게 되니 유랑자는 늘어나게 되며 호적에 기재된 주소에 그대로 살고 있는 경우는 100호 중 4~5호도 안 되었으며, 이러한 상태는 안사의 난 이래 이미 30년간이나 계속되고 있다는 점 등을 지적하였다.

양염은 새로운 수취체계의 실시를 주장하는 중심인물이었기 때문에 이 지적에 약간의 과장이 섞였을지 모르지만, 본관에서 살고 있는 호적에 기재된 주호(主戶)가 큰 폭으로 감소하고 있었던 것은 확실하다. 그리고 양염의 지적을 증명하듯이, 반란 후 관료들이 부임한 주나 현의 호구가 옛날의 10분의 1도 되지 않을 만큼 감소된 사실을 자주 글로 남기고 있다. 구체적인 예를 하나 들어 보겠다. 반란이 끝나고 10년이 지난 773년, 서주(舒州 : 안휘성 회령현)에 장관인 자사로 부임한 독고급(獨孤及 : 744~796)은 서주의 상황을 다음과 같이 기록하고 있다.

이 곳은 농민이 유망하여 옛날의 1할도 되지 않을 뿐 아니라, 주호(主戶)

와 부기호(浮寄戶)를 합쳐 33,000호가 있는데 국가부담에 응할 수 있는 것은 불과 3,500호이고, 나머지 9할인 29,000여 호는 입을 것도 먹을 것도 자급해서 임시로 때우고 있으므로 한 푼의 여유도 없다.

'한 푼'의 여유도 없을 만큼 가혹한 상태에 놓여 있으면서 호수의 대부분을 점한 존재는 이들 부기호(浮寄戶)로서, 양염의 상소에도 나오는 유랑자와 같은 존재였다. 이들은 대부분 호적의 주소에서 도망하여 살고 있는 타향 사람이었다. 그리고 이들은 주호 가운데 서민지주층에 예속된 소작농으로서 직접 관헌의 지배를 받지 않았다. 따라서 독고급도 그 호수를 정확하게는 알지 못하였을 것이다. 현종 중기에 이 주의 호수가 35,353호였으므로 아마 그에 상응하는 대략적 수치를 든 것이 아닌가 생각된다.

단 현종 중기의 호수는 호적에 의거하여 관헌이 파악한 주호의 숫자이고, 그것이 773년에는 1할 정도인 3500호밖에 안 되었다. 그래서 독고급은 1할도 되지 않는다고 기록한 것이다. 서주는 화중(華中)지역에 위치해 있어서 화북처럼 안사의 난의 직접적인 무대가 된 것은 아니다. 그럼에도 불구하고 상황은 이렇게까지 되었던 것이다. 또 독고급에 따르면, 이 3500호가 매년 31만 관의 세금을 부담하여 최하인 9등호마저도 조용조를 포함하여 금액으로 40~50관을 바쳐야 했기 때문에, 이 가운데서 도호가 속출하여 주(州)를 유지하기조차 어렵게 되었다고 한다.

3500호 가운데는 도호로 전락한 소농민의 토지를 손에 넣은 지주층이 있는가 하면, 계층분화의 진행 속에서 9등호로서 어렵지만 이를 악물고 어떻게든 주호, 즉 호적이 기재된 본관에 남으려 한 소농민도 있었다. 그리고 총액 31만 관의 부담을 결국 견뎌내지 못해 도호가 될 수밖에 없었던 것도 이 소농민이었다. 그들의 토지는 결국 지주층에게 넘어갔음에 틀림없다.

호구통계에서 높은 비율을 차지하는 불과호구(不課戶口)에도 서민지주층이나 상층 부농층이 많이 포함되어 있었다. 수·당전기 통치체제를 지탱한 조용조적 수취체계를 관철하기 위해서는 불과호구의 수를 줄이고 그 비율을 낮춰야 했음에도 당왕조가 계속 높은 비율을 유지한 것은 서민지주와 부농층의 강한 저항이 있었기 때문일 것이다. 그리고 안사의 난 후에는 서민지주의 발전이 더욱 두드러졌다.

조용조 제도는 균등부과를 원칙으로 한다. 따라서 가능한 한 농민의 토지보유액을 균등히 하고 농민에게 토지보유의 상한을 법적으로 정해 두었지만, 안사의 난 후에는 그러한 농민지배를 성립시킨 촌락공동체가 심하게 붕괴되었다. 이에 따라 당왕조가 농민을 등질적으로 취급할 수 없을 정도로 촌락은 변모해 버렸다. 촌락의 재편이라고 해도 좋을 것이다.

호세(戶稅)

이렇게 되자 당왕조는 이제까지와 마찬가지로 조용조적인 수취체계에만 의존할 수 없게 되었다. 앞의 두우(杜佑)가 기술한 경상세입 안에는 200여만 관의 동전이 포함되어 있는데, 이것은 안사의 난 이전에 이미 당왕조가 조용조 이외의 화폐를 거두어들이고 있었다는 사실을 보여준다. 왜냐하면 조용조제에서 조(租)는 곡물, 용조(庸調)는 비단이나 마·면을 수취하고 화폐는 징수하지 않았기 때문이다. 이것은 호세(戶稅)라고 불린 수취였다. 또 경상세입인 곡물 2500여만 섬에서도 그 가운데 약 반인 1240여만 섬은 조(租)와는 별도로 지세(地稅)로서 징수된 것이었다.

그러면 호세와 지세는 어떠한 세금이었을까. 우선 호세부터 살펴보자.

이미 수나라 때인 588년에 "호(戶)를 헤아려" 세금을 징수하고 있는데, 그 내용은 분명하지 않다. 호세가 매년 징수되는 세금의 일종으로 확정된 것은 당고종 시기였고, 당은 이것을 관료의 봉급 등으로 충당하였다. 균등부과인 조용조제에서는 호등제(戶等制) 등이 필요없는데도 당왕조가 초기에 이미 호등제를 성립시킨 원인도, 하나는 징병 때 상층 부유호를 우선한다는 원칙이 있었기 때문이기도 하지만 이 호세의 징수에 필요하였기 때문이다. 그리고 두우에 따르면, 현종 중기에 8등호는 452문, 9등호는 그 반인 222문을 징수하여 1호당 평균 250문을 거둬들였다고 한다.

이 숫자만 보더라도 최하등호인 9등호가 압도적으로 많음을 알 수 있다. 그것이 안사의 난 후인 769년이 되면, 1등호는 4000문 이하이며 호등에 따라 차이를 두어 8등호는 700문, 9등호는 500문을 징수하였다고 되어 있다. 따라서 반란 전인 현종기에 비하여 그 부담은 8등호가 1.5배, 9등호가 2.2배

맷돌·우물·집내부를 가려주는 울타리 모형

증가하였다.

호등(戶等)은 토지소유액이나 일소(耕牛)의 수효, 정남의 수 등을 기준으로 정해졌다. 이 기준으로도 알 수 있듯이 호등제는 주호 농민을 지배하는 데 주된 목적이 있었다. 그것이 호세에도 적용된 것이다. 따라서 전납(錢納)이라고 해서 상인이나 수공업자를 주된 대상으로 하였던 것이 아니며 농민은 일찍부터 호세라는 위로부터의 지배에 의하여 화폐경제에 편입되어 있었다. 무엇보다도 오타니 탐험대가 투루판 지방에서 발견한 고문서를 보면, 현종기에 호세로서 섶나무를 내는 집이 있는 것으로 보아 지방의 형편에 따라 전납으로만 제한하지 않은 것을 알 수 있다.

이와 같이 본래 납부할 것 대신에 다른 물건을 바치는 것을 절납(折納)이라고 하는데, 호세의 경우 그것은 오히려 예외이고 원칙은 화폐납부였다. 그것이 반란 후인 769년에 급속히 증액되었다. 그로부터 4년 후 앞서 보았듯이 독고급이 통치한 서주의 경우를 보면 더욱 증액된 듯하고 이는 반란 후의 주호 소농민에게 상당한 부담이 되었다.

조(租)를 웃도는 지세(地稅)

다음으로 지세(地稅)에 대하여 살펴보자. 이것은 원래 농민에게서 곡물을 징수하여 지방의 창고로서 의창(義倉)에 쌓아 두고, 흉작 때 방출하는 것을 원칙으로 한 것이었다. 그 기원은 확실하지 않지만 호세보다 더 오래 된 것으로서 북제(北齊)의 의조(義租)라는 제도에 있을 것이다.

의조는 농민 부부 한 쌍에 5말(19.8ℓ)로 되어 있었다. 수왕조에서는 징수액을 상·중·하 3등으로 나누고, 상호는 1섬(59.4ℓ), 중호는 7말(41.6ℓ), 하호는 4말(23.8ℓ)이었다. 그리고 당조에 이르자 징수액이 몇 차례 바뀌었는데, 초기에는 1무(580㎡)당 2되(1.2ℓ), 651년부터 현종기 전반인 736년 사이에는 호등제에 의하여 1등호가 5섬(297.2ℓ), 2등호가 4섬(237.8ℓ)이고, 이하 조금씩 줄어서 8등호는 1등호의 10분의 1인 5말로 하고, 9등호부터는 징수하지 않았다. 737년부터는 다시 초기와 마찬가지로 1무당 2되로 하였다. 또 경조부(京兆府)에서는 770년부터 양세법이 성립하기 전년인 779년까지 경지를 그 비옥도에 따라 상전(上田)·하전(下田)·황전(荒田 : 새로운 개간지)으로 나누어 여름과 가을에 징세하고, 하세(夏稅)로는 1무당 상전은 6되, 하전은 4되, 황전은 무세로 하고, 추세(秋稅)는 상전은 5되, 하전은 3되, 황전은 2되로 하였다. 따라서 경조부의 상·하전에서는 일반 지방보다 더 많은 양이 징수되었던 것이다.

이와 같이 경조부에서는 안사의 난 후인 770년부터 일반 지방에 비하여 징수액이 일거에 증가하였고, 호세의 경우도 같은 경향을 보였다.

이는 아마 이 무렵 경조부에서는 1년1모작을 극복한 2년3모작의 경작 형태가 보급되고 있었고, 안사의 난 후 재정의 만회를 꾀한 당정부가 여기에 주목하여 중세(重稅)를 부과했기 때문일 것이다.

또 곡물납인 조용조의 조(租)와 지세(地稅)와의 부담도를 비교해 보면, 북제에서는 조(租)가 2섬이었으므로 5말인 의조(義租)는 그 4분의 1이었고, 수와 당전기에도 소농민에게는 아직 조(租) 쪽이 무거웠다. 그런데 770년 하세·추세에서는 상황이 역전되는 일까지 일어났다. 그 때까지 없었던 비옥도를 고려하여 경지를 3단계로 나누고 세심하게 안배하고 있는 듯한데, 도대체 상·중·황의 판정을 내린 것은 누구일까. 아마도 판단의 주체는 관헌이었을 것이며, 많이 징수하려고 마음만 먹으면 등급을 올려 버릴 수 있었을 것이다.

그런데 앞에서 기술한 원칙에서 본다면 이처럼 지세의 징수액을 늘릴 필요가 없는 것처럼 보이는데도 현실적으로 증액되었던 것은 변조(變造) 또는 회조(回造)라고 해서 당정부가 3년에 한 번꼴로 의창에 저장한 곡물을 중앙으로 보내 팽창된 재정지출에 유용했기 때문이다.

변조란 본래의 원칙을 어긴 것으로, 농민에게 환원되어야 할 것에 소위 세금의 성격을 붙이고 그 때 수송비까지도 농민이 내도록 하였다. 변조는 현종대에 이르면서 특히 두드러졌는데, 그 배경에는 변경번진에 대량의 곡물을 보내야 하는 문제가 있었기 때문이다. 안사의 난 후가 되면, 과호구의 수가 매우 감소하여 조(租)로써 징수되는 곡물은 그만큼 줄고 지세는 점점 변조로 유용되었다.

청묘전(靑苗錢)·지두전(地頭錢)

이상과 같이 안사의 난 이후부터 지세·호세가 모두 대폭 증세되었다. 그런데 당왕조는 그 외에도 청묘전(靑苗錢)이나 지두전(地頭錢)이라고 해서, 호세와 마찬가지로 관료의 봉급이나 관청의 비용에 충당하기 위한 전납(錢納) 세금을 신설하였다. 그 액수는 양자를 합쳐 1무당 35문(文) 내외였다. 780년대의 한 관료는 "50무 이하의 경지밖에 소유하지 못한 농민이 가장 가난하다"고 지적하고 있다. 따라서 당시에 50무 정도의 경지를 가진 농민이 최하등인 9등호에 속하게 되는데, 이 50무에 대한 청묘·지두전은 1750문으로서 호세의 35배나 되어 호세와 합쳐 총 2250문을 부담하였다. 청묘전·지두전의 성립으로 소농민은 한층 더 화폐경제 안으로 편입되었던 것이다.

이와 같이 조용조제에 없는 전납이 징세체계 안에서 점차 큰 부분을 점하게 되었다. 우문융이 괄호하여 80여만 호에 이르렀다는 객호에 대해서도 객호세전(客戶稅錢)이라는 것을 납부케 하였고, 769년의 호세 증액 때는 당왕조가 재파악하게 된 객호를 8·9등호의 주호 농민과 같이 취급하여 전납케 하였다. 한편 8품 관료는 8등호, 9품 관료는 9등호와 동일하게 간주되었으므로 관료가 유리한 대우를 받은 것은 분명하다.

전납이 큰 부분을 차지하게 된 것은, 직접적으로는 관료가 봉급으로서 종래의 비단 등의 물건보다 화폐를 바라게 되고, 관청의 여러 가지 잡역에 요역으로서 무보수로 동원되던 서민들 사이에서 병역 등과 마찬가지로 저항이 일어나게 되었으므로 점차 돈을 지불해야 했기 때문이다. 후에 기술하겠지만 그 배경에는 농업생산력의 상승과 유통경제의 발달이라는 사실이 있었다.

호세·지세 등은 원칙적으로 왕공(王公) 이하 서민에게까지 부과되고, 조용조제의 과호는 물론이고 불과호에게도 면제 특전이 없었다. 따라서 조용조제의 경우와 달리 귀족이나 관료 또한 면제의 특전을 갖지 못하여 여기에

서 사(士)와 서(庶)라는
수·당전기 통치체제에서
의 국가신분은 무너졌다.
　반면 과호는 조용조와
이러한 세금까지 바쳐야
했고, 불과호에는 귀족·
관료 외에도 서민지주층

소금신을 제사하는 池神廟

이나 상위 부유농층이 많이 포함되었다. 결과적으로 일반 소농민은 과호에
속해 있었기 때문에 소농민의 부담은 점점 무거워졌다. 또한 지세의 상·
중·황 3단계 경지 판정에서도, 앞서 말한 바와 같이 지주층은 관헌과 결탁
하여 등급을 내릴 가능성을 갖고 있었지만 소농민에게는 그러한 가능성이
희박했을 것이다.

소금전매

　조용조 이외에 이상의 호세 이하의 수취를 더하여도 뒤에서 기술할 것처
럼 수많은 번진용병이 출현하였기 때문에 안사의 난 후 당왕조의 재정을 조
달하기에는 극히 부족하였다. 그래서 당왕조는 이미 반란이 한창이던 때부
터 소금전매를 실시하였다. 이 또한 소농민에게 상당한 타격을 주었다.

　중국에서는 바닷물에서 생산하는 해염(海鹽)뿐 아니라, 산서성 서남단의
염지(鹽池)처럼 염분의 농도가 진한 호수에서 생산하는 지염(池鹽), 해안에
서 멀리 떨어진 사천성 등에서와 같이 소금을 포함한 지하수를 끌어올려서
만드는 정염(井鹽) 등이 있었다. 이 가운데 소금생산량이 가장 많은 것은 회
하와 양자강의 하구를 잇는 강회의 해안지대에서 생산되는 해염이었다. 종
래 이 해염은 제염업자와 소금장수 사이에 자유롭게 거래되고 소금장수의
손으로 각지로 운반 판매되었다. 그러던 것이 안사의 난이 한창이던 756년
강회지방의 징세장관이 된 제오기(第五琦 : 생몰년 불명)가 이 지방에서 전
매를 실시하여 성과를 올리고, 2년 후에는 소금 관계 장관인 염철사(鹽鐵
使)가 되어 전매를 전국적으로 실시하게 되었다. 그리고 그 뒤를 이은 유안
(劉晏 : 715~780)에 의하여 전매제는 한층 정비되었다. 그 결과 중앙 세출

액의 반 이상이 소금의 전매 이익으로 조달될 수 있었던 것이다.

한무제(漢武帝 : 재위 기원전 141~87)가 소금과 철의 전매를 행하였듯이 옛날 중국왕

天寶'新安郡稅山'銀鋌 서안시 출토, 정부가 광산에서 세금으로 징수한 것. 신안군은 당대에 은의 산지로 지금의 광동성 안에 있다

조에서는 국가재정이 위기에 빠지면 곧잘 소금을 전매품목으로 선택하여 수입의 증가를 꾀하였는데, 당왕조 역시 그렇게 하였던 것이다. 소금은 단순히 음식을 조미하는 기능만 갖는 것이 아니었다. 당시 농민들은 대단히 중노동인 농경에 종사했기 때문에 생리적으로 소비되는 체내의 염분을 보급해야 했고 따라서 소금에 대한 수요는 대단히 컸다. 당왕조는 그 점을 노리고 소금을 선택해서 전매한 것이다.

당왕조는 제염업자를 염철사의 관리 아래 두고, 해염·지염·정염을 가리지 않고 모두 나라에서 사들여, 관(官)에서 허락한 소금장수에게만 판매하도록 하는 방법을 취하였다. 그리고 그 때까지만 해도 1말당 10문하던 소금을 그 10배의 전매세를 매겨 한꺼번에 그 11배나 되는 110문에 팔아넘겼다. 이후 소금값은 더욱 올라서, 당이 망할 때까지 250~300문 가량 되었으며 때로는 370문까지 오르기도 했다.

이처럼 필수품에 위로부터 일방적으로 높은 가격을 매기는 것이 농민에게 큰 타격을 주지 않을 리 없다. 소금을 사지 못해 담색(淡色)이라고 해서 조미가 전혀 안 된 식사밖에 할 수 없는 사람들까지 나타났다. 또한 전매의 이면에서는 경제적 유통가격을 무시하였기 때문에, 관헌의 눈을 속이고 암시장으로 소금을 유통하는 많은 소금밀매상이 활약하게 된 것은 필연적이었다. 이것이 당말 황소의 대란의 중요한 실마리로 이어지게 된다.

그 밖에 765년에는 경조부에서 보리가 풍작이라고 해서 수확의 1할에 해당하는 10분의 1세를 부과하기도 하고, 그 전년에는 주막을 관이 지정하여 그 이외의 가게에서는 일체 술을 팔지 못하게 하고 지정된 주막에 대해 매월 주세(酒稅)를 징수하는 등 당왕조에서는 임시 또는 단기간에 걸쳐 실시

한 징세가 꽤 많이 있었다. 게다
가 번진은 번진대로 독자적으로
영민(營民)들로부터 여러 가지
명목으로 징수를 하였다.

양염은 이러한 상태를 가리켜
약간 과장하여 이렇게 표현하였
다. "새로운 것과 오랜 것을 합
쳐 수백 가지의 세금 종류가 있
었고, 그 때문에 서민은 열흘마
다 달마다 납세를 하느라 쉴 틈

庸調絹布　唐, 왼쪽부터 아스타나 제96 · 218 · 340 ·
96호묘 출토

이 없었다." 게다가 상층 부유층은 징세에서 교묘히 빠져나가고 하층호에게
만 중점적으로 부과되었기 때문에 호적에 기재된 주소에서 계속 살고 있는
사람은 100호 가운데 4~5호도 되지 않는다고 지적하고 있는데, 이러한 상
황이 바로 이와 같은 배경 속에서 나타난 것이다.

양세법의 성립－인민파악 원리의 변화

조용조적 인민파악

이와 같이 안사의 난 후가 되면 조용조 외에도 여러 가지 세금이 부과되
었기 때문에 당왕조로서는 능률적인 징세를 꾀하고 또 번진의 영민에 대한
자의적인 수취를 막기 위해서도, 조만간 이들 잡다한 세를 정리할 필요가
있었다. 그리고 정리를 한다면 조용조제 계통에서가 아니라, 호세 · 지세 등
의 수취체계 계통에서 정리를 진행시켜 갈 수밖에 없었다.

호세는 호등제를 통해 수취되었다 치더라도, 지세 · 청묘전 · 지두전도 1
무당 얼마라는 방식으로 징세되었고 10분의 1세라 하더라도 경지 10무의 수
확에 대해 1무 몫을 수취한다는 방식을 취하였으므로 농가의 경지면적에 따
라 호(戶)에 대해 과세되고 있었다. 호세 이외의 세금은 조용조제와는 분명
성질을 달리하는 수취체계였던 것이다. 특히 다음의 세 가지 점에서 기본적

인 차이가 있었다.

조용조제는 첫째로는 자산의 다과를 고려하지 않는 균등부과제이고, 둘째로는 호(戶) 가운데 정남 등에게 급전한다는 균전제 규정에 의거하여 호가 아니라 정남과 같은 개개인을 부과 대상으로 하고 있었다. 그러므로 정남이 없는 호는 법적으로는 세금이 부과되지 않는 불과호(不課戶)가 된다. 물론, 현실적으로 농민은 가족을 구성하고 가족을 단위체로 생활을 영위하고 있었지만 조용조제의 인민파악 방법으로는 이러하였다. 따라서 이와 같은 인민파악법은 호와 관련없이 인민을 등질적인 존재로서 간주하고 그 인민을 개별적으로 파악한 것이라고 이해할 수도 있을 것이다.

그런데 이와 같은 인민파악법은 특별히 당의 조용조제에서 처음으로 나타난 것은 아니다. 한왕조에서는 산부(算賦)라고 해서 15세부터 56세까지의 농민 남녀에 대하여 일률적으로 1인당 1산(算 : 120문)을 징수하고, 그 이하 14세부터 3세(후에 7세)까지의 남녀에 대해서도 구전(口錢)이라고 해서 역시 일률적으로 1인당 20문(후에 23문)을 징수하였다. 이는 전납(錢納)을 원칙으로 하였지만, 균등적·개별적인 부과인 점에는 변함이 없다. 따라서 전조(田租)라고 해서 수확고에 따라 호(戶)에 부과되는 수취도 있었지만, 균등적·개별적 인민파악은 이미 한대부터 행해진 것이다. 그것이 이후의 여러 왕조로 이어져 수·당대에 더욱 정비된 형태를 취한 것이다.

셋째로는 조용조의 용(庸)이란 국가가 일수를 정하여 무상으로 인민에게 노동력을 제공케 하는 요역을 본래의 형태로 하는 것으로, 이러한 노동력 수취는 인민을 인신적으로 파악한 것이다. 이 요역도 진한 이래 일관되게 여러 왕조의 부담체계 안에 편입되어 있었다. 따라서 당조 지배체제의 기본적 성격은 인민을 등질적인 존재로서 균등적·개별적 나아가 인신적으로 파악한 데 있고, 그것은 진한 이래의 인민파악 방식을 이어받은 것이었다.

조용조적 파악 기반의 붕괴

이와 같은 인민파악에 의한 지배가 진한에서부터 당전기까지 일관된 것은 이를 가능케 한 기반이 있었기 때문이다. 즉 국가 성립의 기반을 이루고, 국가권력이 지배의 주요대상으로 삼은 농민을 성원으로 하는 촌락공동체가 계층분화를 일으키면서도 이러한 인민파악을 불가능하게 할 정도로까지는 분화가 진행되지 않았던 것으로 생각된다.

후한 후반기가 되면 위와 같은 방식으로는 대응할 수 없을 정도로 분화가 진행되고 호족층이 형성되어 촌락을 지배하는 상황이 일어났다. 그러나 뒤이어 후한말과 삼국시대, 특히 5호16국시대라고 하는 북방민족의 계속된 화북침입으로 장기간 동란이 계속되면서 생산력의 발전이 저해당하고 침입한 북방민족을 피해 강남으로 이주하는 사람도 많았지만 화북의 촌락에서는 호족층을 중심으로 하여 자위 형태가 취해졌다. 호족의 지배 아래에서 생산력이 정체된 촌락은 계층분화의 진행이 멈추게 되었으며 결국 이상과 같은 인민파악을 가능케 하는 촌락공동체가 재생산되었던 것이다. 이에 대응하여 일찍이 촌락을 지배하던 호족층을 귀족이나 관료로서 국가권력층에 흡수하는 지배형태로서 성립된 것이 바로 균전·조용조제이고 이는 북위를 거쳐 수·당으로 이어졌다. 이 시기에 생산력이 정체되고 유통경제가 침체한 것은 수취체계 안에 한대와 같은 전납의 징수가 보이지 않는 사실로도 분명하다고 할 수 있다.

그러나 당중기가 되면, 이미 기술하였듯이 조용조적 수취의 기반을 이루는 촌락공동체에 계층분화가 진행되어 소농민의 경지 상실과 그에 따른 몰락화가 격심해졌고 동시에 크고 작은 서민지주가 발전하여 위와 같은 인민파악을 불가능하게 만들었다. 본래의 요역 형태보다, 비단이나 삼베를 노동일수로 환산해서 납부케 하는 용(庸) 쪽이 당연시되었다. 앞에서 병역은 근대적 병역과 달리 요역의 일종으로 간주할 수 있다고 하였는데, 이 부병 등의 병역이 붕괴되고 모병제로 전환된 것은 인신 파악의 후퇴를 보여주는 현상이라 할 수 있다. 당후기에 관청의 잡역 등에 동원되는 등 그 밖의 요역이, 점차 곡물이나 화폐로 지불하지 않으면 안 되게 된 것도 같은 맥락에서 이해할 수 있다.

그 배경에는 농업생산력이 높아진 결과 상품유통이 활발해지고 화폐경제가 점차 발달한 사실이 있다. 호세·청묘전·지두전 등의 전납이 수취체계 안에서 중요성을 띠게 된 것은 그에 대응한 것이다.

花式糕点　唐, 아스타나 唐墓 출토

농업의 변화와 생산력의 증가

사실 당 중기가 되자 새로운 재배기술이 개발되어 생산력이 훨씬 높아졌다. 당 초기까지 화북의 주요한 작물은 조였다. 따라서 이 지역의 조 재배기술은 뛰어나, 북위의 가사협(賈思勰 : 생몰년 불명)이 저술한 중국의 가장 오래 된 체계적인 농서(農書)인『제민요술(齊民要術)』(권10)에 따르면, 이미 북조에서는 조숙성(早熟性)·중숙성(中熟性)·만숙성(晩熟性) 등 합계 86개나 되는 조 품종이 알려져 있었다. 작물의 수확에는 토지에 따른 시기의 빠르고 늦음이 있음을 고려하여 조(租)를 납부토록 하면서 겨울 중순부터 다음 해 초봄까지를 납기로 정하고, 겨울작물을 대상으로 한 하기(夏期)를 납기로 하지 않은 것은 화북에서 재배되는 조를 중심으로 고려한 법적 조치였다.

그런데 당초기를 지나자 점차 보리가 조를 상회할 정도로 많이 재배되게 되었다. 당에서는 장안 같은 도시의 주민으로부터 시작하여 분식(粉食)이 유행하였는데 보리쪽이 분식용 곡물로 적당하였기 때문이다. 분식을 위해서는 제분이 필요하였고 이 때문에 그 용구인 수차(水車)를 이용하는 연자방아가 보급되었는데 이것을 설비하면 막대한 이익을 올릴 수 있었다. 때문에 왕족·귀족·관료·사원·도관과 같은 장원주(莊園主)나 부유한 상인 등이 다투어 이를 설치하였다. 고종과 측천 사이에 태어나 한때 절대적인 권세를 휘두르다 현종에게 죽임을 당한 태평공주(?~713) 같은 인물도 연자방앗간의 경영권을 둘러싸고 사원과 쟁탈전을 벌였다.

권세자는 연자방앗간을 움직이는 데 필요한 물을 관개용수에서 끌어들였기 때문에 농민의 관개용수가 부족해져 농경이 지장을 받을 정도였다. 그로 인해 777년에는 경조부의 농민들이 부 장관에게 연명으로 탄원서를 올려 연자방아 때문에 관개를 할 수 없다는 어려움을 호소하였고, 이에 장관이 많은 연자방앗간을 철거하고 관개수리를 원래대로 돌리는 조치까지 취하였다.

이처럼 연자방아는 농민을
몰락시킬 정도로 영향을 끼
쳤기 때문에, 정부는 일찍이
7세기 중엽에 연자방앗간
폐쇄를 실시하고 그 후에도
종종 강경한 태도로 폐쇄
처분을 행하였다. 농민이 연
판장을 만들어 탄원한 다음

陶牛車

해인 778년 무렵에는 당시의 황제인 대종(代宗 : 재위 762~779)의 딸 승평
공주(昇平公主 : 생몰년 불명)와 안사의 난 때 수훈을 세운 권신 곽자의(郭
子儀 : 697~781)의 연자방앗간도 철거되었다. 그러나 폐기 처분 후에라도
곧 다시 복구되었기 때문에 이러한 조치는 별 효과를 거두지 못했다. 그만
큼 분식이 일반화되고 보리의 재배가 보급되었던 것이다.

　안사의 난 이후 재정난을 겪고 있던 당왕조가 세금의 대상으로서 이 보리
재배에 눈을 돌리지 않았을 리 없다. 앞서 본 바와 같이 765년 경조부의 10
분의 1세는 보리를 대상으로 한 것이었고, 또 770년에 같은 지방에서 징수
한 하세(夏稅)와 추세(秋稅) 가운데 하세도 겨울작물인 보리를 대상으로 한
것이었다. 게다가 여기에서는 하세쪽이 조를 대상으로 하는 추세보다 상·
하전(上·下田) 모두 1무당 1되씩 무거웠다.

　그런데 조를 대상으로 한 것이 추세(秋稅)이고, 이 추세가 겨울 중반부터
다음 해 초봄까지의 동세(冬稅)라고도 할 수 있는 조(租)의 납기보다 빨라
지게 된 것은 당 초기의 중숙성이나 만숙성 조를 대신해서 조숙성 조의 재
배가 보급되었기 때문일 것이다. 여기에 조와 보리의 1년1모작 재배에서 조
숙성 조에 보리를 아우른 2년3모작 재배방식이 성립하는 조건이 생겨났다.

　2년3모작의 성립에는 풍부한 경험을 살리고 생산력을 높이고자 한 농민
의 집약화 노력이 있었다. 아마 보유경지가 적은데다 요역 등 여러 가지 국
가부담을 다른 지방보다 빈번하게 부과받았던 경조부 같은 지방, 즉 장안을
중심으로 하는 지방에서 우선 개발 보급되었을 것이다.

　이와 같이 조숙성 조와 보리를 아우른 2년3모작이 성립하자, 늦파종하는

조와 보리를 아우르는 재배형태도 가능해졌다. 또 보리 수요가 높아지면서 회하 이남지방과 사천의 벼농사지대에서도, 논농사가 어려운 고지대 등에 보리를 재배하는 것은 필연적인 추세였다. 또 벼농사라 하더라도 당 중기가 되면, 생산이 낮은 원시적인 직파방식 대신에 모내기 방식이 이루어지기도 하였다고 한다.

동업상점거리 '행(行)'의 변화

이렇게 해서 당 중기가 되자 화북의 2년3모작 성립을 비롯하여 새로운 재배기술이 개발되어 전국적으로 농업생산력이 높아졌다. 이것은 당연히 상품유통을 활발하게 하고 수·당전기 지배체제의 시제(市制)를 무너뜨렸다.

시제(市制)란 장안의 동시(東市)·서시(西市), 낙양의 남시(南市)·북시(北市)·서시(西市)와 같이 현성(縣城) 이상의 도시의 한 구획에 시(市)라고 하는 상업구역을 만들고, 그 시 안에 동업상점끼리 묶어 행(行)이라고 불린 동업상점거리를 몇 개씩 만들어 상인에게 낮 동안만 영업을 하게 하며 관헌의 지배 아래 둔 제도다. 대도시인 장안의 동·서시는 모두 한 변이 거의 1120m나 되는 광대한 정방형 구역을 차지하였고, 장안의 동시와 낙양의 남시 등에는 수많은 행이 있었으며 몇 천 개씩 되는 상점이 즐비하였다고 당시의 기록은 전한다. 그리고 행에는 견행(絹行 : 비단가게 거리)·약행(藥行 : 약방 거리)·육행(肉行 : 정육점 거리)·금은행(金銀行 : 금은방 거리)·추비행(鞦轡行 : 마구가게 거리)·의행(衣行 : 바느질가게 거리)·칭행(秤行 : 저울가게 거리) 등 많은 행이 있었다고 알려져 있다.

따라서 시제 아래서의 상인은 장소 면에서나 야간영업 금지 등의 시간 면에서나 영업에 제한을 받고 있었다. 그러나 이 같은 영업규제는 점차 없어져 야간에도 영업을 할 수 있게 되었을 뿐 아니라, 도시에 시(市) 이외의 장소에 가게가 생기기도 하고 농촌에서도 교통의 요충지 등에 초시(草市)라고 하는 소규모 상업지역이 발달하기도 했다.

행의 내용도 바뀌어 동업상점거리라는 의미에서 동업상인조합인 길드를 의미하는 것으로 바뀌게 되고, 또 창고업 등도 경영하여 769년에 호세가 대폭 증액되었을 때는 징세대상이 되었다.

호(戶) 단위, 자산에 대응하는 지배로

이상과 같은 상황 속에서 조용조제를 파기하고 호세·지세 이하 여러 가지 세금을 정리한 수취체계로서 성립한 것이 780년 당시 재상 양염(楊炎)의 상소로 실현된 양세법(兩稅法)이었다. 따라서 양세법의 성립은, 인민을 등질적 존재로 보고 균등적·개별적·인신적으로 파악하던 방식에서, 호를 단위로 하고 자산에 대응하는 한 마디로 호등적으로 파악하는 방식으로 지배원리가 바뀌었음을 의미한다.

국가의 기본적 성격은 국가권력과 인민이 접점을 이루면서 양자의 관련방식을 보여주는 수취체계 혹은 국가부담체계에 집중적으로 나타나게 된다. 따라서 당왕조는 이후에도 130년 정도 존속하여 이씨 가문의 지배가 계속되었지만, 그 성격은 양세법의 출현을 경계로 하여 근본적으로 바뀌었다고 할 수 있다. 게다가 앞서 본 바와 같이 진한 이래의 인민파악 원리가 수·당전기 통치체제로 이어지고 있었기 때문에, 이는 당왕조에 국한된 변화가 아니라 진한 이래의 국가권력과 인민과의 관련방식에 기본적인 변화가 일어난 것이라고 할 수 있겠다.

그리고 양세법적 수취체계가 이후 여러 왕조로 이어져 명조(明朝)까지 계속된다는 사실, 또 국가권력과 인민과의 가장 예리한 접점을 이루는 병역도 당 중기에 붕괴되어 모병제로 되었으며 이후 여러 왕조가 원칙적으로 이로써 병력을 조달하였다는 사실 등을 생각하면, 당 중기가 중국사의 전개 속에서 중요한 변화의 시기였음이 분명하다.

양세법 아래의 국가재정과 부담

양세법적 수취의 내용

그러면 양세법이란 구체적으로 어떠한 수취체계였을까?

양세법이라는 명칭은 원칙적으로 하세(夏稅)와 추세(秋稅) 두 종류가 있다는 것에서 나왔으며, 하세는 보리재배 시기에 맞추어 6월까지, 추세는 11월까지를 납기로 정했다. 그리고 그 기본적 성격이 호를 단위로 하고 자산에 대응하는 것이었음은 이미 기술하였다. 이것을 우선 농민과 관련해서 살펴보면, 소유한 경지의 면적과 그 토질에 따라 자산의 등급이 매겨졌고 호등제에 편입되어 수취되었다. 이것은 네 가지 의미를 지니고 있었다.

첫번째로 종래에는 호구조사를 통해 국가가 다시 파악하게 된 객호(客戶)는 주호(主戶)와 구별되어 주호보다 세금부담이 가벼웠지만, 이제는 경지의 유무가 문제이기 때문에 이러한 주호·객호의 구별은 문제가 되지 않았다. 두번째로 조용조제에 보이는 불과호구는 존재하지 않게 되어, 원칙적으로 대토지소유자든 소농민이든 경지소유자인 한은 모두 수취대상이 되었다는 것을 들 수 있다. 따라서 세번째로 농민이라 해도 대토지소유자에게 예속된 장객(莊客)이나 전객(佃客) 같은 소작농적 농민은 경지를 소유하지 않기 때문에 법적으로 양세 수취의 대상 밖에 놓였다. 그리고 네번째로서 균전·조용조제에서는 일반 농민의 경우 정남 1인당 구분전 80무, 영업전 20무라는 식으로 최고의 경지보유액이 정해져 있어 어찌됐든 기본적으로 대토지소유를 제한하는 통제장치가 법적으로 존재하였다. 그러나 이미 이것이 없어졌기 때문에 대토지소유제(莊園制)가 점점 발전하게 되었다.

다음으로 도시에 거주한 상공인(商工人)에 대해서는 가게의 구조와 일터, 그리고 가옥·대지 등으로 자산이 산정되었고, 항상 이동하는 행상인의 경우에는 소재한 주현에서 운반하는 상품가격의 30분의 1을 상세(商稅)로 징수하였다. 현성(縣城) 이상의 시(市) 상인도 수·당전기 통치체제하에서 시조(市租)를 납부하였는데, 그 수취 대상이 훨씬 확대되었다. 그만큼 상품유통이 발전한 것이고, 당왕조는 재원으로서 그 부담자를 이와 같이 파악하려고 한 것이다.

이상이 양세법의 주된 수취 내용이다. 그런데 당은 조용조 등을 폐지하려고 하면서도 정액(丁額)은 폐지하지 않았다. 즉 정남의 파악을 포기하지 않았다는 말인데, 사실 이후에도 감소되기는 했지만 정남에게 요역을 부담시키고 있는 것으로 보아 개별적·인신적 파악 형태를 완전히 버리지는 않았다고 볼 수 있다.

또 양세법은 다음과 같은 면에서 조용조제와 큰 차이가 있었다. 조용조제에서는 정남 1인당 조용조가 항상 고정되어 있기 때문에 정남의 수를 알면 자연히 조용조의 총량, 즉 국가세입을 산출해 낼 수 있고, '양입제출(量入制出 : 들어오는 것을 헤아려 나가는 것을 통제한다)'이라고 해서 산출되는 세입에 따라 세출을 결정할 수 있었다. 그러나 양세법에서는 그 반대로 '양출제입(量出制入 : 나가는 것을 헤아려 들어오는 것을 통제한다)'이라고 해서, 우선 필요한 세출을 산정하고 그에 따라서 양세(兩稅)를 징수하는 것을 원칙으로 삼았다.

화폐가치의 상승과 물자가치의 하락(錢貴貨賤)

그러면 현실적으로 양세법이 성립한 780년 당시 당왕조가 양세를 징수하는 기준으로 삼은 것은 무엇일까. 기준은 주(州)마다 그 전해까지 대력(大曆)이라는 연호를 쓴 14년 동안 징세가 가장 많은 연도였다. 따라서 소농민에게는 양세법의 성립이 결코 부담을 줄여 주지는 않았다. 게다가 양세법은 현물납(現物納)인 경우에도 화폐가치로 환산하여 수취하는 형식을 취했는데 이것도 조용조제와 크게 다른 점이다.

후에 기술하겠지만, 양세법 성립 당시에도 모두 전납은 아니었지만 전납의 액수는 안사의 난이 일어나기 전보다 많아졌고 생산력의 발전으로 상품유통이 활발해지고 화폐의 수요가 많아졌음에도 불구하고 동전의 공급은 충분하지 않았다. 결국 화폐가치는 높아지고 물가는 하락하여 당시의 말로 표현한다면, '전귀화천(錢貴貨賤)' 혹은 '화경전중(貨輕錢重)'이라는 디플레이션 현상이 일어났다.

이러한 물가하락 속에서 동전의 소재인 동(銅)만은 높은 가격을 유지하였다. 양세법이 시행되고 얼마 되지 않은 시기의 일이다. 동전 1천 문은 그 무게가 6근(1근은 약 597g)인데 이것을 부수어 동기(銅器)를 만들면 1근당 값은 600문이 되었다고 한다. 따라서 동전 1천 문을 부수면 3600문의 동기를 만들 수 있으므로 3.6배의 이익을 올릴 수 있었다. 그로 인하여 동전을 녹이는 일이 활발해졌고, 이것도 '전귀화천'을 일으키는 원인이 되었다. 그러자 당왕조는 다른 용도로의 사용과 사장(死藏), 국외유출 등을 금하는 이른바 동금령(銅禁令)을 내렸으나 효과는 거의 없었다.

당시의 관료는 '전귀화천'이 농민의 양세부담을 증가시킨 것으로 보았다.

예를 들면 재상 육지(陸贄 : 754~805)는 "양세법이 발족될 무렵에는 비단 1
필이 3200~3300문이었기 때문에 10000문을 납부하는 농가도 비단 3필이면
되었다. 그러나 최근(15년 후)에는 비단 1필이 1500~1600문밖에 되지 않기
때문에 10000문이라고 하면 거의 비단 6필에 해당한다"라고 말하였다.

또 유학자이기도 하였던 관료 이고(李皐 : 770~828)는 "처음 양세(兩稅)
를 정했을 때는 화폐 가치가 낮고, 비단이나 곡물의 가치가 높아 곡물 1말이
100문, 비단 1필이 2000문이었다. 그래서 10만 문의 세금도 곡물 50섬과 비
단 20여 필이면 충분하였다. 그러나 30년이 지난 지금 화폐가치는 날로 높
아지고 곡물과 비단의 가치는 날로 낮아져 곡물 1말값이 20문이 못 되고, 비
단 1필은 800문도 못 된다. 그러므로 10만 문의 세금을 내려면 곡물 200섬과
비단 80필이 필요하다"고 말하였다.

농민의 주요 생산물이자 수입원인 곡물과 비단의 가격이 양세법이 성립
하였고 20~30년이 지나자, 몇 분의 일로 하락한 것이다.

이와 같은 농산물 가격의 격심한 하락 속에서, 당왕조는 농민들에게 세금
을 화폐로 환산하여 납부하도록 했기 때문에 농민은 이전의 몇 배에 해당하
는 생산물을 납부하는 경우까지 생겨났다. 또 전납을 요구받으면 생산물을
상인에게 팔아넘기고 화폐를 입수할 필요가 있었고, 이 경우 상인들은 농민
의 약점을 이용하여 값을 제대로 쳐주지 않는 경우가 많았을 것이다.

게다가 양세법이 성립되고 3년 후에는 회남절도사 진소유(陳少游 : 724~
784)가 지배영역 내에서 1000문당 200문 즉 2할의 징세액 인상을 요구하였
다. 이것이 계기가 되어 전국적으로 2할이 인상되었다. 또 그 5년 후, 사천절
도사 위고(韋皐 : 745~805)가 관리의 봉급 증액을 이유로 다시 2할 인상을
요구하였고, 중앙은 이를 수락하였다고 한다. 이 경우 사천만 인상한 것인지
아니면 전국적 규모로 인상한 것인지는 분명하지 않다. 그러나 어쨌든 번진
에서는 여러 가지 이유를 들어 인상을 고려하였을 것이다.

이와 같이 양세액의 인상이 절도사에 의해 이루어진 것은 번진이 내지에
설치된 후부터 당왕조 내에서 중요한 의미를 갖게 되었음을 가리키는데, 이
내지번진에 대해서는 다음 장에서 언급하도록 하겠다.

어쨌든 이렇게 하여 소농민은 '전귀화천'의 현상이 진행되는 양세법 체제

아래서 고통스러운 상황으로 내몰렸다. 이고(李皐)는 소농민이 경지를 버리고 상인이 되려 하는 경향이 강하였음을 지적하고 있다. 그러나 상세(商稅) 역시 다음 해에 일찌감치 10분의 1로 증액되었다. 조용조제가 붕괴되는 시기에 도호가 빈발하고 9세기에 들면 이러한 경향이 더욱 두드러졌는데, 이것이 당말 황소의 대란으로 연결되는 커다란 실마리가 된다.

국가 부담

그러면 양세법의 성립으로 인한 징세 총액은 얼마나 되며 또한 그것은 어떻게 지출되었을까? 이 점에 대해서는 중앙으로 보내진 액수만 알고 있을 뿐 실제의 징세 총액은 명확하게 알려져 있지 않다. 징세예정 총액은 곡물 600여만 섬으로 돈으로는 3000여만 관인데, 이것은 중앙과 지방에 1：2의 비율로 배분되었다. 그리고 실제 징세되어 중앙으로 올라온 것은 곡물이 215만여 섬에 돈이 1089만 관 남짓 되었기 때문에 거의 예정액 선에서 징세되었을 것이다.

전액(錢額) 중에는 비단 등을 화폐로 환산한 몫도 포함되었는데, 그렇다고 하더라도 앞의 현종 말기와 비교하면 곡물과 비단 등의 징수는 크게 줄고 화폐의 징수가 대폭 증가하였다고 할 수 있다. 따라서 농민은 위로부터의 힘에 의해 한층 강력하게 화폐경제로 편입되었음이 분명하다.

양세법이 발족된 780년에 당왕조가 파악한 호수는 320만 호에 경지면적이 110여만 경(頃：1경 100무)이었고 호수 가운데 180여만 호가 주호이고 130여만 호는 객호였다. 그 가운데 징세대상은 주호뿐이고 객호로부터는 양세를 징수하지 않았다는 의견도 있지만, 양세법은 수취상 종래의 주호와 객호의 구별을 없앴기 때문에 객호로부터도 양세를 징수하였다.

그렇다면 1호당 평균 경지소유고는 34.4무가 되고, 9등호로 판정된 하층 소농민층은 더욱 적은 경지밖에 소유할 수 없었을 것이다. 당왕조는 성인 1인당 연간 식량이 뉘를 섞어 12섬, 탈곡한 6분도로 7.2섬이고, 그만큼을 생산하는 데는 10무의 경지가 필요하다고 계산하고 있었다. 그러므로 변경을 방비하는 방인이 근무하는 진수제(鎭戍制)에서도 가능한 한 자경자급(自耕自給)체제를 취하기 위하여 부근에 둔전을 부속시켜서 방인 1인당 10무씩을 나누어 주었다. 이것은 수·당전기 통치체제 하의 1년1모작을 전제로 한 것으로, 2년3모작이 보급된 화북에서는 10무당 생산량은 더 많았을 것이다. 또 화중·화남의 벼농사 지대에서는 더욱 생산력이 높았을 것이다.

그러나 앞서 본 바와 같이, 2년3모작이 보급된 화북에서조차 한 관료는 50무 이하의 농민이 가장 가난한 사람이라고 하였다. 현재 남아 있는 몇몇 당대 호구통계를 보면, 1호당 평균 5.5인 정도였으므로 이 관료의 말에는 진실성이 있다고 보인다. 양세는 바로 여기에 부과되었다. 780년 시점에서 당시의 곡물가격 등으로 추산해 보면, 평균적인 경지를 소유한 농가는 수입의 거의 26%가 넘는 높은 비율의 세금을 수취당했음을 알 수 있다. 세율이 높으면 하층 소농민층일수록 심한 타격을 받는 것은 말할 필요도 없다.

이러한 양세법체제하에서 농민층은 생산력을 높이고자 필사적으로 노력하였을 것이다. 그러나 이후 전귀화천의 상황이 진행되고, 또 양세액이 인상된 것을 생각하면, 농가 가계에서 차지하는 양세 비율은 점점 높아졌을 것이다.

재정지출

그렇다면 이처럼 농민에게 큰 부담이 되었던 양세는 어떻게 지출되었을까. 앞의 현종 말기 두우의 경우처럼 숫자를 들지는 않았지만, 육지(陸贄)는 지출의 대부분이 군량과 군복과 관료의 봉급으로 충당되었다고 지적한다. 그 가운데서도 압도적으로 많았던 것은 군량·군복 등 병사에 대한 지출이었다.

780년 무렵 총병력 수는 77만 명으로, 그 내역을 보면 중앙의 금군(禁軍)이 17만이고 번진병사가 60만으로 금군의 3배가 넘었다. 안사의 난을 경계로 내지에 설치된 번진은 초기에는 병농일치의 원칙하에 병력을 갖춘 경우도 있었고, 또 반란 후에는 황폐해진 경지를 몰수하여 병사에게 둔전시키는 경우도 있었다. 그러나 이것은 일시적인 것이었고, 전체적으로 보면 번진병사는 양세로 지탱되었고 용병화되었다고 보아도 될 것이다. 이처럼 현종 말기에 비하여 용병이 훨씬 많았기 때문에, 군사비가 현종 말기 이상으로 팽창된 것은 당연했다.

이 무렵 병사의 급여는 곡물과 봄·겨울 두 철 의복이었는데 곡물은 앞서 본 바와 같이 연간 성인 1인당 7.2섬이었기 때문에, 77만에 이르는 병의 몫으로만도 554.4만 섬이 필요하였다. 결국 600만 섬의 92.4%라고 하는 세입 곡물의 대부분이 병사에게 급여할 곡물로 충당되었고, 이는 안사의 난이 일어나기 직전의 37%를 훨씬 뛰어넘는 지출이었다. 군복의 경우는, 당대(唐代)『신기제적태백음경(神機制敵太白陰經)』(10권)을 써서 군사론(軍事論)을 전개한 이전(李筌 : 생몰년 불명)에 따르면 연간 병사 1인당 12필이 필요하였다고 한다. 그렇다면 77만 병사에게 필요한 양은 924만 필이고, 이것을 앞서 이고가 말하였듯이 780년 시점을 기준으로 비단 1필을 2관으로 계산하면 1848만 관이 된다. 이것은 3000만 관 가운데 61.6%를 차지하여, 역시 안사의 난이 일어나기 직전의 53%보다 높은 비율이 된다.

이것은 하나의 계산에 불과한 것으로 병사에게 급여된 군복에는 비단만이 아니라 삼베[麻]도 있었을 것이나 삼베 가격은 알 수 없다. 또한 육지(陸贄)는 780년 시점의 비단 1필 가격을 높게 책정하고 있는데 이것에 의하면 지출비율은 더욱 높아진다. 그러나 어찌됐든 국가재정 중에서 병비가 변경번진시기인 현종 말기를 웃도는 높은 비율을 차지하였음은 분명하다. 물론 양세 수취만으로는 적자였기 때문에, 당왕조는 소금전매의 이익을 투입하여 의료·곡물을 화적(和糴)함으로써 병사의 급여를 조달하였을 것이다. 현종 말기의 지출을 보더라도 병사 급여를 위한 화적이 많았다.

그런데 세금을 부담하는 320만 호수에 대하여 병사수가 77만이라는 것은, 약 4.3호당 병사 1인을 부양한다는 말이 된다. 그 후 807년에는 병사의 수가 늘어 244만 호에 대하여 83만이 되기 때문에, 3호당 병사 1인을 부양하게 된다. 823년 무렵에는 호수가 약간 늘어 394만이었으며 병사수도 늘어 99만이었기 때문에 4호당 병사 1인을 부양하게 된다. 그리고 당말에 이르러 병사는 100만을 넘어선 것으로 추정된다. 이리하여 당 중기 이후 내지번진의 성립은 양세법을 매개로 하여 특히 소농민층을 강하게 압박하게 된다.

여기에서 관료의 봉급을 살펴보면 788년 무렵 중앙의 여러 관청과 경조부의 관료는 3000여 명으로 그 봉급 총액은 61만 관 정도이고, 여기에 지방 관료의 몫을 더해도 병비와 비교하면 그렇게 많은 액수는 아니었다.

이렇듯 국가재정을 압박하며 견디기 힘들 만큼 소농민층의 국가부담을 증대시킨 다수의 병사를 거느리고, 또 양세의 증액으로 주도권을 잡은 내지 번진은 어떤 존재였을까?

9. 중앙과 번진

내지번진의 성립

절도사의 권한

변경방위를 담당하는 존재로서 변경에만 설치되었던 번진은 안사의 난으로부터 점차 내지에도 설치되었고, 때때로 개폐되어 시기에 따라 얼마간 차이는 있으나 그 때까지의 변경번진을 포함해서 그 수는 근 50개에 달하였다. 따라서 내지에 새로 설치된 것은 40개 정도 되었다. 번진이 설치되지 않은 곳은 2개 수도제(首都制)를 시행하고 있던 장안(西京·西都)과 낙양(東京·東都)을 각각 포함하는 경조부와 하남부뿐이었고, 이는 그 이외의 어떤 지역이나 어딘가의 번진에 소속되었다.

그리고 내지번진의 절도사는 번진의 정점에 섰다는 점에서는 변경번진이나 마찬가지였지만 그 권한이 변경번진과는 상당히 달랐다. 변경번진의 절도사는 이림보가 삭방절도사를 겸임하고 있었던 때처럼 채방처치사(採訪處置使)를 겸하는 일도 있었지만, 일반적으로는 군진(軍鎭)의 지휘자 즉, 병권의 행사자였다. 그러나 내지번진의 절도사는 직함이 나타내 주듯 보다 확대된 권한을 행사하였다. 후에도 이름을 언급하게 될 이보신(李寶臣 : 718~781)의 직함을 예로 들어 이 점을 살펴보자.

변경번진 시기에서 내지번진 시기로

번진과 관계없는 명목상의 직함을 제외하면, 이보신은 성덕군절도항정등주관찰사(成德軍節度恒定等州觀察使)가 된다. 이 직함은 이보신이 3개의 관직을 겸임하고 있었던 점을 나타낸다.

첫번째는 성덕군 번진의 절도사다. 번진은 대부분 군호(軍號)라는 것을 받았는데, 성덕군은 이보신이 절도사로 있던 번진의 군호이다.

두번째는 항주(恒州 : 하북성 正定縣)와 정주(定州 : 하북성 定縣) 등의

三彩馬 서안시 출토, 높이 55.5cm

관찰사(보다 정확하게는 觀察處置使)이다. 관찰사는 원래 순찰사(巡察使)라고 해서 태종기 이래 때때로 중앙에서 전국으로 분산 파견되어 지방의 상황이나 지방관의 통치성적 등을 관찰한 임시직이었다. 그러던 것이 후에 안찰사(按擦使), 나아가 현종 때는 채방처치사로 직명을 바꾸어 절도사나 유능한 자사(刺史) 등이 겸임하기도 하였으며, 점차 지방에 상주하는 관직이 됨과 동시에 민정권을 갖게 되었다. 이림보가 이 관직을 절도사와 함께 겸임한 것이 그 한 예이다. 그리고 안사의 난 중인 758년, 관찰사로 직명이 바뀌어 절도사가 민정권을 자동으로 겸임하게 되었다.

그런데 성덕번진은 항주(恒州)·정주(定州) 등 7개 주 정도를 그 영역으로 하고 있었으므로 관찰사의 권한 행사구역과 완전히 일치하고 있다. 즉 이보신은 성덕번진의 절도사로서 병권을 행사함과 동시에 관찰사로서 이 번진 영역 내의 민정권도 행사하고 있었다. 이렇게 된 것은 신설된 내지번진뿐 아니라 종래부터 존재한 변경번진도 마찬가지여서, 반란 후의 절도사는 모두 단순한 병권 행사자만은 아니었다. 이렇게 해서 반란을 경계로 하여 변경번진의 절도사도 내지번진의 절도사처럼 바뀌었다고 보아도 되며, 번진의 역사에서 본다면 단순히 내지에 많은 번진이 설치되었다는 점뿐 아니라 그 정점에 오른 절도사가 병권과 함께 민정권도 장악한 점에서 변경번진 시기에서 내지번진 시기로 이행하였다고 할 수 있겠다. 그리고 번진은 평균 5~6주(州)에 이르는 광대한 지역을 영역으로 하고 있었으므로, 이상의 권한을 가진 절도사를 중심으로 하는 번진권력집단이 이후의 역사 전개 속에서 중요한 존재였다는 것은 분명하다.

세번째는 이보신이 항주자사(恒州刺史)를 겸임하고 있는 점이다. 항주는 성덕번진 내의 여러 주 중에서도 가장 중요한 주이다. 이보신이 이 주의 자

사를 겸임하였다는 사실은, 번진의 중
추기관을 이 주(州)에 두고 상주하여
이 중요한 주의 행정장관인 자사직을
남에게 맡기지 않고 스스로 장악하여
항주를 번진 영역 내의 중요한 주로 삼
고 있었음을 의미한다. 이것은 이보신
만이 아니라 모든 절도사에게도 적용될
수 있는 것으로, 항주처럼 절도사가 상
주하면서 번진의 중추기관이 된 주(州)
는 회부(會府 : 또는 使府)로 불리면서
번진 영역 내에서 가장 인구가 많고 중
요한 주가 되었다. 이에 대하여 번진 영

彩繪途鍍金武士俑

내의 다른 주는 지군(支郡 : 또는 巡屬·巡屬州)이라고 불렸다.

이렇게 해서 내지번진 시기의 절도사는 자동적으로 관찰사를 겸하게 되
어 번진 내의 병권과 민정권을 장악하고 또 회부의 자사를 겸임하는 강대한
권력자가 되었다.

번진권력집단의 출현

내지에 번진이 출현하기 전까지는 중앙 → 주(州) → 현(縣)이라고 하는
형태로 당왕조의 지방지배가 행해졌고 이 지방지배의 담당자는 귀족이거나
과거관료인 문관이었다. 그러나 이미 번진이 중앙과 주 사이에 개재하여 중
앙 → 번진 → 주 → 현이라는 형태가 되어, 중앙이 지방지배를 행하려면 절
도사 이하의 병력을 기반으로 하는 번진권력집단을 매개로 해야만 했다.

절도사에게는 본래 계통을 달리하는 두 개의 지배기관이 있었다. 그 하나
가 회부(會府)의 자사로서의 지배기관으로 주원(州院)이라고 불린다. 이것
은 회부인 주를 통치하기 위한 기관으로 일반 자사와 다를 바 없었다. 다른
하나는 주원에 대하여 사원(使院)이라고 불리는 것으로, 절도사·관찰사로
서 갖는 지배기관이었다. 말할 것도 없이 이것이 번진의 영역 전체를 대상
으로 하여 새로 설치된 기관으로서, 번진의 중추부를 형성하고 그 담당자는

막직관(幕職官)이라고 불렸다.

절도사의 권력기반이 종래의 지방통치관과 다른 점은, 변경 절도사 이래로 병권을 장악했던 데 있었다. 안사의 난 동안 일본이 신라토벌계획을 세웠을 때 새로 설치된 임시관으로서 절도사를 임명하고 병사·병선 등을 징발하였는데, 일본에서는 절도사라는 관직을 도입하였을 때 이 관직이 군사(軍事)와 관계된 직능을 갖는 존재로 받아들여졌던 것이다.

막직관 가운데는 판관(判官)이라든가 장서기(掌書記)와 같이 번진 사무를 총괄하는 문관 외에, 행군사마(行軍司馬)나 참모(參謀)와 같이 번진 전체의 병사를 취급하는 직책도 포함되어 있었다. 행군사마 등은 원래 절도사 다음 가는 지위로 설치되어 문관인 절도부사를 능가하는 중대한 권력을 가진 존재가 되었다. 그리고 절도사의 번진군단의 통솔을 현실적으로 담당하는 자로서 각급 부대의 지휘관인 무인이 다수 차지했다. 그들은 절도사와 주종적으로 결합되어 있었는데, 수·당전기 통치체제의 붕괴과정에 새로운 지배질서로 나타난 사적결합관계가 번진에서 가장 선명하게 나타났다.

이상이 군단을 기반에 둔 번진권력집단의 내용이며, 이 권력집단에서는 무인이 큰 요소를 차지하고 있었다. 그러나 절도사 자체에 문관보다 무인계가 많았다. 안사의 난의 무대가 된 화북의 번진에서는 특히 그러하였다.

안사군(安史軍)의 항장(降將)이 절도사로

안사의 난은 당왕조가 반란세력을 철저히 타도하여 막을 내린 것이 아니라, 반란 말기에 반란측의 유력한 무장들이 휘하의 병사를 이끌고 당왕조측에 항복함으로써 끝난 것이다. 그 때 당왕조측은 그들에게 그들이 세력을 떨치고 있던 화북지방에 절도사직을 주어 안심을 시킴으로써 항복시킬 수 있었다. 당 황제는 구체적으로 성의를 보여주는 증거로서 철권(鐵券)을 주어 그들의 지위를 보증하고 서약까지 했다. 철권의 수여는 당왕조뿐 아니라, 한고조(漢高祖 : 재위 기원전 206~195)가 이 제도를 시작한 이래 중국의 각 왕조에서 보인다. 철권은 황제만이 발권(發券) 권한을 가지며, 원래 공신을 봉건하거나 작위를 수여할 때 그에 동반하는 형법상의 특권을 보증하는 물건이었다. 모양은 반원통으로 되어 있으며 표면에 보증을 나타내는 칙문(勅

文)을 파서 거기에 황금을 흘려 넣었다. 그것을 안사의 난 때 오히려 공신과는 극단적으로 대치되는 반란측의 유력한 무장에게 부여함으로써 지위에 대한 불안감을 씻어주어 항복을 재촉하는 데 사용한 것이다.

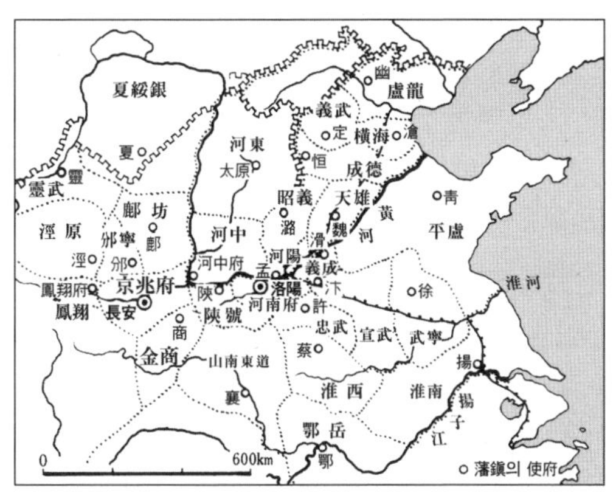

화북·화중 藩鎭圖

구체적으로 그렇게 하여 소유권을 인정받은 반란측 무장과 번진의 이름으로는, 천웅(天雄)번진의 절도사가 된 전승사(田承嗣 : 705~779), 북방민족계로 반란측 최후의 지도자인 사조의를 무너뜨리고 내려가 노룡(盧龍)번진57)의 절도사가 된 이회선(李懷仙), 앞에서 기술한 성덕절도사가 된 해족계(奚族系)의 이보신, 소의(昭義)절도사가 된 설숭(薛嵩 : ?~772) 등을 들 수 있다. 이 가운데 이보신과 이회선은 둘다 성이 이(李)씨인데, 이씨는 옛날부터 중국에 많은 성씨로서 원래 다른 성씨였던 두 사람 모두 숙종(肅宗)에게서 당 황실의 성을 하사받은 것이다.

반란측 지역과 순지(順地)

이상과 같이 번진이 그 경위로 미루어, 당왕조와 일체화해서 지방의 지배를 담당하지 않았음은 말할 것도 없다. 이 밖에 평로(平盧)·회서(淮西)·선무(宣武)·산남동도(山南東道) 등의 번진도 당정부로부터 탈피하는 원심적 경향을 보인 번진이었다. 안사의 난 후인 780년대부터 820년대 무렵까지의 이들 번진의 병력을 보면, 명확하지 않은 것도 있지만 천웅이 7개 주를 영역으로 하여 5만, 노룡이 12개 주에 5만, 성덕이 7개 주에 5만, 평로가 15개 주에 10만, 선무는 주는 4개이지만 10만, 산남동도는 6개 주이지만 병력

---

57) 변경번진 시기의 범양(范陽)번진.

은 다소 적어 2만 정도였다. 따라서 이 무렵 당왕조의 총병력은 70~80만이
었으므로, 이들 번진만으로 50%를 차지하고 있었던 것이다. 그리고 화중에
있었던 산남동도를 제외하면, 모두 화북 동부 즉 일찍이 안사의 반란군이
석권한 지방과 그 인접 지역에 존재한 번진이었다.

이들 번진은 일단 당왕조를 받들고는 있었으나 영내에서 징수한 조세를
중앙으로 보내지도 않고 당왕조의 법령을 지키지도 않았으며, 관리와 무인
의 임면(任免)·징세·사법(司法)·경찰의 여러 권한을 독자적으로 행사하
고, 군사적 무장도 독자적으로 행하였다. 이것은 당왕조 체제 내에서 용인받
은 절도사·관찰사로서의 권한행사에서 확실히 일탈한 모습으로, 소왕국이
라고까지 할 하나의 독립적인 지방정권의 성격을 띠고 있었다고 볼 수 있
다. 그러나 안사의 난 후 당왕조는 여기에 용이하게 개입할 수 없었다. 이와
같은 평로·천웅·산남동도의 여러 번진에 대하여『자치통감(資治通鑑)』은
다음과 같이 서술하고 있다.

조정이 성 하나를 쌓고 병사 한 명을 늘리면 원망하고 의심하면서, 한편
으로 스스로는 영내의 축성과 군사적 무장에 쉬는 날이 없었고 명목상으로
는 번신(藩臣)이라 해도 그 실상은 오랑캐의 이역(異域) 땅과 같다.

당시 당왕조는 중앙에 순종하여 당왕조 체제에 편입해 들어온 번진을 순
지(順地)라고 한 데 대하여 이러한 번진을 반란측 지역이라고 불렀다. 특히
그 가운데 가장 거센 반란측 지역으로서 당왕조 체제에의 편입에 시종일관
강력히 저항한 것은 천웅·성덕·노룡의 3개 번진으로, 모두 하북에 존재하
였기 때문에 일괄하여 하북 3진이라고 하였다. 그리고 이들 번진의 소왕국
적 상태를 '하북의 관행[舊事]'이라고 불렀다.

반란측 지역의 절도사

이들 반란측 지역의 절도사 가문은 서로간에 혼인관계를 맺는 경우가 많
았다. 예를 들면, 천웅절도사 전승사의 딸은 성덕절도사 이보신의 아우인 이
보정(李寶正 : ?~775)의 처가 되고, 전승사의 아들 가운데 하나는 소의(昭

擊毬(폴로)圖　섬서성 건현, 당 章懷太子墓 墓道口 서벽 벽화 모사

수 있었다. 그러나 천웅번진의 회부인 위주(魏州 : 하북성 大名縣)에서, 전
승사의 아들 전유(田維 : ?~775)와 이보정이 격구(폴로) 시합을 하던 중 전
유가 말에서 떨어져 죽자 화가 난 전승사가 이보정을 때려죽였고 이 일로
천웅과 성덕의 두 번진은 갑자기 불화하게 되었다. 전승사는 일찍이 손을
써서 소의번진의 장병에게 내분을 일으키게 하여 영역 확대를 꾀하고 있었
으므로, 당왕조는 이 기회를 틈타 775년 이를 토벌하고자 대종(代宗)이 천
웅번진을 둘러싼 9번진에 명령을 내려 공격을 가하였다. 9번진에는 성덕·
평로·노룡·소의 등도 포함되어 있었다.

　그러나 허약해진 당왕조는 거의 전면적으로 번진병력에만 의존하여 토벌
을 하려고 하였기 때문에 번진을 충분히 통제할 수 없었고, 처음에 토벌에
적극적이었던 평로나 성덕은 이윽고 전선에서 이탈하여 반대로 전승사와
손을 잡게 되었다. 결국 토벌에 실패한 당왕조는 전승사를 어떻게 하지도
못한 채 토벌을 끝내야만 했다.

　반란측 지역의 번진은 각각 나름대로 꿍꿍이셈을 갖고 토벌전에 참가했
던 것인데, 천웅번진이 순지화될 경우 도미노 현상이 일어날 것을 경계한
점에서는 일치하고 있었다. 평로의 경우에는 병사반란에 대한 우려가 이탈
의 직접적인 원인이 되었다. 절도사에 의해 구현되는 번진의 행동에는 사실
번진권력집단의 기반을 이루는 번진병사의 의향이 여러 가지로 투영되고
있었는데, 이 점에 대해서는 뒤에서 기술하도록 하겠다.

4성(四聖)과 2성(二聖)

　반란측 지역의 여러 번진 사이에는 통혼처럼 얼핏 보아 강력한 결합으로

보이는 형태까지 취하기는 했지만 그 연합이 안정되어 있었던 것은 아니다. 전승사는 통혼관계를 맺은 소의번진의 영역을 닥치는 대로 빼앗으려 하였고, 또 항상 평로와 성덕을 얕보았다고 한다.

반란측 지역의 여러 번진은 당왕조의 개입에 대해서는 똑같이 거부반응을 보였지만, 안사의 난의 타격으로 당왕조가 약체화되어 강력하게 개입할 수 없게 된 상황하에서는, 당왕조와의 대결이라는 형태로 연합의 힘을 분출하기보다는 다른 번진보다 더 우위에 서는 일에 부심함으로써 번진 간에 경합하는 움직임이 두드러졌다. 통혼관계라 하더라도 연합이라는 측면이 있는 반면 다른 면에서는 불가침 보증의 측면이 있었다. 그러나 비록 약체화되었다고는 하더라도 당왕조가 반란측 지역의 번진에 큰 영향을 미치고 있었음은 말할 필요도 없다. 그래서 당왕조측이 조금이라도 군사적 무장을 정비하려고 하면, 불만을 토로하며 경계를 강화시키는 등 민감하게 반응하였던 것이다.

그런데 하북 3진이라 하더라도 경합관계에 있던 이들은 당왕조에 대하여 서로 다른 대응방식을 보였다. 예를 들면, 천웅번진에서는 안록산 부자와 사사명 부자의 반란지도자를 기리는 사당을 세우고, 이 4인을 4성(四聖)이라 하여 받들었고, 노룡번진에서도 안록산과 사사명 2인을 2성(二聖)으로 받들었다고 한다. 그리고 천웅에서는 773년 전승사에게 재상의 직함을 주는 것을 조건으로 하여 4성의 사당을 부수는 데 동의하였지만, 노룡에서는 훨씬 뒤인 821년에 문관인 장홍정(張弘靖 : 생몰년 불명)이 절도사로 부임하였을 때 반란의 근원이 된다면서 2성의 묘를 파헤쳐 관을 부수자 사졸이 기뻐하지 않았다고 한다. 결국 사졸이 반란을 일으켜 장교도 이를 제압할 수 없었고 장홍정은 겨우 5개월 만에 노룡에서 추방당하였다.

시종일관 반란측 지역이었던 노룡에서는 중앙의지의 구현자로서 문관이 절도사로 부임해 온 사실 그 자체에 병사들이 반발을 느끼고 있었다고 할 수 있다. 그리고 절도사가 2성에 대해 위와 같은 조치를 취하자 그 반발을 반란·추방이라는 행동으로 구체화시킨 것이다. 이 곳의 병사에게는 당왕조의 개입을 거부하는 소왕국적 지향이 극히 강하였을 것이다. 어쨌든 이 두 번진에서는 당왕조측이 가장 극악한 반역자라고 평가한 안록산 등을 당왕조에 대하여 자립지향을 결집시켜 나갈 경우 정신적 지주로 삼았던 것이다.

그러나 다른 하나인 성덕번진의 경우에는, 안록산 등을 4성이나 2성으로 하였다는 기록이 남아 있지 않다. 뿐만 아니다. 일찍이 현종(玄宗)이 부처를 모방하여 자신의 동상을 만들게 하고 주(州)마다 안치시켰는데, 안사군(安史軍)이 석권한 주에서는 이것들을 모두 파괴하였지만 성덕번진의 회부인 항주에서만은 남아 있었다고 한다. 그로 인해 절도사 이보신이 식실봉(食實封) 100호를 받은 것이다.

또 전승사도 성덕·소의절도사와 통혼하는 한편 대종(代宗)의 딸인 신도공주(新都公主 : 생몰년 불명)를 아들 전화(田華 : 생몰년 불명)의 처로 맞아들여 당왕실과도 통혼관계를 맺고 있다. 당왕실과의 통혼은 반당(反唐)적 경향을 완화시키고자 한 당왕실측으로부터의 의도도 작용하였겠지만, 전승사도 바라던 일이었음에 분명하다. 이 태도는 4성 사당의 파괴에 응하는 조건으로 재상의 직함을 요구한 것과도 상통한다. 즉 반란측 지역으로서 소왕국의 상태를 유지하면서도, 당왕조의 권위를 인정하여 한편으로는 통혼이라는 개인적인 형태로 다른 한편으로는 재상이라는 공적인 형태로 당 황실과 결탁함으로써 자신의 지위를 안정되고 우월한 것으로 만들고자 하였던 것이다.

번진용병제의 성립

단련병(團練兵)·관건(官健)·가병(家兵)

그렇다면 그것은 과연 무엇에 대해 안정되고 우월한 것이었을까? 그 하나가 다른 번진에 대한 것이었음은 이미 기술하였지만, 그것만은 아니었다. 오히려 문제가 되는 것은 내부적인 것으로서, 번진권력의 기반을 이루는 병사에 대한 것이었다. 천웅번진 토벌 때, 평로군이 전선을 이탈한 것이나 노룡번진에서 절도사 장홍정을 추방한 것 모두 병사들이 주도해서 일으킨 것으로서, 병사가 번진에서 중요한 영향을 미치는 존재였음을 알 수 있다. 그렇다면 번진병사란 어떠한 존재였을까?

彩繪陶塗金騎士俑 唐, 높이 35cm, 건현 이덕태자묘 출토

번진의 병력은 단련병(團練兵)·관건(官健)·가병(家兵)이라고 하는 세 가지 계통의 병력으로 구성되어 있었다. 먼저 단련병(團結兵이라고도 한다)은 부병에 대신하여 지방의 치안유지를 담당하는 존재로서, 측천시기부터 조직되기 시작하였다는 것은 이미 기술하였다.

안사의 난 때는, 당왕조측이나 반란측 모두 이 단련병을 적극적으로 병력에 편입시키고자 하였고, 안종(顏從) 형제가 반란군에 대한 저항집단을 조직했을 때 그 중핵을 구성한 것도 이들이다. 이것은 내지번진의 성립과 함께 번진병력으로 편입되지만, 단련병은 원래 촌락 자위의 성격을 띠는 것으로 절도사와 주종관계에 있었을 뿐 아니라 번진병력으로서는 가장 외측에 존재하고 있었다. 번진 영역 내의 요충지에 이 단련병과 관건이 함께 설치된 몇 가지 사례를 보면, 모두 후자쪽이 큰 병력을 가지고 있다. 이는 관건을 통해 단련병의 동향을 제약하려 하였던 번진권력집단의 의도가 표출된 것일지도 모른다.

두번째는 관건(官健)으로서 번진병력의 주요 부분을 구성하였다. 관건이란 징병제인 단련병과는 반대로 모집병을 뜻하는 것으로, 관(官)의 건아(兵士), 즉 관으로부터 생활비로서 급여를 받던 직업병사였다. 양세법이 성립한 후에는 인민으로부터 수취한 양세(兩稅)로 부양되었으며 그러한 의미에서 용병이라고 불러야 할 것이다. 그리고 이것이 바로 국가재정의 가장 큰 압박 요인이 된 병종(兵種)이다.

그러나 내지번진이 성립된 초기에는 번진에 따라서는 징병을 통하여 병력의 충실을 꾀하고 있었다. 특히 당왕조 체제에 편입되지 않으려 한 화북의 반란측 지역의 번진이 그러하였다. 예를 들면, 천웅번진에서는 전승사 때, 영내의 호구를 조사하여 노약자는 농경에 종사시키고 건장한 젊은이는 병사로 삼아 수년간 10만 병력을 만들어 냈다. 그 중에서 특히 뛰어난 병사를 골라내어 아병(衙兵 : 牙兵)이라고 하고 자부하였다고 한다.

징병의 용병화

천웅번진의 징병법은 확실하지 않지만, 소의번진의 경우를 보면 다음과 같았다. 소의번진은 안사의 난으로 황폐해져 군비를 조달할 수가 없었기 때문에, 765년 영민(領民) 중에서 정남 3명당 1명의 비율로 병사를 징발하고 조세나 요역을 면제해 주는 대신 무기(활과 화살)를 지급하고 농한기에 훈련을 시켜, 약 3년 만에 정병(精兵) 2만을 만들어 내고 산동에서 군림하여 당시 여러 번진 중 최강의 군대로 불렸다고 한다. 비용을 스스로 부담했던 부병제와 달리, 무기도 지급받고 있었지만 이러한 징병법은 분명 부병제적 방법을 이어받은 것이었다. 부병제적 방법은 물론이고 그렇지 않은 형태도 징병제 자체가 촌락자위단의 성격을 띠는 단련병에만 일부 남아 있을 뿐 당 중기의 촌락공동체의 변질과 소농민층의 저항으로 이미 붕괴되어 버렸는데, 이 곳에서 이러한 방법이 재현된 것이다.

이러한 징병제를 택한 번진권력이 당왕조를 극복하는 새로운 권력이라고는 할 수 없다. 아마 거기에는 영민들의 저항이 있었을 것이다. 징병이 반복해서 실시되는 일은 없었다. 그러나 한 번 징병당한 농민은 귀농되는 법 없이 그대로 병사로 남게 되어 점차 농경에서 분리되어 직업군인으로서 용병화되어 갔다.

또 안사의 난으로 인한 황폐화로 당왕조가 파악한 호구수가 대폭 감소된 것으로 알 수 있듯이 도망하는 농민도 많았다. 그로 인하여 병사의 식량을 확보하기에 충분한 수취대상을 잡을 수가 없어서, 번진에서는 농민의 도호화로 인해 생겨난 도기전(逃棄田)을 몰수하여 절도사가 탁지영전사(度支營田使)라는 관직을 겸하고 둔전병적인 병사에게 자경 자급시키기도 하였다. 그러나 이 또한 일시적인 현상에 그치고, 이윽고 농민을 영전호(營田戶)로써 전작(佃作)시켜 전조(田租 : 소작료)를 징수하게 되었다. 여기에서도 번진병사는 생산에서 유리되어 비생산적인 용병으로 바뀌어 갔다.

당 중기를 지나 영내의 농민을 요역 형식으로 징병한 것은 분명 번진 권력의 진부성을 나타낸다. 그러나 농민은 재지적 성격이 가장 강한 존재이고 이들 생산담당자가 한편으로 번진병력을 계속 구성해 나간다면, 번진권력집단의 상층 무인층은 귀족·관료·사관(寺觀)과 서민지주층에 이어 번진지배기구에 의거하는 권력자로서 대토지소유자가 되는 자가 많았기 때문에 번진권력은 재지성이 강한 권력이 되었을 것이다. 그러나 번진권력의 병력기반이 된 것은 용병(傭兵)이었다.

그렇다면 어떻게 번진용병제가 성립된 것일까? 그것에는 적어도 다음의 세 가지 조건을 고려할 수 있을 것이다.

첫번째로 용병의 예비군으로서 엄청난 몰락농민이 있었다는 점이다. 두번째로는 80만에서 100만에 이르는 대량의 비생산적 용병 한 사람을 평균 3~4호가 부양할 수 있을 만큼 생산력 발전이 이루어진 점이다. 세번째로는 병농일치적 형태를 이상으로 삼는 문관적 지배층의 통치의식을 부수어 버린 소농민층의 강력한 저항을 들 수 있다. 그리고 이미 기술한 바와 같이 이들 세 조건이 모두 당 중기에 갖춰졌다.

번진용병의 성격

이렇게 번진용병제가 성립하여 번진권력에 비재지적(非在地的) 성격을 띠게 하였지만, 용병은 원래 체제적 수취에 의존하여 존재하는 것이므로 체제를 부정할 수는 없었다. 따라서 아무리 번진용병이 대량으로 존재한다고 하더라도, 그것이 담당하는 역사적 역할에는 한계가 있을 수밖에 없다.

812년 천웅번진에서는 전승사 일족인 전계안(田季安 : 781~812)이 사망한 후 같은 일족인 전홍정(田弘正 : ?~821)이 병사의 옹립을 받아 후계자가 되었다. 그런데 이를 승인하는 당왕조의 임명장(朝命)이 좀처럼 오지 않아 군중이 불안해하다가 이윽고 당왕조의 임명장이 오자 모두 기뻐하였다고 한다. 당왕조측이 반란측 지역에 강한 압력을 가하여 일단 효력을 발휘하던 때의 일이기 때문에 그 기쁨은 더욱 컸던 것이다. 자신의 존재를 당왕조에게 공적으로 승인받는 것은 절도사만이 아니라 병사에게도 필요한 일이었던 것이다. 이는 844년 하북 3진으로부터 장안으로 찾아온 사자(使者)를 맞이한 당시의 재상 이덕유가 "하삭(河朔 : 하북)의 병사가 아무리 강하더라도 자립할 수는 없기 때문에, 조정의 관작과 위명(威命)을 빌어 군정(軍情)을 편안케 하지 않으면 안 된다"고 한 말에서도 잘 나타난다.

그러나 번진병사 특히 반란측 지역의 번진병사는 당왕조 체제에 편입되지 않으려 했고, 그 한도 내에서는 분권적인 자립지향을 가지고 있었다. 노룡번진의 병사가 문관인 장홍정을 절도사 지위에서 추방한 것은 병사가 그 위험을 감지했기 때문이다. 그리고 이 병란의 경우, 장교 즉 번진의 상충부를 형성하는 무인들은 병사의 움직임을 제지할 수 없었다. 당왕조 체제로의 편입에 대해 무인층보다 병사쪽이 더 강하게 저항하였던 것이다.

번진용병제가 성립된 후 당왕조의 문신들 일부는 번진병사가 국가재정을 압박하는 최대의 요인이라 하여 자주 그 수의 삭감 문제를 들고 나왔다. 앞서 본 바와 같이 화북의 반란측 지역의 번진이 가장 많은 병사를 거느리고 있었고, 당왕조 체제에 편입하게 되면 특히 이들 번진에서 다수의 병사가 생활기반을 빼앗기는 문제와 연결되어 있었다. 삭감 논의가 구호로만 끝나고 오히려 증가하는 경향까지 보인 것은 이 번진병사의 저항 때문이었다.

번진병사는 용병이 갖는 본래적 성격 때문에 대우 문제에 대하여 극히 민감한 반응을 보였다. 755년의 전승사 공격 때 평로번진이 전선을 이탈한 것은 병사반란을 염려하였기 때문이다. 즉 함께 공격에 참가한 성덕절도사 이보신이 병사에게 상을 후하게 내린 데 비해 평로절도사 이정기는 상을 아꼈기 때문에 병사들 사이에 원망의 소리가 높아져 반란으로까지 발전될 우려가 있었기 때문이다.

또 앞의 전홍정은 천웅에서 성덕의 절도사로 자리를 옮겼는데, 일족 수십명을 당왕조의 관료로서 장안과 낙양에 살게 하고 대단히 호화스러운 생활을 하여 성덕 병사들 사이에 불만이 높아져 결국 이를 틈타 거병한 한 무인에게 죽임을 당하였다. 이 경우 병사의 불평은 절도사 일족이 번진의 재물을 빼돌려 병사에 대한 대우가 악화된 데서 생겨난 것이며, 또한 항상 반란측 지역을 부정하는 언동을 일삼은 전홍정이 일족을 관료화하여 당왕조와의 유착을 강화시킨 데 대한 위기감과 반발 때문이었다.

교만한 아중군(牙中軍)

두세 가지 예를 들어 번진병사의 성격을 살펴보았는데, 내지번진이 성립되고 나서 당이 멸망하기까지 150년 동안 번진 내에서 일어난 병란의 수는 기록에 남아 있는 것만도 200여 회에 달한다. 물론 대부분은 절도사 추방이나 살해로까지는 발전되지 않았지만, 병란 발발의 원인은 위의 사례 속에 요약되어 있다. 그만큼 절도사의 자리는 불안정하였다고 해도 좋을 것이다.

절도사가 중앙에서 파견되는 순지 번진은 별도로 치고, 앞서 천웅번진에서 전홍정이 병사들에게 옹립되어 절도사가 된 사실을 기술하였는데, 반란측 지역의 번진에서는 병사의 지지를 받아 옹립된 절도사가 취임하는 경우가 자주 보인다. 이것은 한편으로는 병사와 절도사가 일체화하고 절도사의 자리가 안정되어 있는 것처럼 보이나, 다른 측면에서 본다면 병사의 힘이 그만큼 강했음을 나타낸다. 하북 3진을 열었던 전승사·이보신·이회선도 병사에게 옹립되었다고 할 수 있고, 이처럼 병사들에 의하여 절도사를 옹립하는 현상은 이미 안사반란군 사이에서 시작되어 내지의 번진 병사에게로 이어진 것이었다. 번진병사는 개인이 아닌 집단으로서이긴 하지만, 의지를 표명하고 행동하는 주체로 등장한 것이다.

이러한 주체적 성격이 두드러지는 존재가 특히 번진병사 가운데 아중군(牙中軍 : 牙軍·牙內軍이라고도 한다)이었다. 관건(官健)으로서의 번진병사는 아중군과 아외군(牙外軍 : 외진군이라고도 한다)으로 나뉘며, 후자는 지군(支郡)의 요충지에 주둔하고 진장(鎭將)이라 불리는 절도사와 주종적으로 결탁한 무인의 지휘를 받았다. 전자는 회부에 상주하며 절도사나 번진 통치기관의 경호를 주된 임무로 하고, 절도사의 직할 아래 있었다. 따라서 절도사의 친위군이라 할 존재로서 번진병력의 중심을 이루어 뛰어난 병사가 모여 있었고 보통은 아외군보다 대우가 좋았다. 천웅번진의 전승사는 징병한 병사 10만 중에서 우수한 자 1만을 골라 아병(牙兵)으로 삼았는데 이것이 아중군에 해당한다.

이후 천웅번진의 아중군은 아버지에서 아들로 세습되면서 견고한 단결력을 자랑하였고 뜻에 맞지 않는 절도사는 손쉽게 갈아치웠다고 한다. 당이 멸망할 때까지 번진 내에서 권력을 휘두른 이들이 바로 천웅번진을 계속 반란측 지역으로 만든 주체였다. 그 밖에 무령번진에서도 부자세습을 행하고

방약무인하게 권력
을 휘둘러, 절도사
는 그들이 소란을
일으킨다는 소식을
들을 때마다 당황
해서 뒷문으로 도
망쳤다고 한다. 이

黃釉樂舞女俑　唐, 당 정인태 묘 출토

정도까지는 아니라고 하더라도, 아중군은 항상 절도사의 신변 가까이서 거
들먹거렸으나 반드시 절도사와 일체화된 것도 아니었다.

　이러한 점이 때로 무인에게 야망을 품게 하여 병란을 일으키게 하였고,
그로 인해 번진은 지방지배체제로서 체제적으로 충분히 정착하지 못하고
하극상의 경향을 내재하고 있었다고 할 수 있다. 천웅번진에서는 전승사 이
하 5대에 걸쳐 전씨 일족이 세습적으로 절도사 자리를 차지하였는데 이것은
오히려 예외였고, 하북 3진에서조차 겨우 2~3대 혹은 1대로 그치는 경우가
많았다.

가병(家兵)－집단형 가자(假子)

　이렇게 번진이 체제로서 아직 정착되지 못하고 절도사의 자리가 불안정
하였기 때문에, 절도사는 그 일족을 번진의 주요 지위에 앉히고 동시에 아
중군과는 달리 절도사와 사적결연이 강한 가병(家兵)을 조직하고 있었다.
이것이 번진병력의 제3 계통이다. 이들은 아중군·아외군이 관건 즉, 양세
(兩稅)로 부양되는 정규 번진병사였던 데 비해 절도사 개인의 사설 병력이
었고 어릴 때부터 키운 가산(家産)적인 용병(傭兵)이었다. 따라서 그만큼
강하게 절도사와 개인적·주종적으로 결합되어 있었다.

　가병은 반란측 지역의 번진에 많았고, 노룡절도사 주도(朱滔 : 746~785)
의 경우에는 1만 여명을 거느리고 있었다고 한다. 그리고 궁극적 단계로까
지 발전하면, 안록산의 예락하(曳落河)와 같이 가병을 집단형 가자(假子)로
삼고, 주종관계는 가부자(假父子)라고 하는 모조된 혈연관계를 만들어 내게
된다. 내지번진이 성립한 때로부터 9세기 초 당왕조가 반란측 지역의 번진

彩繪釉陶武官俑　唐, 섬서성 禮泉縣

을 억압하는 데 일단 성공할 때까지 약 50년 동안 이 같은 방법으로 1000~3500명의 집단형 가자를 둔 3명의 절도사가 기록에 보이는데, 모두 당왕조에 반역한 절도사였다. 만들어진 부자(父子) 관계로 연결된 집단형 가자의 경우, 가부(假父)인 절도사의 가부장권이 단순한 주종관계를 넘어서 강하게 행사되었고 집단형 가자는 몰주체적으로 절도사와 일체화하는 무력집단이 되었다.

절도사가 가병이나 집단형 가자를 조직하여 신변경호를 맡겨야 했던 것은 그만큼 절도사의 자리가 불안정했다는 것을 나타낸다. 그러나 아중군 등이 자주 절도사를 추방·살해하였다고 하더라도 그것은 번진체제 나아가 절도사의 존재 그 자체를 부정한 것은 아니었다. 문관절도사인 장홍정이 병사들에 의하여 노룡번진에서 추방당했을 때, 병사들은 "군중에 하루라도 장수(將帥 : 절도사)가 없으면 안 된다"며 곧 후임자를 옹립했다. 그것은 마치 로마제정 말기의 용병들이 자신들의 뜻에 맞지 않으면 곧 황제를 바꾸었으나 그것은 로마제정이라는 체제 안에서 행해진 것일 뿐이고 따라서 체제타파의 움직임으로까지 발전하지 않은 것과 유사하다.

번진개혁과 양세(兩稅) 배분

대병을 거느린 화북 번진

안사의 난으로 조용조제적 수취가 껍데기만 남고 당왕조가 인민파악에 있어 다른 체계를 적용하여 항상적이거나 혹은 임시적 수취로 재정을 조달한 때가 바로 내지번진이 성립한 때이기도 하였다.

당왕조가 거의 무한정에 가깝게 수취를 강화한데다 반란 때문에 지배력이 크게 후퇴하였으므로, 막대한 용병을 거느리고 그 뜻에 영합하기 위해서도 번진이 한층 더 증폭된 형식으로 독자적으로 수취를 행한 것은 양염(楊炎)의 지적을 인용할 것까지도 없다. 대병력을 거느린 화북 반란측 지역의 번진에서는 특히 그러하였다.

안사의 난을 경계로 하여, 화중·화남에서는 호수가 증가한 데 반해 화북은 대폭적인 감소를 보였다. 이는 중국에 현존하는 가장 오래 된 단독지리서로서 813년 이길보(李吉甫 : 758~814)가 저술한『원화군현도지(元和郡縣圖志)』40권(결권 있음)에 잘 나타나 있다. 이 지리서의 반란측 지역 번진의 호수를 보면, 노룡·평로는 불분명하지만 천웅 영역이 4만 호 남짓, 성덕번진이 8만호 남짓으로 내지번진이 성립하기 전이었던 현종기에 비하면 거의 5분의 1로 줄었고, 선무(宣武)번진에서는 3만 호 남짓으로 9분의 1로 줄어들었다.

이 정도밖에 안 되는 호수로 그처럼 막대한 병력을 거느리고 있었던 것이다. 예컨대 천웅의 경우에는 0.8호당, 성덕에서는 1.6호당, 선무에서는 0.3호당 각각 1명의 병사를 부양하였다는 말인데, 이는 3~4호당 1명의 병사를 부양하는 전국 평균을 훨씬 뛰어넘는 비율로 병사를 거느리고 있었다는 말이 된다. 호수가 불분명한 노룡이나 평로의 경우도, 현종기의 몇 분의 일로 줄어들어 양병률이 높아진 것은 마찬가지였을 것이다. 단, 산남동도의 경우에는 호수가 현종기보다 4만 호 정도 증가하여 15만 호 정도 되었고 병수는 2만이었으므로 7.6호당 병사 1명을 부양했다는 계산이 나오므로, 전국 평균보다 상당히 낮다. 산남동도는 화중에 위치한 번진이고, 화중·화남의 번진은 일반적으로 이와 비슷하였다. 그러나 번진용병은 호수의 감소에도 불구하고 화북에 중점적으로 존재하였던 것이다.

양세법의 시행으로 번진 영내의 수취 전물(錢物)은 번진에 필요한 몫을 현지 번진에서 먼저 취하고, 그 나머지를 중앙으로 보내 중앙의 재원으로 충당하게 되어 있었다. 그러나 위에서 본 바와 같은 높은 양병률로 보건대 화북 특히 반란측 지역의 번진에서는 설령 순지화하더라도 중앙으로 보낼 몫이 거의 없었을 것이다. 게다가『원화군현도지』에 기재된 호수는 각 번진에서 중앙에 보고한 것으로, 순지는 차치하더라도 반란측 지역의 번진이 과

연 있는 그대로 보고하였는지는 의문이다. 왜냐하면 호수를 적게 보고하면 수취 전물을 중앙으로 보내는 몫이 줄어들고, 그만큼 번진이 먼저 취하는 몫을 늘릴 수 있기 때문이다. 노룡이나 평로의 호수가 불분명한 것은 중앙에 보고조차 하지 않았기 때문이다.

그렇다고 하더라도 화북의 호수가 안사의 난 후 대폭 줄어든 것은 의심할 여지가 없다. 이들 번진에서는 절도사의 가병을 부양하는 데도 영민으로부터 수취한 전물을 유용하였고, 막대한 용병을 거느리기 위해 독자적으로 영민으로부터의 수취를 강화해 나갔다. 이것은 농민의 몰락화를 촉진하였고 따라서 호수의 증가는 불가능하였다. 그럼에도 불구하고 영민의 반란이 좀처럼 보이지 않는 것은 강대한 병력에 의한 억압이 있었기 때문일 것이다.

당왕조의 번진 개입

이처럼 반란측 지역의 번진이 대병을 거느리고 당왕조 체제로의 편입을 거부하며 분권적 경향을 강화하고 있을 때, 당왕조측이 그저 수수방관만 했을 리 없다. 실패는 했지만, 대종(代宗) 시기인 775년 천웅절도사인 전승사를 토벌하려 한 것은 그 하나의 표현이다. 한편으로 당왕조는 각 번진에 병사의 수와 병비 상황을 매년 한 차례씩 보고하게 하였고, 도망친 관건(官健)의 보충은 칙허가 없으면 인정하지 않는 방침을 취했다.

이 조치에 대해 반란측 지역의 번진이 어느 정도나 수용했는지는 알 수 없지만 이들 번진에 큰 영향을 미친 것은 확실하다. 왜냐하면 평로·성덕·노룡 등은 영역 안에 해안이 들어 있어 소금의 이익을 양병비로 빼돌렸다고 생각되지만, 그래도 호수에 비해 한계를 넘을 만큼 대병을 거느리고 있었고 화중·화남 번진 만큼 병사 대우가 좋았을 리도 없으므로 도망병이 그만큼 많이 나왔으리라 생각되기 때문이다.

또 당왕조는 2년 후에는 군사상 긴급을 요할 때가 아니면 자사를 소환하거나 직무를 정지시키거나 해서 다른 사람에게 직무를 대행시켜서는 안 되고, 또 각 주의 병사의 수(定數)를 정한다는 조칙을 냈다. 이 조칙에 따르면 각 주의 병사 수가 정해져 그 결과 집합으로서의 번진병력에는 족쇄가 채워지게 된다. 또한 지군(支郡)의 자사를 절도사 혹은 번진권력집단의 재량으로 움직이게 할 수 없게 된다. 나아가 이는 앞서 언급한 바 있던 '하북의 관행[舊事]'의 붕괴를 부르는 것으로, 역시 반란측 지역의 번진에 타격을 주게 된다.

이러한 일련의 정책을 내세워 번진에 개입한 것은, 당왕조가 안사의 난으로 받은 타격에서 점차 회복되고 있었음을 보여준다. 이들 정책은 반란측 지역 번진의 급소를 찔러 이 지역을 순지화시키려 한 것으로, 반란측 지역의 번진에 위기를 가져다 주었다. 이러한 때 덕종시기(779~805)인 780년에 양세법이 시행된 것이다.

이미 기술하였듯이 양세법은 기본적으로 농민층의 계층분화에 대응하는 수취체제로서 그 때까지의 조용조 계통이 아닌 여러 세금을 일체화하여 전국에 일률적으로 시행한 것이다. 따라서 양세법은 번진의 독자적·자의적 수취를 어렵게 하였다. 게다가 이 해에 절도사 전열(田悅 : ?~784)이 공순한 태도를 취하고 있던 천웅번진에 대하여, 당왕조는 당시 7만으로 증가한 병사 가운데 4만 명을 귀농시키고자 하였다.

순지화의 실패

이러한 당왕조의 요구에 대해 전열은 당연히 반발했다. 그는 번진병사들을 앞에 두고 "너희는 오랫동안 군중(軍中)에 있었다. 부모와 처자가 있는데 이제 만약 병사(兵士)를 그만둔다면 어떻게 생계를 꾸려 나갈 수 있겠는가"라고 하여 생산에서 유리된 병사의 용병적 심리를 잘 이용하여 반당의식(反唐意識)을 부채질하고 당왕조의 요구를 거절하였다. 그리고 다음 해 성덕절도사 이보신이 죽자 성덕에서는 그의 아들 이유악(李維岳 : 생몰년 불명)을 후계자로 내세웠지만 당왕조는 이를 인정하려 하지 않았다.

이미 노룡절도사 이회선은 768년에 부하에게 살해당하였고, 773년에는 소의절도사 설숭(薛嵩)이, 779년에는 천웅절도사 전승사가 사망하였으며, 이어 안사반란군으로부터 인정받은 최후의 절도사인 성덕절도사 이보신이 죽음을 맞았다. 이 기회에 회복의 기미를 보이던 당왕조가 반란측 지역의 번진세력을 억압하고자 한 것이다. 과거에 실패로 끝난 전승사 토벌에 이은 두번째 시도였다.

이에 위기감을 느낀 반란측 지역의 번진은 연합하여 당왕조에 대한 반항을 한꺼번에 표출하여 781년부터 6년간에 걸쳐 화북·화중을 전란으로 몰아넣었다. 이는 내지번진이 성립한 이후 최대의 반란이었다. 우선 천웅·성덕·평로·산남동도가 연합하고, 이어 노룡과 화중의 회서가 가담하였다. 더욱이 장안 서북쪽에 위치한 번진으로 반란군 토벌에 나선 경원(涇原)번진의 병사가 열악한 대우에 분노하여 노룡절도사의 형으로 장안에 있던 주차(朱泚 : 742~784)를 옹립하여 반란측에 가담하였다. 그로 인하여 덕종은 한때 장안 서쪽의 봉천(섬서성 건현)까지 도망가야 했다.

반란의 지도자인 절도사들은 각각 왕 혹은 황제를 칭하고 국호를 세워 당왕조와 완전히 대립하며 당왕조의 존재 자체를 부정하였다. 이에 당왕조는 순지인 15개 번진의 병사와 금군을 동원하여 주차를 무너뜨리고 장안을 회복하였다. 그러나 반란번진에 대해서는 산남동도의 순지화에 성공하였을 뿐 다른 번진에 대해서는 새로이 '하북의 관행[舊事]'을 인정함으로써 결국 토벌은 또 실패로 끝났다.

당왕조의 실패는 반란측 지역의 번진이 강대한 병력을 배경으로 모두 '하북의 관행'의 전통을 지키고자 하는 강력한 분권적 지향을 가지고 있었기 때문이다. 순지의 번진도 반드시 적극적으로 토벌전에 참가했다고는 할 수 없었다. 당왕조는 번진병사로 하여금 적극적으로 토벌에 나서게 하기 위해 자신의 번진 영역을 넘어 출진할 경우에는 식출계량(食出界糧)이라고 하여 특별급여를 주기로 하였다. 그러자 번진 가운데 이것을 노리고 출진하되 영역을 조금만 벗어나면 더 이상은 전진하지 않는 군사조차 있었다. 이것도 병사의 용병적 성격에서 비롯된 것이었다.

당왕조는 식출계량을 염출하기 위해 간가세(間架稅)라고 해서 한 칸(지붕의 도리 2개분, 즉 기둥과 기둥 사이의 간격)마다 평균 1000문의 세금을 징수하였고, 그로 인하여 관리가 마음대로 집으로 들어와 엄격하게 조사하였다고 한다. 그리고 만약 한 칸이라도 숨기면 장형 60대의 벌에 처했다. 또 제백전(除白錢)이라고 하여 공사의 급여 지불과 매매거래 때는 1000문당 50문을 관청에 바치게 하고, 현물의 급여·매매에 대해서도 이에 준하여 세를 거두었다. 이 경우도 100문이라도 속이면 같은 벌을 주고 벌금 2000문을 징

수하였다. 그리고 밀고를 장려하여 간가세의 경우에는 50관, 제백전의 경우
는 10관을 상금으로 주었는데 상금은 벌을 받는 사람에게서 징수하였다. 이
에 원망의 소리가 원근에 가득찼고, 결국 다음 해에는 두 가지 모두 폐지할
수밖에 없었다.

신책군의 확충

순지 번진을 토벌전에 적극적으로 참가시킬 수 없었던 것은 순지 번진에
대해서조차 당왕조의 규제력이 약해졌기 때문이고, 그것은 직접적으로는 황
제 직속의 금군이 약체였기 때문이다. 일찍이 금군인 우림군은 안사의 난으
로 괴멸되었고, 반란 후에는 변경의 한 번진이었던 신책군(神策軍)이 복잡
한 과정을 거쳐서 금군의 주체가 되고 점차 환관이 그 지휘권을 장악하게
되었다. 환관은 원래 국가와의 공적관계보다는 황제와의 사적관계가 강한
존재였기 때문에, 신책군 시기는 우림군 시기 이상으로 황제와 사적인 결합
이 강하였다. 말하자면 금군에 대해 더욱 황제의 가신적인 군단의 성격을
부여했다고 할 수 있겠다.

그러나 신책군이라고 하더라도 용병이라는 점에서는 번진병사와 다를 바
없었다. 이 토벌전이 끝날 무렵 지급해야 할 식량이 바닥을 보이자 병사들
은 "군대에 묶어 놓고서 먹을 것도 주지 않는다. 그렇다면 우리는 마치 죄인
이나 다를 바 없지 않는가" 하고 외쳤다. 그러는 동안에 지방에서 겨우 3만
섬이 도착하자 덕종은 일부러 황태자를 찾아가 "식량이 도착했다. 이것으로
우리 부자는 살게 되었다"고 기뻐하며, 장안 시민들로부터 거둬들인 술을
병사들에게 내려 주고 불만을 가라앉혔다고 한다. 절도사뿐 아니라 황제도
열악한 대우로 인한 금군병사의 반란을 두려워하고 있었던 것이다. 그래서
당왕조에서는 경조부 동쪽에 있는 순지 번진의 문관계 절도사인 이필(722~
789)을 중심으로 대우에 민감한 병사의 하극상적 움직임을 없애기 위해서는
부병제를 부활해야 한다는 시대착오적 주장이 나오기도 하였다.

당왕조는 두번째 시도에 실패하고 나서 장병의 대우를 훨씬 개선하고 신
책군을 정비·확충하는 데 힘을 쏟았다. 그래서 지방장병 중에는 신책군에
들어가고 싶어하는 사람이 나올 정도였으며, 병력은 15만에 이르렀다. 여기

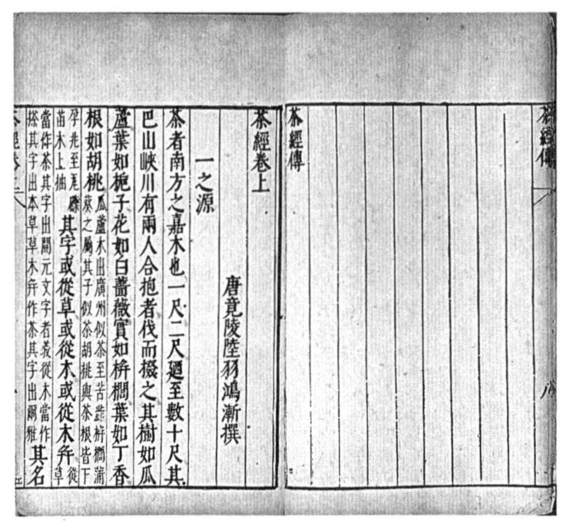

『茶經』 당의 문인 육우가 저술한 세계 최초의 차에 관한 전문서,
明代

에는 당연히 재정적 뒷받침이 따라야 했고, 당왕조는 번진에 대하여 진봉(進奉)이라고 하여 규정된 세금 이외의 것을 중앙에 송부하도록 적극 장려하였다. 몇몇 순지 번진에서는 공공연히 영민의 수취를 강화하기도 하고 관리의 봉급을 깎거나 야채와 과일을 파는 등의 상행위까지 하여 거둬들인 것을 진봉으로 유용하여 중앙에 영합하고자 하였다. 그러나 그것은 수탈분의 1~2할에 지나지 않았다. 대부분은 절도사의 사복을 채우는 데 충당되고 진봉은 그 구실로 이용되었을 뿐이다. 더욱이 당왕조는 진봉의 촉진과 순지화의 정착을 위하여 신책군 소속의 상급무인을 계속 절도사로 내보냈다.

또 793년부터는 안사의 반란 후 단기간 실시했다가 곧 폐지한 10분의 1의 차세(茶稅)를 부활시켰다. 이는 당 중기의 분식 보급과 관계가 있을 것이다. 차를 마시는 풍습이 일반화되어 장안에는 많은 찻집이 생겨날 정도로 차는 민중의 생활필수품이 되기에 이르렀다. 760년 무렵 육우(陸羽 : ?~804)가『다경(茶經)』3권을 저술하여 차의 제조법, 끓이는 법, 마시는 법과 산지(産地) 등 차의 여러 가지 면을 기술한 것도 이 때의 일이다. 당왕조는 이러한 차의 생산과 수요의 급증을 놓칠 수 없었다. 차세로서 징수한 화폐는 따로 저축해 두었다가 수해와 한해가 난 해에 농민에게서 수취하는 양세를 줄이고 줄인 부분은 이것으로 대체한다는 것이 차세 부활 때 내세운 문구였지만, 끝내 그렇게 사용된 일은 없었다.

순지화의 성공

이러한 금군의 강화를 배경으로 9세기에 들어와 헌종기(805~820)에 당왕조는 세번째 토벌을 시도하게 된다. 앞의 『원화군현도지』를 저술한 이길보 등은 그보다 6년 전인 807년에 당왕조의 국세를 나타내는 『원화국계부(元和國計簿)』(10권)를 저술하였는데, 이에 따르면 이 무렵의 번진 수는 48개이고, 중앙에 호구수를 보고하고 영역에서 수취한 세전물을 매년 중앙으로 올려보내는 완전한 순지 번진은 회하 이남의 8개 번

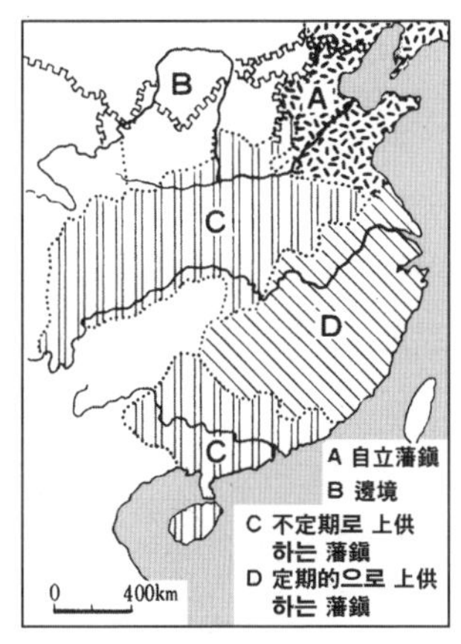

조세 상공 상태(807년)

진이며, 이 8개 번진은 49주 144만 호를 지배하에 두고 있었다고 한다.

이에 대하여 호구수를 보고하지 않고 세전물을 송부하지도 않는 번진은 15개로, 주(州)의 수는 71개였다. 그 가운데 8개 번진은 변경에 위치하여 변경방위를 담당하는 대신 그러한 의무를 면제받았기 때문에, 7개 번진이 반란측 지역이고 여기에는 하북 3진과 평로·회서 등이 포함되어 있었다. 그러나 실제로는 이 밖에 여러 번진이 반란측 지역으로 자립 경향을 강화하고 있었다. 따라서 남은 20개 정도의 번진은 매년이 아니라 비정기적으로 호구수를 보고하고 세전물을 송부하는 번진이어서, 준순지 번진이라고 할 수 있다.

이상이 9세기 초 중앙과의 관계에서 본 번진의 분류인데, 완전한 순지인 8번진의 영역은 49주로 주 전체로 보면 16.6%에 지나지 않았다. 그러나 호수는 전체의 59%를 점하고 있었고, 이 지역에는 안사반란군도 점령에 실패한 경제적 선진지대인 강회지방이 포함되어 있었다. 또한 해염이 가장 많이 생산되는 해안지대를 갖고 있어 당왕조는 소금전매의 이익을 확보할 수 있었다. 이것이 반란측 지역의 번진이 화북에 많이 출현하였음에도 당왕조를 완전히 부정할 만큼 자립하지 못하고, 또 당왕조가 두 번에 걸친 반란측 지역의 번진 토벌에 실패하면서도 통일왕조로서 의연히 존재할 수 있었던 중요한 이유였다.

따라서 당왕조가 금군을 강화하고 번진에 대한 규제력을 강화하면, 반란

측 지역 번진의 자립 지향을 무너뜨릴 가능성이 있었다. 그리하여 9세기에 들면 806년부터 21년에 걸쳐서 신책군을 비롯하여 그 때까지보다 많은 총 16개 번진을 동원하여 토벌과 위압을 가하여 일단 실현을 보았다. 807년에 『원화국계부』가 완성되었을 때는 호구 수를 보고하지 않던 7개 번진도 813년의 『원화군현도지』 때가 되면, 기사가 누락된 노룡과 814년에 순지화한 평로를 제외하고는 호수가 기재되게 된다. 여기에서도 9세기 초에는 일단 순지화가 성공하였음을 엿볼 수 있다.

이렇게 하여 반란측 지역의 번진은 수대에 걸쳐 절도사 자리를 차지하고 있던 일족도 멸망하거나 하여 순지화해 갔다. 단 그 중 하북 3진은 일시적으로 '하북의 관행'을 철회하였을 뿐 곧 부활하였다. 앞에서 기술한 노룡에서의 문관절도사 장홍정의 추방이나 성덕에서의 전홍정 살해는 당시 순지화에 반대한 병사들의 '관행'에 대한 부활 움직임이었다.

첫번째 번진개혁과 양세 배분

당왕조는 직접 무력을 동원하여 번진의 순지화에 일단 성공하자, 이를 고정화시켜 중앙의 지배력을 관철시키고자 809년과 그 10년 후인 819년의 두 차례에 걸쳐 중요한 개혁을 행하였다.

인민으로부터 거두어들인 양세전물(兩稅錢物)은 현·주·번진 등 각급 통치기관에 필요한 경비를 먼저 떼고, 나머지를 직속 상급 통치기관에 보내도록 되어 있었다. 즉 가장 하급인 현에서 남은 몫이 주로 보내지고, 주에서는 유주(留州)라고 하여 필요한 경비를 주에 남기고 남은 몫을 두 개로 나누어 하나는 송사(送使)라고 하여 절도사에게 보내고 또 하나는 상공(上供)이라고 하여 중앙으로 보냈다.

이 점에서는 회부(會府)나 지군(支郡)도 마찬가지였다. 따라서 양세전물의 배분 면에서 보면, 지군은 절도사의 지배를 받는 한편 절도사를 매개로 하지 않고 직접 중앙과 연결되어 있었다.

물론 자립 지향성이 강한 번진에서는 상공을 가능한 한 줄이거나 전혀 보내지 않고 송사로 돌려서 양세전물의 배분에서도 중앙과 지군과의 직접적인 통속관계를 단절시켰다. 왜냐하면 회부·지군에서 올라오는 송사는 절도사·막직관 등의 번진권력집단, 특히 아중군·아외군 등 번진병사의 경비가 되는 것으로 번진권력의 재정상의 기반이었기 때문이다. 그리고 상공을 어떻게 할 것인가 하는 문제는 번진의 자립 지향의 강약과 중앙과 번진과의 역관계로 정해졌다. 이 때문에 번진의 순지화는 당왕조에게 중요한 의미를 가졌고, 이에 번진의 자립 지향의 싹을 끊고 순지화를 공고화하기 위해 우선 809년에 하나의 개혁을 내세웠다.

그 주된 내용은 첫째로 회부로부터의 상공을 면제한 것이다. 두번째로는 그 대신 지군으로부터의 송사는 번진경비가 부족할 경우에만 인정하고 원칙적으로는 없애서 지군의 경비 이외에는 모두 상공으로 돌리게 하였다. 즉 지군이 절도사에게 보내는 송사와 중앙으로 보내는 상공 가운데 상공을 중심에 둔 것으로서, 그만큼 지군의 중앙과의 통속관계를 강화하고 반대로 번진권력집단과의 관계를 약화시키려 한 것이었다. 그리고 번진권력집단에 있어서는 면제된 회부의 상공과 정지(停止)된 지군으로부터의 송사 가운데 어느 쪽이 많은가에 따라 재정기반을 크게 좌우받게 되었다. 그 기준은 양세대상인 호수에 의했기 때문에, 회부와 지군 전체의 호수에서 어느 쪽이 많은가에 따라 정해졌을 것이다.

일반적으로 회부 1주보다 지군 전체의 호수 쪽이 많고 지군을 대부분의 영역으로 하고 있던 것이 대번진이었으므로, 지군이 적은 작은 번진보다도 큰 번진 쪽이 이런 조치로 손해를 보았다. 특히 회부를 크게 웃도는 호수를 거느린 지군을 영역으로 하고 있었던 것은 강회 등 경제적으로 발달한 지방에 존재한 번진이었기 때문에, 이 지방의 번진 지군으로부터의 상공은 종래보다 크게 증가하여 당왕조의 재정 의존지대로서의 성격을 한층 강화하였다. 세번째로는 상공이나 송사를 표준가격인 중고(中估)에 의해 산정하게 한 것이다. 당왕조는 화폐를 높게 치고 물품의 가치를 낮게 계산하는 추세를 일정하게 완화하고, 양세수취의 주객체인 농민의 몰락을 방지하고자 상공물품의 가격을 시가보다 높게 설정하였다. 번진은 이것을 이용하여 지군에서 올라오는 송사물품을 시가보다 부당하게 싼 가격인 천고(賤估)로 받아들이고, 상공의 경우에는 값이 높게 설정되어 있었으므로 양자 간의 차액을 번진재정으로 충당하고 있었다. 당왕조는 이것을 금하고 중고에 의하게 한

出行圖 섬서성 건현, 唐 章懷太子墓 묘도 동벽 벽화

것인데, 얼마나 지켜졌는지는 의문이다. 어쨌든 상공과 지군으로부터 올라오는 송사가 원칙적으로 없어졌기 때문에 번진권력집단은 매매차액으로 이익금을 챙기는 재미를

빼앗겼고, 상공이 증가한 지군 쪽이 재미를 보게 되었다. 그러나 개개의 지군은 자립 지향을 실현시켜 나갈 만큼 강력한 단위체가 아니어서 당왕조로서는 번진에 비해 훨씬 통제하기가 쉬웠다.

두번째 번진개혁과 순지화의 고정

809년 개혁은 반란측 지역 번진에 대한 세번째 토벌전을 전개한 초기에 행해졌다. 그럼에도 불구하고 그 만큼 번진세력 삭감정책이 실시될 수 있었던 것은 신책군의 강화를 배경으로 토벌전이 순조롭게 진행되었기 때문이다. 그리고 819년 개혁은 성과를 거둔 토벌전이 끝날 무렵에 행해졌는데, 번진병력 통솔권의 분할이라는 번진권력집단에 큰 타격을 주는 내용을 포함하고 있었다. 즉 자사 등 지군의 장관에게 병권을 주어 지군 내의 병력을 통솔하도록 한 것이다. 종래 절도사는 번진의 전체 병력에 대한 통솔권을 장악하고 있었는데, 이 개혁으로 인하여 회부 1주의 병력 즉 아중군과 회부의 단련병에 대해서만 통솔권을 갖게 되었고, 지군 내의 아외군과 단련병은 직접 지군 장관이 통솔권을 행사하게 되었다.

이렇게 하여 번진병력은 회부와 지군의 수에 따라 분할되었다. 또한 그때까지 절도사와의 주종관계를 지렛대로 하여 지군 내에서 아외군을 지휘하였던 진장(鎭將)은 지군의 자사와 현령의 권한을 빼앗아 징세권을 행사하고 있었으나, 바야흐로 절도사와의 주종관계가 끊어지고 자사의 통솔 아래 편입되어 자사와 현령의 복권이 가능해졌다.

이 개혁은 번진병력의 분할, 절도사의 병권축소만을 의미하지 않았다. 앞서 본 바와 같이 809년의 개혁으로 송사는 원칙적으로 없어졌고 번진경비가 부족할 경우에만 송사가 인정되었다. 송사는 공군전물(供軍錢物 : 군대에 바치는 전물) 등으로 불린 데서 알 수 있듯이, 대부분 번진병력의 비용으로 쓰였다. 때문에 아외군을 통솔하에 두는 한, 그 통솔이 경비부족의 이유 즉, 지군으로부터의 송사의 구실이 되었지만, 이제 그 구실은 통하지 않게 되었다. 그뿐 아니라 절도사는 아중군만을 통솔하에 두게 되었으므로, 아외군의 경비가 남아 회부는 다시 중앙으로부터 상공을 요구받게 되었다.

809년 개혁에서 회부는 상공을 면제받았는데 상공이야말로 중앙과의 연결을 보여주는 구체적 기반이었으므로, 번진의 중추부를 이루는 회부는 중앙과의 관계가 약화되어 분권적 존재를 용인받았다고도 할 수 있으나, 그 이후 개혁으로 다시 유대가 부활되었다. 한편 지군에서는 아외군을 거느리게 되었기 때문에 필요한 경비가 증가하여 그만큼 상공은 감소하게 되고, 이 감소분은 회부가 상공의 부활로 대신하게 되었다. 왜냐하면 당왕조는 개혁을 추진할 때 상공액을 감소시키지 않겠다는 전제를 고수하였기 때문이다.

따라서 두 번에 걸친 개혁은 번진권력집단에 대한 당왕조 지배력의 강화를 노린 것이기 때문에, 수취대상인 인민에게는 이 개혁이 결코 국가부담을 경감시켜 주는 것은 아니었다.

나아가 당왕조는 두번째 개혁을 시행하기 전 해인 818년에 절도사가 탁지영전사(度支營田使)를 겸임하던 것을 중지시키고, 영전(營田)을 중앙직할로 전환시켰다. 앞서 기술하였지만 번진은 안사의 난으로 생겨난 도기전(逃棄田)과 황폐전(荒廢田)을 거둬들여 처음에는 이것을 병사에게 경작시켜 자경자급 형식을 취하기도 하였지만 점차 농민에게 경작을 맡기고 전조(田租)를 징수하여 재원의 일부로 돌리고 있었다. 당왕조는 이 재원을 빼앗은 것이다. 동시에 경작을 맡은 것은 지주층이 많았고 지주는 또한 소작을 시키고 있었으므로, 이 조치에는 번진권력과 지주층의 결탁을 규제하려는 목적도 있었다. 이러한 지주층과 번진권력의 결탁에 대해서는 뒤에 언급하겠다.

　이상과 같이 9세기 초에 당왕조가 실시한 일련의 정책은 절도사와 그 권력집단을 강력히 규제하게 되었고, 그 성과를 바탕으로 당왕조는 번진병사의 절도사 옹립을 인정하지 않고 모두 중앙에서 귀족·과거관료, 때로는 금군의 상급무관을 절도사로 파견하였다. 그리고 하북 3진을 제외한 번진을 절도사의 권력기반 축소라는 형식으로 당왕조의 귀족관료체제 안으로 포섭하게 되었다. 그뿐 아니라 환관을 감군(監軍)으로서 번진에 보내 번진권력집단을 감시하게 하였다.

　번진의 역사는 크게 나누면 안사의 난을 경계로 하여 변경번진 시기와 내지번진 시기로 나뉘며, 다시 내지번진 시기는 이 9세기 초의 개혁을 경계로 하여 그 이전을 제1기, 이후를 제2기로 나눌 수 있다. 그리고 후에 기술하겠지만 황소의 대반란을 경계로 하여 제3기로 들어가게 된다.

　이러한 개혁의 결과 제2기로 들어선 당왕조는 당분간 번진과의 관계에서 비교적 안정된 시기를 맞이하게 된다.

10. 세계제국적 성격의 후퇴

붕당의 다툼—비귀족 관료의 진출

귀족세력의 퇴조

반란측 지역의 번진에서는 많은 경우 번진병사 특히, 아중군에 의한 옹립이라는 형식을 취하여 절도사가 탄생하였다. 그리고 거기에서 옹립된 인물은 번진무인으로서, 당왕조의 조정과 일체화한 문관이 옹립되는 일은 결코 없었다. 따라서 반란측 지역의 번진이 많이 성립하면 할수록 그만큼 문관 즉 귀족과 과거관료가 지방통치에서 설 자리를 잃게 되므로 이러한 현상은 귀족·관료세력의 후퇴로 이어졌다. 따라서 일단 성공을 거둔 9세기 초의 개혁은 귀족·관료세력의 반격이 성공한 것이기도 하였다. 그 결과 지방지배체제로서의 번진은 ① 공권력의 집행자로서의 귀족·관료, ② 장병 간에 주종적으로 결합되어 있던 번진무력집단, ③ 황제와의 사적 관계를 배경으로 하여 감군(監軍)으로서 공권력의 행사자로까지 그 존재를 확대시킨 환관 등 여러 세력이 서로 얽히고 설키는 장소가 되었다. 번진의 고유한 존재인 번진무력집단을 제외하면, 이는 중앙관료계의 여러 세력이 번진에 투영된 것이었다. 그러면 중앙관료계는 어떠한 움직임을 보이고 있었던 것일까?

문관으로서 공권력의 집행자라는 일치점을 갖고 또 수·당전기 통치체제 속에서 귀족이 관료화되었다고는 하지만, 이미 언급하였듯이 귀족과 과거관료는 반드시 일치된 통치의식을 갖고 있지는 않았다. 그리고 시대가 흐름에 따라 과거 특히, 진사과에 합격한 과거관료가 중앙관료계에 진출하는 경향이 두드러졌다. 예를 들면 문관의 정점에 선 재상의 계보를 보면, 현종대에는 31명 가운데 진사과 출신이 11명이었지만 앞의 두 차례 개혁이 행해진 헌종시대가 되면 25명 가운데 반 이상인 15명이 진사과 출신이었다.

그래서 9세기가 되면 귀족 중에서도 명경과뿐 아니라 진사과에 응시해서 합격하여 관료계로 진출하는 자가 많이 나타났다. 9세기 초 첫번째 개혁의

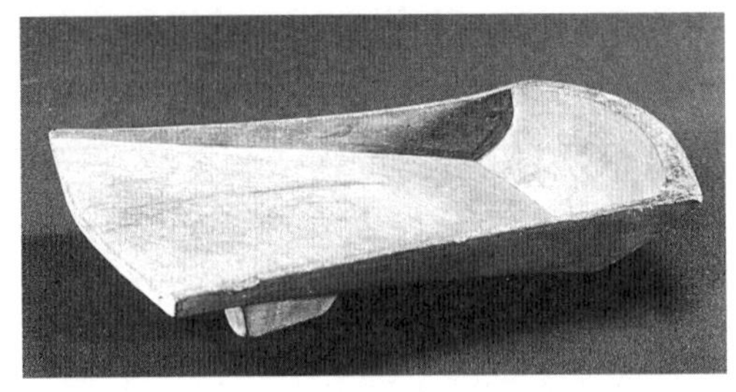

白磁辟硯　唐, 높이 9, 입지름 24, 아래지름 29.0cm

입안자인 배기(裴垍 : ?~
811)도 그 중 한 사람이고,
산동계 귀족인 이신(李紳
: 780~846)과 '우이(牛李)
당쟁'의 중심인물 중 하나
로 당 황실의 피를 이어받

은 이종민(李宗閔 : ?~846)도 그러하였다. 이렇게 귀족은 점점 관료쪽으로
기울어지게 되는데, 이는 중국으로부터 고대 법치적 통치체제를 도입하여
그 체제 아래에서 권력자가 된 일본의 고대귀족과는 양상을 달리한다. 우선
일본에서는 과거제도가 도입되지 않았고 관료계에서 권력을 잡은 것은 항
상 귀족이었다.

　일본에서도 중국에서도 고대 법치적 통치체제라고 하는 것은 귀족지배체
제였지만, 일본의 경우에는 그러한 경향이 한층 강하였다고 할 수 있다. 다
른 면에서 본다면 중국의 수·당전기 통치체제에서는 황제의 집권성이 일
본의 경우보다 강하였다. 이 점을 염두에 두지 않고서는 중국에서 과거제가
성립한 사실이나, 일본의 후지와라(藤原) 씨처럼 세습적으로 권력을 독점하
는 귀족이 중국에서는 등장하지 않았던 이유를 설명할 수 없을 것이다. 현
종대에 귀족재상인 이림보 등은 대단한 권력을 휘둘렀지만 역시 일대에 한
한 것이었다.

　귀족에게는 이러한 과거관료의 진출이 하나의 위협이 되었을 터이고, 이
림보가 중앙관료계에서 별 영향력이 없는 문관·무관과 이민족을 변경절도
사로 임명한 의도의 밑바탕에도 그러한 속셈이 들어 있었다. 그러나 이제
과거관료가 진출하는 비중은 그 때를 웃돌고 있었다. 안사의 난 이후가 되
면 귀족들 사이에서 생활법규로서의 가법(家法)이 의식되고, 일족의 가계도
가 가문에 대한 과시보다는 일족의 단결을 꾀할 목적으로 활발히 만들어지
는데, 이 또한 귀족세력의 상대적인 퇴조에서 오는 위기의식이 표출된 것이다.

과거제도의 기능

　서민지주층이 관료계로 진출하기 위한 등용문이 된 과거제도는 수대부터 그 때까지의 구품중정제를 대신하여 시작되었다. 수당에서는 북조의 급전법과 달리 노비와 일소[耕牛]에 대한 급전을 폐지하고 대신 관료가 되면 관인영업전·직분전 등 일반 서민신분의 소농민과는 비교도 안 될 만큼 많은 급전을 부여하였다. 또한 조용조 면제와 형법상의 특전, 5품 이상의 고관 자제에게는 병역의무를 면제해 주는 등 신분적으로 사(士)로서의 많은 특권을 영(令)으로 규정하여 제도화하였다.

구품중정제는 향촌에 세력을 떨치는 대토지소유자로서 많은 노비와 일소를 소유하고 있던 호족층에게 관료계로 진출할 길을 열어 놓았고, 그 가운데서 귀족화한 자도 나왔다. 그러나 수·당전기 통치체제에서는 단순히 향촌에서 세력을 떨치고 노비와 일소[耕牛]와 대토지를 소유하는 것만으로는 적어도 법적으로는 소농민과 마찬가지로 서민신분에 지나지 않았다. 거기에서 벗어나려면 과거에 응시하여 합격해야만 했다. 이와 같이 과거는 호족을 수·당전기 관료체제 속으로 편입하기 위한 법적 조치였다. 귀족도 관료가 됨으로써 급전과 그 밖의 특권을 누릴 수 있었기 때문에, 수·당전기 통치체제의 성립은 귀족과 호족을 관료제 안으로 포섭한 것이고 남북조시대와 비교해 볼 때 황제권의 우월·전제화를 초래하였다.

그렇다고 해도 수·당전기 관료체제의 기구가 정비되고 수·당전기 통치체제가 궤도에 오르면, 관료의 수요가 매년 그렇게 많을 리가 없고 그만큼 과거에 합격하기는 극히 어렵게 되었다. 그러나 귀족은 가문에 의해 관료가 될 수 있었다. 결국 귀족은 과거의 관문을 거치지 않고 수·당전기 통치체제의 중앙에 위치할 수 있었고, 어느 정도 황제권까지 제약하였다. 말하자면 이들이 귀족정치의 담당자였고 이것이야말로 귀족의 최대 특권이었던 것이다.

이와 같이 수·당전기 통치체제는 한편으로는 지방호족을 귀족과 관료로서 흡수하였지만 다른 한편으로는 지방호족의 지배 아래 있던 향촌의 소농민을 양민(서민)의 신분으로 국가가 등질적으로 직접 파악하는 것이었다. 그 농민층의 계층분화가 심해져 서민지주층이 발전하였고, 그 가운데에서 과거에 응시하여 관료로서 관계에 진출하는 자가 등장한 것이다.

이 농민층의 계층분화와 생산력의 발전은 균등부과를 원칙으로 하는 조

彩繪釉陶文吏俑　唐, 섬서성 禮泉縣

용조제와 용역적인 징병제의 유지를 불가능하게 하여 수·당전기 통치체제를 파탄시켰다. 따라서 서민지주층이 발전하여 과거에 응시하여 관계에 진출하는 것은, 바꿔 말해 수·당전기 통치체제의 파탄과 붕괴가 진행되는 상황에 대응하는 것이었다. 결국 과거제도는 수·당전기 통치체제 초기에는 귀족이 주도하는 지배체제를 보완하는 기능을 가지고 있었지만, 수·당전기 통치체제의 파탄기에는 귀족과 경합하고 귀족세력을 후퇴시키는 서민지주층을 관료계로 보내는 기능을 갖는 것이었다.

새로 설치된 관직─사직(使職)의 발전

그런데 수·당전기 통치체제가 파탄기에 이르자 율령으로 정해진 지배기구를 구성하는 율령관직으로는 시대의 변화에 적응할 수가 없게 되었다. 이에 당왕조는 수·당전기 통치체제에서는 볼 수 없던 지배기구를 계속하여 신설해 나갔다. 이것이 누차 언급한 새로 설치된 영외관(令外官)이고 영외의 지배기구인데, 중앙에서 재무를 담당하는 탁지사나 지방의 절도사 등과 같이 그 기관의 장관을 ○○사(使)라고 불렀으므로 일반적으로 사직(使職)이라고 불린다.

사직에는 일시적인 것도 있고 항상적인 것도 있으며, 수도 매우 많아 양국충 등은 재상이 되기까지 혼자서 40여 사(使)를 역임하였다고 한다. 사직은 더욱이 절도사의 막직관과 같이 새로 설치된 속관을 아래에 두고 있었다. 게다가 당왕조는 종래의 율령관직을 폐지하려 하지 않았기 때문에, 이러한 사직의 발전은 이미 수·당전기 관료체제에 보이던 복잡성과 직무상의 중복 경향을 더욱 강화시켰다. 그럼에도 불구하고 시대에 맞지 않는 수·당

전기 관료체제를 그대로 존속시킨
데는 수·당전기 통치체제를 자신
들이 주도하는 체제로 삼은 귀족
층의 의향이 작용하고 있었던 것
인지도 모른다.

이렇게 해서 수·당전기 관료조
직과 체제 밖의 관료조직이 병존
하게 되었기 때문에 사직의 발전
은 그만큼 더 많은 관료를 필요로
하였다. 그러나 여기에도 귀족층
의 의향이 작용하지 않았나 생각

韓愈

되는데, 당왕조는 과거 특히 진사과 합격자의 수를 늘리려 하지 않았으므로
진사과 합격자 수는 한 해에 기껏해야 20~30명, 명경과 합격자 수는 그 수
배에 그쳤다.

그런데 6부의 하나인 예부에서 실시하는 이 과거시험에 합격했다고 해서
관료가 되는 것은 아니다. 이는 일단 임관자격을 부여받은 데 불과하였다.
게다가 전시(殿試)라고 해서 같은 6부의 하나로 관료의 임관과 면직 등을
담당하는 이부(吏部)가 일종의 인물심사를 실시하였다. 수험자는 이 전시에
서 용모와 말투, 필적 등이 관료로서 적당한가를 관찰당하였고 이 시험에
합격하지 않으면 안 되었다. 그리고 이 이부의 요직은 귀족계 관료가 많이
차지하고 있었으므로 이부야말로 귀족의 세력유지의 거점이었다. 그러므로
후에 기술하겠지만 불교 전성기에 유학의 복권을 주장한 한유(韓愈 : 768~
824) 등도 과거에는 합격했지만 전시 시험에는 대단히 애를 먹었다.

제도 밖의 등용 — 벽소(辟召)

이와 같이 과거 코스만으로는 그 수가 엄격히 제한되어 있었기 때문에 사
직의 발전에 대응할 관료를 조달할 수가 없었다. 과거 외에도 수·당전기
통치체제기부터 고급관료의 자제에게는 음(蔭)이라고 해서 부형의 공적에
의하여 과거를 치르지 않고 관료가 될 수 있는 길이 열려 있었다. 그러나 이

것은 관료 코스로서는 매우 좁은 길이었다. 그렇다면 사직의 발전과 함께 필요해진 관료는 어떻게 조달하였을까? 그것은 사직의 벽소(辟召)에 의해서였다. 즉 사직은 뜻에 맞는 인물을 자신의 속관으로 초빙할 권리를 가지고 있었던 것이다.

그 인물은 현직에 있는 자이건, 관직경험자이건, 아직 경험이 없는 자이건 상관 없었다. 또 과거와 전시 양쪽에 합격한 자이건, 과거만 합격한 자이건, 나아가 어느 쪽에도 합격하지 않은 자이건 괜찮았다. 실제로는 과거에 합격하지 못한 사람이 다수 벽소되었다. 이렇게 사직은 수·당전기 관료조직에 없는 벽소라는 권한을 행사하여 넓은 범위에서 뜻에 맞는 인물을 적극적으로 골라 휘하에 둘 수가 있었다. 한유도 뛰어난 문장가라는 명성을 배경으로 변주(汴州 : 하남성 개봉시)를 회부로 하는 선무번진의 절도사의 막직관으로 초빙되어 관료계에 첫발을 내딛게 되었다.

사직이 벽소권을 가지고 문관을 속관으로 초빙한 것은 사직과 속관 사이에 친밀한 관계를 만들어 냈다. 수많은 사직 가운데에서 항상적으로 존재하고 가장 중요하며 또한 그 아래 수많은 속관을 책임지고 있던 존재는 절도사였다. 절도사에 배속된 막직관은 10명 전후였지만, 앞서 기술하였듯이 내지번진 시대에는 절도사가 자동으로 관찰사를 겸임하였기 때문에 관찰사가 휘하에 둘 수 있는 8명 전후의 문관까지 포함하여 절도사는 항상 20명 전후의 문관을 속관으로 두고 있었다. 전국에는 50개 가까운 번진이 있었고 그 수만큼 절도사가 있었으므로, 전국의 번진에는 1000명 가량의 문관이 있었다고 할 수 있다. 그리고 9세기 초의 개혁으로 하북 3진 이외의 번진에는 대부분 문관 출신자가 중앙에서 절도사로 부임해 왔기 때문에 번진에서도 절도사로서의 문관과 속관으로서의 문관, 결국 문관들 사이에 친밀한 관계가 생겨날 가능성이 있었다.

문관은 원래 왕도적 통치자로서의 의식을 가지고 스스로를 공권력의 담당자로 생각하고 있었으므로, 이 친밀한 관계는 번진의 무력집단 정도는 아니라고 해도 역시 사적결속이라는 성격을 완전히 부정할 수는 없다. 그리고 절도사의 막직관도 그러하지만 사직의 속관인 문관은 번진무인들과는 달리 임기가 짧아서, 자주 번진에서 중앙으로 전임해 올라갔다. 이 점은 문관 절도사의 경우도 마찬가지였다.

과거시험관은 좌주(座主)라고 하고 수험급제자는 문생(門生)이라고 하였는데 원래 이 좌주와 문생 간에는 일종의 친근관계가 생기기 쉬웠다. 게다가 벽소권을 가진 사직이 발전하고 특히 9세기 초의 개혁으로 중앙의 문관이 절도사로서 부임하는 관행이 확립되면서 관료계에는 인맥이 복잡하게 얽히게 되었다.

우이(牛李)의 당쟁58)

관료계가 이러한 상황이었기 때문에, 관료 중에서는 사적으로 결속하여 정적에 대항하거나 권세를 유지하려는 자가 나타났다. 예를 들면 경종(재위 824~826)의 총신으로 재상에 오른 이봉길(李逢吉 : ?~835)은 진사과에 합격한 관료였는데, 그는 그 조카이며 역시 진사과에 합격한 관료 이훈(李訓 : ?~834) 등 8명을 심복으로 두었고 이들 8명은 밀접하게 결속되어 있었다. 이들은 당시 '8관 16자' 등으로 불렸는데 이봉길에 맞서려면 우선 이 8관 16자와 맞서지 않으면 안 되었다고 한다. 이러한 이봉길에게 맞선 정적은 역시 진사과 출신으로서 산동계 귀족인 이신이었다. 두 사람은 관료들을 서로 자기편으로 끌어들여 다투었기 때문에 붕당(朋黨)이라고 불린다.

이 싸움은 단기간에 막을 내려 큰 일은 없었지만, 이것을 선구로 하여 820년부터 840년대에 걸쳐 일어난 우이(牛李)의 당쟁은 관계를 뒤흔들었다. '우이의 당쟁'은 한쪽 우두머리가 이덕유(李德裕 : 787~849), 다른 쪽 우두머리가 우승유(牛僧孺 : 779~847)·이종민(李宗閔)이었으므로 그렇게 불리는데, 이 당쟁에는 중앙관료의 3분의 1이 연루되어 있었다고 한다. 각 파의 우두머리는 재상이 되어 몇 차례씩 번갈아가며 정권을 잡았고, 정권을 잡은 파는 다른 파 관료를 지방으로 좌천시켰다. 이 당쟁에 대하여 당시의 황제 문종(재위 826~840)은 "하북의 적(하북 3진)을 제거하기는 쉬우나 조정 안의 붕당을 제거하기는 어렵다"고 한탄하였다고 한다.

문종의 한탄은 그저 당쟁이 격심했기 때문만은 아니었다. 당쟁에서 양파

---

58) 역자 주 : '우이의 당쟁'에 대하여 좀더 자세한 내용은 역자가 번역한 渡邊孝, 「우이의 당쟁 연구에 대한 현상과 전망」, 『중국사연구』 5, 1999 참조.

가 번갈아가며 정권을 획득한 것은, 현종대의 이림보와 양국충의 경우와는
달리 황제의 은총 혹은 황제와의 사적유착이라는 면이 후퇴하고 관료계에
서 당파성이 우월해진 것을 의미하기 때문이다.

그런데 이덕유는 귀족 출신으로 과거를 싫어하여 이에 응하지 않고 관료
계에 발을 들여놓았다. 이덕유의 아버지는『원화군현도지』의 저자이자 9세
기 초 번진개혁의 추진자인 이길보이다. 한편 우승유는 진사과 출신이고, 이
종민도 당 황실의 피는 이어받았지만 역시 진사과 출신이었다. 이 둘은 모
두 젊었을 때 자신들의 생각을 기탄없이 개진하며 당시의 위정자를 공격하
였기 때문에, 당시 재상으로 있던 이길보의 미움을 사 오랫동안 관직에 오
르지 못한 채 불우하게 지냈다. 이덕유도 이 두 사람과 사이가 좋지 않았다.
이처럼 우이의 당쟁의 근원은 이길보 때 생겨난 것이었다. 이것을 단순히
개인적 원한이라는 개인의 문제로 환원시켜 이해해서는 안 된다.

이 사건은 앞서 기술하였듯이 관계가 복잡한 인맥으로 얽혀 있었고, 귀족
세력이 퇴조하고, 과거와 벽소에 의한 비귀족 관료의 세력이 신장하는 추세
위에서 일어난 것이다. 이 무렵에는 귀족 중에도 명경과나 진사과 등의 과
거에 응하여 관료계에 입문하는 자가 점차 증가하였기 때문에, 관료를 단순
히 귀족계와 비귀족계로 나눌 수는 없다. 그러나 과거에 응하지 않으려 한
데서 나타나듯이 이길보·이덕유 부자는 귀족적 통치자의 자세를 관철하려
하였고, 이 파에 예로부터 귀족계 관료가 많았던 것은 확실하다.

집권을 둘러싼 다툼

이길보는 번진개혁의 추진자로서, 마음에 점찍어 둔 중앙문관 십수 명을
번진 지군에 자사로 보내고 또 유임하는 경향이 있던 36개 번진의 절도사를
전임시켰다. 이러한 귀족으로서의 통치자세는 일관적으로 집권화를 목적으
로 한 것으로, 지방분권적 성격을 띠고 집권화를 저지하는 최대의 세력인
번진권력을 없애는 데 주력하였다.

귀족과 같은 문관인 과거관료도 집권화를 바라지 않는 것은 아니었다. 그
러나 일반적으로 말해 귀족이 9세기 초 개혁의 선을 넘어서서 분권적 존재
로서의 번진을 억압하고 집권화를 꾀한 데 비해, 과거관료는 개혁으로 실현

된 문관 주도의 번진의 존재를 시인하고 그
위에서 집권화를 꾀하였다.

이덕유가 현재의 사천성 서부에서 티베트
방위의 임무를 띤 서천번진의 절도사로 전출
되어 갔을 때, 방위력 증강을 강력히 희망하
여 831년에 티베트 반란군 장수가 한 주를 가
지고 항복해 오자 이를 받아들였다. 그런데
재상인 우승유는 이러한 이덕유의 조치를 비
난하고, 10년 전에 티베트와 맺은 화평협정을
지켜 우호관계를 유지하는 것이야말로 중요
하다며 장수와 주를 티베트에 돌려주기로 하
였다. 이 일이 이덕유와 우승유 사이의 불화
를 한층 조장하였다고 하는데, 이덕유는 무력
으로든 회유로든 이민족을 당조체제로 끌어
들이려 한 것이고 이는 기미정책의 선상에서

시녀도 산서성 태원시 金勝村의 당
묘 벽화

나온 발상이었다. 이에 비해 우승유는 기미적인 형태로는 이미 아무것도 할
수 없다고 보고 이민족의 자립 지향을 인정한 선상에서 문제에 대처하려 하
였다.

기미정책은 수·당전기 통치체제 아래에서의 기본적인 이민족 대책으로,
기미정책의 파탄은 수·당전기 통치체제의 대외적인 파탄이었고 그 체제의
대내적인 파탄 결과 형성된 최대의 존재가 내지번진이었다. 이민족에 대한
두 파의 대응의 차이는 번진에 대해서도 볼 수 있다. 귀족의 통치자세 안에
수·당전기 통치체제로의 회귀가 음으로 양으로 그 흔적을 남기고 있었다
고 한다면, 비귀족 관료에게는 그것을 뿌리친 현실 긍정의 자세가 있었다.
이민족, 특히 번진의 존재가 이 당쟁에 그림자를 드리우고 있었던 것이다.

감로의 변―환관세력의 확대

이 당쟁에 영향을 준 또 하나의 세력으로 환관이 있었다. 환관은 측천시
기 무렵부터 점차 세력을 얻어, 현종시기에는 3000명 이상에 이르렀다고 하

男侍圖 唐 韋泂 묘실 북벽, 섬서성 장안
현 1959년 발굴

며 그 중에는 고위직에 오른 사람도 있었다. 특히 안사의 난 후 수·당전기 통치체제가 붕괴기에 접어들자, 중앙에서는 금군의 통솔권을 장악하고 8세기 말부터는 새로이 추밀사를 두고 여기에 환관만을 임명하여 군사모의에 참가하게 하고 황제의 의지를 재상에게 전하게 하기도 하고, 지방에서는 감군으로서 번진권력을 감시하는 역할을 맡겼다. 또한 사직(使職)을 담당하는 자도 많아 환관은 단순한 궁정 안의 존재만은 아니었다.

이렇게 해서 환관은 공권력의 행사자로까지 그 존재를 확대하고 특히 중앙에서는 그 본래의 성격에 바탕하여 황제에 밀착하여 권세를 휘두르고 있었다. 제12대 목종(재위 820~824) 때부터 당왕조가 멸망하기 직전인 제19대 소종(재위 889~904)까지 여덟 명의 황제 가운데 환관이 옹립하지 않은 황제는 제13대 경종 한 명에 불과했다. 그나마 경종도 재위 2년 만에 환관에게 죽임을 당한다. 그로 인하여 당왕조 말이 되면 환관을 정책국로(定策國老 : 황제를 옹립한 원훈이라는 의미)라 하였고, 이러한 상황을 빗대어 환관을 과거시험관, 황제를 수험자라고 하는 문생천자(환관의 시험에 급제한 황제라는 의미)로 칭하기도 하였다. 그러나 설사 환관이 황제를 폐위시킬 정도의 힘을 갖게 되었고 또한 공권력의 행사자로까지 그 존재를 확대하였다 하더라도, 환관이라는 존재는 황제가 있어야 존재하는 것이고 당 황실 이가(李家)를 실제로 황제 자리에서 배제하려 한 것은 아니기 때문에, 역사 전개상에서 보면 미미한 사건에 지나지 않는다.

그렇다고 하더라도 환관이 특히 중앙에서 이 정도의 힘을 휘둘렀으므로 당쟁이 일어났을 때 관계를 갖지 않을 수 없었다. 예를 들면 당쟁 초기 무렵 우승유가 재상이 되고 이덕유가 지방절도사로 전출된 것은 우승유가 환관의 원조를 받았기 때문이다. 황제의 사적 존재를 본래의 존재방식으로 하는 환관과 공권력의 담당자인 관료는 원래 서로 반목하는 관계이지만, 당쟁에서는 환관의 존재를 무시하고는 정권을 얻을 수 없었던 것이다. 따라서 여기에서 열쇠를 쥐고 있는 것은 환관이었다고 할 수 있다. 환관이 이러한 기능을 가질 수 있었던 것은 비귀족 관료가 힘을 신장시키기는 하였지만 아직 귀족세력을 압도할 정도가 된 것은 아니어서, 양자의 힘이 균형을 이루고 있었기 때문일 것이다. 환관은 이 당쟁에서 권력을 갖는 자로서의 자세를 한층 명확히 한 것이다. 그 때문에 당쟁의 와중에 어느 파에도 속하지 않는 이훈이 한때 정권을 잡자, 이훈은 장안의 서쪽 변두리에 위치한 봉상번진의 절도사 정주(鄭注 : ?~835)와 함께 문종과 공모하여, 실력자인 구사량(仇士良 : 781~843)을 비롯한 중앙 환관의 몰살을 꾀하였다. 그렇게 하기 위해서는 환관을 한 곳으로 모을 필요가 있었다. 이에 궁궐 정원의 석류나무에 거짓으로 감로가 내렸다고 하여 이것을 보려고 환관이 모여들면 한꺼번에 죽일 계획을 세웠다. 감로는 상서로운 징조로 일컬어지고 있었다.

그러나 계획은 실패로 끝나고, 반대로 이훈과 정주가 환관 휘하의 금군에게 죽임을 당하고 말았다. 835년의 겨울의 일로서 이를 흔히 '감로의 변'이라고 한다. 이 사건은 환관의 힘을 더욱 강화시키는 계기가 되었다. 문종은 "짐은 가노(환관)에게 눌려 어떻게 할 수도 없다"고 하며 옷깃을 적시며 울었다고 한다.

폐불—유학 복권의 움직임

견당사선(遣唐使船)의 정지

우이의 당쟁에 보이는 귀족관료와 비귀족 관료와의 세력균형은, 시각을 달리해서 보면 귀족관료에 맞설 만큼 비귀족 관료의 힘이 신장되었음을 의미한다. 이러한 관료계에서의 비귀족 관료세력의 신장과 병행하여 당의 후반기에는 전반기에 비해 여러 가지 면에서 변화가 나타났다. 그것은 단순히 수취체계 면에서 조용조제가 양세법으로 바뀌고 관제상으로 수·당전기 관료체제와는 별도인 사직(使職)이 성립·발전한 것만은 아니었다.

견당사선 복원모형 일본 神戸시립박물관 소장

여러 변화들 중 특히 두드러진 것은 당왕조의 세계제국적 성격의 후퇴였다. 이는 동아시아세계의 변모와 바로 연결되는 것이었다. 외적 조건을 보면, 7세기 후반부터 주변 여러 민족의 자립 지향이 현재화하면서 기미정책이 파탄하고 그 결과 변경번진이 성립하였는데 그 후에도 후퇴를 계속하였다. 앞서 언급한 티베트에서 항복해 온 장수에 대한 재상 우승유의 조치도 그 표출이라고 보아도 좋을 것이다.

이러한 당왕조의 성격 변화는 일본과의 관계에서도 잘 나타난다. 일본은 당의 정치제도를 비롯한 여러 문물을 도입하여 고대통일국가를 형성하였기 때문에, 난파의 위험이 극히 높은 위험한 바닷길을 두려워하지 않고 적극적으로 많은 유학생과 유학승을 태운 견당사선(遣唐使船)을 보냈다. 그러나 그것도 838년 후지와라노 쓰네쓰구(藤原常嗣 : 796~840)를 대사(大使)로 하는 파견을 마지막으로 정지되어 버렸다. 그 이전 것이 804년 후지와라노 가도노마로(藤原葛野麻呂 : 765~818)를 대사로 한 파견이었으므로 그 간격은 34년이나 되어 20회에 가까운 파견 가운데 파견 간격이 가장 길다. 또 이 마지막 파견 이후 56년이 지나서 스가와라노 미치자네(菅原道眞 : 845~903)를 대사로 하여 견당사 파견을 계획하였지만 결국 실행되지는 않았다.

견당사선의 파견은 야마토(大和) 정권 시대에 8회, 그 이전의 견수사선(遣隋使船)을 더하면 11회이고, 나라(奈良) 시대에는 6회였다. 이에 비해 헤이안(平安) 시대에 들어선 후에는 2회에 지나지 않았다. 그리고 야마토 정권 시대의 8회 가운데 6회는 당 고종기의 일이고, 나라 시대의 전반기는 마침 현종 때여서, 6회 가운데 3회는 현종 때 파견된 것이었다. 안사의 난 후, 즉 나라 시대 후반부터 헤이안 시대까지는 당에 이르지 못한 1회를 포함하여 4회에 지나지 않는다.

이와 같이 일본은 수·당전기에 일본 내부의 율령제 형성과 그 체계화를 위하여 중점적으로 견사선(遣使船)을 파견하였지만 9세기가 되자 7~8세기 때와 같은 의욕을 잃고 있었다. 일본 고대국가가 배우고자 한 것은 무엇보다도 우선 법치제도였다고 할 수 있다. 그리고 수·당전기에 권력의 담당자는 당나라나 일본이나 모두 귀족이었다. 같은 무렵에 이 귀족이라는 공통된 역사적 존재가 동시에 주도하는 국가 사이에서 견당사선의 파견이 활발히 이루어졌던 것이고, 수·당전기 통치체제의 붕괴와 귀족세력의 퇴조 속에서

石造密敎像　　唐, 섬서성　서안시　출토, 88×48cm

그 파견도 정지된 것이다. 그 계기가 된 것은 안사의 난이고, 이 반란이 일본에 충격을 주었음은 앞에서 기술하였다.

당으로 건너간 승려들

확실히 안사의 난이 일어나기 전까지의 현종대의 장안은 여러 나라에서 여러 민족이 당으로 찾아들어 국제색이 넘쳐나는 도시였다. 당에 들어간 외국인 중에는 신라인이 가장 많았다. 유학생도 마찬가지여서 현종대에는 200명 선을 유지하였다고 한다.

후에 제3대 천태좌주가 된 자각대사 엔닌(圓仁 : 794~864)은 마지막 견당사선으로 당으로 건너가 재당일지(在唐日誌)인 『입당구법순례행기』 4권을 써서 남겼다. 이 일지는 마르코 폴로(Marco Polo : 1254~1324)의 『동방견문록』과 현장(602~664)의 『대당서역기』와 함께 세계 3대 여행기로 평가받고 있으며, 9세기 중엽의 당나라 사회 상황을 엿볼 수 있는 중요한 자료가 되고 있다.

이 일지에는, 한반도에 가장 가까운 산동반도의 돌출부에 신라의 중신 장

不空和尙碑拓本 唐, 西安碑林박물관, 徐浩 書, 서역 불공삼장의 업적을 새긴 비

보고(張保皐 : 弓福이라고도 한다. ?~841) 가 세운 법화원을 비롯하여 신라계 사원이 곳곳에 있었고 신라인이 많았던 것으로 기술되어 있다. 엔닌은 이들 사원과 신라인의 도움을 받아 목적지인 천태산으로 갈 수 있었다.

아마 일본의 경우도 재당유학생은 현종대에 가장 많았을 것이다. 유학승 또한 그러하였을지도 모른다. 단 유학승은 당연히 각 종파의 불교를 배우고 승려로서 수업을 위해 입당하였으므로, 수·당전기 통치체제가 파탄된 뒤에도 입당하는 일이 많았다.

저명한 승려를 두세 명 든다면 교키(行基 : 668~749)의 스승이 되는 도쇼(道昭 : 629~700)가 653년에 입당하여 현장에게 사사하고, 겐보(玄昉)는 717년에 입당하여 지주(智周 : 668~723)에게 사사한 후 함께 법상종을 일본에 전하였다. 안사의 난 후에도 804년에 전교대사 사이초(最澄 : 767~822)가 천태산에서 도수(道邃 : 생몰년 불명)에게서 천태종 교의를 배우고,59) 동시에 도당한 홍법대사 구카이(空海 : 775~835)는 불공삼장(不空三藏 : 생몰년 불명) 문하의 3걸 가운데 한 사람으로 혜과(惠果 : 746~805)에게 사사하여 진언종을 배웠고, 앞서 든 엔닌도 있었다. 이들 승려는 모두 견당사선으로 당나라에 건너갔지만 견당사선이 정지된 후인 853년에도 천태종 사문파의 원조가 된 지증대사 엔친(円珍 : 824~891)이 당에 건너가기도 했다.

---

59) 역자 주 : 여기에서 말하는 천태종은 천태산을 중심으로 하는 불교종파를 가리킨다. 수양제 때 지의(智顗)의 천태종과는 다르다. 경전(經典)상으로는 연결되고 있지만 가장 큰 차이점은 8세기에 이 지역에 유포된 밀종(密宗)의 영향이 너무나도 크다는 점이다.

그런데 이러한 불교가 당에서는 9세기 중엽 다른 외래종교와 함께 대탄압을 받게 된다.

불교와 국가권력

앞서도 간단히 언급하였지만, 불교는 법제·유학이나 문자로서의 한자와 함께 수당시대의 동아시아 문화권을 형성하

天台山 高明寺 唐代(904~907)에 창건된 것으로 國淸寺 다음 가는 규모를 자랑한다

는 공통요소를 이루며 신라와 일본의 고대통일국가 형성에 중요한 기능을 하였다. 수·당전기 통치체제기에 많은 승려가 당으로 건너간 것도 이와 무관하지 않다. 한 마디로 말하면, 당·신라·일본의 불교는 호국적인 성격을 가지고 있었던 것으로, 북조계 불교가 수·당전기 통치체제기에 주류를 이루고 그것이 신라와 일본으로 도입된 것이다. 따라서 예를 들면 법상종이 고종의 보호 아래에서 전성기를 누린 것처럼 국가권력과 밀착하는 경우가 많았고, 그것은 또한 국가권력에의 종속화이기도 하였다. 불교계에서 본다면, 6조시대 이래 불교교단이 초국가적인 자세에서 국가의 지배를 인정하는 방향으로 나아가, 수·당전기 통치체제 속에 편입된 것이다.

일본의 나라(奈良)에 있는 도다이지(東大寺)는 752년에 완성되어 성대히 개안공양을 하였는데 이 곳의 대불은 화엄종의 비로자나불이다. 그리고 도다이지를 총국분사로 하여 방방곡곡에 국분사와 국분니사를 건립하였는데, 그 목적은 국가권력에 의한 중앙통제와 집권화였다.

그런데 이 도다이지의 국분사 제도는 일본 고유의 것은 아니었다. 당에서는 측천시기에 당시의 수도인 낙양 교외 용문에 있었던 봉선사에 역시 화엄종의 비로자나 대불을 조영하고, 주(州)마다 대운사를 두었다. 그 후 중종과 현종대에도 각각 용흥사와 개원사를 여러 주에 세우게 하였다. 일본의 도다이지와 국분사 제도의 원형은 당나라에 있었던 것이다. 중국으로부터 법치

南禪寺 대전　산서성 五台縣

적인 통치체제의 도입과 함께 일본은 고대 통일국가를 형성하는 과정에서 이러한 국가권력이 주도하는 불교의 존재방식을 받아들인 것이다.

국가권력에의 종속은 도첩제(度牒制)에도 나타난다. 승려는 남북조시대부터 관허제였는데 당에서는 6부의 하나인 예부에 속하는 사부라는 중앙관청이, 일정한 수업을 거친 승려 지망자들에게 불전의 독송력을 시험하여 합격한 자에게 도첩이라는 일종의 신분증명서를 발행하였다. 이 도첩은 사망하거나 환속할 때 관청에 돌려주어야 했다. 명확히 국가권력의 규제 아래 있었던 것이다. 이것은 불교뿐 아니라 중국 고유의 종교인 도교도 마찬가지였다. 일본에서도 이 도첩제를 채용하였다.

승려가 되면 국가부담의 면제라는 특전이 부여되었기 때문에 부유층 등은 특히 도첩 획득에 열심이었고, 안사의 난 때에는 군비조달을 위해 당왕조가 적극적으로 도첩을 팔기도 하였다. 절도사 등도 도첩을 마음대로 팔아 이를 번진경비로 충당하기도 하였다.

불교 탄압―회창폐불

이와 같이 불교는 국가권력에 밀착하여 국가권력에 종속되고 동시에 수·당전기 통치체제에 편입되었다. 후한 무렵 중국으로 전해진 불교가 가장 융성기를 맞은 것은 6조에서 수당대에 걸친 시기로 이 때는 귀족정치의 시대이기도 하였다. 귀족 주도의 정치·사회 아래에서, 당왕조는 세계제국적·국제적 성격을 강화시켰고, 이것과 외래종교가 전성기를 맞이한 것은 무관하지 않을 것이다. 그 밖에 서방의 경교(기독교의 네스토리우스파)와 현교(배화교, 조로아스트교), 마니교 등 여러 종교가 전해져 공공연히 존재한 것도 당왕조의 이런 성격과 관계가 있을 것이다.

그렇다면 귀족세력의 퇴조와 세계제국적·국제적 성격의 후퇴가 외래종교에 영향을 미쳤을 것은 당연하다. 그러한 속에서 845년에 일어난 것이 당시의 연호를 딴 '회창폐불'이라고 불리는 탄압이었다.

이 탄압이 있기 3년 전에 승려 가운데 범죄자와 수업에 태만한 자 등 3500여 명이 환속당하고 재산을 몰수당하였기 때문에 불교계의 타락이 탄압의 이유가 된 것은 부정할 수 없다. 또한 앞서 본 바와 같이 국가에 부담하는 것을 면제받기 위하

長安 흥교사 오른쪽은 삼장법사의 묘탑

여 도첩을 사거나 혹은 사도승(私度僧)이라고 해서 말하자면 허가를 받지 않은 승려가 늘어났는데 이것은 양세 부담 호구의 감소와 연결되어 있었다. 나아가 양세법 이후 화폐경제가 발달하면서 동전이 부족하였으므로, 사원에는 불상을 비롯한 동으로 만든 불구(佛具)가 다량 존재하였던 데 주목하여 이를 동전의 재료로 삼고자 한 점도 있었을 것이고, 사원이 소유하고 있던 광대한 장원에 눈독을 들인 점도 있었음에 틀림없다.

실제로 이 탄압을 통해 4600개의 사원과 초제난약(招提蘭若)이라고 불린 작은 사원 4만 개를 폐기하고 승려 20500명을 환속시켰다. 동시에 사원에 예속된 노비 15만 명을 해방시켜 환속한 승려와 함께 일반 농민처럼 양세부담호로 만들었다. 광대한 장원은 몰수되고 불상과 불구는 동전과 농구의 재료로 충당되었다. 남은 것은 장안과 낙양의 사원 4개와 각 주마다 하나씩 허사된 사원뿐이었다. 이 사건은 당시 불교계에 커다란 타격을 주었다. 그 때 마침 장안에 머물고 있던 엔닌은 앞의 재당일지 안에서 자신의 체험을 중심으로 이 폐불에 대하여 상세히 기술하고 있는데, 엔닌 자신도 탄압을 받아 환속을 명받고 귀국할 수밖에 없었다고 한다. 당나라에 머물던 외국인 승려도 탄압의 대상이 되었던 것이다.

일종의 민족주의적 동향

그러나 이 때 탄압을 받은 것은 불교만이 아니었다. 중국인 승려와 신자 등도 거의 없었고 불교에 비하면 문제도 안 될 만큼 세력이 약했던 경교와 현교·마니교 등도 탄압의 대상에 올랐다. 이 때의 탄압령은 경교 등에 대해서는 "중화의 흐름에 융화되지 않는다"는 이유로 탄압하였고, 불교에 대해서도 "3대(유학이 이상화하는 夏·殷·周)에는 부처에 대해 듣지도 못했는데, 한·위(漢魏) 이후 상교(像敎 : 불교를 말함. 불상을 숭배하기 때문에 이렇게 불렀다)가 점차 흥했다"라는 이유로, 또 중국은 건국 이래 문무(文武)로써 다스리는 나라라고 하며 "어찌 흉흉한 서방의 교로써 우리에 대항하려 하는가"라는 이유로 탄압하였다. 결국 앞서 언급한 이유만이 탄압의 이유는 아니었고, 중국 고유의 정치이념과 대비하여 불교는 경교 등과 마찬가지로 외래의 것으로서 탄압을 받은 것이다.

단 도교만은 이 탄압의 대열에서 빠졌는데, 당시의 황제인 무종(武宗 : 재위 840~846)이 독실한 도교신자였다는 이유만이 아니라 도교는 중국의 고유한 것이었기 때문이다. 이미 중국에 전래되어 800년이나 지난 불교가 새로이 이역의 것으로 간주되어 탄압을 받은 것은 일종의 민족주의적 지향을 보여준다. 이는 분명 국제적·세계제국적 성격과는 이질적인 것으로서 그러한 성격은 점점 후퇴하게 되었고 그 선상에서 일어난 사건이 폐불이었던 것이다.

그러나 이러한 탄압도 무종 1대로 끝나고 불교는 다시 세력을 회복한다. 이 무렵부터 활발해진 것이 선종(禪宗)과 정토종(淨土宗) 등의 실천적인 종파로 이는 국가권력과 유착하기도 하고 황실의 비호를 받기도 하지만, 수·당전기 통치체제기에 번성하였던 여러 종파는 이 탄압 이래 다시는 번성하지 못했다. 수·당전기 통치체제기의 여러 종파는 현장이 인도 구법여행에서 돌아와 전 생애를 거의 경서번역에 바쳐야 했을 정도로 교의를 추구하는 면이 강하여 민중 속에 뿌리를 내렸다고는 할 수 없었다. 외래종교가 외래성을 잃고 민족종교가 되려면 민중을 대상으로 하여 민중 속에 뿌리를 내리지 않으면 안 된다. 불교가 중국에서 뿌리를 내릴 수 있었던 것은 선종과 정토종이라는 실천적 종교가 융성해졌기 때문이다. 불교가 탄압 속에서도 약

화됨이 없이 다시 세력을 회복한 것은
이러한 실천적 종파와 민중과의 결속
이 있었기 때문이라고 생각된다. 이것
은 불교의 중국적 전개라고 해도 좋을
것이다. 그리고 실천적 종파의 발흥기
는 귀족세력의 퇴조기에 해당된다.

종교탄압이라고 하면 고대 로마제
국의 기독교 박해를 떠올리게 되는데,
회창폐불은 앞서 기술한 것과 같이 장
안·낙양과 각 주에 적지만 사원을 남
기기도 하였으므로 불교를 완전히 근

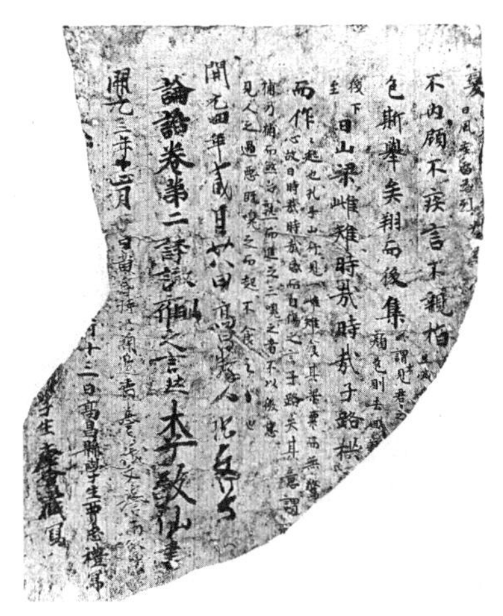

論語鄭玄注 710년(景龍 4), 卜天壽 필사, 투
루판 아스타 북구 제363호 唐墓 출토

절시킨 것은 아니었으며, 승려 또한 환속되었을 뿐 사형당한 것이 아니었다.
신자도 아무런 박해를 받지 않았다. 이것도 세력을 회복할 수 있는 조건이
되었을 것이다.

유학 복권의 주장

불교가 번성한 6조와 수당 시대는, 몽고인이 지배한 원대(元代)와 함께
중국사상 가장 유학이 부진한 시대로 지적된다. 그러나 과거시험 내용에 유
학경전이 늘 포함되어 있었고 수·당전기 지배체제에 의한 인민지배에서
두 개의 지주가 부병제와 균전·조용조제였는데 이 속에서 유학경전의 하
나인 『주례』의 정신을 따르고 있었기 때문에, 적어도 위정자는 이를 의식하
고 있었으며 현실의 정치면에서 유학의 적용도 결코 부진하였다고만은 할
수 없다. 그렇지만 사상사적 성과를 든다면 태종기에 칙명으로 편찬된 유학
경전의 주석서인 『오경정의』 정도뿐이었다. 그런데 칙명으로 편찬된 이 주
석서가 최고의 권위를 갖게 된 것은 수·당전기 통치체제에 대응하는 유학
의 집권화가 그 배경이 되었기 때문이다. 이것은 분명 유학계를 정체시켰고,
이러한 정체는 귀족 주도의 사회에서 불교가 전성기를 맞이하는 데 주된 역
할을 하였기 때문이다.

불교계에서는 불교 발생지인 인도를 세계의 중심으로 보는 천축중토의

景韓亭 한유를 제사하는 곳

사고가 일반화되어 있었다고 한다. 이 천축중토설은 중국중토설을 부정하는 것으로서, 만약 유학부흥의 움직임이 일어날 경우 천축중토설과 그것을 주장하는 불교계에 대한 도전으로부터 시작될 것이다. 이와 같은 움직임이 9세기에 일어났다.

그 대표적 인물이 한유였다. 한유는 대표적인 논문 「원도(原道)」에서 "지금은 이적의 법을 들어, 이를 '선왕의 도(道)' 위에 놓는다. 그러고도 '오랑캐(夷)'가 되지 않을 자가 얼마나 될 것인가"라고 하고, 헌종이 불사리를 궁중으로 맞아들이려 한 데 대한 반대의견서인 「불골을 논하는 표」에서는 "엎드려 생각건대 부처가 되는 것은 이적의 한 법일 뿐"이라고 쓰고 있다.

이 한유의 폐불사상은 즉각 앞의 불교탄압령을 떠올리게 할 것이다. 또 고유사상이 외래사상을 배격하였다는 점에서, 당 후기에는 귀족세력의 퇴조와 세계제국적 성격의 후퇴라고 하는 역사적 조건이 있음을 간과해서는 안 될 것이다.

고문부흥운동

불교의 배격은 '선왕의 도(道)'의 복권을 요구한 데서 비롯되었다. 그것은 불교가 아직 전래되지 않고 귀족 주도의 사회가 성립하기 전인 진·한(秦漢) 이전 시대로의 회귀를 포함하고 있다. 고문부흥운동은 이러한 면이 문학을 통해 나타난 것으로, 역시 한유와 그 친구인 유종원(773~814)을 중심으로 전개되었다. 두 사람 모두 당송팔대가에 속하는 문호로, 귀족과 같은 명문 태생이 아니라 모두 진사과에 합격한 관료임은 앞서 기술하였다. 특히 한유 등은 진사과에는 합격하였지만 좀처럼 관직에 오를 수 없을 정도였다.

남북조 이래 문장은 사륙변려체라고 불리는 문체가 주류를 이루었다. 이 문체는 4자 내지 6자씩 끊고, 대구를 사용하며, 운(韻)을 포함하고, 고사성어를 많이 이용하며 문사(文辭)는 화려해야 하는 등 규칙이 많은 문체였다. 규칙이 많으니 당연히 좀처럼 숙달되기가 어렵고, 그만큼 폐쇄적·독점적이어서 그야말로 교양을 자랑하는 귀족들을 위한 것이었다. 이렇듯 사륙변려체는 형식을 중시하고 규정이 많은 문체인 데 비해, 고문은 규정이 없어서 개방적이고 산문적이었다. 한유 등은 이 고문을 모범으로 삼아 자유롭게 사상을 표현할 수 있는 문체를 주장하였다.

이와 같이 당 후기인 9세기에는 여러 가지 면에서 수·당전기 통치체제 시기에는 볼 수 없었던 변화가 일어났는데, 이는 귀족세력의 퇴조와 세계제국적 성격의 후퇴에 대응하여 나타난 것이었다. 귀족세력의 퇴조는 다른 면에서 보면, 과거를 통한 진사과 출신의 진출과 더불어 과거나 벽소에 의한 비귀족 관료의 진출에 바탕한 것이었다. 유학복권의 주장이나 문학상의 고문부흥운동이라는 것도 비귀족 관료의 진출과 맥락을 같이하는 것이었다. 그리고 이러한 운동들이 꽃을 피우게 되는 것은, 후에 기술할 황소의 대반란을 계기로 해서 귀족층이 몰락하고 번진기구에 의거한 무인지배가 단기간에 붕괴한 후 실로 과거관료가 권력의 담당자가 되는 송대(宋代)에 이르러서이다.

확실히 이상의 변화는 수·당전기 통치체제기와 다른 당 후기의 성격을 부각시키는 것으로, 주목할 만한 변화는 이것만이 아니었다.

11. 황소의 대란

번진병사와 영민의 움직임

선여(羨餘)의 폐

9세기 중엽이 지나자 번진병사와 영민(領民) 사이에 한층 주목할 만한 움직임이 나타났다. 이종민과 우승유는 이미 지방으로 좌천되고 마지막으로 정권을 잡고 있던 이덕유마저 중앙에서 추방당함으로써 우이의 당쟁이 일단 막을 내렸다. 이후 10년 정도가 지난 858년, 중앙의 한 관료인 장잠(張潛 : 생몰년 불명)이 다음과 같은 내용의 상소를 올렸다.

절도사가 교대하여 그만둘 때에는 모두 번진의 창고에 축적된 물건의 양을 중앙에 보고하고, 선여(羨餘)라고 해서 그 양이 많을수록 절도사로서의 성적이 오른다고 합니다. 조정 또한 이것을 적극 장려하고 있습니다. 그러나 생각해 보면 번진의 재정 출처는 정해져 있는 법이니, 영민에게서 가혹하게 징수하거나 장병의 수와 급여를 삭감하지 않고서 대체 어디에서 그런 선여가 나올 수 있겠습니까? 요즘 남방의 번진이 자주 불온한 움직임을 보이고 있는 것은 모두 이 때문입니다. 한 번 반란이 일어나면 창고에 쌓여 있던 물건도 모두 빼앗기고 맙니다. 또 군사를 일으켜 토벌하면 그 비용은 선여의 백 배가 되니 조정에 어떠한 이익이 있겠습니까. 따라서 번진의 관리가 규정 이상으로 세금을 징수하는 것과 병사의 급여를 삭감하는 등의 행위를 그만두게 하시기 바랍니다. 대신 번진 상층부가 연회 등 사치스런 생활을 그만두고 비용을 절약하여 그것을 선여로 돌리는 자에게 상을 주는 것이 좋겠습니다.

선여(羨餘)란 영민으로부터 수취한 세전물 가운데 번진경제와 상공으로 충당하고 난 나머지를 말하는데, 번진의 창고에 보관해 두었다가 정해진 상공 외에 진봉(進奉)으로서 중앙으로 보내 경비에 충당케 한 것이다. 당시 중앙은 확충된 금군의 유지비와 사직의 발전으로 증대된 관청의 인건비, 사치가 극에 이른 궁정생활 등으로 경비가 늘어만 가는 데 반해, 후에 언급하듯이 국가세입 가운데에서 큰 부분을 차지하고 있던 소금전매수익은 9세기 중엽이 되자 9세기 초의 반 이하로 크게 떨어졌다. 따라서 중앙은 번진에서 올라오는 진봉에 의지하지 않을 수 없었고, 장잠의 상소에 보이듯이 이를 크게 장려하여 선여의 다소를 절도사로의 업적을 재는 기준으로까지 삼게 되었던 것이다.

번진이 이러한 요구에 답하려면 당연히 영민에게서 거둬들이는 제한된 양세전물만으로는 불가능하므로 수탈을 더욱 강화해야 했다. 나아가서는 병사를 삭감하거나 급여의 일부분까지 탈취하지 않으면 안 되었다. 중앙에서 파견되어 온 절도사는 그렇게 하였다.

중앙에서 파견된 문관 절도사

이미 기술하였듯이 9세기 초의 개혁으로 하북 3진 이외의 모든 번진이 순지화되어 중앙에서 문관 귀족·관료가 번진에 부임하였다.

그들은 번진 내에서 권력을 수립하는 존재는 아니었고, 자립지향성이 강한 번진병사가 결코 문관을 옹립하는 일이 없었던 데서도 알 수 있듯이 당왕조 중앙과 일체화된 존재였다. 번진에 재임해 있는 기간도 평균 2~3년에 지나지 않았고, 그들에게 번진이란 승진을 위한 발판에 지나지 않았다. 당연히 문관 절도사는 중앙의 뜻에 영합하기에 급급했고, 이러한 통치자세는 선여와 진봉을 가능한 한 많이 축적하는 것으로 이어졌다.

문관과 함께 자주 절도사로 임명된 금군의 상급무관 또한 다를 바 없었다. 절도사는 지방통치자로서 강대한 권력을 휘두를 수 있고 가장 이익이 많은 지위였으므로, 금군의 무관들은 어떻게든 이 지위를 손에 넣으려 하였다. 이를 위해서는 금군을 장악하고 있던 환관의 환심을 살 필요가 있었기 때문에 부자에게서 고리로 빌린 거액의 돈을 뇌물로 보내어 절도사 지위를 손에 넣었다고 한다. 그렇게 해서 부임하게 될 경우 부채를 만회하기 위해 격심하게 수취를 하였으므로 그들은 당시 채수(債帥)라고 불렸다고 한다.

이러한 통치자세로 귀족·관료와 금군 무관은 번진에 군림하였고, 따라서

三彩貯錢器 서안시 동쪽교외 王家墳村 唐墓 출토

중앙에서 파견되어 온 절도사는 번진의 무력집단으로부터 고립된 존재였다. 이에 대해 번진무력집단의 주체를 이루는 병사들은 대우에 민감한 용병적 존재였기 때문에 절도사와 심하게 대립을 보이게 된 것은 당연하였다. 이 양자의 대립이 격화되어 터진 것이 번진병사의 반란이었다. 장잠이 상소한 858년 한 해 동안 기록에 남은 반란만도 5건에 이르며, 모두 절도사(또는 감찰사)를 추방하고 있다. 게다가 이들 반란은 종래의 내지번진 시대 제1기에 나타난 반란과는 꽤 다른 성격을 띠고 있었다.

강남 번진병란의 결말

이미 기술하였지만 번진반란에는 두 가지 형태가 있었다. 하나는 절도사 이하의 번진권력 상층부와 병사들이 합심하여 말하자면 번진이 통채로 당왕조 중앙에 대하여 '하북의 관행', 즉 반란측 지역으로서의 존재를 지키려한 반항이었다. 다른 하나는 순지화로 기울어져 당왕조 체제로의 편입을 지향한 절도사와 그에 반대하는 병사와의 대립에서 온 번진 내부의 병사반란이다. 하북 3진 이외의 번진은 순지화하여 중앙에서 파견된 절도사가 군림하였으므로 9세기 중엽 이후 일어난 번진반란은 모두 후자에 속하였다. 이것은 화북의 유력한 번진을 중심으로 일어난 제1기의 반란과는 달리 장잠의 상소에서 지적되고 있듯이 남방 즉 강남 번진에서 빈발하였다. 858년의 5건의 반란도 강남에서 일어나고 있었다.

강남의 번진은 당왕조에 위협을 줄 만한 강대한 이민족을 끼고 있지 않았고, 또 안사의 난 후 내지에 번진이 설치된 이래 순지화하여 화북의 유력한 번진처럼 무력집단의 힘이 강하지도 않았다. 앞서 화북의 번진에서는 양병률이 전국 평균을 훨씬 웃돌았다는 점을 기술한 바 있는데, 이것은 뒤집어 말하면 강남 번진의 양병률이 낮아서 강력한 병력을 소유하지 못했다는 말이 된다. 아마 당왕조는 이처럼 강력한 무력집단을 갖지 못한 번진을 중점적으로 노려서 병사에게 지급해야 할 급여의 일부를 가로챘다든가 하였을 것이다. 혹 이 때문에 반란이 발발하더라도 병사만의 반란이므로 화북의 유력한 번진 만큼 당왕조에 위협을 주지는 않았을 것이다.

그러나 중앙관료인 장잠이 반란의 원인이 된 선여 문제를 들어 번진 상층부의 연회를 축소하는 등의 절약을 통해 아끼라고 지적해야 할 정도로, 이는 결코 당왕조에게 가벼운 문제가 아니었다.

병사를 주체로 한 강전태의 난

5건의 반란은 현재 광서 장족(壯族) 자치구나 광동성에 위치한 번진에서 먼저 일어나 북으로 인접한 번진으로 파급되어 호남·강서로 퍼져 갔고, 또 현재의 안휘성 내의 양자강 이남을 영역으로 하는 선흡(宣歙)번진에까지 영향을 미쳤다. 장잠이 상소를 올린 것은 이 선흡번진에서 반란이 일어난 직후의 일이다. 반란은 모두 이 번진의 장교 강전태(康全泰 : ?~858)·이유진(李惟眞 : ?~858)·여웅(餘雄 : ?~858) 세 명에 의하여 지도되었다.

이 반란으로 추방된 선흡관찰사 정동(鄭董 : 생몰년 불명)의 기록에 의하면, 하급장교인 강전태는 성질이 사나워서 개를 죽이고 당나귀를 훔쳐 두 번이나 장형을 받았다고 되어 있는 것으로 미루어 원래 소농민이었다가 몰락한 자일 것이다. 그러던 어느 때 번진의 병사가 되어 하급장교로까지 승진한 것이다. 이유진은 거부라고 전해질 만큼 대상인이었는데, 무장자위단을 조직하여 자산을 지키고 상인으로 활약하였다고 한다. 또 여웅은 수문을 만들어 130호 농가의 관개용수를 독점하여 자신의 경지로 물을 끌어들였다고 하는데 그는 본래 서민지주였다.

이 3명의 존재 형태는, 수·당전기 통치체제가 붕괴된 후 계급분화의 기본적인 방향이었던 자영소농민층의 분해가 진행되어 소농민층의 몰락이 심화되고 한편으로는 서민지주층이 발전해 가는 당 말기 사회를 살아가는 사람들의 존재 형태의 한 면을 상징적으로 보여주고 있다.

彩繪木罐 투루판 아스타나 북구 제103호 당묘 출토

기식하는 무리-유민·무뢰배

자주 기술했듯이 양세법이 성립한 이래 몰락소농민 가운데에는 장객·전객 등이 되어 대토지소유자(장원주)에게 예속되어 소작농민으로 되는 자가 점점 늘어갔고, 또 번진용병제가 성립한 이래 번진병사로 흡수된 자가 많았다. 병력이 약한 강남 번진 등에서는 선여 염출을 위하여 병원(兵員)을 삭감하려 한 적도 있었지만, 앞서 숫자를 들며 구체적으로 살펴보았듯이 당말이 되면서 전체적으로 번진병사의 수는 증가일로에 있었다. 그리고 양세법 체제 아래서는 대토지소유제가 용인되고 있었으므로, 양세를 부담하지 않는 자로서(당왕조에 결코 바람직한 존재는 아니었다고 하더라도) 예속농민은 지배질서 안에 속한 존재였다고 보아도 될 것이다. 또 무력 집단을 소유한 번진은 지배체제로서 용인된 것이기 때문에 번진병사도 마찬가지로 지배질서 안에 편입된 존재였다. 그러나 당말이 되면 마찬가지로 원래 몰락소농민이었던 자로서 예속농민이나 병사로 되지 않은 자나 혹은 될 수 없었던 자가 현저하게 많이 출현하고 있었다.

이들 가운데에는 전귀화천(錢貴貨賤) 문제를 언급할 때 이고가 지적하였듯이 소상인으로 된 자도 있고 또 대상인에게 고용된 자도 있었지만, 일정한 생활수단을 갖지 않은 자가 많았다. 그들은 유민화한 존재였고 무뢰배였으며 때로는 도적이 되어 당왕조의 지배질서에서 벗어나 생활하는 체제외적 존재였다. 이러한 존재는 하나의 지배질서나 체제 등이 파탄·붕괴할 때 자주 나타나는 형태이므로 특정한 역사적 존재는 아니었다. 수·당전기 통치체제 파탄기에도 이러한 부류가 존재했다는 사실에 대해서는 앞에서 언급한 돈황에서 발견된 한 고문서를 단서로 이미 기술하였다. 그러나 당말이 되자 이들은 전례없는 규모로 대거 등장하여 당말의 역사전개에서 일정한 역할을 담당하였다.

이러한 체제외적 존재는 말할 것도 없이 비생산적인 존재였고, 이들이 대량으로 출현했다는 것은 그만큼 소농민층의 몰락이 급격히 진행되었기 때문이다. 병사와 불교·도교의 승려를 포함하여 비생산적인 인구가 이처럼 대량으로 존재한 것은 그 기반에 생산력의 발전이 있었기 때문이기도 하다. 이미 811년에 재상인 이길보는 80여만의 병사 외에 상인·승려 등 농업에 종사하지 않는 자가 10명 중 5~6명이고, "열심히 일하는 3할의 사람이 앉아서 옷과 음식을 기다리는 7할의 무리를 부양하고 있다"고 지적한 바 있다.

영비(影庇)·영점(影占)

성질이 사나운 인물로 기록된 강전태는 바로 이러한 사회상황 속에서 등장한 체제외적 존재였다. 그러한 존재가 번진병사로 된 것은 당시에는 흔한 일로서 체제외적 존재에서 체제내적 존재로 변화했다고 해도 좋을 것이다. 그러나 강전태는 문관 절도사가 중심이 되어 당왕조의 병사를 냉대하는 데 저항하여 반란의 지도자가 되었으므로 또다시 당왕조의 질서에서 벗어난 존재로 변신하였다.

다른 두 지도자는 대토지소유자와 대상인이라, 농민층 분해 결과 나타난 존재로서는 강전태와 같은 몰락소농민과는 대조적인 위치에 있는 존재였다. 수·당전기 통치체제가 파탄된 시기부터 서민지주층이 발전하였고, 그 가운데에서 과거에 응시하거나 사직의 벽소 등을 통해 관료가 되는 자가 나온 것은 이미 기술하였지만, 과거든 벽소든 그 수는 한정되어 있었다. 이에 관료로의 변신을 수용할 수 있는 범위를 훨씬 상회하는 규모로 발전한 서민지주층이나 대상인들 가운데는, 고리대업이나 연자방앗간 경영을 청부받는 등 중앙과 지방의 지배기관과 결탁하거나 그 곳에서 직위를 얻으려는 자가 속출하였다. 이 점도 이미 수·당전기 통치체제가 파탄한 시기에 나타났고 돈황에서 발견된 한 고문서에 나타난 송지 일족은 그 구체적인 예였다. 그리고 이러한 예는 당말이 되면 서민지주층의 동향으로서 극히 두드러지게 된다.

이와 같은 지배기관과의 결탁을 당시에는 일반적으로 '영비(影庇)'라고 하였다. 영비를 구한 것은 직접적으로는 국가부담을 피하고, 또 지배기관과 관계를 가진 특정한 가문으로서 이익을 독점하거나 위세를 높일 수 있었기 때문이다. 이처럼 권력의 비호 아래 들어가 국가부담을 피한다는 의미에서는 영비이지만, 권력과 결탁하여 이익을 독점한다는 의미에서는 '영점(影占)'이라고도 불렸다.

영비를 구한 점에서는 대토지소유자로서의 귀족이나 관료 모두 조금도 다를 바 없었다. 또한 촌락에 세력을 갖는 존재로 발전하면서 정권에 참여할 길이 막혀 버린 계층으로서 권력행사자로의 지향이 있었음을 무시할 수 없다. 그리고 번진이야말로 지방에 존재하는 지배기관으로서 최대의 권한과 규모를 가지고 있었기 때문에, 영비는 번진에서 가장 활발하였다. 여웅이 130호 농가의 관개용수를 독점한 것도 번진무장이라는 지위를 이용함으로써 가능했을 것이다.

병란의 새로운 성격

그런데 번진무장이라고 하는 것은 여웅이나 이유진의 한 측면에 지나지 않는다. 다른 측면에서 그들은 서민지주이자 대상인이었고, 이것이 그들의 본질적인 존재 형태였다. 따라서 중앙에서 파견된 절도사가 선여의 염출에 광분하여 장병을 냉대할 뿐만 아니라 영민에 대한 수탈을 강화시키게 되면, 영비의 특권은 한정되어 있으므로 무장으로서뿐만 아니라 본질적인 존재 형태라는 면에서도 강하게 압박을 받게 된다. 왜냐하면 당왕조 중앙정부에서는 영비·영점이란 국가부담을 기피하는 수단이며 이것을 지렛대로 하여 소농민을 압박하고 유망하게 만들기 때문에 금지해야 한다는 주장이 종종 나왔기 때문이다.

이 반란으로 추방된 선흡관찰사 정동은 진사과 출신의 관료였는데, 청렴하고 옳지 못한 일을 싫어하는 강직한 인물로 기록되어 있는 점으로 보아 당왕조에서 높이 평가된 관료였던 것으로 추측된다. 그러나 그는 그만큼 당왕조 중앙정부의 의향을 번진이라는 장소에서 솔직하고 강인하게 관철시키고자 한 인물로서, 아마 영비를 바람직하지 못한 현상으로 간주하고 대처하였을 것이다. 그리하여 여웅이나 이유진은 영비의 특권을 잃고 또 번진기구에 의거하는 형태를 가진 권력행사자로서의 지위까지 빼앗겼을지 모른다.

이렇게 하여 그들은 당왕조와 대립하고 당왕조 중앙정부의 의향을 구현하는 사람인 문관 관찰사를 거부하는 움직임을 보인 것이다. 번진무장으로서 냉대받고 압박을 받은 점에서는 강전태도 마찬가지였다. 강전태와 앞의 두 사람은 원래 계층적으로는 대립하면서도 이 같은 공통점을 갖고 있어 반란에서 손을 잡을 수 있었던 것이다. 그래서 거기에는 일찍이 화북의 강력한 번진병란과는 달리, 선흡번진 병사의 의향이 강하게 작용하고 있었을 것이다.

裘甫의 난 지도

    관찰사 정동의 추방에는 성공하였지만 반란은 4개월 만에 진압되어 버렸다. 따라서 반란의 규모나 세를 보면 당왕조에 큰 타격을 주지는 못하였을지 모른다. 그러나 이 반란은 재지 서민지주와 대상인이 참가하여 지도한 것으로서, 과거 화북의 번진에서 빈발한 병사 특히 아중군이 주도한 반란과는 성격을 확실히 달리하고 있었다. 이 반란은 번진의 무력집단뿐 아니라 권력을 지향하였지만 이를 거부당하고 수탈을 강화당한 재지 서민지주와 대상인들이 당왕조에 대립하는 양상이 강화되었음을 시사하고 있다. 게다가 9세기 초의 순지화 개혁 이래 재정적으로 당왕조의 의존도가 강했던 강회지방을 무대로 하여, 과거 화북의 강력한 번진 무력집단이 품고 있던 경향을 행동으로까지 발전시키는 주체성을 보여준 반란이었다.

소농과 빈농을 주체로 한 구보의 반란

    이 반란만으로는 당왕조의 가혹한 지배 아래 몰락한 소농민과 빈농 등이 참가하였는지 어떤지 확인할 수 없다. 그런데 바로 이러한 사람들이 주체가 된 반란이 구보(裘甫 : ?~860)를 지도자로 하여 다음 해인 859년에 선흡번진의 동쪽에 인접한 절동번진의 해안지대에서 발발하였다.

    구보에 대해서는 '절동의 괴수'로만 기록되어 있어 그 내력을 알 수 없지만 재지인이었다는 점은 틀림없다. 구보는 겨우 백 명의 무리를 이끌고 봉기하였지만, 이 지역이 원래 화북의 번진과는 달리 병력이 약한데다 선여의 염출로 인해 병력이 더욱 약화되어 있었기 때문에 절동은 크게 동요되었다고 한다. 구보의 무리는 선여의 물자가 집적되어 있다고 생각되는 주(州)의 창고를 습격하고, 그 물자로 장사 수천 명을 모아 절동번진군을 전멸시켰다.

구보의 승리를 지켜본 재지 산적과 해적, 나아가 다른 번진에서도 무뢰배가 몰려들어 반란측은 곧 3만 세력으로 발전하였다. 구보는 이를 32개 부대로 편성하였는데, 먼 지역의 도둑떼도 멀리서 편지를 보내어 부하가 되기를 요청하였다고 한다. 강력한 농민반란세력이 형성되면 각지의 도둑떼가 여기에 호응하는 상황이 연출되고, 또한 도둑떼는 그만큼 많이 발생하게 된다.

그 전 해의 일로, 현재의 호북성을 영역으로 한 산남동도 번진에서는 도둑떼가 많아 그 때문에 수백 명의 정예를 골라 특별훈련을 시켜 전문적으로 도둑을 체포케 하는 부대까지 편성하였다. 도둑떼는 당왕조의 재정적 의존도가 높아 그만큼 수탈이 강화된 강회지역에서 많이 활동하고 있었는데, 그 반이 도호(逃戶)였다고 하므로 몰락한 소농민이 많이 참가하였음을 알 수 있다. 구보에게 호응한 것도 이 지방의 도둑떼였다고 생각된다.

반란군은 현성을 공략하면 현관을 살해하였고 당왕조와 이를 지지하는 관료에 대해 심한 증오심을 드러냈다. 이리하여 절동번진의 동반부는 구보 반란세력의 수중으로 들어갔다. 여기서 구보는 당왕조와는 다른 나평(羅平)이라고 하는 연호를 세웠다. 나평이란 화복을 관리하는 상서로운 새로서, 절동지방 사람들은 이 새를 신앙하여 새를 종이에 그려 복을 기원하였다고 한다. 구보가 아직 황제를 칭하지는 않았지만 새로운 연호를 세웠다는 것은 당왕조의 지배를 거부하고 재지성이 강한 지방정권을 수립하려 한 의향을 표명한 것이었다.

농민반란과 지주 · 대상인

놀란 당왕조는 안남(현재의 베트남)의 병란을 진압하여 명성을 날린 왕식(王式 : 생몰년 불명)을 불러, 절동관찰사로 임명하고 토벌을 명하였다. 그리고 5번진의 병사와 티베트 · 위구르 병사까지 투입하여 공격을 하자 반란측에서 의견대립이 나타났다. 반란부대 지휘자인 유왕(劉旺 : ?~860)은 "절동의 경제중심지인 월주(절강성 소흥시)를 점거하고, 또 북으로 인접한 절서 번진에서 양자강을 건너 양주(강소성 양주시)를 빼앗으면, 반란을 일으킨 선흡과 강서에서도 반드시 호응하는 자가 있을 것이다. 또 뱃길로 남하하여 복건을 공략하면, 당의 재원지대를 하나하나 모두 수중에 넣을 수 있다"고 주장하였다.

이것은 봉기가 광범하고도 파급적으로 일어날 것을 믿고, 당왕조의 재원지대를 손에 넣으려 한 적극책이었다. 양주는 양자강 하류의 북안에 가깝고 대운하와 접하고 있어서 강남의 물자를 북쪽으로 옮길 경우 대집적지였고, 당대에 사천의 익주(益州 : 成都市)와 함께 '양일익이(揚一益二)'라고 불리는 경제적으로 가장 발달한 도시였다. 이 유왕의 의견에 대하여 브레인으로서 반란세력의 지도부에 있던 왕로(王輅 : ?~860)는 "지금 중국은 평안하다. 무리를 거느리고 험요(險要)한 지역에 거하여 수비하고, 위험이 닥쳤을 때는 해상의 섬으로 도망하는 것이 최상책이다"라고 주장하였다.

왕로는 기록에 진사라고 되어 있는 것으로 보아, 아마 진사과의 지방시험에는 합격하였지만 중앙시험에 낙방한 자로서 당왕조에 불만을 품은 지식인이었을 것이다. 반란세력 지도부에는 이러한 자가 여럿 있었는데, 농민반란과 지식인과의 결탁에 대해서는 황소의 대란을 기술할 때 한 번 더 언급하게 될 것이다.

상황 인식에서 유왕과 왕로는 확실히 달랐다. 유왕은 당조체제에 대항하는 도호·도둑떼 등의 힘을 높이 평가한 데 반해, 왕로는 아직 평안하다면서 낮은 점수를 주었던 것이다. 다른 여러 진사도 왕로와 동일한 인식을 하고 있었을 것이다. 반란 말기에 왕로 등 지식인들은 "우리의 계획을 어지럽히는 자는 이 애벌레들이다"라고 매도당하여 유왕에게 참수당해 버렸다. 구보가 어느 쪽으로도 결정을 내리지 못하고 있는 사이, 속전속결주의로 밀고 들어오는 왕식의 강대한 병력에 공격을 당하였다. 반란측에는 이 밖에도 낙후된 것이 있었다. 정부나 지주·대상인의 창고를 몰수하여 얻은 곡물을 굶주린 백성에게 나누어 주어 반란참가를 호소하기는 하였으나, 재지적인 지방정권을 목표로 하면서 재지인을 충분히 파악하려고는 하지 않았던 것이다. 오히려 그것을 재빨리 실행한 사람은 왕식이었다.

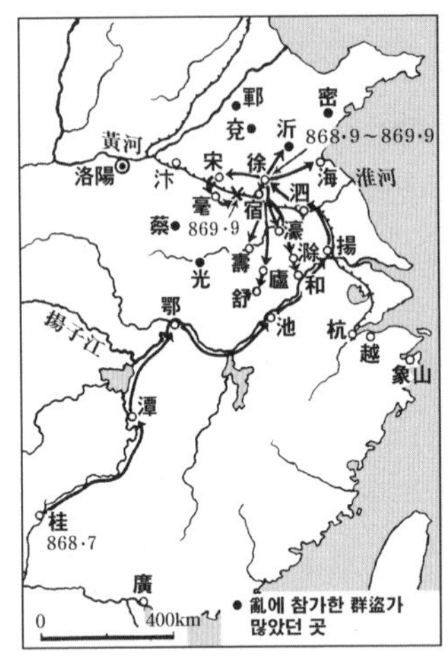

龐勛의 난 지도

왕식은 나라의 창고를 열어 빈궁한 자에게 물자를 나누어 주었을 뿐 아니라, 촌락에 자위단을 조직케 하여 반란세력에 대항토록 하는 등의 조치를 취하였다. 자위단을 좌지우지한 것은 말할 것도 없이 촌락에 세력을 가진 지주층이었다. 당왕조 측은 재빨리 이러한 지주층을 파악한 것이다. 1년 전 강전태의 난 때는 당왕조와의 대립을 심화시킨 서민지주나 대상인이 반란세력에 포함되어 있었으나, 구보의 난처럼 도둑떼·무뢰배·망명객 등을 포함한 농민반란에 대해서는 경계하고 자위 수단을 취함으로써 반란세력과 대립하였다. 왕식은 이러한 지주나 대상인의 계급성을 교묘하게 이용하였던 것이다.

점점 궁지로 내몰린 반란세력은 최초의 거점인 섬현(剡縣 : 절강성 승현)을 거점으로 삼아 여군(女軍)까지 편성하고 성벽에서 왕식의 군대에게 돌을 던지며 항전하였으나 봉기한 지 7개월 만에 진압되고 말았다.

방훈(龐勛)의 난

강전태의 난이나 구보의 난은 둘다 당조체제의 모순 속에서 봉기했지만 그 성격은 서로 달랐다. 전자는 병사를 주체로 한 번진의 병란이고, 후자는 그와 같은 병란으로의 지향성을 가진 번진무력집단과 그것을 지도한 지주·대상인을, 당조측과 한데 묶어 한패로 돌리면서 투쟁한 농민반란이었다. 그러나 병란이 당의 남단에서 일어나 파급적으로 북상해 온 것처럼 번진 내부에는 심한 대립이 있었고, 한편으로는 도둑떼의 활동이 맹렬해지고 있었으므로 상황에 따라서 이 두 개의 힘이 결합할 가능성이 있었다.

그런데 그러한 반란이 구보의 난으로부터 8년 후인 868년에 현재의 안휘·강소 두 성의 북부와 산동성의 남부를 영역으로 한 무령(武寧)번진을 무대로 발발하였다. 바로 방훈(龐勛)의 난이다. 남단에서 북상한 반란은 드

디어 양자강을 북으로 넘은 지방
으로까지 파급된 것이다.

　무령번진은 부자세습의 은도
도(銀刀都)라고 불린 부대를 비
롯한 아중군(牙中軍)이 혹 거슬
리는 점이 있어 조금만 움직일라
치면 절도사가 놀라 뒷문으로 도
망을 쳤다는 유명한 번진으로, 9
세기 초의 개혁 이래 일단 순지
화는 되었지만 아중군의 교만한
태도가 가장 두드러지는 번진이
었다. 849 · 859 · 862년 3차례 병
란이 일어나 모든 절도사가 추방
당하였다. 그래서 당왕조는 862

현재의 계림

년에 왕식을 이 곳의 절도사로 보내고, 은도도 이하 수천 명을 살해하였다.
그리고 일시적이기는 하였으나 무령번진을 폐하여 병사는 회부(會府)인 서
주(徐州 : 강소성 서주시)에 1000명, 다른 병사는 2~3개 주에 분속시키는
조치를 취하였다.

　그런데 이 무렵, 당 중기 때부터 나타난 주변 민족의 민족적 결집과 자립
화의 일환으로서 일찍이 양국충도 토벌에 실패한 남조(南詔)가 점점 강대해
져 자주 당나라를 침공하였다. 그로 인해 당왕조는 많은 번진에서 병사를
동원하여 남조에 인접한 서남부로 파견하였다. 그 중에는 기질이 강하고 날
래고 용맹스러운 서주지방에서 모병된 3000명도 포함되어 있었으며, 그 일
부인 800명은 계주(桂州 : 광서 장족 자치구 계림시)에 나누어 주둔하도록
명하였다. 특별히 서주를 지명하여 병사를 모집한 이면에는, 살해를 면한 은
도도 등 살아남은 생존자와 번진 폐지로 정리된 병사가 망명자 · 도둑떼가
되었는데, 이를 흡수하여 전선에 투입함으로써 파급될 반란의 불씨를 수습
하려 한 것임에 틀림없다.

병란에서 광대한 농민반란으로

반란은 이 계주 분주대에서부터 일어났다. 이 부대는 약속한 3년 교대가 초과하여 이미 6년이나 복무하고 있었고 교대를 요청해도 비용이 많아진다면서 다시 1년의 연기를 명받았다. 게다가 무령관찰사 최언증(崔彦曾 : ?~869)은 기록에 "성격이 매우 혹독하고 각박하다"고 되어 있고, 병사를 냉대하였다. 그래서 분주대는 네 장교의 지도하에, 군량조달 담당관인 방훈(龐勛 : ?~869)을 옹립하여 더 이상의 주둔을 거부하고 북으로 돌아갔다. 4명의 장교는 모두 본래 서주의 도둑떼였다고 한다. 앞서 기술한 망명장병이었을지도 모른다.

적은 병력인데도 연도의 주현들은 이들을 방어할 수 없었다. 북으로 돌아가는 집단은 도중에 저항이라 할 만한 저항은 한 번도 받지 않고 호남에서 배로 양자강을 건너 양주 부근에 상륙하여 서주로 향하였다. 그리고 여기서 은도도 등의 망명자를 모으고, 공략한 물자를 가지고 반란에의 참가를 호소하여 수천 명의 세력을 이루어 서주를 공격하고 관찰사 최언증을 붙잡았다. 이들이 이 정도의 세력만으로도 성공을 거둔 것은 부근 주민의 원조가 있었기 때문이다. 주민들은 풀을 산처럼 쌓은 수레를 성문이 있는 곳에서 태우거나 해서 공략에 협력하였다.

반란측이 서주로 들어가자 그 날 안에 방훈을 따르기를 원하는 자가 만여 명이나 되었고, 또 원근에서 협력하거나 방책을 올리려 하는 자들이 모여들었다. 헌책하려고 모인 자들은 구보의 난의 지도부에서도 모습을 보인 지식인이었을 것이다. 또 강회 각지의 도둑떼가 서둘러 서주로 향해 왔다. 그로 인하여 서주의 인구가 늘어나 쌀값이 급등하였다고 한다. 뿐만 아니라 농민인 아버지는 아들을 보내고, 처는 남편을 격려하였으며, 호미와 가래를 날카롭게 갈아 무기로 지참하고 참가하였다. 농기구를 무기로 삼아 참가한 농민은 물론 소농민과 예속농민이었을 것이다.

이처럼 서주공략 무렵부터 방훈의 난은 병란을 벗어나 농민반란의 성격을 띠고 있었다. 게다가 이 반란에서는 빈농뿐 아니라 지주층도 참가하고 있었다. 서주 하비현(下邳縣)의 호족인 정일(鄭鎰 : 생몰년 불명)은 무리 3000을 모아 스스로 식량과 무기를 준비하고 반란측에 내응하였다. 방훈은

이를 의군이라 부르고, 정일을 부대
지휘자로 임명하였다. 또 기현(蘄
縣 : 안휘성 소현)의 토호인 이곤(李
袞 : 생몰년 불명)도 참가하였다. 이
밖에 기록에 남아 있지 않은 토호의
참가도 있었을 것이다. 따라서 이 반
란세력에는 그 때까지 없었던 광범
한 계층이 결집되어 있었다.

반란세력은 무령번진의 경계를 넘
어설 정도로 광대하였다. 당왕조 측
은 그 때까지와는 달리 금군 장군에

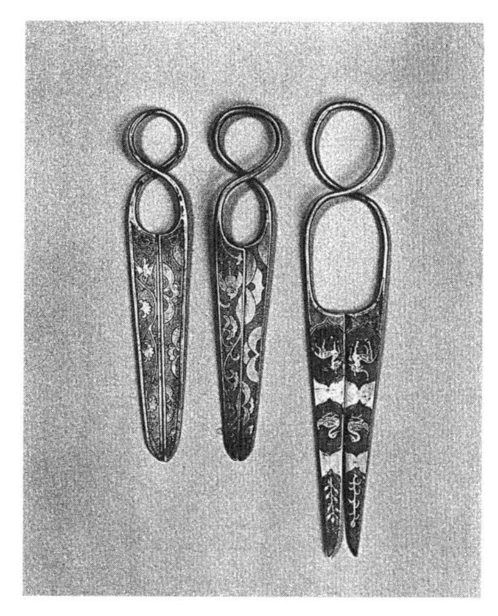

銀製鍍金禽獸文鋏

게 지휘를 맡기고 여러 번진의 병사 7만 명 외에 용맹스런 북방민족인 사타
족(沙陀族) 등 이민족을 끌어들여 토벌군을 편성하였다. 이들에 맞서 대결
하려면 반란측은 우선 민심을 붙잡아야 했다. 그러나 방훈은 천하무적이라
고 자부하면서 절도사 지위를 당왕조에 요구하기도 하고 부유층으로부터
재산의 8할을 거두어들이고 재산을 숨기는 자는 일족을 모두 죽이기도 하였
다. 이는 결국 지주와 부유한 상인층을 당왕조 쪽으로 기울게 한 결과를 초
래했다. 그렇지 않아도 지주와 부유한 상인층은 일관해서 농민반란 측에 서
려고는 하지 않았다. 예를 들면 이들은 구보의 난에서는 반란세력에 적대적
인 자세를 보여주었었다.

실제로 정일과 이곤은 반란세력에서 이탈하여 이윽고 당왕조 측에 항복
해 버렸고, 방훈은 이곤의 공격을 받아 최후를 맞게 된다. 반란세력은 강대
한 당왕조의 군사를 맞아 수만 명의 촌민을 강제동원하여 병사로 삼기도 하
였고, 거기에 반란의 원점이었던 계주 이래의 병사는 어찌나 포악하던지 주
민의 재산을 빼앗고 부녀자를 약탈하는데도 방훈마저 이를 막지 못할 정도
였다고 한다. 방훈이 절도사 지위를 요구한 것과 계주 이래의 봉기병이 보
인 포악한 모습은 농민의 기대를 배신하는 것이었다. 계주에서 봉기하였을
당시 병사들은 각자 재산을 내어서 무기와 깃발을 갖추었다고 한다. 그러나
세력을 수립하고 당왕조의 군사를 맞이할 단계가 되어서는, 이러한 처음의

동기를 잃고 번진병사로서 용병적 성격을 드러내었다고 할 수 있을 것이다.

이렇게 해서 반란은 봉기한 지 1년 4개월 만에 진압되고 말았다. 그러나 겨우 800명으로 시작한 이 반란은 병란에서 농민반란으로 발전하는 성격을 강하게 띠고 있었다. 또 규모도 그 때까지는 볼 수 없었던 대규모를 자랑하고 장기간에 걸쳐 싸웠을 뿐만 아니라, 무대가 된 곳도 양자강·회하를 넘어 황하에 달하는 넓은 지역이었다는 점에서 그 의의를 찾을 수 있다.

이 반란으로부터 6년 후, 이 무대의 북쪽에 인접한 곳에서 왕선지와 황소가 지도하는 대반란이 시작된다.

황소의 대란 — 당후기 모순의 집중적 표현

강적(江賊) — 차와 소금 밀매자들

방훈의 반란이 끝난 다음 해, 살아남은 자는 반란의 무대가 된 지역의 북쪽에 인접한, 현재의 산동성 남부와 하남성 동북부에서 촌락으로 흩어져 거주하면서 도둑떼가 되었다. 5년이 지난 후에도 반란의 중심지인 서주지구에서는 살아남은 도둑떼가 극성을 부려 관헌이 이를 진압할 수 없을 정도였다고 한다. 이들 도둑떼의 활동범위였던 지역에서 왕선지(王仙芝 : ?~878)·황소(黃巢 : ?~884)가 봉기하였으므로, 이 도둑떼의 활동이 대반란의 온상이 된 것은 의심할 바 없다. 그런 의미에서 앞의 방훈의 난이 황소의 대반란으로 이어졌다고 보아도 좋을 것이다. 그러나 황소의 대반란이 중국역사상 수없이 봉기한 농민반란 가운데 하나이고 청말 태평천국의 난에 필적하는 최대 규모를 가지고 있었음을 생각해 보면, 이들 도둑떼의 활동은 반란의 요소 가운데 작은 부분에 지나지 않을 것이다.

이상은(李商隱 : 872~956)과 함께 만당(晩唐)의 시단을 대표하는 시인이기도 한 진사과 출신의 관료인 두목(杜牧 : 803~853)은, 9세기 중엽 양자강 하류의 남안에 임한 지주(池州 : 安徽省 貴池縣) 자사로 부임했을 때, 재상 이덕유에게 「강적(江賊)을 논하는 서(書)」를 제출하였다. 이에 따르면, 강적이라고 불리는 자가 2~3척의 배에 나누어 타고 20~30명에서 100명씩 떼를

지어 강회의 초시(草
市)를 습격하여 비단
과 금은 세공물을 빼
앗고, 일반 상인들 무
리에 섞여 차생산지로
가서 빼앗은 세공물로
차를 구입하고, 그 차
를 북쪽으로 가지고
돌아와 판매하는 과정
을 되풀이하고 있었다
고 한다.

寶帶橋 蘇州 吳縣 운하와 澹台湖를 연결하도록 흐르는 玳玳河에
걸린 다리. 당 806년 창건

　강적(江賊)은 주로 양자강 연안에서 활동하였기 때문에 그렇게 불린 것
이다. 이 지방은 양자강·대운하를 비롯하여 하천과 수로가 발달하였기 때
문에 강적은 주로 배를 사용하여 활동하였다. 생산력의 발전에 힘입어 농촌
에 초시라고 불리는 소상업 지역이 출현한 것은 이미 기술한 바 있는데, 이
초시는 당왕조가 재정을 의존할 만큼 경제적으로 발달한 강회에서 더욱 발
달하였다. 그리고 이를 좌지우지한 것은 이 지방의 지주와 부유한 상인층이
었고, 강적은 이들을 습격한 것이다. 피해를 입지 않은 초시가 없을 정도였
다고 두목은 보고하고 있는데, 그만큼 강적은 넓은 지역에 걸쳐 광범위하게
활동하였다.

　차마시기[飮茶]가 유행하면서 당왕조는 여기에 주목하여 차를 과세대상
으로 삼았는데, 793년에는 10분의 1세였던 것이 821년에는 5할로, 835년에
는 차생산의 중심지인 강회와 영남에서는 세금을 더욱 무겁게 부과하였다.
그로 인하여 9세기가 되자, 관헌의 눈을 속이고 세금을 내지 않고 차를 교역
하는 자가 눈에 띄게 늘어났다. 당왕조의 입장에서 보면 이들은 차를 밀매
하는 무리이고 차도둑이었다.

　마찬가지로 소금을 밀매하는 무리도 존재하였다. 당왕조가 안사의 난 때
부터 소금전매제를 실시하면서 일방적으로 터무니없이 높은 가격을 붙여
특정 상인에게만 판매하게 하였기 때문에, 소금밀매가 행해지게 된 것은 앞

杜牧

서 언급하였다. 이 소금을 밀매하는 무리의 활동도 9세기 중엽이 되면서 더욱 활발해졌다. 당왕조의 소금 전매 수익이 9세기 중엽이 되자 그 전에 비해 반 이하로 감소한 것도 소금을 밀매하는 무리가 활발히 활동한 결과일 것이다. 두목은 차에 대해서만 언급하고 있지만, 강적이 활동한 강회 해안은 주요한 해염산지로, 소금을 밀매하는 무리의 활동이 특히 성하였으므로 강적이 차밀매와 함께 소금을 밀매하는 무리로서도 활동하고 있었음은 의심할 여지가 없다.

무장한 도적과 주민의 협력

강적은 무장집단으로서 행동하고 있었다. 즉 관헌의 공격에 대비하고 관헌과의 전투를 고려하여 행동하고 있었던 것이다. 9세기 중엽 무렵, 하동(河東 : 현재의 산서성) 남부의 염지(鹽池)에서 산출되는 소금을 밀매하는 무리에 대하여 "염적(鹽賊) 가운데 무기를 지닌 자는 모두 사형에 처한다"는 칙명이 떨어졌다. 하동에서도 무장한 소금밀매 무리가 활동하고 있었던 것이다. 강회에서도 같은 칙령이 내려진 것으로 보이나 소금을 밀매하는 무리의 활동은 줄어들기는커녕 더욱 활발해졌다.

게다가 두목에 따르면, 많은 주민이 이들 강적에게 협력하고 있었다. 강적의 보호를 받으며 직접 차와 소금을 운반한 주민들은 무장부락을 형성하고 있으면서 공공연히 도적이 되었기 때문에 이 부락에는 관헌도 쉽게 발을 디딜 수가 없었다고 한다. 현재의 연구로는 일종의 '해방구'까지 생겨나지 않았을까 생각되고 있다.

강적의 활동 범위는 방훈의 난의 무대를 포함하여 그보다 넓은 지역에 걸처 있었다. 그리고 두목이 "강적의 활동은 최근 15년간 특히 심해졌다"고 보고하고 있으므로, 중앙에서 귀족과 관료가 환관을 끼고 당쟁에 여념이 없을 때 이들을 지배 권력층으로 하는 당왕조의 토대를 뿌리에서부터 뒤흔

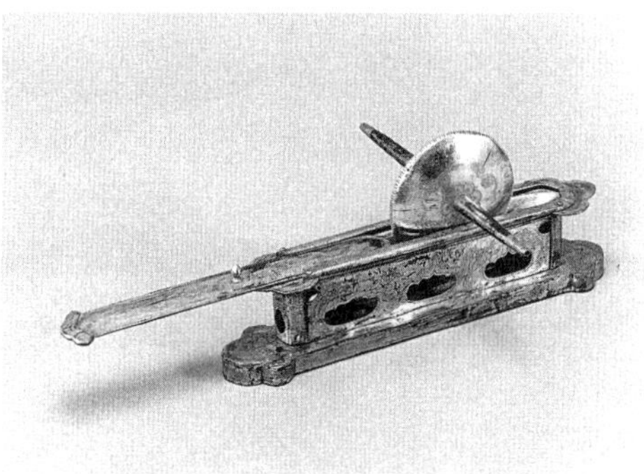

茶碾子碾軸

드는 움직임이 후반기 당조체제의 모순 속에서 더욱 심화되고 있었던 것이라 하겠다.

왕선지·황소는 봉기 전에는 소금밀매업자로 활약하고 있었는데, 이러한 강적 혹은 소금·차를 밀매하는 무리의 활동도 대반란의 온상이 된 것은 틀림없을 것이다.

소농민의 저항 움직임

더욱 두드러진 것은 9세기 60~70년대에 접어들면서부터 나타난 소농민의 저항 움직임이었다. 867년에는 낙양의 동북쪽으로 황하의 북쪽에 있는 회주(懷州 : 하남성 心陽縣)에서 주민(州民)이 한해(旱害)를 호소하였는데, 자사가 이를 금하자 분노한 주민들이 반란을 일으켜 자사의 저택을 습격하여 그를 쫓아내었다. 그 2년 후에는 장안과 낙양의 중간에 있는 섬주(陝州 : 하남성 섬현)의 주민이 마찬가지로 한해를 호소하자, 관찰사가 저택의 정원에 있는 나무를 가리키며 "이것은 이렇게 잎이 붙어 있지 않는가? 한해 따위가 있을 리 없다"며 지팡이로 구타를 가하자 이에 분노한 주민들이 관찰사를 쫓아내었다. 또 그 다음 해에 회하 중류지역의 광주(光州 : 하남성 潢川縣)의 주민이 역시 자사를 쫓아내었다.

이 사건 직후 중앙의 한 관료는 도리에 어긋난 자사의 통치가 주민의 원성을 사고 있음을 지적하면서 "떼를 지어 서로 모여서 지방장관을 쫓아내는 것은 상하의 질서를 어지럽히는 것으로, 이러한 풍조가 퍼져 나가게 해서는 안 되니 엄한 형벌로 다스려야 한다"는 상소를 올리고 있다. 중앙에서도 주

민의 움직임을 무시할 수 없었고 경계하였던 것이다.

874년 서주(徐州)에서는 방훈의 난에서 살아남은 자들이 도둑떼가 되어 관헌도 진압할 수 없을 정도로 활발히 활동하고 있을 즈음, 장안에서 동남쪽으로 100km 정도 떨어진 상주(商州 : 섬서성 상현)의 자사가 주(州)의 재정이 여의치 않다면서 절납(折納) 곡물을 부당하게 싸게 매겨 많은 곡물을 거두어들이려 하였다. 이에 주민들이 모여 몽둥이로 자사를 구타하고 관리 두 사람을 살해하였다.

이들 사건에서 주목되는 것은 첫번째로, 도둑떼·망명객·소금밀매업자·차밀매업자와 같이 이미 당왕조의 질서 밖에서 활동하고 있는 존재와는 달리 양세(兩稅) 등을 부담하면서 질서 안에 있던 존재가 당조체제에 저항을 하고 있는 점이다. 두번째로는 조용조제·징병제가 붕괴된 당 중기에 나타난 도호처럼 고립·분산적이 아니라 집단적으로 저항행동에 나서고 있는 점이다. 그리고 세번째로 사건이 회주·섬주·상주와 같은 강적이 활동하던 범위를 초월한 지역에서 일어나고 있는 점이다.

이상의 네 가지 사건은 현재 기록으로 남아 있는 것이지만, 이 밖에 기록에 남아 있지 않은 것도 많이 있었을 것이다. 그리고 기록은 사건의 주체를 민(民)이라든가 주민(州民)으로 기록하고 있는데, 그 대부분은 소농민이었을 것이다. 이렇게 해서 당말에는 당왕조에 장악되어 있었던 소농민층까지 도둑떼 등과 함께 당왕조에 대해 적극적인 저항체로서 활약하게 되어 대반란이 발발할 조건이 무르익어 갔다. 바야흐로 대반란의 계기만이 필요할 뿐이었다. 그 계기가 바로 수년 후 특히 873년과 874년에 닥친 혹독한 흉작이었다.

연이은 흉작과 도적으로 변신한 농민

874년 정월, 중앙의 한 관료는 대략 다음과 같은 내용의 상소를 올렸다.

작년 관동의 한해(旱害) 상황을 보면, 장안과 낙양의 중간에 있는 괵주(虢州)60)에서 동쪽으로 바다에 이르기까지 보리수확은 평년의 반도 되지

---

60) 하남성 영보시(靈寶市).

못하고 조·벼는 거의 수확이 없으며, 겨울 야채의 수확도 극히 적어 가난
한 사람은 쑥을 빻아 밥을 삼고 회화나무 잎을 모아 국을 삼으며, 어떤 자
는 더욱 몸이 약해져 어쩔 수도 없는 지경입니다. 여느 때 같은 흉작이라면
타향으로라도 옮기겠지만 이번은 어느 곳이나 기근이 들어 의지할 곳조차
없으니 가만히 앉아 죽음을 기다릴 뿐입니다. 아직 남아 있는 세금을 면해
준다고 하지만 실은 징수할 것이 아무것도 없습니다. 그런데도 주현의 관
리는 상공(上供) 등을 위해 독촉을 하며 채찍을 내리치는 형편입니다. 설
령 가옥을 팔고 나무를 하고 처를 날품팔이로 내보내고 아이를 팔아 세금
을 낸다 하더라도 그것은 관리의 연회비용이 될 뿐, 국고에는 들어오지 않
습니다. 게다가 조세 외에 요역도 있습니다. 만약 조정이 자비를 베풀지 않
으면 백성은 살아남을 도리가 없습니다. 남은 세금은 모두 면제하고 누에
가 실을 뽑고 보리가 수확될 때를 기다려야 합니다. 그리고 곳곳의 국고를
열어 구휼해 줄 필요가 있습니다. 봄도 깊어지면 야채는 잎을, 나무는 싹을
틔웁니다. 따라서 뽕나무 열매를 먹을 수 있게 될 것입니다. 이 몇 개월이
가장 고통스러울 때이니 곧 실행하지 않으면 안 됩니다.

그러나 관동 즉, 괵주의 바로 서쪽에 있는 함곡관에서부터 동쪽으로 바다
에 이르기까지의 광대한 지역이 해마다 수해·한해·메뚜기 등의 재해를
입어도 주현 등의 지방관은 실정을 있는 그대로 보고하려 하지 않았다. 자
신의 통치지역에서 기근이 일어나 인구가 감소되는 것은 지방관으로서의
성적에 영향을 주어 승진에도 영향을 미쳤기 때문이고, 무엇보다 계속 상공
(上供) 제일주의라는 자세를 취하였기 때문이다. 그렇게 함으로써만 당왕조
는 재정적으로 붕괴하지 않고 버틸 수 있었던 것이고, 여기에 이르러 당조
체제의 모순은 한계에 달하였다고 보아도 될 것이다.

따라서 백성이 유망하거나 혹은 굶어죽어도 구제할 수 없었고 더군다나
앞의 상주(商州)의 예에서도 보았듯이 도리어 수탈의 강도를 보다 강화시키
기까지 했던 것이다. 이것은 아마 유망이나 아사 등에 의해 세 부담자가 감
소하는 데서 오는 세수감소를, 의연히 관헌이 파악하고 있는 나머지 사람들
에게 전가시킴으로써 메우려 한 때문일 것이다. 이렇게 되자 생활을 파괴당
한 소농민은 서로 모여 도둑떼가 될 수밖에 없었으므로 도둑떼는 곳곳에서

봉기하고 더욱 극성을 부렸다.

왕선지·황소의 봉기—대반란의 발발

이러한 상황에서 875년 여름, 황하 하류유역으로 현재의 산동·하남 두 성의 경계에 가까운 지방에서 우선 왕선지가 수천 민중을 이끌고 봉기하였고, 이어서 황소가 역시 수천 민중을 이끌고 이에 호응하였다. 그리고 이 두 반란집단은 때로는 합체하며 수개월 만에 수만에 달하는 세력을 이루었다.

이 해에는 메뚜기 피해가 특히 심하여 메뚜기떼가 나타나면 대낮에도 칠흑처럼 어두웠고 그들이 지나간 자리에는 푸른 것은 하나 없고 붉은 땅만 남아 있었다고 한다. 그만큼 파산농민이 격증하고 각지는 도둑떼로 들끓었다. 당왕조는 이들 도둑떼를 초적(草賊)이라고 불렀다. 초적이란 농촌에서 출현한 소상업 지역을 초시(草市)라고 하였듯이, 소규모적 집단의 도적이라는 의미일 것이다. 왕선지는 봉기하였을 때 스스로 초군(草軍)이라고 불렀다고 한다. 그러나 이 봉기집단은 왕선지가 생각했던 것과는 달리 곧 초적의 규모를 뛰어넘는 훨씬 강대한 반란세력으로 되었다.

반란세력을 이렇게까지 만든 주체는 하층 소농민과 파산농민, 도둑떼이므로 이 대반란은 농민반란이라고 규정할 수 있다. 따라서 이 반란은 번진병사의 반란에서 비롯되어 병란의 성격을 띠었던 강전태의 난이나 방훈의 난보다는 구보의 난에 계보를 두고 있다고 해도 좋을 것이다. 그러나 구보의 난 때는 각지의 도둑떼가 그 지도 아래 들어가고 싶다는 뜻을 편지로 연락하면서도 현실적으로 구보 휘하로 모인 것은 아니었다. 그것은 봉기한 장소 때문이기도 하고 대반란의 조건이 무르익지 않았기 때문이기도 하지만, 만약 구보가 유왕의 적극책을 취하여 움직였다면 재지 이외의 도둑떼와 파산한 농민을 흡수하여 반란세력을 한층 확대시킬 수 있었을 것이다. 따라서 반란세력을 확대하고 당조체제와 대결하려면 각지의 빈농·파산농민·도둑떼를 흡수하지 않으면 안 되었다. 그렇게 하려면 일정한 지역에 정착해서는 어려웠고 따라서 반란집단은 심히 유동적이었던 것이다.

특히 유동이 심했던 곳은 회하를 가운데 두고 황하와 양자강 사이에 끼어 있는 지역이었다. 이 근처는 도둑떼와 파산농민이 가장 많았던 지방으로 일

모조 동로마 금화

페르시아 은화

찍이 방훈의 난의 무대가 되었던 지방과 강적(江賊)이 활동한 지방을 포함하고 있었다.

격심한 유동-반란집단의 남하

이 지방에서 반란집단이 통과한 주는 20개가 넘는다. 그 행동경로를 그려보면 마치 그물코와 같고 그 중에는 두세 번씩 통과한 주도 있었다. 그 동안 금군과 통과한 지역의 번진군이 공격을 하기도 하였지만, 반란집단의 확대와 심한 유동을 막을 수는 없었다.

유동이 계속되던 878년 2월, 왕선지는 양자강 중류 북안에 가까운 황매현(호북성 黃梅縣)에서 패사하였고 동시에 5만여 명의 무리도 전사하였다. 이후 황소가 왕선지의 잔당을 흡수하여 지도하였지만, 이 때 받은 타격으로 반란집단은 강력한 병력을 가진 번진이 존재하는 강북을 피하여, 일단 남쪽으로 양자강 중류를 건너서 강남으로 들어갔다. 여기서는 일찍이 강전태의 난이 일어났던 선흡번진의 영역을 중심으로 약간 유동은 있었지만 강북에서와 같은 일은 없었고 거의 일직선상으로 멀리 광주(광동성 廣州市)까지 남하하였다.

광주는 당시 동서교역에서 손꼽히는 항구였다. 당 후반기가 되자 그 때까지의 육로인 이른바 비단길을 대신해서 바닷길을 통한 교역이 활발해졌다. 그것은 첫번째로 서남아시아에서 이슬람교를 받드는 아라비아인이 급속히 대두하여 능숙한 조선술과 항해술로 바닷길을 통한 동서교역에 종사하였기 때문이다. 한편으로는 민족적 결집을 이룬 티베트나 위구르 등이 당의 서북쪽에서 세력을 신장하여 대륙의 교역로를 차단하였기 때문이기도 하다. 즉

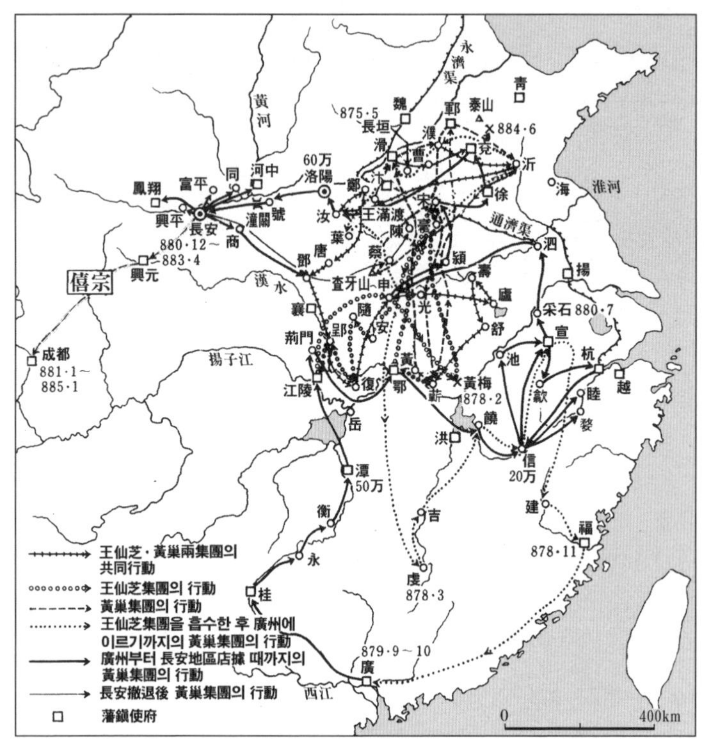

황소의 난 지도

당의 세계제국적 성격이 후퇴한 결과이기도 했던 것이다.

광주에는 당에서 대식(大食)이라고 불린 아라비아 상인이 많이 거류하고 있었다. 서로 어울리지 않는 것을 비유하는 말로, '빼빼마른 씨름꾼'이나 '뚱뚱한 신부'와 함께 '가난뱅이 아라비아인'이라는 말이 있을 정도로 광주에는 부유한 아라비아 상인이 많이 거류하고 있었고, 광주는 교역항으로서 번화하였다. 반란집단이 왜 멀리 광주까지 갔는가는 확실하지 않지만 광주의 부유함이 중요한 원인이 되었을 것은 분명하다. 그래서 광주를 공략하기 직전 황소는 이 곳의 절도사직을 당왕조에게 요구하였지만 당왕조는 "광주는 선박과 보화가 모이는 곳이므로 적에게 줄 수 없다"며 허락하지 않았다.

북으로 돌아가서 장안을 점거하다

반란집단은 광주를 공략하여 하루 만에 장악하였지만, 기후에 적응하지

못하고 전염병으로 쓰러지는 사람이 늘어나자 다음 달 북으로 돌아갔다. 이
점은 광주절도사를 요구하기 바로 전에 황소가 봉기지역을 포함한 운주(산
동성 東平縣)를 회부(會府)로 하는 천평(天平)번진의 절도사직을 요구한 사
실로 보건대, 멀리 광주까지 내려온 반란집단의 주체가 여전히 강북에서의
격심한 유동기에 참가한 사람들로 이루어져 있었음을 말해 준다. 황소가 북
으로 돌아가기로 한 것은 "북으로 돌아가 큰 일을 꾀하겠다"는 반란집단의
의향에 따른 것이었다. 장안을 목표로 삼은 듯 그대로 광주에서 거의 똑바
로 북쪽으로 나아가 양자강 중류를 북쪽으로 건넜으므로 "큰일을 꾀한다"는
것은 장안점령을 가리키는 것이었다. 이 시점에서 황소와 반란지도부는 유
동을 멈추고 장안을 거점으로 삼아 정권수립을 고려하기 시작한 것으로 생
각된다.

　그러나 반란집단의 앞길이 결코 평탄한 것은 아니었다. 양자강을 건너자
마자 산남동도 번진군에게 대패하여, 동쪽으로 진로를 바꾸어 다시 양자강
을 남쪽으로 건너 선흡번진의 영역을 중심으로 15주를 유동하지 않으면 안
되었다. 그 동안 세력을 회복하여 그 무리는 20만이 되었다. 그러나 사태가
반드시 유리하게는 전개되지 않아, 회남번진의 군사에게 누차 패하였고 또
역병으로 쓰러지는 사람이 많이 나왔다. 이는 반란집단이 끊임없이 유동하
는 동안에 피로가 겹쳐 괴로운 상황에 놓여 있었기 때문이다. 이 무렵 황소
는 한때나마 당왕조에 항복을 생각한 듯하다. 그러나 반란집단은 이 괴로운
상황을 견뎌내었다. 반란집단의 진격과 저지의 제1선을 담당하고 있던 회남
절도사 고변(高駢 : ?~887)이 공을 독점하고자 "적은 며칠만 있으면 평정될
것이다"고 상주하여 이미 강북에 방어선을 펴고 있던 번진병사에게 진을 풀
게 한 것도 반란측으로서는 다행스런 일이었다.

　드디어 880년 7월, 반란집단은 현재의 남경에서 조금 상류쪽에 있는 채석
(采石)에서 양자강을 건너 일찍이 심하게 유동했던 강북으로 다시 들어갔
다. 그러나 이번에는 전과는 상황이 달랐다. 심하게 유동한 반란세력은 생산
의 터전을 떠난 빈농과 파산농민, 도둑떼를 흡수하여 형성되었기 때문에 생
산을 기반으로 하기 어려웠다. 따라서 유동에는 노략질과 약탈이 뒤따랐고
유동은 유구(流寇) 형태를 취하기 일쑤였다. 물론 그럴 경우 노략질의 주대

상은 관리와 부유층이었다. 그러나 이번에는 강북에서 그다지 유동하지도 않았으며 노략질도 자취를 감추었다. 단지 젊은이를 징발하여 세력을 확대시켰을 뿐이다. 그러므로 그 해 11월, 낙양을 공격하였을 때도 주민들은 평온하게 안정되어 있었다. 이는 반란세력의 성격이 분명히 변화되었기 때문이다. 그리고 그 다음 달에는 장안의 동쪽을 지키고 동관(潼關)을 돌파하여 목표한 장안을 수중에 넣는 데 성공하였다.

한편 장안을 수비하던 당왕조의 신책군(神策軍) 병사 중에는 단지 부담을 피하기 위해 군적에 든 장안의 부유층 자제가 많았고, 반란세력이 박두하자 화폐나 비단으로 가난한 사람이나 병자마저 꾀어 대신 전선으로 내보내는 상황이었다. 이들을 거느리고는 바야흐로 수십만 세력을 이루어 수많은 전투들을 치러낸 반란집단에 대적할 수는 없었다.

황소 제위에 오르다

반란집단이 장안에 입성할 때는 많은 주민이 길 양쪽에 모여 그 성대한 모습을 지켜보았다고 한다. 장안 주민들은 낙양과는 달리 반란집단에 대해 두려움을 품고 있지 않았던 것이다. 입성할 때는 "황왕(黃巢)이 병사를 일으킨 것은 서민을 위한 것이고 이씨(唐皇室)와 같이 그대들을 사랑하지 않는 것이 아니다. 그대들은 그저 편안히 살며 무서워할 것이 없다"는 포고를 내었다. 그리고 반란집단에 속한 사람들은 거리에 나가 가난한 사람을 보면 은혜를 베풀었다고 한다. 반면 약탈을 하거나 가게를 불태우고 살인도 저질렀는데 그들이 가장 미워한 것은 관리였다. 가게를 불태웠던 것으로 보아, 관리와 함께 부유한 상인도 주로 습격의 대상이 된 것으로 보인다. 부자는 맨발로 도망쳤다는 이야기도 전해진다. 그것은 황소도 금지할 수 없을 정도로 격렬한 것이었다.

이러한 가운데 황소는 황제에 올라 나라 이름을 대제(大齊)라 하고 연호를 금통(金統)으로 하여, 당왕조에 대신하는 정권 수립에 착수하였다. 이 때 반란집단의 간부를 중요 지위에 배치하였을 뿐 아니라 당왕조의 관제를 대폭 채용하여, 고위직 관료는 제외했지만 당왕조의 중하위직 관료는 그대로 임용하는 방침을 취하였다. 이러한 반란지도부의 방침은 봉기의 대상이 된

당왕조의 재현이라고도 할
수 있었다. 유동을 그치고
정착적인 정권수립 단계가
되어서는, 가난한 사람을
보면 은혜를 베풀고 관리
를 가장 미워하였다는 반
란 주체의 의지와는 다른
방향으로 흘러가기 시작했

'富且昌宜侯王'編織履 東晉, 투루판 아스타나39호묘 출토

다고도 할 수 있겠다. 그것은 반란지도부의 구조에서 온 것이었다.

반란세력의 구조

황소를 둘러싼 반란집단의 중심에 선 것은 황소와 혈연관계에 있는 자와
소금밀매를 하던 때부터의 도당적(徒黨的) 동료였다고 생각된다. 아마도 소
금을 밀매하던 무렵은 강적에서 보았듯이 무장집단이었을 것이다. 이 집단
은 기사(騎射 : 말을 타면서 화살을 쏘는 것)에 능하고 임협을 좋아했다는
황소를 핵으로 하여 당왕조의 질서에서 벗어난 집단으로서 형성되어 있었
다. 그리고 반란세력이 확대되어 가는 과정에서는 반란참가자 가운데 유능
한 인물이 각각 집단을 통솔하는, 말하자면 부대지휘자로서 지도부에 동료
로 가입해 있었다.

그들은 황소와의 관계에서는 앞의 집단만큼 사적결합이 긴밀하였다고는
할 수 없다. 반란중에, 반란군을 배신하고 당왕조 쪽으로 돌아섰다가 이윽고
당왕조를 무너뜨리게 되는 주온(朱溫 : 852~912) 등은 그 대표적인 인물이
다. 그들은 황소와는 별도로 사적으로 결합한 예속적인 측근을 주위에 두고
반란부대를 통솔하고 있었다. 반란세력은 중층적으로 존재한 사적결합을 유
대로 하여 구성되어 있었던 것이다.

이 밖에 황소의 주변에는 지식인이 브레인 역할을 맡고 있었다. 이것은
이미 구보의 난에서도 보았던 것인데, 황소의 경우 누차 진사 시험에 응시
했으나 합격하지 못했다고 전해지지만 어떤 면에서는 그 자신도 지식인이
었다고 할 수 있다. 이러한 일면은 반란 내내 계속 영향을 미쳤다. 강남에

들어가 광주로 향하는 도중에 반란측에게 붙잡힌 자가 유학자라고 속이자 모두 석방시켜 주었고, 복주(福州 : 복건성 복주시)를 공략하여 집집마다 불을 질렀을 때도 유관(儒官)으로서 당왕조를 섬기고 있던 황박(黃璞 : 생몰년 불명)의 집에 대해서는 "유학자의 집을 불태워서는 안 된다"고 명령을 내리기도 하였다. 또한 재야의 한 유학자에게는 자신을 섬길 것을 권하기도 하였다. 이 유학자는 "천자도 섬기지 않는 내가 어찌 도적 따위를 섬길 수 있겠는가"라고 거절하였기 때문에 죽임을 당하지만, 황소가 유학자를 높이 평가하였음을 알 수 있다. 또한 황소가 유동하고 있을 때 잠시나마 당왕조에 항복할 것을 생각하고 때로는 절도사 지위를 요구하는 등의 행동을 한 것도 이상과 같은 황소의 일면과 무관하지 않을 것이다.

정권을 수립하려고 하면 사적결합과는 차원을 달리하는, 공권력을 행사하는 지배기구를 만들어 내지 않으면 안 된다. 그러나 반란세력은 사적결합을 유대로 하여 형성되었고, 유동을 계속하며 당조체제와는 별개의 지배체제를 형성하여 당왕조에 대결한 것이 아니기 때문에, 반란지도부는 중하위 관료를 그대로 임용하는 등 기존의 당왕조의 지배조직을 도입할 수밖에 없었다. 그렇다고 해서 반란세력을 붕괴시킬 만큼 황소와 반란주체 사이에 괴리를 보인 것은 아니었다.

황소는 제위에 오르기 전에 충천대장군(衝天大將軍) 등의 호칭을 가졌는데, 또다시 강북으로 들어가 한길로 낙양·장안을 향하였을 무렵에는 천보평균(天補平均 : 혹은 天補均平)대장군이라고 호칭하였다. 이 칭호에는 하늘로부터 보임되어 빈부의 차를 없애고 균평하게 한다는 의미가 담겨 있다. 황소가 반란주체와 일체화하는 의식을 가지고 있었음을 부정할 수는 없을 것이다. 이와 같이 단순히 국가부담의 감면이 아니라 빈부의 차를 균등하게 만들고자 하는 요구는 송대 이후에 봉기한 농민반란에서 중요한 주의·주장으로 나타난다.

반란세력의 붕괴 – 대반란의 끝

오히려 황소와 반란주체 사이에 분열이 생긴 이유는 주온(朱溫)과 같은 존재 때문이었다. 주온은 당왕조에 붙어서 희종(僖宗 : 재위 873~888)에게서 전충(全忠)이라는 이름을 하사받았는데, 어렸을 때 아버지와 사별하고 어머니와 형과 함께 지주 밑에 들어가 생활을 유지하였다. 그러나 일에 힘쓰지 않고 자주 주인의 꾸지람을 듣고는 이대로 있으면 평생 출세할 수 없다며 반란집단에 가담하였다. 따라서 그는 원래 무뢰한으로서 이해에 따라 좌우되기 쉬운 존재였다.

반란지도부가 장안에 정착하고 정권수립을 지향한 것은 주변 번진의 공격목표가 되는 것이었다. 심하게 유동하고 있을 때는 당왕조와 번진이 반란집단을 포착하기 곤란하지만 일단 정착되면 포착이 가능해지기 때문이다. 후에 기술하겠지만, 번진은 반란집단이 다시 강북에 들어왔을 때부터 당왕조로부터 벗어나고자 하는 움직임을 광범위하게 보이기 시작하였는데, 그러면서도 사천으로 멀리 달아난 당왕실을 완전히 무시하지는 않고 나름대로의 권위를 인정하며 이용하려 하였다. 여기에 반란세력과 용병집단을 무력으로 삼는 번진과의 기본적인 차이가 있었다.

어쨌든 반란세력은 장안을 점거하기는 하였지만 지배지역을 쉽게 확대할수 없었고 경제적으로도 극히 어려운 입장에 처해 있었다. 이 어려운 상황속에서 장안의 동북쪽을 지키고 있던 주온이 배신을 하고 나섰다. 이것은 반란세력에게 큰 타격을 주었다. 883년 4월, 반란집단은 2년 4개월에 걸쳐점거하고 있던 장안으로부터 동쪽으로 철수하여 장안을 번진군에게 넘겨주지 않으면 안 되었다. 이 때도 반란세력은 여전히 15만 대군에 달했다고 하며 철수도 질서정연하게 행해진 데 반해, 입성한 번진군사는 약탈과 방화를일삼고 이 때문에 화려한 궁전도 대부분 잿더미로 변해 버렸다. 반란집단은 철수하면서 빼앗은 재물과 보화를 길가에 흩뿌렸는데, 번진병사들이 앞다투어 이를 줍느라 추적하지 않는 바람에 도망칠 수 있었다고 한다. 반란측은 번진병사의 용병적 성격을 간파하였고, 번진병사측은 그것을 적나라하게 드러낸 것이다.

그러나 그 다음 해 황소의 병력은 여전히 강력하였다고는 하지만, 왕만(王滿)의 나루터(하남성 중병현)에서 결정적인 패배를 맛보고 황소는 동쪽 향리로 향했다가 6월에 태산 동남쪽의 낭호곡(狼虎谷)에서 조카 임언(林言 : ?~884)에게 목이 잘리어 최후를 맞고 10년에 걸친 대반란은 막을 내렸다.

황소에 얽힌 전설

대반란은 끝났지만 반란 후에도 여전히 황소는 민중 속에서 살아 있었다. 그렇게 생각하게 하는 전설이 몇 가지 있다. 예를 들면 황소의 옛날 부하로 하남부(河南府) 장관이 되어 있던 장전의(張全義 : 852~926)가 낙양에서 승려 모습으로 변장한 황소를 발견하고 숨겨주었다고도 하고, 혹은 절강의 명주(절강성 영파시) 설두산에 옮겨 살고 있던 설두선사는 실은 황소이며 이 산에 묘가 있고 매년 제사가 행해진다는 이야기가 있다. 또한 호남의 의장현(호남성 의장현)에는 남송 때까지 황소의 묘가 있었으며, 부근의 이민족이 반란을 일으켰을 때는 이 묘 안에서 소리가 들렸다고 전해진다. 또 복건의 심산 지하묘에서 많은 보물이 발견되었는데 이것은 황소가 숨겨둔 것이라는 이야기 등도 있다.

이처럼 널리 화북에서 화남에 걸쳐 후세까지 황소에 얽힌 전설이 전해 내려왔고, 그만큼 대반란은 민중의 마음 속에 살아 남아 있었다. 또 송대(宋代)에는 수도 개봉(하남성 개봉시)의 번화가에서 이야기꾼이 오대(五代)의 역사를 이야기하는데, 황소의 대반란에서 시작하여 "금색 두꺼비(황소)가 눈을 부릅뜨고 조주(산동성 조현)에서 반란을 일으켰더니 천하가 뒤집혔다"는 등의 이야기를 하였다.

대반란의 의미

당대에는 두 차례에 걸친 큰 반란이 있었다. 하나는 안사의 난이고 다른 하나는 황소의 대반란이다. 안사의 난은 수·당전기 통치체제의 모순을 집중적으로 표현한 것이고, 황소의 대반란은 후반기 지배체제의 모순을 집중적으로 표현한 것이었다. 어느 쪽이건 당왕조와 대결한 반란이었지만 그 성격에는 기본적으로 차이가 있었다. 즉 안사의 난은 절도사라는 권력자와 그 용병집단의 반란이므로, 거기에서는 소농민과 파산농민이 역할을 맡고 있지 않았으나, 황소의 대반란은 이러한 계층을 주체로 한 농민반란이었다.

중국의 농민은 이미 기원전 3세기의 진승과 오광의 난 이래, 자주 반란이라는 형태로 지배자에게 강력히 대결하는 전통을 가지고 있었다. 수·당전기 통치체제가 파탄된 당 중기에는 그토록 엄청난 도호 즉, 파산농민이 속출되었음에도 강남에서 원조(袁晁)의 반란이 일어난 정도로 그쳤을 뿐이고, 안사의 난이나 황소의 대반란에 필적할 정도의 반란은 일어나지 않았다. 안사의 난 무렵부터 화북 사람들은 대폭 감소를 보이고 화중·화남에서는 인구가 대폭 증가했다. 그만큼 파산농민의 남쪽 이주가 활발해진 것인데, 이들을 흡수할 정도의 개발이 화중·화남지방에서 진행되고 있었던 것이다.

또한 당 중기는 이미 기술하였듯이 생산력이 더욱 높아진 시기이기도 하였다. 그것은 한층 집약화되어 엄청난 노동력을 다량으로 투여하지 않으면 안 되는 농업형태를 취한 것으로, 이는 발전하는 대토지소유제(장원제) 아래에서 지주층이 그만큼 많은 장객과 전객 등의 예속농민을 거느리고 있었음을 의미하기도 한다. 나아가 내지번진의 성립은 방대한 파산농민을 번진병사로서 흡수하였다.

이와 같이 수·당전기 통치체제의 파탄기에는 많은 도호를 배출하면서도 이를 흡수할 터전이 존재하였기 때문에 파산농민이 반란에 참가하는 일은 없었을 것이다. 따라서 모순은 강력한 용병집단을 거느린 절도사라는 권력자와 당왕조와의 대결이라는 형태로 집중적으로 표현되었다.

그러나 당말의 당왕조 지배에 대한 모순의 격화는, 당 중기의 그것을 훨씬 웃돌고 있었다. 당왕조는 어쨌든 저항적이고 강력한 용병집단을 소유한 화북의 강대한 번진을 피하고, 당 중기 이래 농민의 이주로 인구가 증가하고 경제적으로도 발전하였으며 게다가 강대한 번진이 존재하지 않고 일관하여 순지 경향을 가지고 있던 화중·화남에서 수탈을 강화하였다. 그로 인하여 수·당전기 통치체제가 파탄된 당 중기 때와는 달리 더 이상 흡수할 수 없을 정도로 많은 파산농민이 생겨났다. 이 모순은 이들 파산농민이 주체가 되고, 또 소금전매와 차의 고율과세 아래에서 활약한 소금밀매자와 차밀매자, 생산력의 발전으로 대량으로 생긴 유민 등이 가담한 대반란이라는 형태로 집중적으로 표출되었다.

당말의 여러 반란은 원래 당왕조 지배질서 안에 있던 번진병사로부터 시작되어, 번진병사를 핵으로 한 병란과는 달리 번진병사를 포함하지 않았을 뿐만 아니라 이들을 적으로 돌리고 그럼으로써 공격을 당한 순수한 농민반란이었던 구보의 반란이나 황소의 대반란으로 발전하였다. 그러한 의미에서 구보의 난은 황소의 대반란의 선구를 이루지만, 규모는 지방적인 수준에 그쳤다. 이에 비해 황소의 대반란은 전국에 걸쳐 일어났다고 해도 될 만큼 대규모 반란이었다. 이 난은 위진(魏晉) 이래 장기간에 걸쳐 존재해 온 귀족정치를 몰락시키고 관료세력을 후퇴시켰으며 귀족과 관료를 지배권력의 담당자로 삼은 당왕조를 통일왕조라는 껍데기만 남기고 지방정권으로 전락시키는 계기가 되었다. 따라서 황소의 대반란은 구보의 반란보다 훨씬 중요한 역사적 역할을 수행하였고 농민전쟁이라고 불러야 할 농민반란이었다.

대반란이 귀족·관료정치를 몰락시키고 당왕조를 지방정권으로 전락시키는 계기가 되었다는 것은, 880년 반란집단이 장안을 목표로 다시 강북으로 들어간 것이 번진에게 당왕조와의 유대를 끊고자 하는 새로운 움직임을 광범위하게 일으켰기 때문이다.

그렇다면 번진의 새로운 움직임이란 구체적으로 어떠한 것일까?

번진의 재편과 당왕조의 멸망—동아시아세계의 변모

번진 자립화의 움직임

번진의 새로운 움직임이란 번진병사나 지주·도둑떼·무뢰한·유민 등이 번진기구를 점거하고 그 안에서 절도사가 출현하여 당왕조가 임명한 귀족·관료·금군 간부 등 중앙에서 파견된 절도사를 추방하거나 부임해 오는 것을 거부하는 등의 방식으로 실권을 장악하고, 당왕조와의 유대를 끊은 다음 각지에서 할거하는 세력을 형성하려는 자립화의 움직임이다.

번진의 자립화라고 하면, 내지번진 시대에 들면서 하북 3진이 '하북의 관행[舊事]'의 전통을 계속 견지하고 그 밖에 화북의 강대한 번진이 자주·자립의 움직임을 보이며 당왕조에 저항하였듯이, 번진무력집단은 그 같은 성향을 갖고 있었다. 그러나 이미 보았듯이 그 용병적 성격 때문에 철저하게 당왕조와의 유대를 끊고 따로 정권을 형성하려고는 하지 않았으며, 당왕조에 대한 저항에는 재지지주층이나 소농민과 파산농민이 참가하고 있지도 않았다. 재지인들이 참가하여 당왕조에 대결하게 된 것은, 선흡번진의 강전태 반란과 무령번진의 방훈 반란 등 당조 지배의 모순이 격화된 당말에 가까워져 일어난 번진반란에서였다. 그리고 이 단계가 되어서야 비로소 당왕조와 철저하게 대결하여 유대를 끊으려 하는 움직임이 나왔다. 재지인들의 참가가 번진병란의 성격을 바꿔 나간 것이다. 그런 의미에서 이 두 병란은 당왕조의 재정적 의존도가 높은 지역에서 일어났을 뿐만 아니라 종래의 번진병란과 성격을 달리하는 것으로서 주목할 가치가 있다.

번진의 새로운 자립 움직임이란 이러한 움직임이었고, 이것이 광범위하게 일어나면서 종래의 화북 중심으로 일어난 자립화 움직임보다도 격렬하게 당왕조의 귀족관료체제를 뿌리째 흔들어 놓게 된다. 그러나 이러한 움직임은 당시에는 아직 한두 개의 번진에서 나타나는 데 그쳤고 또 곧 진압되어 버렸다. 이에 비해 황소의 대반란은 그러한 움직임을 단숨에 분출시켰고 새로운 자립화의 움직임은 황소의 대반란에 직접 영향을 받은 화북·화중·화남뿐 아니라 장안에서 쫓겨난 희종이 도망친 사천에서도 일어났다.

지방정권으로 전락한 당왕조

희종이 사천의 성도(成都)로 도망가서 1년 정도 지난 무렵, 천능(阡能 : ?~882)이 지도한 반란이 성도와 가까운 서남부에서 일어났는데, 그 세력은 얼마 되지 않아 1만 명으로 불어났다. 이를 계기로 그 때까지 비교적 도둑떼가 적었던 사천에서도 산발적으로 봉기가 일어나 주현의 힘으로는 제압할 수 없게 되었다고 한다. 분명 여기에도 황소의 대반란이 그림자를 드리우고 있었던 것이다. 더욱이 천능의 반란과 거의 동시에 사천의 동남부에서는 한수승(韓秀昇 : ?~883)의 반란이 일어났다. 그리고 이들 반란을 계기로 사천에서도 번진의 자립화가 시작되었다. 즉 황소의 대반란에 직접 영향을 받은 지방이든 간접적인 영향밖에 받지 못한 지방이든 간에 번진의 새로운 자립화 움직임은 농민반란을 매개로 시작되어 광범위하게 현재화한 것이다.

바꾸어 말해 새로운 번진 자립화의 길은 번진무력집단 스스로의 노력으

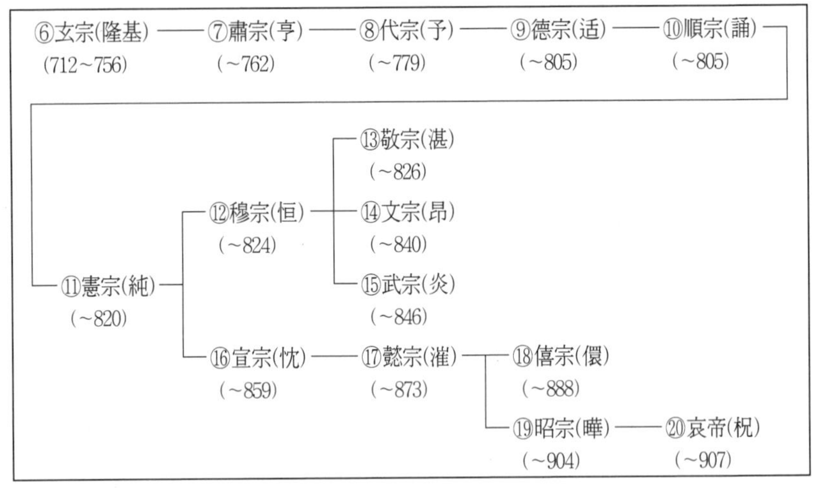

<당 후기 唐帝室 계보도>

로 당왕조의 귀족관료제와 대결해서 열렸다기보다는 농민반란의 성과를 움켜쥠으로써 열린 것이다.

앞에서도 기술하였듯이 안사의 난으로 시작된 내지번진 시대에 절도사 추방 등을 목표로 하여 일어난 번진병란은 기록으로 남은 것만 해도 200건 정도 되는데, 특히 다음 두 시기에 집중적으로 나타난다. 하나는 양세법이 성립한 시기이고, 다른 하나는 황소의 대반란으로부터 시작된 당말 시기이다. 두 시기 가운데 특히 후자에 더욱 집중되어 있다. 그만큼 새로운 자립화의 움직임이 번진을 광범위하게 뒤덮은 것이다. 당시 번진은 55개 정도 되었는데 대반란 후 중앙의 명령을 받아 부임할 수 있었던 절도사는 몇 명 되지 않았고, 그 번진도 결국은 자립화해 나갔다.

따라서 대반란이 끝난 다음 해 885년에 희종이 성도에서 장안으로 복귀한 후 당왕조의 위명(威命)이 미치는 곳은 겨우 경조부를 중심으로 한 협소한 지역에 지나지 않았다. 이미 당왕조는 일개 지방정권으로 전락해 있었던 것이다.

무인(武人) 사이의 주종관계

이렇게 하여 9세기 초의 개혁 이래 당왕조의 귀족관료제에 편입되었던 번진은 재지의 자립 지향적 성격 아래에서 재편됨으로써 내지번진의 역사상 제3기로 접어들었다. 여기에서 권력을 장악한 것은 번진무력집단을 거느린 무인들이었기 때문에 이 시대를 무인정치시대라고도 한다.

무인들은 이전처럼 가문이나 과거와는 관계없는 여러 계층에서 나와 무력과 정치권력을 장악했기 때문에 귀족이나 관료와는 이질적인 존재였다. 이 점은 귀족이나 관료라고 하는 극히 한정된 특정 계층이 아니라 귀족이나 관료의 지배하에 놓여 있던 가장 넓은 계층에서 정치권력의 담당자가 출현했음을 의미한다. 중국의 역사를 통틀어 정치권력을 잡은 것은 대부분 관료였고, 때로는 귀족 등 문관 계통의 사람이었다. 따라서 무력을 쥔 사람이 동시에 정치권력을 함께 장악하는 것은 오히려 드문 일이었는데 대반란 후인 당말에서 오대(五代)·송대(宋代)에 걸친 80년 동안이 그러한 시대였던 것이다.

이 무인들의 정점에 서 있는 존재가 절도사였고, 그 권력을 지탱한 것은 당왕조의 관직에 따른 직무 내용을 매개로 한 상급관과 하급관 사이에 성립된 통속관계가 아니라, 자신이 거느리던 무인들과의 사이에 맺어진 사적 주종관계였다. 이는 직접적으로 혹은 무인들을 매개로 해서 통솔한 무력기반으로서의 번진용병집단이었다. 사적관계는 이미 살펴보았듯이 황소집단이나 강적(江賊) 등에게 있어서도 결합의 유대 역할을 하였다. 물론 개개 소농민을 국가권력이 직접 파악한다는 지배이념을 갖는 수·당전기 통치체제가 농민층의 계층분화와 함께 붕괴된 후에도 여전히 소농민층은 당왕조의 기반으로서 존재하였고 또한 그 지배기구로서의 관료제도도 계속 존재하여 공적관계가 지배의 유대로 되어 있었다. 그러나 한편으로 새로운 사적관계가 질서의 또 하나의 유대가 되었던 것이다.

국군의 성격을 띤 남아금군(南衙禁軍)이 붕괴하고 북아금군(北衙禁軍) 신책군(神策軍)의 지휘권이 환관에게 넘어간 사실은 황제권 그 자체에도 사적 성격이 도입되었음을 나타낸다. 그리고 무엇보다도 발전을 계속해 온 대토지소유제는 예속농민을 사속(私屬)이라고 하였듯이 대토지소유자와 예속농민과의 사적인 지배·예속관계로 성립되어 있었다. 번진에서도 무력집단은 사적결합으로 일관되어 있었고 벽소(辟召)된 막직관(幕職官)과 절도사 사이에 사적관계가 존재한 것도 완전히 부정해 버릴 수는 없다.

이렇게 보면, 당왕조의 후반기의 질서는 공적관계와 사적관계가 병존하고 양 관계가 뒤섞인 형태로 성립해 있었다고 할 수 있다. 그런데 중앙에서 파견된 절도사가 부임했다는 사실은 번진이 귀족관료제 속에 편입되었음을 말하는 것이므로, 번진이라는 지방지배의 무대에서 공적관계가 사적관계를 굴복시킨 것이었다. 번진의 새로운 움직임은 이것을 역전시키는 움직임이었다.

지배체제에 저항할 힘이 형성될 경우 사적인 결합관계로 힘이 결집되는 것은 중국역사상 자주 보이는 일이다. 따라서 그 자체는 특정 시점에서 나타나는 특정한 역사현상이 아니다. 그러나 당말의 경우는 번진의 광범한 자립화에 의해, 무인 간의 사적관계를 유대로 한 결합으로 말미암아 무인정치라고 불리듯이 무인이 정치권력을 장악하고 당왕조체제를 대신하는 지배질서를 만들어 냈기 때문에 단순히 저항측의 결합형태가 아니라는 점이 주목된다.

활발한 가부자적(假父子的) 결합

이 무인 간의 주종관계에서 두드러지는 것은 주군(主君)인 절도사를 아버지로 하고 휘하의 무인을 아들이라고 하는 부자간의 형태를 모방한 가부자(假父子) 관계의 활발한 결성이다. 이는 절도사 가운데 가부자 관계를 맺은 사람이 꽤 있었다는 사실과 함께 한 명의 절도사가 배속된 수많은 사람들과 결합하여 한두 명이 아니라 다수의 가자(假子)를 거느리고 있었다는 사실을 말한다.

구체적으로 그러한 절도사의 이름을 들면, 사타족(沙陀族) 출신으로 그 아버지가 방훈의 반란을 토벌하는 데 공을 세웠고 본인 역시 황소의 대반란을 진압하는 데 큰 역할을 한 하동(河東)절도사 이극용(李克用 : 856~908), 황소집단을 배신하고 당왕조로 돌아서서 선무(宣武)절도사가 된 주전충(朱全忠 : 朱溫), 신책군 병사 출신으로 장안의 서쪽에서 오대(五代) 초까지 독립정권을 수립하고 있었던 봉상(鳳翔)절도사 이무정(李茂貞 : 856~924), 무

뢰한에서 병사가 되었다가 사천절도사가
되어 그 곳에 전촉(前蜀)왕조를 세운 왕
건(846~918) 등이 대표적인 인물이다. 이
가운데 이극용은 약 100명, 왕건은 120명
의 가자를 두고 있었다는 것이 기록에 보
이며, 그 수는 확실하지 않지만 주전충이
나 이무정 역시 상당한 가자를 두고 있었
던 듯하다. 이들은 당말에서 오대에 걸쳐
크게 활약한 절도사들이라 기록이 많이
남아 이러한 점을 알 수 있는 것이고, 그
밖에 자립지향을 가진 절도사 가운데 활
발하게 가부자 관계를 맺은 사람도 꽤 있
었을 것이다.

王建墓

　절도사가 가부자 관계를 맺은 경우는 이미 당 중기 안록산이나 안사의 난
후 강대한 반란측 지역인 번진에서 나타나고 있었다. 그런데 거기에서 맺어
진 가부자 관계는 대부분 개개의 가자(假子)로서는 몰주체적이었으며 가자
들의 집단을 단위체로 하여 존재한 집단형 가자였다. 이에 반해 뒷시대인
이 때의 가자는 개개의 가자가 가부인 절도사 아래서 유능한 무장으로 활약
하는 개인형가자 라고 불러야 할 것이며, 당 중기의 집단형 가자보다 주체
성을 가진 존재였다.

　개인형 가자가 되면 가부의 성씨를 따르고 이름도 가부의 친아들처럼 일
족의 세대(世代)를 나타내는 항렬자를 넣어 바꾸었다. 그렇다고는 해도 안
록산이 장수규의 가자가 되었던 데서도 기술하였듯이, 개인형 가자는 친아
들과는 달리 가부의 가문이나 지위·재산에 대한 계승권을 갖고 있지는 않
았다. 또한 가부는 친아들이 있건 없건 상관없이 많은 가자를 두었으므로,
친아들이 없을 경우 계승권을 갖는 양자를 맞아들이는 것과는 분명히 성격
을 달리하는 주종관계의 한 변형이다. 이는 친아들처럼 성과 이름을 바꾸고
부자관계를 모방하는 형태로 결합함으로써 절도사가 가부장권을 활용하고,
주종관계를 보다 강고화시키기 위해 맺은 결합 형태인 것이다.

李克用

당왕조와 단절로써 대응하다

절도사는 황소의 대반란으로 당왕조 체제가 급속히 붕괴하는 가운데 여러 계층 사람들이 번진에 의거하여 자립지향을 실현해 나가는 과정에서 그 자리에 오른 것이다. 따라서 당왕조 체제를 구체제로 간주하며 절도사 스스로 체제적으로 정착된 권력을 형성한 것은 아니었다. 그런 만큼 번진 내에서도 그 자리는 불안정하였다. 게다가 당왕조의 권위가 실추되면서 각 번진이 자립화했기 때문에 번진 사이에는 격심한 항쟁이 전개되어 내부뿐 아니라 외부와의 관계에서도 그 지위는 불안정하였다.

이처럼 구체제가 붕괴하고 더구나 새로운 체제가 아직 확립되지 않은 상황에서 확고한 권력을 갖지 못해 이중으로 불안정하였던 절도사가 그 권력을 유지·확장하고자 한다면, 우선 주종적으로 안정성 있는 사람과 결합하고 그것을 권력구성의 핵으로 삼아 나갈 수밖에 없다. 그것은 말할 것도 없이 혈연이고 특히 친아들이었다. 그러나 이것만으로는 결합범위가 극히 한정적이고 소규모에 머물 수밖에 없다. 그래서 주종관계에 부자관계를 모방한 관계를 끼워넣어 가부장권이 작용하는 형태로써 권력의 안정화를 꾀한 것이다.

따라서 가부자 관계의 성립은 자립번진 사이의 격심한 항쟁을 보여줌과 동시에 절도사 위치의 불안정성을 말해 주는 것이다. 그리고 가부자 관계란 가부와 가자라는 개인 대 개인의 관계이고, 가부의 가문과 가자의 가문이라고 하는 가문과 가문의 관계로까지 정착된 것은 아니었다. 그러므로 이무정이나 왕건은 가자와는 별도로 가손(假孫)까지 두어 가부의 친아들의 가자라는 형태로 가부가 죽은 뒤에도 가부 가문의 권력을 안정시키고자 하였다.

이처럼 가문과 가문의 관계로까지 정착하지 못했던 것은, 가부자만이 아니라 일반 주종관계에서도 그러하였다. 절도사의 마음에 들어 가자가 된 사람은 이미 무장인 자도 있었으나, 그 중에는 가내노예나 도적 출신인 사람조차 있어 일반 무인 출신과 마찬가지였다. 여기서는 가문은 말할 것도 없이 의미가 없으며, 가문보다는 성장환경이 아니 오히려 환경마저 중요하지 않았다고 보아도 될 것이다. 여기에서는 귀족이 고집해 온 신분제가 완전히 무시되었고, 가문의 계승권도 없고, 모방해서 만든 것이기는 하더라도 어쨌든 부자관계를 맺었으므로 유가적 가족윤리까지 무시되었다고 할 수 있다.

절도사가 가부자 관계를 맺기 시작한 것은 황소의 대반란 때부터였다. 당 중기에 집단형 가자를 둔 것은 자립지향을 가진 반란측 지역의 절도사였고, 당조체제 내에 편입된 순지의 절도사는 결코 가부자 관계를 맺지 않았다. 그러므로 당말 황소의 대반란 때부터 이러한 관계가 결성된 것은 실로 당왕조와 유대를 끊는 번진자립화의 움직임에 대응하는 것이었다.

번진 간의 항쟁과 통합

자립지향성을 가진 절도사는 일족을, 가자가 있다면 가자를, 나아가 일찌감치 절도사를 수행하며 원종(元從)이라고 불리던 부장 등을 주종관계의 핵심에 두고 우선 영내의 권력 확립에 노력하였다. 지군(支郡)의 자사 등도 문관이 아니라 거느리고 있던 무인을 지명하였다. 현령(縣令)은 여전히 문관이었지만 이것도 절도사와 주종관계로 결합된 진장(鎭將)이 실권을 빼앗고 있었다.

이와 같이 무인이 번진 안에서 실권을 장악해 나가는 한편 번진 간에는 격심한 항쟁이 일어나 약소한 번진은 강대한 번진에 통합되어 갔다. 항쟁에서 승리한 절도사는 통합한 번진의 절도사나 자사로서 주종적으로 결합한 무인을 임용하여 지배권을 확대해 나갔다. 따라서 이 단계가 되면, 주군적 절도사와 종신적 절도사라는 두 가지 절도사가 존재하게 된다. 앞에서 이름을 들었듯이 가부자적 결합을 행한 것은 모두 주군적 절도사이고, 이들은 부자관계를 모방한 가장 긴밀한 주종관계를 맺는 일을 휘하의 무인에게는 인정하지 않았다. 거기에는 주군적 절도사의 가부장권이 휘하의 무인에게도 작용하고 있었을 것이다. 번진의 용병집단도 사병화되는 경향이 나타났고, 여기에서도 같은 작용을 볼 수 있다. 그러나 주군적 절도사의 휘하에 있는 무인들도 주종적으로 결합된 자신의 부대를 거느릴 수 있었으므로, 주군적 절도사를 정점으로 해서 중층적으로 주종관계가 형성되어 있었다고 하겠다.

번진 간의 항쟁은 강대한 번진이 많은 화북에서 특히 심하였다. 많은 가자를 둔 절도사가 거의 화북 번진에 한정되어 있는 중요한 이유도 여기에 있을 것이다. 그 중에서도 하동절도사 이극용과 선무절도사 주전충이 강력하였는데, 장기간에 걸쳐 '하북의 관행'을 계속 지켜오던 하북 3진도 이 두 세력 사이에서 흔들리다가 당말부터 오대 초기에 걸쳐 통합되었다.

절도사 주전충의 즉위와 당왕조의 멸망

이러한 상황하에서 당왕조는 지방정권으로 전락하였고, 그 좁은 세계에서 귀족·관료와 환관은 여전히 권세를 다투었지만 이미 역사적 전개에서는 의미를 갖지 못했다. 그런데 정쟁도 독자적인 힘만으로는 되지 않아서 화북의 유력한 절도사를 후원자로 삼을 수밖에 없었다. 환관의 경우에 전령자(田令孜 : ?~893)나 양복공(楊復恭 : ?~894) 같은 실력자는 신책군 가운데 유능한 인물을 골라 절도사처럼 가부자 관계를 맺어 권세를 유지하려 하였다. 앞서 언급한 많은 가자를 둔 주군적 절도사인 이무정과 왕건은 일찍이 전령자의 가자였다. 이렇게 환관이 가자를 두었던 것 자체는 당 황실에만 의존하고서는 권세를 유지할 수 없었고 그만큼 당 황실의 존재가 약화되었음을 나타내고 있다.

그러나 가부자 관계를 맺은 것은 환관뿐이고 귀족과 관료는 가자가 되는 것도 물론 하지 않았으나 가자를 두는 가부도 결코 되지 않았다. 확실히 귀족이나 관료는 이 단계에 와서도 신분제를 고집하고 있었던 것이다. 그러면서도 후원자를 절도사에서 구한 것은 절도사의 개입을 더욱 촉진시킬 뿐이었다. 이런 식으로 당왕조에 개입한 절도사 가운데 주전충은 괴뢰화시켜 보호하에 두고 있던 애제(哀帝 : 재위 904~907)로부터 제위를 양위받는 형식으로 황제가 되어 후량(後梁) 왕조를 세웠다. 이로써 300년 가까이 동아시아 세계에 절대적인 영향을 끼쳤던 당왕조는 907년에 멸망하였다. 그 동안 절도사에 의해 두세 차례에 걸쳐 수많은 귀족·관료와 환관이 죽임을 당하였다. 그 중에 다음과 같은 전설이 있다.

904년 주전충은 사직시킨 주요한 귀족과 관료 30여 명을 활주(滑州 : 하남성 활현)의 백마역에 모아 죽이고 사체를 황하의 탁류에 던졌다. 측근인 이진(李振 : ?~923)이 "이들 일당은 평생을 청류라며 뽐내었으니 황하에 던져 탁류로 만들어 버리는 게 좋겠습니다"라고 한 말에 주전충이 웃으면서 허락하였다고 한다. 이진은 진사시험에 불합격하여 주전충을 섬기게 된 문관이었다. 여기에서 구보의 반란이나 황소의 대반란에 참가한 지식인들과 공통되는, 특권적 귀족·관료에 대한 증오감을 읽어 낼 수 있다.

분열의 시대로

후량왕조를 세우기는 했으나 주전충의 지배영역은 화북으로 한정되어 있었다. 그 화북에서도 이극용의 하동번진은 주전충에게 끝까지 적대하였고, 이극용의 아들대에 이르러 후량을 무너뜨리고 후당왕조를 세웠다. 주전충의 지배력이 화북으로 한정되어 있었던 것은 그 이외의 지역에서 독립정권이 성립하여 당이 멸망한 후 분열시대로 들어섰기 때문이다.

앞서 살펴본 바와 같이 사천에서는 왕건이 전촉(前蜀)을 세웠고, 일찍이 구보의 난의 무대가 되었던 오늘날 절강성 지역에는 전류(錢謬 : 852~932)가 오월(吳越)을, 회남(淮南)으로부터 강서성에 걸쳐서는 양행밀(楊行密 : 852~905)이 오(吳)를, 호남성에는 마은(馬殷 : 852~930)이 초(楚)를 세우고, 왕심지(王審知 : 861~925)는 복건에 민(閩)을, 고계흥(高季興 : 858~928)은 호북성 남반부에 형남(荊南)을, 유은(劉隱 : 874~911)은 광동성을 중심으로 남한(南漢)을 세웠다. 또 이무정은 경조부의 서쪽에 독립세력을 형성하였다.

이와 같이 분열시대라고 하더라도 옛 삼국시대나 남북조시대와는 달리 회하 이남이 한 나라로 통일되지 않은 채 몇 개의 나라가 병존해 있었기 때문에 분열의 양상은 훨씬 심하였다.

내지번진은 안사의 난과 직접 관계없는 회하 이남의 화중·화남이나 사천에도 설치되었다. 이는 안사의 난에 대처하기 위해서만이 아니라 생산력의 고양과 유통경제의 확대·발전이라는 상황에 대응하기 위해 주(州)라는 작은 행정구획보다 확대된 행정구획을 필요로 했기 때문이다. 이렇게 넓은 행정구획은 번진이 해체된 송대에도 계속 이어졌고, 오대 때 화중·화남에

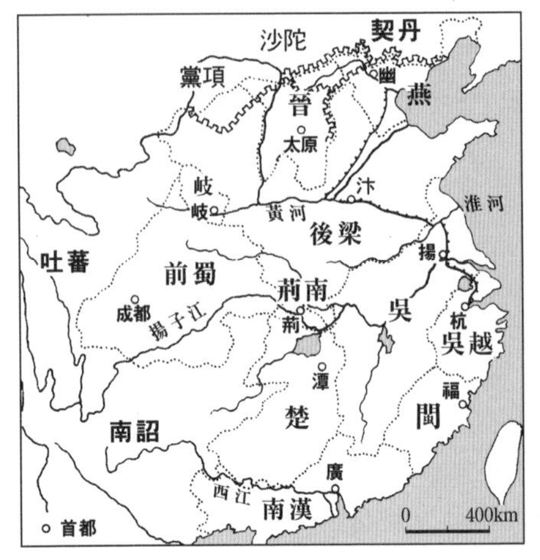

당말 오대 초의 형세도

몇 개의 독립정권이 병존한 것은 이 같은 상황에 대응하고 있다.

그런데 이들 독립 지방정권을 형성한 사람들도, 당나라에 건너온 아라비아인의 피를 이어받았다고도 하고 자사를 아버지, 광동성을 차지한 영남번진의 절도사로서 명문가인 위주(韋宙 : ?~868)의 딸을 어머니로 둔 유은을 제외하면, 모두 도적·무뢰한이나 병사에서 출세하여 절도사가 된 자들뿐이었다.

무인 지배하의 문관들

이리하여 당 멸망 후 무인이 정치권력을 잡는 5대10국시대가 시작되는데, 주전충 휘하의 이진(李振)처럼 문관이 전혀 없었던 것은 아니다. 무인은 번진기구에 의거하여 권력을 잡은 것이지 번진기구 그 자체를 폐기한 것은 아니므로 번진의 통치기구로서 막직관은 여전히 존재하고 있었다. 또 오대에도 미미하긴 하지만 과거제가 실시되고 있었다. 왕조가 건설되면 무인은 공권력 행사자로서의 성격을 강화시켜 나갔고, 원래 그러한 존재인 관료가 무인정치 하에서 요구되었던 것이다.

그러나 귀족이 부활한다든가 권력을 잡는다든가 하는 일은 없고 가문은 역사 속으로 사라져 버렸다. 이런 점에서는 가마쿠라 시대부터 남북조 동란기를 거쳐 귀족들이 무사에게 정권을 탈취당하면서도 여전히 귀족가문이 잔존하여 특수한 지위를 누린 일본의 경우보다 중국 당말의 변혁 쪽이 보다 급진적이었다고 할 수 있겠다.

단 무인자사는 물론이고 종신적(從臣的)인 무인절도사라 하더라도 일반적으로는 동일한 번진에서 임기가 겨우 평균 2~3년밖에 되지 않았고, 이

점에서는 당왕조
중앙에서 파견된
절도사와 다를 바
없었다. 요컨대 무
인 자사나 절도사
에게는 항상 관료
적인 측면이 따라
다녔고, 따라서 극

崇聖寺三塔 大理, 唐대에 창건된 절

히 비재지적인 존재였다. 아마도 용병을 권력기반으로 둔 데서 그 중요한 이유를 찾을 수 있을 것이다. 이것은 무인이 송초에 일찌감치 권력을 상실하고 번진이 해체되어 버리는 이유도 된다.

이 점을 다른 면에서 본다면, 무인을 대신하여 문인관료가 왕조 내에서 서서히 권력을 잡아나가는 것이었다. 사실 오대 중엽부터는 이러한 경향이 두드러지게 나타난다.

동아시아 세계의 변모

황소의 대반란을 계기로 당왕조가 멸망하자 마치 연쇄반응이라도 일으키듯이 동아시아의 여러 국가와 민족에게도 변화가 일어났다. 일찍이 7세기 후반부터 8세기 전반에 걸쳐 당왕조 주변의 여러 민족이 민족적으로 결집하는 움직임을 보였는데, 당왕조가 멸망한 10세기 전반에는 동아시아에서 그러한 움직임을 웃돌 만큼 역사적 의미를 갖는 변모가 이루어졌다. 그러한 변모를 일으킨 사건을 연표로 정리해 보면 다음과 같다.

916년 야율아보기(耶律阿保機 : 872~926)가 몽고 동부에 있던 거란족을
   통합하는 데 성공하여 황제를 칭하다.
918년 왕건(王建 : 877~943)이 고려왕조를 세우다.
926년 거란의 야율아보기가 발해(渤海)를 멸망시키다.
935년 왕건이 신라를 멸망시키고 다음 해 한반도를 통일하다.
936년 거란이 장성 이남에 이른바 연운(燕雲) 16주를 영토로 획득하다.

937년 운남(雲南)에 대리국(大理國)이 성립하다.

939년 일본에서 천경(天慶)의 난이 일어나다.

939년 베트남에서 오권(吳權 : 858~944)이 왕을 칭하며 독립정권을 형성
하다.

　이와 같이 일찍이 당왕조에서 법제와 같은 지배제도와 불교·유학·한자 등을 도입하여 통일국가를 형성한 발해와 신라는 당이 멸망할 즈음에 모두 멸망하였다. 발해는 건국한 지 229년째, 신라는 한반도를 통일한 지 260년째의 일이었다.

　또 일본에서도 거의 같은 시기에 천경(天慶)의 난, 아즈마노쿠니(東國)에서는 다이라노 마사카도(平將門 : ?~940)의 난, 세토나이(瀬戸内)에서는 후지와라노 스미토모(藤原純友 : ?~941)의 난이 재지인의 참가하에 일어났다. 이는 고대 율령국가가 형성된 이래 정권을 장악해 온 귀족층의 몰락을 예고하는 것이었다.

　또 같은 시기 중국 서남부의 운남과 베트남에도 독립왕국이 형성되었다.

　그리고 발해를 멸망시킨 거란은 화북에 석경당(石敬瑭 : 892~942)이 후진왕조를 세웠을 때, 원조의 대가로 장성 이남의 유주(幽州 : 현재의 북경시)를 포함한 16주의 영토를 획득하고 그 곳의 중국인민을 지배하에 두었다. 게다가 후진의 황제 석경당은 거란 황제에 대해 신하를 칭하며 부자의 예로써 섬겨야 했다. 당나라의 기미(羈縻)와는 완전히 역전된 관계가 등장한 것이다. 이것은 만주의 여진족과 몽고족에 의한 중국지배의 선구를 이루는 것이다. 즉 중국인민은 봉건지배와 이민족 지배라고 하는 이중의 중압 아래에서 괴로움을 당하였고 그 선구적인 모습이 이 시기에 나타난 것이다.

　거란족은 중국의 일부를 지배함과 동시에 유목이 행해지고 있던 장성 이북의 원거주지도 지배하였다. 그로 인하여 북면관(北面官)과 남면관(南面官)이라는 이원적인 지배체제를 취하여, 북면관은 유목민을 지배대상으로 하고 남면관은 농경민을 지배대상으로 하였다. 이로 인해 일찍이 마찬가지로 중국을 지배한 5호16국과 탁발족이 세운 북위 등과는 달리, 거란은 본래의 거주지를 버리고 중국 안에 매몰되어 버리지 않았던 것이다. 이것은 분

명 민족적 독자성을 계속 유지하고자 한 것이었다.

이 독자성은 거란문자라고 불리는 고유의 문자를 한자에서 만들어 내어 사용한 데서도 나타난다. 그리고 일본에서도 헤이안(平安) 시대가 되자 율령관제로는 해결하기 어려운 사회변화에 대응하여 영외관(令外官)을 증설하고 한자에서 일본 고유의 가나문자를 만들어 내어 사용하였다. 그것을 바탕으로 하여 생겨난 문화가 국풍(國風)문화이다.

독자성을 가진 여러 국가의 등장

이렇게 하여 동아시아 세계는 크게 변모하였다. 7세기 후반부터 8세기 전반에 걸쳐 당왕조로부터 강력한 영향을 받고 민족적으로 결집하여 형성된 여러 국가는, 당왕조가 멸망한 거의 같은 시기인 10세기 전반이 되면 멸망하거나 질적 변화를 이룩하여 강한 독자성을 갖는 국가로서 새로이 등장하여 동아시아 역사를 전개해 나간다.

일본의 경우 단순한 교역을 넘어 지배제도로부터 문물의 섭취까지를 국가간의 공적인 관계로 행하는 견당사선 파견 등은 이미 하지 않았다. 안사의 난에 대해서는 6국사(六國史)의 하나인 『속일본기(續日本紀)』에 몇 번 싣고 있지만, 황소의 대반란의 경우는 같은 6국사의 하나로 대반란 전후의 시대를 기술한 『삼대실록(三代實錄)』 50권에 전혀 기재되지 않았다. 이는 두 나라의 변질에서 온 양국 관계의 변화의 표출일 것이다.

그러나 이것은 두 나라 사이의 관계가 단절되었음을 의미하는 것은 아니다. 오히려 민간 차원에서의 관계는 도리어 깊어져, 공적관계보다도 사적관계에서 교류가 계속되었다.

12. 5대10국의 추이와 절도사체제

이 장의 내용

이 장에서는 우선 5대(五代)의 정치적 대세와 5대 여러 왕조의 지배체제인 절도사체제에 대하여 기술하고, 무인정치 아래에서의 농민생활에 대하여 기술하고자 한다.

907년 당나라가 20대 황제 290년으로 멸망하자 화북에는 주전충(朱全忠)이 세운 후량(後梁)으로 시작하여 후주(後周)로 끝나는 다섯 왕조가 흥망을 거듭하고, 그 밖의 지방에서는 전촉(前蜀)·후촉(後蜀)·오(吳)·남당(南唐) 등 10국이 서로 항쟁을 되풀이하며 세상은 군웅할거의 혼란기로 돌입했다. 그러나 960년 후주를 대신하여 송(宋)이 성립하면서 이 5대10국의 분열도 마지막을 고하고 중국은 재통일되었다.

이 장에서 절도사체제를 상술하려 하는 것은 절도사체제가 5대에 가장 중요한 정치적 기초가 되는 체제이고, 따라서 이를 이해하지 못하면 5대의 정치를 이해할 수 없기 때문이다. 즉 당말에서 5대에 걸치는 시기는 중국역사상 중요한 전환기로서 중국에서는 보기드문 무인정치시대였고, 신흥 지주층이 대두한 시기이기도 했다. 당시 옛 귀족들은 그들의 생활기반이었던 장원을 절도사 등에게 빼앗기고 종종 무인에게 살해당하기도 하는 등 정치적·경제적 실권을 잃고 몰락하였고, 이를 대신하여 절도사와 그 부하 및 그에 의존하는 상공업자 및 신흥지주층이 대두했다.

즉 남북조·수에서 당 초기에 걸쳐 중국에서는 문벌귀족에 의한 귀족정치가 행해졌지만, 당 중기에 일어난 안사의 난 후에는 절도사 세력이 대두하여 지방의 군사·민정·재정권을 장악하고 마치 봉건제후처럼 군림하였기 때문에 번진(藩鎭)이라고 불렸다. 이렇게 하여 출현한 군벌할거의 형세, 즉 번진의 발호는 당왕조의 쇠망 원인이 되었다.

5대에도 절도사는 모두 몇 개의 주를 통할하여 관찰사직을 겸하며 관하

여러 주현의 군사·민정·재정의 3권을 장악하고 무인정치를 행하였다. 절도사는 신변을 호위하는 아병(牙兵) 또는 친군(親軍)이라고 불리는 최정예 부대를 거느리고 이를 절도사체제의 중핵으로 삼았는데, 이들은 절도사가 천자로 즉위하면 금군(禁軍)이 되었다. 아병 출신으로 절도사 무인체제의 군사적 중추를 이루는 아장(牙將)이나 아리(牙吏)는 군정(軍政), 군대의 지휘·재정·외교·형옥을 담당하고, 절도사가 황제 자리에 오르면 금군대장이나 군정·재정 장관 등의 요직에 등용되었다. 절도사는 또 진장(鎭將)을 관내 각지에 주둔시켜 세력기반으로 삼고 있었기 때문에, 문관인 현(縣)의 장관은 거의 실권을 갖지 못했다. 이렇게 하여 절도사체제에서는 상부로부터 말단에 이르기까지 무인이 권력을 장악하고 있었다. 이와 같이 5대는 무인정치시대였지만, 한편으로 절도사나 관찰사의 막료에는 문관, 즉 관료가 있어서 군사·민정·재정을 보좌하였으며 절도사가 천자가 되면 중앙관료의 요직에 임용되었다. 이것에 의해 관료도 상당히 중시되었고, 5대가 막을 내려 가면서 더욱 힘을 축적하여 송대에는 문치정치의 기초를 이루었다.

절도사는 아군(牙軍)을 양성하고 무력을 배경으로 주군을 무너뜨리고 새로운 왕조를 세워 절도사체제를 중앙으로 도입하였기 때문에, 5대 여러 왕조의 지배체제는 절도사 지배체제를 확대·발전시켰다는 성격을 갖고 있다.

즉 당의 중앙관제는 당말·5대를 지나면서 크게 변화하여 당제(唐制)에서는 볼 수 없던 관직이 많이 출현하였다. 그 장관(長官)은 사(使)라고 불린 직책이 많았기 때문에 이를 '사직체제(使職體制)'라고 한다. 즉 민정을 담당하는 중서문하성(中書門下省), 군정을 담당하는 추밀원(樞密院 : 장관은 樞密使), 국가재정을 담당하는 삼사(三司 : 장관은 三司使) 등이 그것이고, 삼사 등의 내부기구는 절도사체제의 그것과 유사하였다.

당 중기 이후 균전제가 붕괴되었으며 조용조제 대신 양세법이 시행되었다. 5대의 농민생활은 극히 고통에 찬 것이었다. 양세(兩稅) 부담이 무거워졌을 뿐만 아니라 연징(沿徵)이라는 부가세의 수가 많아지고, 게다가 각지의 절도사도 위에서 기술한 것들 외에 농민으로부터 많은 것을 수탈하였다.

이렇게 되자 무인정권의 무거운 세금과 절도사의 주구로 고통받던 농민은 유망하게 되고 그 대부분은 대토지소유자의 장원에 들어가 전호(佃戶 :

소작인)가 되어 토지겸병은 더욱 활발해졌다.

이렇게 해서 대두한 것이 형세호(形勢戶)라고 불리는 신흥 지주층이었다. 또 당시 절도사의 부장·막료가 된 자 가운데에는 새로이 세력을 갖게 된 유력호(有力戶)·역급호(力及戶)·부호(富戶) 등으로 불린 신흥 지주층이 있어 절도사나 관료가 되기도 하였는데, 이것도 신흥 지주층의 발전을 보여 준다. 이와 같이 절도사체제는 새로운 시대를 키워 나가는 역할을 하였다.

5대 왕조의 흥망과 10국의 추이

후량에서 후당으로

907년(天祐 4), 선무군(宣武軍)절도사 주전충은 당왕조를 멸망시키고 제위에 올라 치소(治所)인 변주(汴州 : 하남 개봉)를 수도로 삼았는데, 그가 바로 후량(後梁)의 태조다. 그 후 960년(建隆 원년)에 송왕조가 일어나기까지 54년 동안 화북 땅에는 후량(後梁)·후당(後唐)·후진(後晉)·후한(後漢)·후주(後周)의 다섯 왕조가 흥망했는데, 이 시대를 5대(五代)라고 한다.

그러나 5대 왕조의 지배력은 황하 근방으로만 한정되었고, 그 밖의 여러 지방에는 전촉(前蜀)·후촉(後蜀)·오(吳)·남당(南唐)·민(閩)·초(楚)·형남(荊南)·남한(南漢)·오월(吳越)·북한(北漢) 등 여러 나라가 할거했다. 이것을 10국이라고 하고, 중원의 여러 왕조와 합쳐서 5대10국이라고 한다.

먼저 5대10국의 추이부터 살펴보자.

당말에 사타족 출신의 하동절도사로 산서의 태원에 주둔한 이극용(李克用 : 후당 태조)과 원래 황소의 부장이었다가 당에 항복하여 선무군절도사로서 변주(汴州)에 주둔한 주전충은 884년(中和 4)에 황소를 무너뜨렸는데, 그 후 서로 세력을 다투며 대항하고 있었다.

한쪽 눈이 작아 독안룡(獨眼龍)이라는 별명을 가졌던 이극용은 돌궐 사타부 추장인 이창국(李昌國 : 朱邪赤心)의 셋째아들로, 뛰어난 용맹으로 이름을 날리고 있었다. 그는 장안(섬서성 서안시)을 회복한(883년) 공으로 동

평장사·하동절도사가 되었
다. 그 후 그는 진주(陳州 : 하
남성 회양현)에서 황소를 토
벌했을 때, 군량을 얻으러 변
주에 가서 함께 황소를 토벌
한 주전충의 속임에 빠졌다가
구사일생으로 살아났다. 두
사람은 이를 계기로 숙적이
되어 당왕실을 사이에 두고
격투를 계속하였다. 그 후 주
전충의 세력이 강해지자 그의
지배는 하남·회서·산동에서
부터 하북까지 미치어, 이극
용을 압박해 나갔다.

後梁시대의 오대십국

　당시 당왕실에서는 정권을 장악한 환관이 마음대로 천자를 폐하고 세우
기를 거듭하고 있었다. 이 무렵 소종(昭宗 : 재위 888~904)이 제위에 있었
는데, 환관은 소종도 폐위시키고자 했다. 이에 903년(天復 3) 주전충은 재상
인 최윤(崔胤)의 요청을 받고 장안에 들어가 환관을 모조리 죽이고, 이듬해
천우(天祐) 원년에는 다시 최윤 이하 관료를 죽이고 마침내 소종까지 살해
한 후 13세의 태자를 황제로 올렸다. 그가 당왕조 최후의 황제 애제(哀帝 :
재위 904~907)이다. 이윽고 주전충은 애제에게 강제로 양위하게 하여 스스
로 황제에 오르고 나라를 양(梁)으로 개칭하고 개평(開平)으로 개원하였다
(907년).

　이극용 등 각지에 할거한 신흥 군벌은 물론 이를 인정하지 않고 각자 독
립을 선언하여, 이른바 5대10국의 쟁란시대의 막이 올랐다.

　이 무렵 화북 이외의 지방으로 사천에는 전촉(前蜀)이 섰고, 화중·화남
에는 오(吳)·오월(吳越)·초(楚)·민(閩)·남한(南漢) 등이 있었는데, 오월
이하의 여러 나라는 후량으로부터 왕으로 봉해졌다.

　그런데 이미 언급했듯이 후량의 태조는 하동절도사인 진왕 이극용과 서

로 경쟁했는데, 908년(開平 2) 이극용이 죽고 그 뒤를 이은 아들 이존욱(李
存勗)에 이르러서는 그 세력이 강성해졌다.

후량의 태조는 재정을 양자인 주우문(朱友文)에게, 민정·병정을 재신(宰
臣)인 경상(敬翔)에게 위임하고, 자신은 이극용·이존욱과 회남의 양행밀
(楊行密)·양악(楊渥) 부자 등 강적(江賊)과의 항쟁에 나섰다. 그러나 도적
출신의 무인이었던 태조는 여자관계에서도 절도가 없어, 여러 아들이 지방
으로 부임하여 자리를 뜬 것을 기회로 며느리들마저 규중으로 끌어들였다.

이윽고 태조가 낙양(하남성 낙양시)에서 병상에 드러눕게 되자, 영왕(郢
王) 주우규(朱友珪)의 처 장씨와 태조의 총애를 겨루던 박왕(博王) 주우문
의 처 왕씨에게 명하여, 주우문을 변주에서 부르고 대신 주우규를 지방으로
보내려 했다. 이를 두려워한 주우규는 병상의 태조를 살해하고 그 죄를 주
우문에게 뒤집어 씌운 후 그를 죽이고 즉위하였다.

그러나 이 정변으로 금군(禁軍 : 근위군)의 일부가 반란을 일으키게 되자
태조의 셋째아들 주우정(朱友貞)은 태조의 조카, 즉 낙양에 머물고 있던 시
위친군(侍衛親軍) 도지휘사(都指揮使) 원상선(袁象先)과 결탁하여 주우규
를 죽이고 즉위하였다. 그가 바로 후량의 말제(末帝 : 재위 913~923)이다.

이와 같이 후량이 태조 사후 혼란을 겪는 동안, 양(梁)은 그 영역을 점점
북방의 진(晉)에게 빼앗기고, 연(燕 : 하북 북경)의 군벌 유수광(劉守光)을
무너뜨린 진왕 이존욱은 하북의 위주(魏州 : 하북 大名府)에서 제위에 올라
국호를 당(唐)으로 칭하고 동광(同光)으로 개원하였다. 923년의 일이다. 또
그 해 후량을 무너뜨려 중원을 지배하고 수도를 낙양으로 정하였다. 이존욱
은 후당(後唐)의 장종(莊宗 : 재위 923~926)이라고 한다. 양나라는 건국 후
겨우 2황제 16년의 단명으로 끝나고 말았다.

후당·후진과 거란의 활동

이렇게 되자 화중의 여러 나라는 후당에 사자를 보내왔지만, 전촉은 그렇
게 하지 않았다. 그래서 동광 3년 장종(莊宗)은 대병을 파견하여 전촉을 공
격, 멸망시켰다. 그리고 맹지상(孟知祥)을 서천절도사로 임명하였다. 나중에
기술하겠지만 그가 바로 후촉(後蜀)의 고조(高祖)이다.

장종은 용맹하고 과감한 무인이었지만, 심려하고 원대한 계책이 없었고 정치가로서의 자질도 부족했다. 사천을 정복한 후에는 교만해져, 정치를 게을리하고 음악에 빠져 환관의 전횡을 방임했기 때문에 인심을 잃었다. 게다가 자신은 궁정에서 사치스러운 생활을 하면서도 병사들의 급여는 미루었기 때문에, 장병 사이에 불만이 쌓이게 되었다. 그러던 가운데 추밀사 곽숭도(郭崇韜)가 환관의 참언으로 사천의 진중(鎭中)에서 쓰러지자 각지에서 불온한 움직임이 나타났다.

이 때 업도(鄴都 : 하북 大名府)에서 반란이 일어나 이를 평정하기 위해 파견된 이극용의 양자 이사원(李嗣源)이 부하와 반란군의 옹립을 받아 장종에게 반항하여 개봉(開封)으로 나아갔다. 장종은 이를 토벌하고자 했으나 반란군이 수도로 통하는 보급로를 차단하였기 때문에 낙양에 있던 장종 휘하의 금군은 전의를 잃고 장종을 죽여 항복했다. 낙양에 입성한 이사원은 제위에 올라 후당(後唐)의 명종(明宗 : 재위 926~933)이 되었다.

당시 명종은 이미 60에 가까운 나이였다. 원래 그는 대북(代北 : 산서성 대동시의 북쪽)의 미천한 유목민의 아들로 태어나 교양은 없었으나, 매우 성실하였다. 그의 인품을 인정한 이극용의 양자가 된 그는 백성의 소리에 귀를 기울였고, 나중에 언급하겠지만 후주(後周)의 세종(世宗)과 함께 5대의 천자 가운데에서도 뛰어난 천자로 평가받고 있다.

명종은 내정개혁에 착수하여 치적을 올렸다. 이것은 5대 정국(政局)의 한 시기를 획하는 것으로, 우선 환관·궁인을 줄이고 제도(諸道)의 감군사(監軍使 : 천자를 위하여 절도사 군대를 감시·감독하는 관직)를 폐하고, 시위친군(侍衛親軍 : 천자의 친위군) 제도를 확립하였다. 그리고 전국적으로 검전(檢田)을 실시하여 토지를 파악함으로써 과세의 공평을 꾀하고, 또 재정기관으로서 삼사사(三司使)를 창설했다. 그러나 황제권은 결코 강력하지 않았고 그것은 명종의 사후 곧 실상을 드러내게 된다.

933년(長興 4) 명종이 죽고, 그의 아들 민제(閔帝 : 재위 933~934)가 제위에 올랐지만 다음 해 명종의 양자 이종가(李從珂 : 廢帝)가 제위를 찬탈했다. 당시 명종의 사위로 하동절도사였던 석경당(石敬瑭)은 이종가의 이러한 행동을 매우 경계하게 되었고, 이종가도 석경당의 실력을 두려워하였다.

이종가가 석경당을 그의 근거지 진양(晋陽 : 산서성 태원시)에서 떼어놓고
자 천평(天平)절도사로 임명하여 산동으로의 이주를 명하자, 석경당은 그의
의도를 알아차리고 부장 유지원(劉知遠) 등의 권유를 받아들여 반기를 들었
다. 이종가의 대군에게 진양을 포위당하고, 식량이 다 떨어진 석경당은 모신
(謀臣) 상유한(桑維翰)을 거란으로 파견하여 원조를 청하였다.

거란의 태종 덕광(德光 : 재위 926~947)은 원조의 대가로 석경당에게 거
란에 대해 신하의 예로 대할 것, 해마다 조공을 바칠 것, 북변의 유(幽 : 北
京)·계(薊 : 하북성 薊縣) 등 16주(연운 16주)의 할양을 요구했다. 석경당
이 조건을 수락하자, 태종은 곧 5만의 기병을 일으켜 남하하고 안팎으로 호
응하여 후당의 진양 공위군(攻圍軍)을 궤멸시켰다.

석경당은 거란군의 원조를 받아 수도인 낙양으로 진격하였다. 936년(淸泰
3) 11월 수도를 점령하여 후당을 무너뜨리고, 후진(後晋)을 건국하여 천복
(天福)이라고 개원하고 개봉(開封)을 수도로 삼았다. 그가 바로 후진의 고
조이다. 즉위 사정이 이렇다 보니 고조의 권력은 미약했다. 따라서 노문진
(盧文進)·범연광(范延光) 등의 강력한 번진이 잇따라 반란을 일으켰다.

고조 석경당(재위 936~942)은 거란의 원조에 보답하기 위하여 약속에 따
라 거란에게 군신의 예로써 대하고 연운 16주를 할양하며 매년 비단(견직
물) 30만 필을 보내기로 하였다. 이러한 거란정책에 대해서는 고조의 치세
동안에도 반대하는 자가 있었는데, 고조의 사후 소제(少帝 : 재위 942~946,
出帝라고도 불린다)는 금군대장 경연광(景延廣)의 말에 솔깃하여 거란에
반기를 들었다. 이에 거란의 태종은 후진을 치고, 946년(開運 3) 소제를 포
로로 잡아 후진을 무너뜨렸다.

영명한 군주 주 세종(周世宗)과 통일로 가는 길

개봉에 있으면서 하남의 땅을 약탈한 거란의 태종은 하동절도사인 유지
원(劉知遠)이 진양에서 제위에 올라 후한(後漢)을 건국하고 개봉을 공격하
자 개봉에서 철수하였다. 유지원은 개봉으로 들어가 그 곳을 수도로 삼고
후한의 고조(高祖 : 재위 947~948)가 되었다.

고조의 사후 은제(隱帝 : 재위 948~950)가 제위에 올랐는데 당시에는 문

신파와 무신파의 대립이 심하
였다.

950년(乾祐 3) 황제는 문신
파 측근과 함께 수도에 있는
무신파를 무너뜨리고, 또한
산동의 운주(鄆州 : 산동성 東
平縣)에 주둔해 있던 천평군
(天平軍)절도사 곽위(郭威)를
제거하고자 하였다. 이에 곽
위가 개봉으로 공격을 해오자
은제는 이를 막으려다 부하에
게 살해당하였다.

곽위는 고조의 동생 유숭
(劉崇)의 아들인 유빈(劉贇)

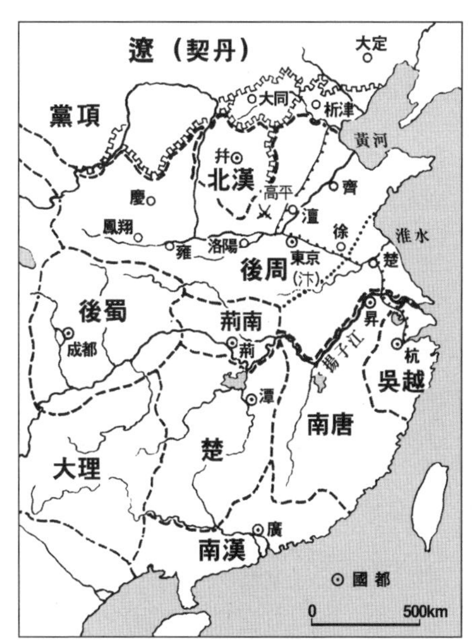

後周시대의 오대십국

을 세웠으나, 거란의 남침 소식에 북상하였고, 단주(澶州 : 하남성 濮陽縣)
에 이르러 부하의 추대를 받아서 개봉으로 들어가 제위에 올라 후주(後周)
를 건국하였다. 그가 바로 후주의 태조(재위 951~954)다. 이 때 유숭은 진
양에서 독립하여 북한(北漢)을 세웠다.

후주 태조의 사후, 양자인 시영(柴榮)이 제위를 이어 후주의 세종(世宗 :
재위 954~959)이 되었다. 세종은 5대 시기의 명군으로, 태종의 사거 소식을
들은 북한의 세조 유숭이 어린 세종을 얕잡아 보고 거란의 원병과 함께 침
략해 오자 세종은 군신의 만류를 뿌리치고 친히 정벌에 나서서 산서성 택주
(澤州) 북동쪽에 있는 고평(산서성 高平縣)으로 요격했다.

싸움이 시작되자 북한군 기병의 맹렬한 공격에 두려움을 느낀 장교들이
도망쳐 버려서 믿었던 금군이 붕괴될 위기에 직면했지만, 조광윤(趙匡胤)의
전전군(殿前軍)과 함께 활과 돌로써 분전하여 형세를 역전시켰다. 나아가
북한의 수도 태원을 포위하기에 이르렀다.

세종은 수도를 함락시키지는 못했지만 이 때의 교훈으로 금군의 대개혁
을 단행했다. 그는 금군에서 노약자·연장자를 제외시키고, 지방의 정예를

郭威

뽑아 조광윤을 장관으로 하는 전전제반(殿前諸班)을 강화하는 데 주력했다. 그리고 강성한 금군의 무력을 활용하여 절도사의 횡포를 억제하고, 강남 여러 나라와 북방의 거란에 대하여 적극적 정책으로 맞서게 되었다.

즉 세종은 북한 유숭의 군사를 고평에서 토벌하고는 모신(謀臣) 왕박(王朴)의 말에 따라 중국을 통일하려고 했다. 왕박은 "중국을 취하는 방법은, 쉬운 것부터 시작하십시오. 우선 남당(南唐)을 쳐서 양자강 이북의 땅을 취하고, 나아가 강남을 평정하십시오. 강남을 취하게 되면 남한(南漢)을 복종시킬 수 있습니다. 그 다음으로 촉(蜀)을 평정하시고 거란을 공격한 후 마지막으로 북한을 취하십시오"라고 말했다.

이에 세종은 우선 후촉(後蜀)을 쳐서 진(秦 : 감숙성 天水縣)·봉(鳳 : 섬서성 봉현)의 두 주를 취하고, 다음으로 남당을 정복하여 956년(顯德 3) 강북지방을 할양받았다. 955년에는 거란을 공격하여 익진관(益津關 : 覇州, 하북성 패현)과 와교관(瓦橋關 : 雄州, 하북성 웅현)을 취하고, 나아가 후진이 할양한 16주 가운데 막주(莫州 : 하북성 任邱縣)·영주(瀛州 : 하북성 河間縣)를 탈취하고 유주(幽州)를 취하려고 했으나, 병이 발발하여 되돌아왔다.

이 병이 화근이 되어 세종은 재위 6년째인 39세의 나이로 요절하였다. 그러나 세종은 그의 재위기간에 조세경감·토지개간·치수에 노력하고, 기강을 숙정하여 쓸데없는 지출을 막음으로써 절약을 꾀하였다. 955년(顯德 2) 불교에 대탄압을 가하여, 몰래 승려가 되는 일을 금하고 많은 사원을 폐지하였으며, 토지·동기(銅器)·불상을 몰수하여 동전을 주조하는 등 사원의 재산으로 놀고먹는 무리들을 생산노동으로 내몰고자 하였다.

이 사건은 북위 태무제·북주 무제·당 무종의 불교탄압에 비할 만한 것

으로, '삼무일종(三武一宗)의 법난(法難)'이라고 불리며, 불교도 측으로부터
많은 비난을 받았다.

어쨌든 5대의 혼란도 이 같은 세종의 노력으로 사회질서가 안정되면서
새로운 통일시대로 진입하기 시작하였다.

후주의 세종이 죽자, 일곱 살 난 공제(恭帝 : 재위 957~960)가 제위에 올
랐다. 그러나 곧바로 민중에게 추대받은 금군대장 조광윤이 제위에 올라 송
(宋)을 건국하였다.

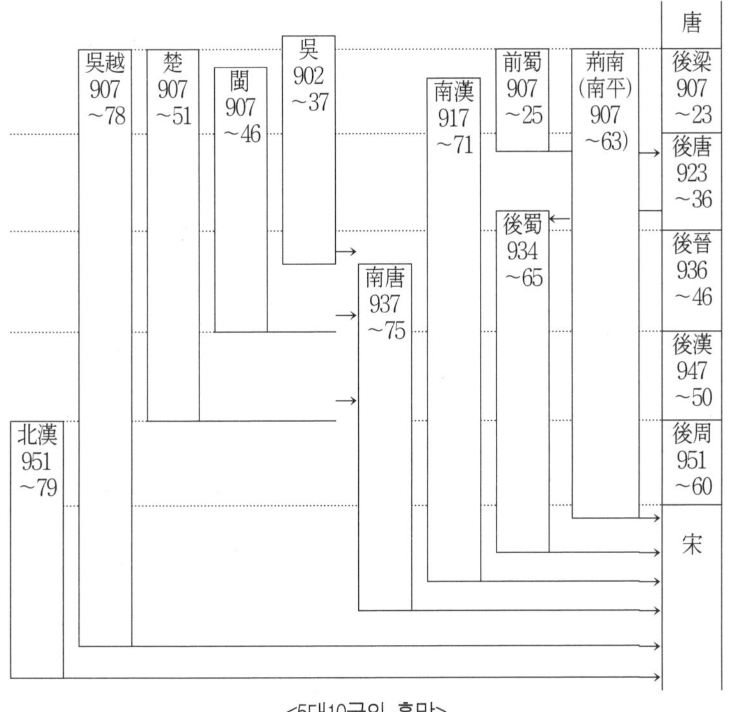

<5대10국의 흥망>

이 과정을 구체적으로 보면, 공제가 즉위한 다음 해인 960년 초 거란군의
침입 소식이 개봉으로 전해지자 곧 전전도점검·귀덕군(殿前都点檢·歸德
軍) 절도사 조광윤은 대군을 이끌고 전선으로 출동했다. 그러나 그 때 이미

후주의 여러 장군들 사이에는 5대 무인정권의 관례에 따라 어린 황제를 폐하고 조광윤을 옹립하려는 분위기가 강하였다.

조광윤의 동생 조광의(趙光義)는 이러한 분위기를 직시하고 명신 조보(趙普) 등과 책략을 꾸몄다. 개봉성 밖의 진교역(陳橋驛)에서 여러 장군이 새벽을 틈타 조광윤의 침소로 들어가 천자의 자리에 오를 것을 간원하고, 그에게 천자의 황포를 씌워 만세삼창을 하였다. 조광윤은 곧 수도로 돌아와 공제의 양위를 받아 천자가 되었다. 그가 바로 송의 태조(재위 960∼978)이다. 그가 절도사로 있던 귀덕군은 춘추시대에 송나라의 옛 땅에 설치된 것이기 때문에 국호를 송이라 하였다.

이상과 같이 화북에서는 다섯 왕조가 교체하였는데, 이 중 후당·후진·후한은 사타족이 세운 왕조이고, 후량·후주는 한족이 세운 왕조였다. 그리고 이들 나라의 천자는 거의 절도사 출신이기 때문에 이 시대를 절도사체제시대라고도 한다.

또 이들 5대 왕조는 후당만 낙양을 수도로 삼았을 뿐 그 이외의 왕조는 모두 변경(汴京) 즉 개봉부(開封府)를 수도로 삼았다. 이것은 개봉부가 대운하의 요충에 해당하여 수륙교통에 편리했고 경제상 요충지를 이루고 있었기 때문인 듯하다.

화중·화남·사천·산서의 10국

5대시대에는 화북의 다섯 왕조 외에, 화중·화남·사천·산서에서 10국이 교체하고 있었다.

오(吳 : 902∼937) : 당말에 회남절도사(강소성 揚州에 주둔) 양행밀(楊行密)은 강소·안휘·강서 등의 땅을 지배하고 있었는데, 후량 말제(末帝) 때인 915년(貞明 5), 그 아들인 양융연(楊隆演)이 오나라를 세워 왕위에 올랐다. 양융연의 동생 양박(楊博) 때, 서지고(徐知誥)가 정권을 잡고 927년(後唐 明宗, 天成 2)에 양박을 옹립했다.

남당(南唐 : 937∼975) : 서지고는 937년(後晉 高祖, 天福 2) 드디어 오를

무너뜨리고 남당을 건국하였다.
이름을 이변(李昇)으로 개칭하
고 금릉(金陵 : 강소성 남경시)
을 수도로 정했다.

그의 아들 이경(李璟)은 946
년(後晉 少帝, 開運 3)에 민
(閩)을 무너뜨리고 복건을 병합

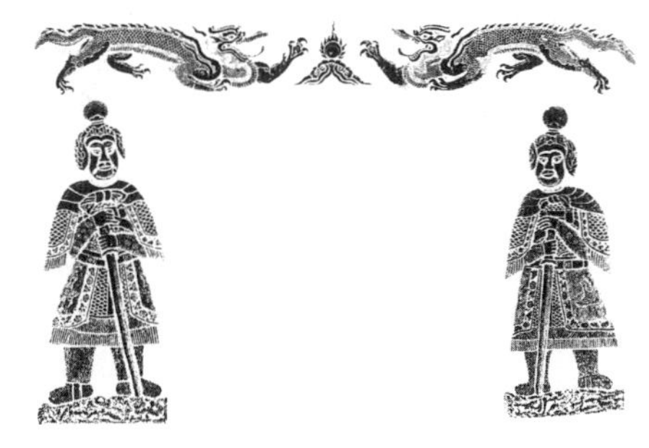

李昇陵 중실 석각 탁본　南唐

했다. 951년(後周 태조, 廣順 원년)에는 초(楚)를 멸망시킴으로써 호남까지
지배하에 넣게 된다.

남당에서는 비교적 평화로운 시기가 계속되었기 때문에 문화가 번영하였
다.

오월(吳越 : 907~978) : 당말, 항주자사 전류(錢鏐)는 진해군(鎭海軍)절
도사(강소성 潤州, 후에 절강성 항주에 주둔)가 되었는데, 그는 위승군(威勝
軍)절도사(浙江・紹興) 동창(董昌)의 반란을 평정하여, 진동군(鎭東軍)절도
사(위승군을 진동군이라고 고침)까지도 겸하게 됨으로써 항주에 있으면서
절강과 강소의 일부를 영유하게 되었다. 그는 후량의 태조 때 오월왕으로
봉해졌다. 전류는 자신이 불교신자였을 뿐만 아니라 그의 손자인 전숙(錢
俶)도 특별히 불교를 보호했기 때문에 오월에서는 불교가 매우 번창하였다.

초(楚 : 907~951) : 당말, 채주(蔡州 : 하남성 汝南縣)의 한 부장인 마은
(馬殷)이 호남으로 진입하여, 장사(長沙 : 호남성 장사시)를 근거지로 담주
자사(潭州刺史)가 되었다. 그는 소종(昭宗) 재위시 무안(武安)절도사로 봉
해졌다. 907년 후량의 태조는 그를 초왕으로 봉하였다. 그 후 초는 앞서 서
술한 바와 같이 후주 초기에 남당에게 멸망당하였다. 그러나 주행봉(周行
逢)이 일어나 무안절도사가 되었다.

민(閩 : 909~946) : 하남 사람 왕조(王潮)・왕심지(王審知) 형제가 기의
군을 따라 복건에 진입하였다. 소종 때 왕조는 천주자사(泉州刺史)에서 복

건관찰사가 되었고, 왕조가 죽은 뒤 897년(乾寧 4) 왕심지가 뒤를 이어 무위군(武威軍)절도사(복건·복주에 주둔)가 되었다. 후량 태조 때, 그는 민왕으로 봉해졌다. 그 후 후진시대에 앞서 서술한 바와 같이 남당에게 멸망당하였다.

남한(南漢 : 917~971) : 하남 사람 유겸(劉謙)이 남해의 상인이 되어 광주(廣州 : 광동성 광주시)에 살았는데, 황소 기의를 진압한 공으로 봉주(封州)자사에 임명되었다. 유겸의 사후, 그의 아들 유은(劉隱)이 애제(哀帝) 때 청해군(淸海軍)절도사(광동성 광주에 주둔)가 되었고, 후량 태조 때는 남평왕(南平王), 나아가 남해왕(南海王)으로 봉해졌다. 917년 유은이 죽자 아우인 유엄(劉巖 : 後에 龔이라고 바꿈)이 그 지위를 계승하였는데, 후량 말제 때 독립하여 대월국(大越國)이라 칭하고 이어 국호를 한(漢 : 南漢)이라 고쳤다. 그 후 그의 자손이 왕위를 계승하였다.

형남(荊南 : 907~963) : 후당 장종(莊宗) 때 형남절도사(호북상 강릉에 주둔)인 고계흥(高季興)이 남평왕으로 봉해지고, 그의 아들 고종회(高從誨)도 후당으로부터 형남절도사에 임명되었다. 그 후 자손이 형남절도사 직을 계승하였다.

전촉(前蜀 : 907~925), 후촉(後蜀 : 934~965) : 당말 소종 때, 왕건(王建)이 영평군(永平軍)절도사(사천성 邛州에 주둔)가 되어 서천절도사(成都에 주둔) 진경선(陳敬瑄)을 무너뜨리고 891년(大順 2) 서천절도사가 되었다. 이어 동천(東川)을 흡수하여 사천을 영유하고, 후량 태조 개평 원년(907)에 독립하여 대촉(大蜀)이라고 칭하였다.

왕건은 당시 황소의 난을 피하여 사천으로 이주해 온 당말의 사대부를 임

용하고 서적을 목판으로
인쇄하는 등 문화의 융성
을 꾀하였다. 그러나 후당
의 장종 동광(同光) 3년
(925), 전촉은 후당군대의
침입을 받아 멸망했다. 건
국 후 35년째 되는 해였다.

은동저 5대 前蜀

　장종은 북도유수(北都留守 : 하북성 大名府에 주둔) 맹지상(孟知祥)을
파견하여 서천절도사에 임명하고 사천을 다스리게 하였다. 그런데 민제(閔
帝) 응순(應順) 원년(934), 맹지상은 중원의 혼란을 틈타 독립하여 후촉을
건국하였다. 후촉에서도 문화가 번창하였다.

　북한(北漢 : 951～979) : 앞서 기술한 바와 같이 후한이 멸망하고 후주가
건국되었을 때, 북한은 후한 고조의 아우 유숭이 진양(晉陽)에서 독립하여
세운 왕조이다.

　이상과 같이 이들 10국에서도 5대와 마찬가지로 절도사체제가 행해졌다.

5대의 절도사체제

민정·군사·재정 3권의 장악

　앞에서 서술한 바와 같이 5대의 천자는 대부분 절도사 출신이었으며, 5대
시대에는 절도사체제가 중요하였다. 당말부터 5대 왕조의 절도사 수를 살펴
보면, 당말에는 전 중국을 대상으로 하였음에도 절도사 수는 29～31명에 지
나지 않았다. 그러나 5대 초 후량은 단지 화북 그것도 주로 황하 이남의 땅
을 영유했을 뿐인데도 절도사 수는 28명에 이르렀다.

　후당에서는 더욱 증가하여 39명, 후진(後晉)에서는 38명, 그리고 후한(後
漢)이 되면 조금 줄어서 36명이 되고, 후주(後周)의 세종(재위 : 954～959)

<당말오대의 절도사체제>

時代	唐末	後梁	後唐	後晉	後漢	後周
지역	중국 전토	황하 이남의 화북	화북	화북	화북	화북
절도사수	29~31	28	39	38	36	38
천자수		3	4	2	2	3
절도사 출신의 천자수		1	3	2	1	2

때는 38명이 되었다.

즉 5대에는 당말과 비교하여 사천·강남을 잃었는데도 불구하고 절도사 수는 당말보다 오히려 많아진 것이다.

절도사는 원래 군사를 통할하는 존재로, 많은 경우는 6~7주, 적은 경우는 3~4주의 군사를 통솔하고 있었다. 그리고 절도사가 파견된 주(州), 즉 치소를 사부(使府)라고 하고, 절도사가 통할하고 있던 여러 주를 속주 또는 지군(支郡)이라고 하였다.

따라서 절도사는 사부에 주둔해 있으면서, 6~7주에서 3~4지군을 통할하고 있었다. 또 5대의 절도사는 일반적으로 관찰사를 겸하고 있었는데, 관찰사는 관하 여러 주의 민정감찰을 주요 임무로 하였으므로 절도사는 자연스럽게 관하의 민정권도 장악하고 있었다.

당시 지방재정은 상공(上供)·유사(留使)·유주(留州)로 나뉘어, 상공은 중앙으로 보내 중앙정부의 비용으로 충당하고, 유사는 절도사가 주둔하는 사부로 보내 그 비용으로 사용하고, 유주는 절도사 관하 속부의 비용으로 충당하였다.

이 가운데 상공의 액수는 적고 유사와 유주가 상대적으로 많았다. 게다가 절도사는 관하의 사부는 물론 속주의 재정권도 장악하고 있었다. 당시 속주는 절도사를 통해서만 정부에 상공을 납부하고 있었기 때문에, 지방재원의 대부분은 실질적으로 절도사가 차지하고 있었다.

이처럼 절도사는 각지에 할거하여 관하의 군사·민정·재정의 3권을 장악함으로써 강력한 권력을 독점하고 있었다.

절도사는 이들 민정·군사·재정의 3권을 행사하기 위하여 여러 기관을 설치하고 있었는데, 이들 기관에는 무인뿐 아니라 문관도 임용되어 중요한 역할을 담당하고 있었다.

절도사체제의 성립과정

원래 절도사는 부병제가 느슨해진 8세기 초 당왕조가 이민족의 침입을 막기 위하여 국경지대의 요소에 배치한 용병군단의 총사령관으로 설치한 것이었다. 즉 절도(節度)란 군대의 지휘를 의미하는 것으로, 절도사는 황제의 명을 받고 파견된 군사령관이었다. 710년(景雲 원년) 하서절도사의 설치를 시작으로 개원(開元)에서 천보(天寶)로 접어들 무렵(741~742) 범양(范陽)·하서(河西)·농우(隴右) 등 10개 절도사가 설치되었다. 안록산은 범양·평로(平盧)·하동(河東)의 3절도사를 겸하여 강대한 병력을 소유하고 있었는데 안사의 난이 일어난 후부터 절도사는 국내 요지에도 많이 설치되었다.

절도사는 당대에 이미 관찰처치사(觀察處置使)를 겸하고, 관하 여러 주의 민정 및 재정권을 아울러 장악하고 있었다. 따라서 절도사의 위세는 봉건제후에 비할 만큼 강대하여 이를 번진(藩鎭)이라고 부르게 되었다.

안사의 난 후, 대종(代宗)과 덕종(德宗) 2대 동안에는 절도사의 횡포가 심하여 자주 반란이 일어났다. 반란의 중심은 안사의 난의 항장(降將) 출신인 위박(魏博)·성덕(成德)·노룡(盧龍)의 이른바 하북 3진(三鎭)이었다. 이들 번진은 조세를 중앙으로 보내지도 않고, 관리도 마음대로 임명하는 등 거의 당왕조로부터 독립해 있었는데 이를 '하북(河北)의 관례[舊事]'라고 하였다. 이 밖에도 황하 남북의 여러 번진 가운데는 애초에 당왕조에서 독립해 있던 세력도 있었다.

헌종대(憲宗代 : 805~820)에는 당왕조의 권위가 한때 부활하여, 819년(元和 14) 이후 절도사 관내의 주·현과 그 밖의 요지에 설치된 외진군(外鎭軍)은 각 주 자사의 지배하에 들어갔다. 절도사는 그 치소인 주(州)에 설치된 사부에 소재한 군사를 관할하고 관하 여러 주의 병력을 총괄할 뿐이고, 절도사 자체도 문관이나 중앙의 금군 출신자로 임명하는 방침이 취해졌다. 양세(兩稅)도 자사가 상공하게 됨에 따라 강대한 번진의 반항은 적어졌다.

그러나 후에는 절도사와 병사 간의 대립이 확대·격화되고, 여기에 번진과 결탁한 신흥 토호층의 구귀족에 대한 반감 등이 얽히게 된다. 황소의 반란이 시작되자 문관 출신의 절도사는 작전과 통솔에서 무능함을 드러내어 모두 실각해 버렸다. 대신 토호·병사·도적 출신의 무인 절도사들이 등장하였는데, 이들은 당왕조의 권위나 사회적 전통을 존중하는 마음이 없었고, 앞서 기술한 사정도 있고 하여 당왕조와 번진 사이의 연결은 단절되었다.

이러한 새로운 절도사들에 의해 바로 5대10국의 여러 왕조가 형성되었다. 따라서 5대 왕조의 지배체제는 절도사지배체제의 확대발전형이라고 할 특징을 갖고 있다.

이상의 경과로 알 수 있듯이 5대의 절도사는 일반적으로 무인이었기 때문에, 절도사체제에서는 무인체제가 기본적이었다. 절도사 관하에는 다수의 군대가 있었는데, 그 중심을 이루는 것이 '아병(牙兵)' 또는 '친군(親軍)'이라고 불리는 군대였다. 절도사의 무인체제는 이 아병을 중핵으로 하여 성립되어 있었다.

체제의 중핵 아병·친군

아병(牙兵 : 衙兵) 또는 친군(親軍)은 절도사의 신변을 호위하는 존재로서 거성(居城)인 아성(衙城)에 배치되며 가장 정예병이 이에 뽑혔다. 그들은 절도사와 사적인 주종관계를 맺고, 당시에는 '부곡(部曲)' 혹은 '사속(私屬)'이라고도 불렸다. 따라서 아병은 다른 병사보다도 훨씬 우대를 받고 있었다.

아병의 중심은 자제·친족과 양자(義兒), 혹은 '원종인(元從人)'이라고 하여 절도사가 무인으로서 일어난 당시부터 추종한 사람들이었다. 거기에 더하여 사부(使府) 장군 가문의 자손들, 하급관리, 모병에 응한 부자(富者)·상인·농민·나무꾼·도둑·도망자·포로 혹은 고용인·심부름꾼·노복 등도 포함되어 있었다.

그들은 '군(軍)' 또는 '도(都)'라고 하는 군호(軍號)를 가지는 군단에 편성되었다. 예를 들면 선무군(宣武軍)절도사인 주전충(朱全忠 : 후량 태조)은 좌우장직(左右長直)·좌우내아(左右內衙)·좌우견예(左右堅銳)·협마(夾

馬)·돌장(突將)·좌우친수군(左右親隨軍)·마군(馬軍) 등의 아군을 거느리고 있었고, 이들은 주전충이 즉위한 후 금군이 되었다.

또 하동절도사 이극용·이존욱 부자의 아군에는 아내군(衙內軍)·의아군(義兒軍)·철림군(鐵林軍)·돌진군(突陣軍)·웅위군(雄威軍)·만승군(萬勝軍)·횡충도(橫衝都) 등의 많은 군(軍)·도(都)가 있었고, 그 중에서도 의아군(義兒軍)이 가장 유명하였다. 일반적으로 절도사의 아병은 많게는 수만 적게는 수천에 이르렀다.

다음으로 절도사의 아병과 그 관하에 있는 그 밖의 병사와의 관계에 대하여 살펴보자. 후당 때의 서천절도사 맹지상(後蜀 高祖)은 좌우아병(左右牙兵)으로 16영(營) 16000명을 거느리고 성도(成都 : 사천성 성도시)의 아성(衙城)을 호위케 하였고, 그 후 아내친군(牙內親軍), 즉 아병은 2만 명으로 증가하였다. 이들에 대해 성도의 나성(羅城 : 외성)을 지킨 것은 원래 전촉의 기병이었던 좌우효위(左右驍衛) 등 3영 3000명과 보병인 좌우영원(左右寧遠) 등 20영 24000명 및 신설된 좌우충산(左右衝山) 등 6영 6000명으로 합계 33000명이었다.

또 의령(義寧) 등 20영 16000명을 두고 관내의 주현에 나누어 지키게 하고, 또 좌우뢰성(左右牢城) 4영 4000명을 두어 성도의 경내에 나누어 주둔시켰다. 또 좌우비도(左右飛棹) 병사 6영 6000명을 강을 따라 여러 주로 분할 주둔시켜 수전을 연습시키고, 수군을 설치하였다. 이것으로 절도사 관하의 아병과 그 밖의 병사와의 배치 상태 및 역할의 차이를 엿볼 수 있다.

무인의 직제(職制)

이상과 같이 아병 또는 친군은 절도사에게 가장 신뢰받는 병사였기 때문에, 아병 출신의 아장(牙將)과 아리(牙吏)가 무인체제를 형성하고 군사상 최고조직을 구성하였다. 즉 중문사(中門使)·도압아(都押牙)·마보군도지휘사(馬步軍都指揮使)·도공목관(都孔目官)·객장(客將)·마보도우후(馬步都虞候) 등이 절도사의 중앙지배체제의 중심을 이루었다.

<무인의 직제(중요부분)>

職　制	직무의 내용
中門使	軍政 담당
都押牙	무관의 막료로서 군사상의 기밀에 참가
馬步軍都指揮使	여러 군대를 지휘하는 총대장
都孔目官	孔目院의 武將. 군사·재정 사무 담당
客將	客司의 武將. 대외교섭과 빈객 접대
馬步軍虞候	馬步院의 武將. 형옥을 담당

중문사(中門使) : 중문사는 후당의 절도사에 많이 설치되었는데, 절도사 관내의 군정권을 장악하고 있었다. 예를 들면 하동절도사 이존욱(후당 장종)의 중문사 곽숭도(郭崇韜), 진박(鎭博)절도사(하북성 眞定에 주둔) 이사원(李嗣源 : 후당 명종)의 중문사 안중해 등이 특히 유명한데, 곽숭도는 장종이 즉위한 후 추밀사가 되었다. 추밀사는 천하의 군정권을 장악하여 절도사의 임면과 군대의 이동 등을 담당하고 있었다.

도압아(都押牙)·압아(押牙) : 원래 절도사의 아장의 일종으로, 아전(衙前 : 牙前이라고도 쓴다)이라고도 불렸다. 아전에는 좌우도압아(左右都押牙)·압아(押牙)·도지병마사(都知兵馬使)·교련사(敎練使) 등이 있었다. 아전은 군사뿐 아니라 창고의 출납을 담당하고, 상세와 주세를 징수하였다.

아전 중에서는 도압아가 가장 중요하였는데, 무관의 막료로서 절도사의 군사상 기밀에 참여하였다. 그래서 절도사가 천자에 오를 때에 도압아는 무관의 최고 자리에 오르거나 재정장관이 되었다.

예를 들면 후당 명종 때 하동절도사 석경당(石敬瑭 : 후진 고조)은 부장(部將) 유지원(후한 고조)과 주괴(周瓘)를 도압아로 임명하여, 군사는 유지원에게, 출납은 주괴에게 맡겼다. 그리고 황제로 즉위하자 유지원을 시위마보군도지휘사(侍衛馬步軍都指揮使 : 금군대장)로 삼고, 주괴를 권판삼사사(權判三司使 : 재정장관)로 임명하였다. 또 유지원이 후한을 건국했을 때는 좌도압아 양빈(楊邠)을 권추밀사로 삼고, 우도압아 유주를 하양절도사(하남성 孟州에 주둔)로 삼았다.

후주의 태조 곽위(郭威)가 즉위하였을 때도 원종도압아(元從都押牙) 정

인해(鄭仁晦)를 객성사(客省使 : 대외교섭 담당)로 삼고, 이어 권추밀부사로
삼았다. 또 도압아 이처운(李處耘)은 장서기인 조보(趙普) 등과 모의하여
조광윤을 송의 황제로 옹립하였는데, 그 후 이처운은 조보에 이어 추밀사가
되었다. 이처럼 도압아는 매우 중요한 직위였다.

마보군도지휘사(馬步軍都指揮使)·아내도지휘사(牙內都指揮使)·제군
지휘사(諸軍指揮使) : 각각은 마보군(馬步軍)·아내군(牙內軍)·제군(諸軍)
을 실제로 통솔 지휘하는 무장이었다. 마보군지휘사는 절도사 관하의 여러
군대를 지휘하는 총대장이었는데, 절도사가 천자로 등극했을 때 금군대장인
시위친군도지휘사(侍衛親軍都指揮使)에 주로 임명되었다. 아내도지휘사는
아군의 대장으로 절도사의 자제가 많이 임명되었던 듯하다.

도공목관(都孔目官)·공목관(孔目官)·구압관(勾押官)·양료관(糧料
官) : 공목원의 관직으로, 원래 절도사의 아리(牙吏)였고 송대에는 '인리(人
吏)'라고 불렀다. 공목관은 여러 사무를 담당했지만, 특히 군사·재정상의
기록과 계산을 주로 맡았고, 화폐와 곡식의 출납 혹은 장주(章奏)나 주전 일
도 행하였다. 즉 도공목관은 군사와 재정을 담당하는 관직이었다.
　예를 들면 후당의 장종 때 조용사(租庸使 : 재정장관)가 된 공겸(孔謙)은
원래 위주(하북성 대명현)의 공목리였는데, 사리에 밝고 장부를 잘 관리하
였기 때문에 천웅군절도사(魏州에 주둔)의 지탁무사(支度務使)가 되었고
마침내 조용사가 되었다.
　또 장연랑(張延朗)은 명종 때 추밀부사가 되었는데, 그는 원래 운주(鄆
州 : 산동성 동평현)의 양료사(병량 담당)로서 명종이 천평절도사(운주에 주
둔)였을 때 원종공목관(元從孔目官)이 된 사람이다. 장연랑은 그 후 삼사사
(三司使 : 재정장관)도 되었다. 또 후한의 고조가 즉위했을 때는 번한도공목
관(蕃漢都孔目官)인 곽위(후주의 태조)는 권부추밀사(權副樞密使)가 되었
고, 양사공목관(兩使孔目官)인 왕장(王章)은 권삼사사(權三司使)가 되었다.
　이와 같이 공목관은 절도사 휘하의 중요 관직이었고, 절도사가 천자로 즉
위했을 때 중앙정부의 추밀부사나 조용사 또는 삼사사가 되었다.

그리고 절도사 관하에는 회도군장(回圖軍將)이 설치된 경우도 있었다. 이 것은 회도무(回圖務)라 하여 절도사 상호간의 무역을 위하여 관청이 설치되 었는데, 절도사의 심복 무장이 그 담당자인 회도군장에 임명되었다.

객장(客將) : 절도사의 객사(客司)의 무장으로 지객(知客)이라고도 하였 다. 객사는 중앙정부의 객성사(客省使)에 해당되는 직위로, 다른 절도사와 의 대외교섭을 담당하고 빈객을 접대하는 등의 일을 수행하였다. 객장도 절 도사의 군기에 참여하는 중요한 무관 관직이었다.

예를 들면 후당의 명종은 즉위하자 객장인 범연광(范延光)을 선휘사(宣 徽使 : 궁정무관의 임명을 담당)로 삼고 이어 추밀사로 삼았다. 또 후진의 고조는 즉위하자 객장인 경연광(景延廣)을 시위보군 도지휘사(금군 보군의 대장)로 임명하였다. 따라서 객장도 절도사가 천자로 등극했을 경우에 중앙 의 중직에 올랐다.

또 통인관(通引官 : 通贊官이라고도 한다)도 설치되어 있었는데 이는 객 장과 같은 관직으로서, 다른 절도사의 예물을 받고 사신을 접견하는 일 등 을 담당했다.

마보도우후(馬步都虞候) : 마보원(馬步院)의 무장으로 형옥을 담당하였 다. 도우후는 그 주의 아전 가운데 형옥에 능통한 자가 뽑혔는데 압아가 대 부분 그 관직을 차지했다.

절도사의 관료체제
절도사는 관찰사를 겸하여 군사·재정권뿐 아니라 민정권도 장악하고 있 었기 때문에, 그 막료로서 문관을 두고 있었다. 이들 관료에는 절도사의 막 료로서, 절도판관(節度判官)·장서기(掌書記)·절도추관(節度推官)이 있었 고, 관찰사의 직무 수행을 위한 막료로서 관찰판관(觀察判官)·관찰지사(觀 察支使)·관찰추관(觀察推官)이 있었다. 따라서 절도사와 관찰사를 겸임하 고 있을 경우에는 이들 막료직이 모두 설치되었다.

이 가운데 절도판관과 관찰판관은 양사판관(兩使判官)이라고 하여, 절도

<절도사의 관료체제>

職制	직무의 내용
節度判官 掌 書 記 節度推官	절도사의 막료·군사상의 보좌·기밀에 참가
觀察判官 觀察支使 觀察推官	관찰사의 막료·절도사의 민정·재정을 보좌

사의 문관으로서 최고 막료이고, 다음으로 절도장서기(節度掌書記)와 관찰지사(觀察支使)가 있고, 그 아래에 절도추관(節度推官)과 관찰추관(觀察推官)이 있었다. 이들 절도관찰판관 이하로 장서기, 지사와 양사추관은 절도사가 독립적으로 임용하였다. 이 가운데 절도판관·장서기·절도추관은 절도사를 군사적으로 보좌하는 역할을 하거나 기밀에 참여하여 참모가 되었다.

이와 같이 절도판관과 장서기(掌書記)는 군사상의 참모로서 중요한 막직관(幕職官)에 임명되었는데, 특히 장서기는 참모로서도 가장 중요한 역할을 하였다. 따라서 5대의 천자가 된 절도사 휘하에는 대부분 유능한 장서기가 임용되었다.

예를 들면 선무군절도사(하남성 개봉에 주둔) 주전충을 제위에 오르게 한 경상(敬翔)과, 하동절도사(산서성 태원에 주둔) 이존욱의 장서기인 풍도(馮道),[61] 하동절도사 석경당을 천자로 옹립한 상유한(桑維翰), 단주(澶州)절도사 시영(柴營 : 후주 세종)으로 하여금 대업을 이루게 한 왕박(王朴) 등이 그 가운데 가장 유명한 사람들이다. 그들은 추대한 천자가 제위에 오르면 모두 중앙정부의 요직을 차지하였다.

경상(敬翔)의 경우 후량의 태조가 즉위하자 숭정원사(崇政院使 : 뒤의 추밀사)가 되고 후에는 동중서문하평장사(同中書門下平章事) 즉 재상이 되었다. 풍도는 장종대에 한림학사(翰林學士), 명종대에는 동중서문하평장사가 되었는데, 이 때부터 후진·후한을 거쳐 후주의 세종 초까지 재상을 지냈다. 상유한도 후진 고조대에 동중문하평장사로 추밀사를 겸하였다. 왕박은 앞서

---

61) 도나미 마모루(礪波護) 지음, 허부문·임대희 역, 『풍도』, 소나무, 2001 참조.

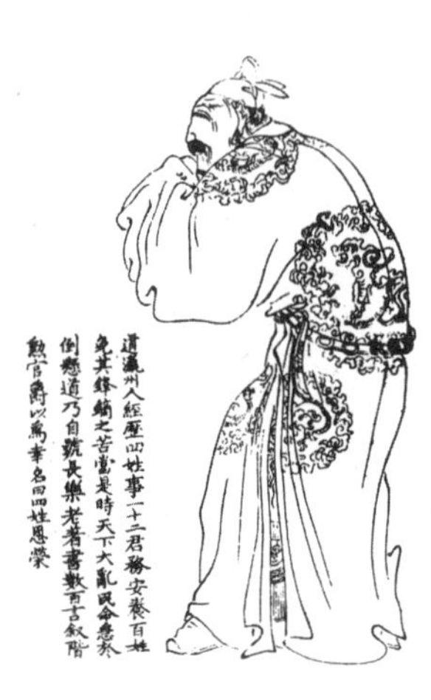

馮道

언급했듯이 후주의 세종에게 천하를 통일할 계책을 바쳐 마침내 추밀사가 되었다. 역시 조보(趙普)도 송태조의 절도장서기였는데, 뒤에 동중서문하평장사를 지내다 추밀사가 되었다.

이와 같이 그들은 모두 중앙정부의 민정장관인 재상이나 숭정원사(崇政院使) 또는 추밀사가 되었다.

또 관찰판관과 관찰추관은 절도사의 민정과 재정을 보좌하였다. 즉 관찰판관은 절도사가 관할하는 주현의 민정 사무뿐 아니라 조세 징수사무까지 감찰하고, 관찰지사는 여러 창고의 출납을 감독하였다. 이렇게 관찰판관·관찰지사는 절도사의 민정과 재정 방면을 담당하고 있었기 때문에 기밀에도 참여하게 되고, 절도사가 제위에 올랐을 때 민정과 재정의 중요한 지위에 오르는 자가 많았다.

예를 들면 하동절도사 이존욱 아래에서 하동관찰지사였던 노정(盧程)은 관찰판관으로 임명되었다. 장종(莊宗)이 제위에 오르자 그는 중서시랑동평장사(中書侍郎同平章事) 즉 재상이 되었다. 또 위박진기관찰추관(魏博鎭冀觀察推官 : 하북성 대명에 주둔)이었던 장헌(張憲)은 공부시랑(工部侍郎)이 되고, 당시 국가재정 최고의 관직이었던 조용사에 임명되었다.

또 당시 택로(澤潞)관찰지사 임환(任圜)도 노주관찰판관(산서성 노주에 주둔)에 임용되었는데, 후에 중서시랑(中書侍郎) 겸 공부상서동중서문하평장사판삼사(工部尙書同中書門下平章事判三司)가 되었다. 이것은 동중서문하평장사 즉 재상으로서 삼사, 즉 재정장관을 겸한 것이다. 이는 당시 조용사가 폐지되고 삼사가 국가재정을 담당하게 되었기 때문이다. 또 하동절도사 유지원(劉知遠 : 후한 고조)이 즉위했을 때 그 참모였던 하동관찰판관 소우규(蘇禹珪)도 중서시랑동평장사(中書侍郎同平章事)가 되었다.

이상과 같이 절도판관·장서기·절도추관 및 관찰판관·관찰지사·관찰추관 등은 절도사의 막료로서 문관의 중직이었다. 이는 절도사도 문관 즉, 관료를 중시하여 인재를 등용하고 있었음을 보여준다. 그리하여 절도사가 천자로 즉위하면 이들 관료는 재상 및 추밀사와 조용사, 또는 삼사사와 같은 민정·군사·재정 장관에도 임용되었다.

따라서 5대는 무인정치의 시대라고 하지만 관료도 상당히 중시되고 있었다. 그리고 이것은 송대의 관료등용의 기초를 형성했다.

진장(鎭將)

절도사는 관하 각지에 진장(鎭將)을 배치하였는데 이것이 절도사의 지방적 기반이 되었다. 진장은 진알병마사(鎭遏兵馬使)·진알도지병마사(鎭遏都知兵馬使), 혹은 진사(鎭使)·포적장(捕賊將)이라고도 불렸다.

진장은 현성이나 관(關)·선착장·요해처, 또는 경제상의 요지 등에 설치되었으며 진(鎭)이나 향촌의 도적을 잡아 재판[獄訟]을 담당했다. 5대 무렵에는 현성·관진(關津)의 상세(商稅)와 주세(酒稅)를 징수하고 배율(配率 : 임시부과)을 행하거나 양세를 징수하는 자도 있었다.

절도사는 이들 진장에 원종인(元從人)·복종(僕從) 등을 많이 임명하였고, 때로 그 지방 호족을 임명하기도 하였다. 절도사는 진장을 통하여 관하에 자신의 세력을 심고 그들의 세금 일부를 징수하고 있었다. 이로 인하여 현에는 현령이 있어도 진장에 대항할 수 없는 실직 상태였고, 절도사는 이러한 진장을 통하여 관하의 주현을 관할하였다.

즉 5대의 절도사는 관하 주현의 민정·군사·재정의 3권을 장악하고, 아병을 중심으로 무인정치를 실시하여 무장에게 군정·군대의 지휘를 맡기고 재정·외교·형옥까지도 담당케 하였던 것이다. 또 문관을 두어 민정을 시행케 했다. 또 진장을 관내의 각 요지에 두고 물샐 틈 없이 관내를 감시하게 하고 징세권도 부여하여 그 세력기반으로 삼았다. 그리하여 절도사는 중앙세력이 쇠퇴하자 이를 무너뜨리고 새로운 왕조를 세워 절도사체제를 중앙에 도입하였다.

5대의 중앙관제

당의 관제는 당말·5대 사이에 크게 변화하여, 당나라 관제에는 보이지 않던 관직인 이른바 '영외관(令外官)'이 많이 설치되었다. 즉 중서문하성(中書門下省 : 중서성이라고도 한다)·추밀원(樞密院)·삼사(三司)와 시위친군(侍衛親軍)·선휘원(宣徽院)·객성사(客省司) 등이 그것이다.

우선 중서문하성에 대하여 보면, 당말 이후에는 애초의 중서(中書)·문하(門下)·상서(尚書)의 3성은 유명무실해지고 중서문하성 장관이었던 동중서문하평장사가 재상이 되었는데 여기에는 민정을 담당하는 문관이 임명되었다. 또 추밀원은 당말에 새로 설치되어, 환관이 추밀사로 임명되고 군정을 담당하였으나 5대에는 무장이 임명되었다. 후량에서는 추밀원이 숭정원(崇政院)으로 바뀌었는데, 후당 923년(同光 원년)에 이르러 다시 추밀원으로 바뀌었다.

이상의 중서성(중서문하성을 가리킴)과 추밀원은 중앙의 가장 중요한 관청이었다. 다음으로 중요한 관청은 삼사였다.

삼사는 국가재정을 담당하는 기관으로, 후량 때는 처음 건창궁사(建昌宮使)가 재정을 담당하였고 이어 국계사(國計使)가 대신하였다. 후당 장종 동광 2년에 조용사가 염철(鹽鐵)·탁지(度支)·호부(戶部)의 삼사를 관할하게 되었다. 그 후 명종 926년(天成 원년)에 조용원(租庸院)을 폐지하고 재상 한 사람에게 삼사를 관할하게 하였고, 930년(長興 원년)에 이르러 비로소 염철·탁지·호부를 총괄하는 삼사사(三司使)를 두게 되었다. 이 삼사사에는 무장이 많이 임명되었다.

또 당말 이후에는 천자를 호위하는 북아육군(北衙六軍)이 설치되었다. 후량의 태조는 이 북아육군을 모방하여, 앞서 기술했듯이 선무군의 아병으로 좌우우림(左右羽林)·신무(神武)·용호(龍虎)·용양(龍驤) 등 여러 군대를 편성하여 소위 금군(禁軍)을 설치하였다. 그러나 후에 아병으로 시위친군(侍衛司)을 편성하고, 시위친군·마보군도지휘사(侍衛親軍馬步軍都指揮使)를 두었다. 그 후 후당 명종 때가 되어 시위친군이 금군의 중심이 되고, 좌우우림군 이하의 여러 군대는 군명(軍名)을 바꾸어 시위친군에 흡수되었다.

또 이 무렵부터 시위친군의 장(將)은 절도사도 겸하게 되어, 시위친군의 힘이 강력해졌다. 예를 들면 명종 때 선무군절도사 석경당(후진 고조)은 시위친군·마보군도지휘사였고, 후진 고조 때 섬주(陝州)절도사 유지원(후한 고조)은 시위친군·마보도우후(馬步都虞侯)가 되었고, 후에는 업도유수(鄴都留守) 겸 시위친군마보군도지휘사가 되었다.

후한의 은제(隱帝) 때는 이 시위사가 권력을 장악하여 조정대사를 결정하였다. 후주 태조 때는 시위사 외에 전전사(殿前司)를 두어 금군을 이사(二司)로 하였다. 다음 세종대에는 북한(北漢) 군대를 고평(高平 : 산서성 고평현)에서 무너뜨린 후 시위사의 약졸을 없애고 전전사에는 무예에 능한 자를 모집하여 편입시킴으로써 전전사의 강화를 도모하였다. 그리하여 종래의 전전도지휘사(殿前都指揮使) 위에 도점검(都点檢)·부도점검(副都点檢)을 두었다.

금군의 병력이 강대화됨에 따라 지방의 절도사도 반항하기 어렵게 되었다. 송태조 조광윤은 세종 때 전전도점검 겸 충무군 절도사가 되었고, 공제(恭帝) 때 귀덕군절도사(宋州)를 겸하여 드디어 송을 건국하였다.

5대 왕조에서는 이 밖에 선휘원·객성사도 두었다. 선휘원은 궁정의 무관과 연회·내외의 진봉물 등을 담당하고, 객성사는 대외교섭을 담당하고 있었다. 선휘사·객성사의 장관직은 무관의 중직이었다.

절도사체제의 확대

5대의 중앙관제를 보면 지방의 절도사체제를 확대해 놓은 것처럼 보이는데, 양자를 비교해 보면 표와 같다.

표와 같이 중앙의 중서문하성은 절도사의 막직관인 절도·관찰판관·절도장서기 등에 해당되고, 추밀사는 절도사의 중문사(中門使), 중문사가 없을 때에는 도압아에 해당되고, 삼사사는 절도사의 도공목관에 해당된다. 중앙의 시위친군·마보군·도지휘사는 절도사의 마보군·도지휘사에 해당된다. 그 밖에 선휘사는 아내·도지휘사 내지 통인관 등에 해당되고, 객성사는 절도사의 객장에 상응하였다. 그리고 각지의 절도사는 절도사체제에서 본다면 그 관하인 현·진에 둔 진장에 대응하고 있었다.

이상과 같은 5대의 중앙관제는 절도사체제를 확대한 것처럼 보이며 실제

<중앙 · 지방관제 비교>

중앙관제	절도사체제
中書門下省…同中書門下平章事	幕職官…節度判官 · 觀察判官 · 節度掌書記 등
樞密院…樞密使	中門使 都押牙
三司…三司使	都押牙 都孔目官
侍衛司…侍衛親軍都指揮使 殿前使…殿前都指揮使	馬步軍都指揮使
宣徽院…宣徽使	牙內都指揮使 내지 通引官
客省司…客省使	客將
지방체제	
節度使	鎭將

로도 그렇게 행해지고 있었다.

앞서도 언급하였듯이 절도사가 제위에 올랐을 경우에는 절도사의 막직관 가운데 중앙의 중서성 동중서문하평장사로 임용되고, 중문사 또는 도압아가 추밀사로 많이 임명되었다.

그리고 도압아 또는 도공목관이 삼사사에 임용되었다. 그리하여 절도사의 마보군 · 도지휘사는 대부분 시위친군 · 마보군 · 도지휘사에 임명되었다. 그 밖에 절도사의 객장은 대부분 객성사 · 선휘사에 임명되었다.

이와 같은 중앙관제는 송초에도 답습되었다.

무인정치 아래의 농민생활

무거운 양세와 여러 부가세

당 중기 이후 균전제가 무너져 조용조법 대신 양세법이 시행되었다. 양세법에 따라 토지소유자는 여름과 가을 두 번에 나누어 무(畝)당 세금을 납부했다. 여름에는 동전을 납부했지만 대부분 비단 · 마포 또는 보리 등으로 환산하여 납부하였고, 가을에는 조 또는 쌀을 바쳤다. 양세는 당말 이후 5대에 걸쳐 점점 무거워져 갔다.

게다가 이 무렵에는 호족·무인·관료 등이 많은 토지를 겸병하고 있으면서도 그들의 양세부담은 매우 가벼웠다. 반면 중소농민은 무거운 부담에 허덕였는데, 그 중에는 도망하는 사람도 많았다. 당말 함통(咸通) 연간(860~873)에, 이미 섭이중(聶夷中)은 「농가(農家)를 애도하는 시」에서 "2월에 새 실을 팔고, 5월에는 가을 곡식을 파는구나. 눈 아래 종기를 치료하기 위해 심장을 도려내고 있도다. 우리는 군주의 마음이 바뀌어 빛나는 등불이 되어, 비단방석을 비추지 말고 멀리 도망간 농민의 집을 비추기를 바라노라"고 읊고 있다. 이것은 농민이 2월에 경작을 시작할 때 가을에 날 조와 벼의 씨앗이나 식량이 없어서 5월에 나는 비단실을 먼저 팔아 이로써 생활하고, 5월 아직 보리가 나지 않는 단경기에는 가을에 날 조나 벼를 먼저 팔아서 겨우 눈앞의 다급한 상태를 견디고 있는 괴로운 상황을 서술한 것으로, 천자와 왕들이 화려한 연회보다는 도망칠 수밖에 없던 농민의 궁색한 형편을 살펴주기를 바란 것이다.

그리고, "눈 아래 종기를 치료하기 위하여 심장을 도려낸다"는 것은 자신의 살을 도려내어 종기를 치료하는 데 쓴다고 하는 것으로, 응급처치를 의미한다. 이러한 농민의 상태는 5대에도 마찬가지였고, 5대의 무인정치 아래에서는 더욱 심해졌을 것이다.

즉 5대에는 농민의 양세부담이 무거워졌을 뿐 아니라 '연징(沿徵)'이라고 해서 양세에 대한 부가세가 증가하여 농민을 대단히 고달프게 했다.

당말에도 양세에 연징으로서 지두전(地頭錢)이 있었으나, 5대가 되면 북방에서는 우피전(牛皮錢)·교도전(橋道錢)·농기전(農器錢)·국전(麴錢)·잠염(蠶鹽) 또는 염전(鹽錢)·가모미(加耗米)·두자전(頭子錢)·마혜전(麻鞋錢)·공용전(公用錢)·갑료전(甲料錢) 등 많은 연징이 징수되었고, 남방의 오(吳)·남당(南唐)에서는 염박주견(鹽博紬絹)·염박곡두(鹽博斛斗)·호구염전(戶口鹽錢)·온주국전(醞酒麴錢)·가모사면(加耗絲綿)·가모두면미(加耗斗面米)·각전(脚錢)·지필전(紙筆錢)·갑료사(甲料絲)·혜전(鞋錢)·노폐전미(蘆廢錢米)·율분전(率分錢)·공용전(公用錢) 등이 징수되었다.

우피전은 무기에 사용되는 우피를 징수하고, 교도전은 다리를 수축하기 위해, 농기전은 농민들이 농구를 만들어야 하는데 만들지 않는 대신에 징수하였으며, 국전은 농민이 누룩을 만드는 대신 납부한 것이다. 마혜전은 군병의 미투리[麻鞋] 비용에 충당하고, 공용전은 관청의 비용에 충당하였다.

이러한 양세는 대부분 토지에 대하여 할당되었다. 또 가모미는 추세(秋稅)에 할당되었고, 두자전은 양세의 곡물·견릉(絹綾)·동전·초(草) 등에 할당 징수되었다. 잠염 또는 염전은 자산에 의하거나 정인(丁人)의 숫자에 따라 소금을 지급하고, 대신 동전·비단·곡물을 징수했다. 갑료전은 무기를 만들기 위하여 징수했다.

남당의 연징에도 염박주견·염박곡두(소금을 갖고 비단·곡물로 바꿈)나, 호구염전·온주곡전·가모미·갑료사·혜전·공용전 등 북방과 같은 것이 많았다. 그러나 이것과 다소 다른 것으로 1되 가웃분을 수북히 담아 계산하여 징수한 두면미(斗面米), 세금을 운반하는 임전(賃錢)을 납부하는 각전(脚錢), 관청의 지필 비용으로 징수하는 지필전(紙筆錢)이 있었다. 또 노폐전미는 추세에 덧붙여 갈대를 추가 징수하고, 율분전은 조세를 10분의 1 더 징수하여 관리의 봉급으로 지급했다. 이러한 연징은 대부분 송대로 이어져 이를 '연납(沿納)' 또는 '잡전(雜錢)'이라고 불렀다.

절도사의 수탈

이상과 같이 5대에서는 양세가 무거워졌을 뿐 아니라 연징의 수가 증가하였기 때문에 농민의 부담이 늘어났는데 각지의 절도사는 이것들 외에도 많은 것을 수탈하였다. 즉 절도사는 사택을 짓거나 성지(城池)와 청사(廳舍)를 수리한다는 구실로 농민들에게 그 비용을 거둬들였고 멋대로 세목을 붙여 세금을 징수하였다.

예를 들면 후당 말기에 송주(宋州)절도사 조재례(趙在禮)가 영흥군(永興軍)절도사(섬서성 장안)로 옮겨가게 되자 백성들이 "눈에 박힌 못을 빼낸 것 같다"고 하였다. 조재례가 워낙 많은 불법을 저질렀기 때문이다. 이에 화가 난 조재례는 1년 더 송주에 눌러앉기로 하고 더욱 가혹하게 백성을 수취하였다. 모든 백성의 호(戶)로부터 '발정전(拔釘錢)' 1천 문씩을 징수하여 1

十二生肖俑 唐, 서안시 출토, 높이 20.1~27.0cm

년에 백만 전이나 거두어들였다고 한다.

또 절도사 가운데는 곡물과 비단실을 농민에게 높은 이자로 빌려주는 사람도 있었다. 예를 들면 후진(後晉) 천복(天福) 8년(943) 성덕군절도사(하북성 眞定에 주둔) 두중위(杜重威)는 군량이 모자란다며 농민들에게 곡물을 징수하여 백만 섬을 거두었으나, 중앙정부에는 30만 섬만 얻었다고 보고한 후 나머지를 모두 자기 집에 쌓아두었다. 그리고 그것을 백성에게 높은 이자로 빌려주어 백만 섬을 채우고, 이듬해 봄 그것을 팔아 2백만 냥을 거머쥐었다.

또 후주 광순(廣順) 3년(953) 송주절도사 상사(常思)가 청주(淸州)절도사로 옮겼을 때, 송주에서 농민에게 높은 이자로 빌려주고 있던 실 10여만 냥을 조정에 바쳐 관이 그 징수를 독촉하도록 하였다. 또 절도사는 많은 저점(邸店 : 창고와 점포)을 소유하였으며 수많은 장원을 가진 자도 있었다.

후당 명종, 후주 세종의 선정(善政)

5대 천자 가운데에는 이러한 수탈에 시달리는 농민의 생활에 깊이 관심을 기울인 경우도 있었는데, 후당의 명종과 후주의 세종이 대표적이다.

후당의 명종은 925년(천성 원년)에서 926년에 걸쳐 균세법을 시행하여, 백성에게 자기 소유지를 신고하게 하고 5가를 1보로 하고 그 주(州)로 하여금 장부에 기입하여 중앙으로 보내게 하였다. 백성 가운데 이를 속이고 숨겨준 사람에게는 배로 징수하게 하였다. 이것은 호족·무인·관료가 자신들의 토지 소유를 은폐하여 양세를 피하고 대신 중소농민이 무거운 세금부담으로 괴로워했으므로 양세를 공평히 부담케 하려는 데 목적이 있었다.

또 후주의 세종은 특히 농사에 마음을 써서, 농부·잠부(蠶婦)를 나무에 조각하여 전정(殿庭)에 두었고 958년(顯德 5)부터 다음 해 959년에 걸쳐 균세법을 시행하였다. 이것은 당말 동주(同州)자사 원진(元稹)이 행한 균전법(균세법을 가리킴)을 모방한 균전도(均田圖)를 각지의 절도사·자사에게 나누어 지급한 후 중앙에서 사자를 파견하여 시행에 옮기게 한 것이었다. 이 또한 호족·무인·관료 이하 농민에게 자신의 토지를 신고케 하여 양세를 공평히 부담케 하려 한 것이었다. 그 결과 후주의 영내에서는 간전(墾田) 1,085,000여 경(1경은 5.6ha)을 얻게 되었다.

수당대 개괄을 마치면서

　수당제국(隋唐帝國)의 구조와 변화에 대한 고찰도 이제 마무리할 때가
되었다. 서두에서도 언급했듯이 제6장까지 수와 당 전기에 대해서는 누노메
(布目) 씨가, 제7장 이후의 당 중기부터 멸망까지는 구리하라(栗原) 씨가 각
각 집필을 맡았다.62) 집필을 하면서 항상 염두에 둔 것은 두 가지였다. 첫번
째는 수당제국은 중국사의 전개에서 어떠한 의미를 가지고 어떠한 위치를
차지하는가 하는 것이고, 두번째는 흔히 수·당이 세계제국적 성격을 갖는
다고 흔히 말하는데 그렇다면 단순히 중국사뿐 아니라 동아시아사에서 수
당이 지니는 역사적 의미는 과연 무엇인가 하는 점이다.

　첫번째 사항에 대해 간략히 말하면, 인민파악 방식 등 여러 가지 면에서
진한(秦漢) 이래의 역사전개에 획을 긋는 것이 수·당전기이고, 그 붕괴 후
의 역사전개에 획을 긋는 것은 당 후기라고 보아도 좋을 것이다. 좀더 구체
적으로 말하면, 당 전기는 수·당전기 통치체제의 완성기이며 총괄기였고
그 최후의 단계였다고 할 수 있다. 그것이 당 중기에 이르러 붕괴되고 후기
는 새로운 지배체제가 형성되었다. 그리고 진한에서 수당에 이르는 시기는
동아시아 세계를 구성하는 한반도와 일본에서 군소 국가가 출현하여 고대
통일국가로 성장해 간 시기이다. 즉 이 시기는 중국의 역사전개에서 진한
이래의 획기인 동시에, 한반도와 일본의 역사전개에서도 고대통일국가의 성
립이라는 하나의 획기였다. 이 경우 한반도든 일본이든 중국과의 관계를 도
외시하고서는 그 역사의 전개를 이해할 수 없고, 두번째 사항 즉 수당이 동
아시아사에서 지니는 역사적 의미를 고려하지 않으면 안 되는 것이다. 수당
시기에 성립한 동아시아의 여러 국가는 법제·불교·유학과 사용문자로서

---

62) 제12장은 슈도 요시유키(周藤吉之) 씨의 집필이다.

의 한자를 공통요소로 하여 동아시아 문화권을 성립시켰다. 여기에서 정치권력을 장악한 지배세력은 어느 국가나 귀족층으로서, 이른바 귀족정치시대를 열었다. 그러나 수·당전기 통치체제가 붕괴되는 당 중기 이후가 되면, 당의 세계제국적인 성격은 점점 약화되고 그것에 호응이라도 하듯 귀족세력도 퇴조하고 수취체계도 변화되어 점차 국가의 양상을 변화시켰다. 즉 공적관계에 대신하여 사적관계가 사회적 기능을 발휘하게 된 것이다. 이 당 중기로부터 당의 멸망, 5대(五代)·송초(宋初)라고 하는 8세기 후반부터 10세기 후반에 걸친 200년 정도는 당·송이행기로서 중국사에서 중요한 변혁기인 동시에 동아시아 세계의 변모기로서도 주목된다. 이 책에서는 그 가운데 당말 오대 시기까지를 다루고 있다. 이 이행기에 출현하여 소멸해 간 번진(藩鎭)은 분권적 지향을 가진 지방지배체제로서 일정한 역사적 역할을 수행했다. 그러나 번진세력 못지않게 중요한 역할을 한 세력은 황소의 대반란으로 집결되었던 몰락농민을 중심으로 한 인민이었다.

당말이 되자 당의 세계제국적 성격은 점점 후퇴하고 주변의 여러 민족과 여러 국가의 독자성이 강화되어 동아시아 세계는 변모하게 된다. 일본에서는 율령체제가 붕괴하고 귀족세력이 퇴조하는 대신 무사가 대두하는 새로운 시대를 맞이하였다. 한반도에서는 신라가 멸망하고 고려가 건국되었다. 대륙에서는 거란족을 선두로 한 정복왕조가 출현하여 중국인민은 전제지배와 이민족에 의한 지배라는 겹쳐진 괴로움을 겪지 않으면 안 되게 되었다.

이상이 이 책에서 고찰한 중심 주제였다. 그러나 실제 역사적 현실은 여러 가지 현상이 복잡하게 뒤섞여 있어서, 서술 전체가 직선적으로 주제와 연결되어 있는 것은 아니다. 우리는 가능한 한 주제에 따라 중요하다고 생각되는 점을 중심으로 고찰했는데, 앞서 서술하였듯이 중국사에서 하나의 정점인 동시에 붕괴로서, 또한 세계제국적 성격을 지니는 동아시아 세계의 중심에 위치하는 국가로서 수당제국은 역시 거대하고 복잡한 양상을 띠고 있다. 따라서 집필을 해 나가면서 수당제국의 역사를 충분히 묘사해 낼 수 있을 것인지, 장님이 코끼리를 더듬는 식은 아닌지 하는 두려움을 계속 품어 왔고, 붓을 놓는 지금도 그 두려움을 완전히 떨쳐 버리지 못하고 있다. 독자 여러분의 아낌없는 질책을 바란다.

역자 후기

동양중세사 과목을 담당하면서 항상 느끼는 것은 무언가 교재가 될 만한 것을 학생들에게 제공하는 것이 꼭 필요하다고 하는 점이었다. 학생들이 이 과목에 조금 관심을 가지기 시작할 때에, "선생님, 무언가 저희들이 한글로 읽을 만한 책이 없나요? 좀 추천하여 주세요!"라는 간절한 소리를 하게 되는데, 그럴 때가 되면 쥐구멍에라도 숨고 싶은 심정이었다.

학생들의 향학열에 부응하기 위해서라면, 이러한 기본적인 시대사 개설서라도 아직은 한국에서 소개될 필요가 있다는 것을 느꼈다. 그러나, 역자 개인적으로는 이러한 개설서 번역에 너무 시간을 빼앗길 수도 없는 사정도 있었으므로, 경북대학교 일문과 재학생 가운데 일본에도 살다가 와서 일본어 감각이 뛰어난 권숙진 양을 소개받아서 초벌번역을 맡겼다. 그 번역을 다시 대학원생과 교육대학원생들에게 부탁하여 재벌번역을 하였으며, 이를 바탕으로 하여서 1995년도 여름방학 동안 매일 나의 연구실에서는 해당 부분을 담당했던 대학원생이 각기 매주 2시간씩 독대(獨對)식으로 세미나를 하였다.

이렇게 만들어진 결과물을 1995년도 2학기 경북대학교 사범대학 역사교육과의 '동양중세사' 교재로 사용하였다. 이 원고를 다시 하이텔의 아시아문화탐구회에 올려 두고 많은 의견을 받았으며, 또한 이를 통하여 받은 여러 지적도 많은 도움이 되었다. 이렇게 여러분들의 지적을 바탕으로 하여, 다시금 대폭 수정을 하였다. 그 후 이 원고를 다시금 1996년 2학기에도 경북대학교 역사교육과의 '동양중세사' 교재로 이용하면서, 수업에 참여하였던 학생들로부터 많은 지적을 받았었다. 이를 바탕으로 하여 다시금 전반적인 손질을 하였다. 그 과정에서 일본학계에서 독특하게 쓰이고 있는 학술용어를 필자 나름대로 우리에 맞게 수정한 곳도 있는데 이를 역자의 홈페이지 (http://imdh.knu.ac.kr)에 올려두었더니 주변의 여러분들로부터 많은 도움을 받을 수 있었다. 그런데, 그렇게 해서 만들어진 원고를 출판사에 보내자, 독자들이 쉽게 읽을 수 있는 방향으로 대폭 수정되어서, 지금과 같은 면모의 문장이 되었다. 이점에서 역시 편집진이 잘 갖추어진 출판사라는 것이 얼마나 중요한 것인지를 뼈저리게 느끼게 되었다.

번역을 하는 과정에서, 한글전용시대에 맞도록 가능하면 용어를 우리말로 고치도록 노력하였다. 그리고 내용에서도 원저가 일본인 독자를 위하여 만들어진 관계로 일본인들을 위하여 일부러 삽입한 부분은 생략하기도 하였으며, 학술적인 용어에서도 우리 나름대로 재검토하여야 할 부분에 대하여서는 약간 손질을 하였다. 하루 빨리 우리 실정에 맞는 중국중세사 교재가 개발되기를 빌어마지 않는다.

교정 단계에서 애를 써준 영진전문대학의 남인국 교수, 숭실대학교 사학과 박사과정의 이유진 씨, 서울대학교 동양사학과 박사과정의 조성우 씨께 감사드린다. 조성우 씨는 애매해지기 쉬운 표현을 역사적 사실에 입각해서 이해하기 쉬운 표현으로 많이 고쳐주었다. 유목민족의 고유명사에 대한 발음 표기는 정재훈 씨의 도움이 컸고, 쉽게 이해되지 않는 부분을 명확히 지적해준 조정희 선생에게도 감사를 드린다.

역자는 학술진흥재단의 교수해외파견으로 일본 교토대학에서 1년간 연구할 수 있는 기회를 얻었었는데, 그 때 원저자 및 원출판사인 고단샤(講談社)와 한국어 번역 출판건을 교섭하였었다. 이를 쾌히 승낙해 주신 누노메 조후(布目潮渢) 교수, 구리하라 마쓰오(栗原益男) 교수의 부인 구리하라 요코 시, 슈도 요시유키(周藤吉之) 교수의 장남, 그리고 고단샤의 노마 사와코(野間佐和子) 사장과 호시노 도모나루(星野智成) 국제실장께 감사드리는 바이다. 마지막으로 이 책의 출판을 선선히 맡아준 혜안출판사의 오일주 사장님과 사진·지도자료를 훌륭히 처리해준 양상모 님, 그리고 몇 년이 넘게 걸린 작업에도 지치지 않고 꼼꼼하고 훌륭하게 교열을 맡아준 김현숙 님에게 고마움을 전한다.

< 연 표 >

서력	연호	중국	주변 제 민족
541	西魏文帝 大統7	楊堅(隋文帝) 출생	고구려·백제, 梁에 사신 파견
566	北周武帝 天和元	李淵(唐高祖) 출생	신라, 皇龍寺 준공
573	建德2	楊堅의 장녀, 北周 武帝의 皇太子(宣帝)妃가 됨	
580	靜帝 大象2	楊堅, 北周 佐丞相에 오름. 尉遲洞 등의 반란 토벌	프랑크 왕국 3분
581	隋文帝 開皇元	楊堅(文帝), 隋 건국. 開皇律 공포	隋, 고구려·백제에 관작 보내옴
583	3	도읍을 大興城으로 옮김. 開皇律 개정	돌궐, 동서로 분열
587	7	隋, 後梁 병합. 科擧制 시행. 山陽瀆 완성	
589	9	隋, 陳을 멸하고 중국통일(남북조시대 종언)	
593			일본 聖德太子 섭정
595	15	州의 都督·九品中正制 폐지	고구려승 惠慈, 도일하여 태자의 스승 됨
598	18	고구려 원정 실패	
604	煬帝 仁壽4	煬帝 즉위. 漢王諒의 반란 토멸. 洛陽에 東都 조영	일본, 曆書 처음 사용
607	大業3	大業律令 공포	煬帝, 고구려왕의 입조 강요
610	6	大連河 완성	마호메트, 이슬람교 창시
612	8	고구려 원정. 이해부터 3년간 3차례에 걸쳐 원정에 나섰으나 실패	고구려, 살수대첩
613	9	楊玄感의 반란. 내란 각지로 확대	프랑크왕국 재통일
617	恭帝 義寧元	李淵이 太原에서 거병하여 장안 점거. 恭帝 옹립	
618	唐高祖 武德元	煬帝, 江都에서 살해되고 隋 멸망. 李淵(高祖), 唐 건국. 新格53條 공포. 군웅할거 시작	
621	4	竇建德과 王稅充을 항복시키고 살해	
622	5		마호메트 聖遷(헤지라 기원)
624	7	武德律令 공포. 群雄 거의 평정	고구려, 唐에서 도교 전래
626	9	玄武門의 變. 高祖 퇴위하고 次子 李世民(太宗) 즉위	
627	太宗 貞觀元	투르크 여러 부족의 반란	비잔틴군, 페르시아군을 격퇴
628	2	천하통일 완성. 玄奘 인도로 출발	

서력	연호	중국	주변 제 민족
630	4	동돌궐 일리카간, 唐에 항복. 투르크의 여러 부족, 太宗에게 天 카간의 칭호 부여. 貞觀의 治	일본 제1차 遣唐使 파견
632	6		마호메트 사망
637	11	貞觀律令 공포. 武才人(武則天), 太宗의 비가 됨	사라센, 예루살렘 점령
640	14	주변 제국의 유학생 8천명, 장안으로 모여듦	고구려·백제·신라자제, 唐 國學 입학
641	15	唐의 文成공주, 吐蕃으로 출가	백제 무왕 사망
642	16		사산조 페르시아 멸망
645	19	고구려 원정(→49년) 실패. 玄奬 귀국	고구려 안시성 싸움 승리. 일본 大化改新
647	21	燕然都護府 설치(투르크 부족에 羈縻策 실시)	신라, 첨성대 건립
649	23	太宗 사망, 高宗 즉위	
651	永徽 2	永徽律令 공포	
653	4	『律疏(唐律疏義)』·『五經正義』 완성	
655	6	武則天, 황후가 됨	
660	顯慶 5	高宗 병환으로 武則天 집정	백제 멸망
661	龍朔元		우마이야왕조 수립
663	2		羅唐연합군, 백제의 저항운동 진압
664	麟德元	武則天, 정치실권 장악(高宗의 武后 廢后 시도 실패)	
668	總章元		고구려 멸망, 安東都護府 설치
672	3		일본, 壬申의 난
675	上元 2	雍王賢, 章懷太子가 됨. 北門學士, 정치 참여	
676	儀鳳元		신라, 唐軍 축출
680	永隆元	章懷태자 폐위, 英王 哲(中宗)이 태자가 됨	
682	永淳元		신라, 國學 개편. 돌궐 재건
683	中宗 弘道元	高宗 사망, 中宗 즉위	
684	睿宗 文明元	中宗 폐위, 아우인 睿宗 즉위, 武后가 실권 장악. 李敬業 등 반란 일으켰으나 敗死	
685	垂拱元	武后, 밀고정치. 垂拱律令 공포	신라, 9주5소경 설치
688	4	琅邪王 冲과 越王 貞의 반란(실패). 明堂 완성	
690	周武后 天授元	武后, 唐 멸하고 周 건국. 諸州에 大雲寺를 둠	

서력	연호	중국	주변 제 민족
696	萬世通天元	武騎團 산동에 설치. 2년 후 하남과 하북에도 설치	
698	15		大祚榮, 震(渤海) 건국
701	18		일본 大寶律令 완성
705	唐中宗神龍元	中宗 복위하고 唐 부활. 武后 사망	사라센, 아시아 동부 원정
710	睿宗慶雲元	中宗, 韋황후에게 독살당하고 睿宗 즉위. 河西節度使 설치(~721년까지 변경 10藩鎭 성립)	일본 奈良 천도. 唐의 金城공주, 吐蕃으로 출가
712	玄宗先天元	玄宗 즉위, 睿宗은 大上皇이 됨	일본 『古事記』 완성
713	開元元	太平공주, 사사되면서 女性專權 종언. 환관 高力士, 將軍이 됨	唐, 大祚榮을 渤海郡王에 봉함
716	4	睿宗 사망. 姚崇, 재상직에서 물러나고 宋璟이 재상에 오름	사라센인, 소아시아 침입
719	7	開元七年令 공포	
720	8		일본 『日本書紀』 완성
721	9	宇文融의 括戶政策 시작. 張說, 재상에 오름	
722	10	府兵制 붕괴	신라, 백성에게 정전 지급
723	11	宇文融의 括戶 정점에 달함	일본 三世一身法
724	12	北衙禁軍 대대적으로 확충	
725	13	玄宗, 封禪. 衛士制 대신 彍騎制 성립	
726	14	開元의 治 전성기. 호수 706만, 인구수 4,141만. 張說, 재상직에서 물러남	
727	15		渤海, 일본에 사자 파견 (이후 34회에 걸쳐 사자 파견)
729	17	宇文融, 재상이 된 지 백일 만에 물러나고 사망	
732	20		발해, 당나라 등주 공격. 이슬람군, 프랑크군에 패배
734	22	李林甫, 재상에 오름	
737	25	開元二十五年律令格式 공포. 長征健兒制 성리비	
738	26	『大唐六典』 완성	皮羅閣, 唐으로부터 南詔王에 책봉
740	28	楊玉環, 壽王邸을 나와 女冠이 된 후 太眞이라는 이름받고 玄宗의 후궁이 됨	일본 藤原廣嗣의 난
742	天寶元	安祿山, 平盧節度使가 됨	

서력	연호	중국	주변 제 민족
743	2		일본 墾田永世私有令
744	3	安祿山, 范陽節度使 겸임	돌궐 멸망, 위구르 세력 부각
745	4	楊太眞, 楊貴妃가 됨. 安祿山, 대거 거란 토벌	
748	7	楊國忠, 度支郞中兼侍御史·十五使가 됨	
749	8	折衝府兵의 京師上番 폐지	
750	9	高仙芝, 2차 서역원정	우마이야왕조 멸망. 압바스왕조 성립
751	10	安祿山, 3절도사 겸임. 高仙芝, 3차 서역원정 (製紙法 사라센에 전파)	신라, 불국사·석굴암 창건
752	11	李林甫 사망. 楊國忠이 재상에 오름	일본 東大寺 완성
754	13		鑑眞, 渡日
755	14	南詔와의 전쟁에서 대패. 安祿山, 반란 일으켜 낙양 점령(安史의 난). 내지에 藩鎭 설치하기 시작	
756	肅宗 至德元	安祿山, 大淵 건국. 玄宗, 四川으로 피신하고 도중에 馬嵬에서 楊貴妃·楊國忠 살해당함. 安祿山軍, 장안 점거. 第五琦, 江淮에서 소금 전매 실시	발해, 上京 龍泉府로 천도
757	2	安祿山, 아들 安慶緖에게 살해당함	
758	乾元元	이 때부터 節度使, 원칙적으로 觀察使 겸임	
759	2	史思明, 安慶緖를 살해하고 난을 지도	신라, 중앙관호를 중국식으로 대폭 정비
761	上元 2	史思明, 아들 史朝義에게 살해당함. 第五琦, 鹽鐵使가 되어 전국적으로 소금전매 실시	
762	代宗 寶應元	袁兆의 난(~763)	大欽茂, 唐으로부터 渤海王에 책봉, 震國을 渤海로 고침. 그의 시대에 당나라 문물 왕성하게 섭취
763	廣德元	史朝義, 부하에게 살해당하고 安史의 난 종언. 安史軍의 유력무장, 항복하고 節度使가 됨. 河北 3鎭 성립	吐蕃, 중국을 침략하여 일시 장안을 함락
764	2	靑苗錢·地頭錢 징수 시작	
765	永泰元	京兆府의 麥作에 1/10세 징수	
769	大曆 4	戶稅 대폭 증액	
770	5	地稅 대폭 증액. 京兆府에서 夏稅와 秋稅 징수	신라, 귀족의 난 발발. 일본 阿部仲麻呂, 唐에서 사망.

서력	연호	중국	주변 제 민족
775	10	天雄節度使 田承嗣의 토벌에 실패. 藩鎭의 병사수와 병비 상황을 年 1회 보고케 함	
777	12	諸州의 병사수를 정함	
780	德宗 建中元	楊炎의 상주에 따라 兩稅法 실시	
781	2	이 때부터 6년간에 걸쳐 河北 3鎭을 비롯하여 華北·華中에서 유력 藩鎭의 난 발발	카롤링거 문예부흥 시작
782	3	淮南節度使 陳少游의 상소로 兩稅를 2할 인상하여 징수	
783	4	間架稅·除陌錢 징수(784년 폐지)	
788	貞元 4		신라, 독서삼품과 설치
792	8	환관, 內樞密使로 임명받아 軍事謀議 담당	
793	9	1/10 茶稅 부활	
794	10		일본, 平安京 천도
798	14	神策軍 확충	
801	17	杜佑『通典』완성	
804	20		일본의 最澄·空海 入唐
806	憲宗 元和運	이후 15년간 反唐的 藩鎭 토벌하고, 河北 3鎭을 억눌러 일단 順地化	
809	4	兩稅의 配分과 관련한 개혁 실시	
813	8	李吉甫『元和郡縣圖志』완성	
815	10		신라에서 농민반란 빈발
818	13	節度使의 度支營田使 겸임 폐지	
819	14	藩鎭병력은 會府, 支郡마다 분할통솔. 절도사의 권한 삭감. 河北 3鎭을 제외한 대부분의 절도사는 중앙에서 파견된 문관과 禁軍武將이 취임. 韓愈, 憲宗에게 佛舍利를 입궁에 대해 간하다가 좌천당함	신라, 3만軍을 당네 주어 李師道의 난 평정 도움
821	穆宗 長慶元	茶稅 증액	唐·吐蕃 동맹
822	2	牛李의 당쟁 시작	
828	文宗 太和 2	劉貴, 환관의 전횡을 논함	신라 張保皐, 淸海鎭 설치
835	9	甘露의 변	
838	開成 3		일본, 최후의 遣唐使 파견. 円仁 入唐
840	5	江賊, 私鹽·私茶 무리의 활동 활발해짐	위구르, 키르키즈의 공격을 받고 천산산맥 남록 방면으로 西遷

서력	연호	중국	주변 제 민족
843	武宗 會昌 3		吐蕃, 내란으로 쇠퇴
845	5	會昌廢佛	
847	宣宗 大中元	牛僧孺의 사망, 李德裕의 실각으로 牛李의 당쟁 종언	신라상선, 円仁 등을 태워 일본에 보내줌
858	12	강남 藩鎭에서 節度使를 추방하는 병란 빈발. 康全泰의 난 발발	일본 藤原씨, 섭정 시작 (藤原良房)
859	13	裘甫의 난 발발(~860)	
868	懿宗 咸通 9	龐勛의 난 발발(~869)	
870	11	각지 州民 사이에 관헌에 대한 집단적인 저항 강화	이무렵 유럽에 장원제 전개
875	僖宗 乾府 2	王仙芝·黃巢, 봉기하여 黃巢의 大亂 발발	
878	5	王仙芝, 敗死	
880	廣明元	남하한 黃巢집단, 북상하여 낙양·장안 점거. 黃巢, 제위에 올라 국호를 大齊라 칭함. 僖宗, 四川의 成都로 도피. 전국적으로 藩鎭自立化의 움직임 부상	
882	中和 2	朱溫(朱全忠), 黃巢집단에서 나와 唐측에 항복	
883	3	黃巢집단, 장안에서 철퇴	
884	4	黃巢, 敗死하고 대란 종식	
885	光啓元	僖宗, 四川에서 환궁하였으나 唐朝는 지방정권으로 전락	신라 崔致遠, 唐에서 귀국
888	文德 1		신라, 삼대목 편찬
891	大順 2		弓裔 거병
893	景福 2		甄萱 거병
900	光化 3		甄萱, 後百濟 건국
901	昭宗 天復元	朱全忠, 군대 일으켜 大梁 출발	弓裔, 후고구려 건국. 南詔 멸망
902	2	淮南節度使 楊光密, 吳王에 봉해지고 吳國 수립	일본, 최초의 莊園整理令
904	哀帝 天祐元	朱全忠, 白馬驛에서 많은 귀족관료 살해	
907	後梁太祖 開平元	朱全忠, 唐朝 무너뜨리고 後梁 수립. 이를 계기로 李克用(吳越), 高季興(荊南), 王建(前蜀)이 지방에 독립왕국을 수립하여 오대의 분열시대 개막	耶律阿保機, 거란 통일

서력	연호	중국	주변 제 민족
916	後梁末帝 貞明 2		耶律阿保機, 거란국 건국하고 황제 칭함
918	4	前蜀의 王建 사망	王建, 弓裔를 무너뜨리고 高麗 건국
923	後唐莊宗 同光元	河東節度使 晉王 李存勖, 後梁 멸하고 後唐 수립	
926	明宗 天成元	均稅法 시행(→927)	渤海, 거란에 멸망
930	長興元	三司使 설치	
935	後唐癈帝 淸泰元		고려, 신라를 멸함
936	後晉高祖 天福元	河東節度使 石敬塘, 거란의 원조를 받아 後唐을 멸하고 後晉 수립. 거란에 원조의 대가로 燕雲16州 할양	고려, 후백제를 멸하고 후삼국 통일
937	2		거란, 국호를 遼로 고침. 雲南에 大理國 건국
939	4	後晉, 私錢·佛寺 조영을 금함	일본 天慶의 난. 베트남 吳權, 왕을 칭함
946	少帝 開運 3	遼의 太宗, 後晉을 쳐 少帝를 사로잡고 後晉 멸함	
947	後漢高祖 天福 3	後晉의 河東節度使 劉知遠, 제위에 오르고 (後漢高祖) 開封에 도읍	
950	隱帝 乾祐 3	後漢의 隱帝 살해당함	
951	後周太祖 廣順元	太平軍節度使 郭威, 開封에서 제위에 오름 (後周太祖)	
955	世宗 顯德 2	世宗, 排佛 단행. 後周, 後蜀·南唐을 침	
956	3	丁夫 10여만 명을 사역시켜 開封의 羅城 축조	고려, 노비안검법 실시
958	5	南唐, 江北 14州의 땅을 後周에게 바치고 帝號를 거둠. 均田法 시행(→959)	고려, 科擧法 설치(961년 과거제 실시)
960	宋太祖 建隆元	殿前都点檢 趙匡胤, 後周의 恭帝를 폐하고 제위에 오름(宋太祖)	

찾아보기

【ㅇ】

저자 약력

누노메 조후(布目潮渢) : 1919년 하와이 출생. 東京大學 문학부 졸업, 京都府立大學 조교수, 立命館大學 조교수, 大阪大學 교수를 거쳐 현재 大阪大學 명예교수. 주요 저서로『隋唐史硏究』,『中國喫茶文化史』등이 있다.
구리하라 마쓰오(栗原益男) : 1918년 埼玉縣 출생. 東京大學 문학부 졸업. 上智大學 교수를 거쳐 上智大學 명예교수. 저서로『亂世の皇帝 - 後周の世宗とその時代』,『世界の歷史第6卷 - 宋朝とモンゴンル』(공저) 등이 있다.
슈도 요시유키(周藤吉之) : 1907~1990. 島根縣 출생. 東京大學 문학부 졸업. 東京大學 교수를 거쳐 東洋大學 교수. 주요 저서로『中國土地制度史』,『淸代東アジア史硏究』등이 있다.

역자 약력

임대희 : 1953년 경주생. 德壽國校, 中央中高校, 서울대(동양사), 空士敎授部(역사교관), 臺灣師大(歷史硏究所 중퇴), 東京大(동양사), 茨城大(人文學部 專任講師), 筑波大(外國人訪問學者), 京都大(外國人訪問敎授). 현재 慶北大 교수

중국의 역사 수당오대

누노메 조후 · 구리하라 마쓰오 외 지음
임대희 옮김

초판 1쇄 인쇄 · 2001년 6월 11일
초판 1쇄 발행 · 2001년 6월 15일

발행처 · 도서출판 혜안
발행인 · 오일주
등록번호 · 제22 - 471호
등록일자 · 1993년 7월 30일
121 · 836 서울 마포구 서교동 326 · 26
전화 · 02) 3141 · 3711, 3712
팩시밀리 · 02) 3141 · 3710

값 15,000원

ISBN 89 - 8494 - 129 - 8 93910